GRUNDBEGRIFFE	1
ANWENDUNGEN DER INFORMATIK	2

ANHANG	A

Mit diesem Zeichen in der Randspalte sind zusätzliche **Informationen** gekennzeichnet, zu den blauen Textteilen gibt es auf der CD-ROM ausführliche Artikel.

Halbfett gesetzte Texte sind im **Register** zu finden.

In der Reihe „Basiswissen Schule" sind erschienen:

Basiswissen Schule
Computer
276 Seiten
ISBN 3-411-71512-X

Basiswissen Schule
Informatik Abitur
440 Seiten
ISBN 3-411-71621-5

Basiswissen Schule
Astronomie
272 Seiten
ISBN 3-411-71491-3

Basiswissen Schule
Biologie
376 Seiten
ISBN 3-411-71481-6

Basiswissen Schule
Chemie
320 Seiten
ISBN 3-411-71471-9

Basiswissen Schule
Deutsch
288 Seiten
ISBN 3-411-71591-X

Basiswissen Schule
Geographie
416 Seiten
ISBN 3-411-71611-8

Basiswissen Schule
Geschichte
464 Seiten
ISBN 3-411-71581-2

Basiswissen Schule
Literatur
464 Seiten
ISBN 3-411-71601-0

Basiswissen Schule
Mathematik
390 Seiten
ISBN 3-411-71501-4

Basiswissen Schule
Mathematik Abitur
464 Seiten
ISBN 3-411-71741-6

Basiswissen Schule
Physik
360 Seiten
ISBN 3-411-71461-1

Basiswissen Schule
Physik Abitur
464 Seiten
ISBN 3-411-71751-3

Basiswissen Schule
Technik
264 Seiten
ISBN 3-411-71522-7

Basiswissen Schule
Wirtschaft
256 Seiten
ISBN 3-411-71532-4

Internet: www.schuelerlexikon.de

Basiswissen Schule

Computer

Verlag für Bildungsmedien Berlin · Frankfurt a. M.

Dudenverlag Mannheim · Leipzig · Wien · Zürich

Herausgeber
Dr. Lutz Engelmann

Autoren
Doz. Dr. Peter Barth
Dr. Lutz Engelmann
Prof. Dr. habil. Hans-Joachim Laabs
Dr. Gerhard Paulin
Reinhard Raake
Dr. Uwe Schwippl

Die Autoren der Inhalte der beigefügten CD-ROM sind im elektronischen Impressum auf der CD-ROM aufgeführt.

Bibliografische Information der Deutschen Bilbliothek
Die Deutsche Bilbliothek verzeichnet diese Publikation in der Deutschen Nationalbibliografie; detaillierte bibliografische Daten sind im Internet über http://dnb.ddb.de abrufbar.

Der Reihentitel „Basiswissen Schule" ist für die Verlage Bibliographisches Institut & F. A. Brockhaus AG und paetec Gesellschaft für Bildung und Technik mbH geschützt. Das Wort **Duden** ist für den Verlag Bibliographisches Institut & F. A. Brockhaus AG als Marke geschützt.

2., aktualisierte Auflage
(1. Auflage erschien unter dem Titel „Angewandte Informatik")
© 2004 PAETEC Gesellschaft für Bildung und Technik mbH, Berlin und Bibliographisches Institut & F. A. Brockhaus AG, Mannheim
Alle Rechte vorbehalten.
Nachdruck, auch auszugsweise, vorbehaltlich der Rechte, die sich aus § 53, 54 UrhG ergeben, nicht gestattet.

Internet: www.schuelerlexikon.de

Redaktion: Dr. Lutz Engelmann, Dr. Astrid Kalenberg (PAETEC GmbH)
Reihengestaltung: Britta Scharffenberg (PAETEC GmbH)
Umschlaggestaltung: Hans Helfersdorfer, Heidelberg
Umschlagabbildung: © Strandperle / Photodisc Grün
Layout und Zeichnungen: Dr. Astrid Kalenberg, Dr. Lutz Engelmann,
    Erika Netzmann (PAETEC GmbH)
Druck und Bindung: Těšínská tiskárna, Český Těšín

ISBN 3-89818-036-0 (PAETEC Verlag für Bildungsmedien)
ISBN 3-411-71512-X (Dudenverlag)

Inhaltsverzeichnis

1	**Grundbegriffe**	5
1.1	**Die Informatik als junge Wissenschaft**	6
1.1.1	Grundlagen und Gegenstandsbereiche der Informatik	6
1.1.2	Anwendungsbereiche der Informatik und gesellschaftliche Auswirkungen	10
1.2	**Daten, Datentypen und Datenstrukturen**	17
1.2.1	Informationen und Daten	17
1.2.2	Datentypen	26
1.2.3	Datenstrukturen	27
1.3	**Algorithmen und Programme**	29
1.3.1	Algorithmen	29
1.3.2	Algorithmenstrukturen und Darstellungsformen	31
1.3.3	Programme und Programmiersprachen	37
1.3.4	Arbeitsschritte bei der Programmentwicklung	40
1.4	**Informationsverarbeitende Technik**	43
1.4.1	Zur Geschichte der Rechentechnik	43
1.4.2	Der Computer und sein Betriebssystem	47
1.4.3	Eingabegeräte	52
1.4.4	Ausgabegeräte	56
1.4.5	Externe Speicher	59
1.4.6	Benutzeroberflächen	62
1.4.7	Arbeit mit Dateien (Dateihandling)	67
1.4.8	Arbeitsschutz	78
1.5	**Datenschutz und Datensicherheit, Software-Rechte**	81
1.5.1	Datenschutz	81
1.5.2	Datensicherheit	88
1.5.3	Software-Rechte	92
2	**Anwendungen der Informatik**	95
2.1	**Textverarbeitung**	96
2.1.1	Aufbau und Funktion von Textverarbeitungsprogrammen	96
2.1.2	Zeichenformatierung	105
2.1.3	Absatzformatierung	108
2.1.4	Seitenformatierung	116
2.1.5	Sonderfunktionen in Textverarbeitungsprogrammen	128
2.2	**Tabellenkalkulation**	136
2.2.1	Funktion und Aufbau eines Tabellenkalkulationsprogramms	136
2.2.2	Kalkulation	141
2.2.3	Tabellengestaltung	155
2.2.4	Datenaufbereitung durch Diagramme	161
2.3	**Datenbanken**	167
2.3.1	Aufbau und Funktionen eines Datenbanksystems	167
2.3.2	Erstellen einer Datenbank/Datensatzstruktur	174
2.3.3	Dateneingabe	181
2.3.4	Abfragen	193
2.3.5	Berichte	202

2.4	**Grafikprogramme**	205
2.4.1	Computergrafik	205
2.4.2	Pixelorientierte Grafikprogramme	212
2.4.3	Vektororientierte Grafikprogramme	221
2.5	**Datenaustausch zwischen Anwendungsprogrammen**	231
2.5.1	Einbetten und Verknüpfen von Objekten	231
2.5.2	Office-Pakete	232
2.5.3	Universelle Datenaustauschformate	233
2.6	**Internet-Dienste**	236
2.6.1	Internet–Überblick	236
2.6.2	World Wide Web	242
2.6.3	Suchmaschinen	254
2.6.4	E-Mail	255
2.6.5	FTP	258
2.6.6	Usenet	259
2.6.7	IRC	261
2.6.8	Weitere Dienste	263
A	**Anhang**	265
	Register	266
	Bildquellenverzeichnis	276

GRUNDBEGRIFFE 1

1.1 Die Informatik als junge Wissenschaft

> Die **Informatik** ist die *Wissenschaft von der automatischen Informationsverarbeitung*. Die Informatik befasst sich mit den Gesetzmäßigkeiten und Prinzipien informationsverarbeitender Prozesse und ihrer algorithmischen Realisierung mithilfe rechentechnischer Mittel sowie mit der Entwicklung und Nutzung automatisierter Informationsverarbeitungssysteme. Dabei müssen informationsverarbeitende Prozesse in „computerverständlicher" Form beschrieben und entsprechende Mittel entworfen werden, damit solche „Programme" abgearbeitet werden können.

Nicht zum Gegenstand der Informatik gehören natürlich entstandene Informationssysteme und -prozesse – z. B. Informationsaufnahme und -verarbeitung über Nervenzellen und Gehirn des Menschen –, vorhandene Kenntnisse über deren inneren Aufbau und Funktionsweise werden jedoch ausgenutzt.

1.1.1 Grundlagen und Gegenstandsbereiche der Informatik

Ursachen, die zur Herausbildung der Wissenschaft Informatik führten

- Mit dem Beginn der wissenschaftlich-technischen Revolution in der Mitte unseres Jahrhunderts ist ein stürmisches Anwachsen von Informationen („Informationsexplosion") zu verzeichnen. Es entstand das dringende gesellschaftliche Bedürfnis, diese Informationsflut zu beherrschen.
- Innerhalb anderer Wissenschaften (insbesondere der Mathematik) waren verschiedene Grundlagen geschaffen worden, diese Informationslawine theoretisch zu bewältigen:
  - Algorithmusbegriff und Automatentheorie (TURING, 1938);
  - Theorie der rekursiven Funktionen (GÖDEL, 1930);
  - Informationstheorie (SHANNON, 1949);
  - Theorie der formalen Sprachen (CHOMSKY; GINSBURG, 1955).
- Durch die Entwicklung der Mikroelektronik waren die praktischen Voraussetzungen dafür gegeben, dass leistungsfähige Rechentechnik preiswert produziert und massenhaft in allen Bereichen des gesellschaftlichen Lebens eingesetzt werden konnte.
- Die Vielfalt der Anwendungsmöglichkeiten informationsverarbeitender Technik und die ökonomische Notwendigkeit, die Potenzen dieser Technik zum Tragen kommen zu lassen, machten es erforderlich, geeignete Methoden zum Entwurf von Programmen und informationsverarbeitender Technik sowie sinnvolle, problemnahe Sprachen zur Kommunikation mit der Technik zu entwickeln.

Grundlagen der Informatik

theoretische Grundlagen	Algorithmentheorie; Theorie der formalen Sprachen; Automatentheorie; Informationstheorie; Logik; Berechenbarkeitstheorie; Komplexitätstheorie
technische Grundlagen	herkömmliche Rechentechnik; Nachrichtentechnik, Mikroelektronik, Sensortechnik, Optoelektronik, Telekommunikation (Bildschirmtechnik, Lichtleiter- und Satellitentechnik)

Die Informatik als junge Wissenschaft

Gegenstandsbereiche der Informatik

Im Allgemeinen werden vier Gegenstandsbereiche der Wissenschaft Informatik unterschieden – die theoretische, die praktische, die technische und die angewandte Informatik. Theoretische, praktische und technische Informatik zählen zur **Kerninformatik**.
Dabei gibt es viele Überschneidungen, sodass sich diese Gegenstandsbereiche auf manchen Gebieten nur schwer voneinander abgrenzen lassen.

Theoretische Informatik:
Ein wichtiger Grundbegriff der Informatik ist der Begriff des Algorithmus. Die theoretische Informatik beschäftigt sich vor allem mit der Fundierung des Algorithmusbegriffs, untersucht die Leistungsfähigkeit von Algorithmen und erforscht die prinzipiellen Grenzen des Computers beim Lösen von Problemen.

Teilgebiete der theoretischen Informatik:
Theorie der formalen Sprachen, Automatentheorie, Algorithmentheorie, Berechenbarkeitstheorie, Komplexitätstheorie, ...

Sowohl für die Konstruktion von Algorithmen als auch für die Konstruktion von Computern spielen Methoden und Modelle aus der Mathematik eine wichtige Rolle. In der Mathematik werden aber überwiegend statische Strukturen betrachtet, in der Informatik dynamische (Prozesse).

Theoretische Informatik in der Schule:
Weil der Algorithmusbegriff in der Informatik eine tragende Rolle spielt, wird bereits in der informationstechnischen Grundbildung ein anschaulicher, „naiver" Algorithmusbegriff vermittelt. Im Informatikunterricht erfolgen dann mathematisch exakte Definitionen für diesen Begriff. Auch Einblicke in die anderen Teilgebiete der theoretischen Informatik werden erst im Informatikunterricht höherer Klassen gegeben.

Praktische Informatik:
Die praktische Informatik beschäftigt sich vor allem mit der Formulierung von Algorithmen als Programme in Abhängigkeit von den rechentechnischen Möglichkeiten. Meist sind die Programme recht umfangreich und kaum überschaubar, es ist also auch eine Programmiermethodik (die Erarbeitung und Nutzung von Programmierverfahren) und die Entwicklung von Programmierumgebungen notwendig, sodass Programmierfehler reduziert werden.

Auch müssen die Programme, die in der Erstfassung in einer höheren, dem Menschen verständlicheren Form vorliegen, in eine für den Rechner ausführbare Form übertragen werden, es müssen also spezielle Übersetzungsprogramme erarbeitet werden.

Die Entwicklung von Betriebssystemen für Computer (Überwachung der Ausführung von Programmen und Übernahme der Steuerung der Ein- und Ausgabe) gehört ebenfalls zu den Aufgaben der praktischen Informatik.

Teilgebiete der praktischen Informatik:
Programmiermethodik (Software-Engineering), Programmiersprachen, Übersetzerbau, Betriebssysteme, Dialogsysteme, Fragen der künstlichen Intelligenz und der Konstruktion von Expertensystemen, ...

Für die Entwicklung und Nutzung von Betriebssystemen oder für die anderen genannten Aufgaben benötigt der Informatiker Kenntnisse aus der Elektrotechnik (Speicherorganisation, technische Umsetzung logischer Verknüpfungen usw.), um die Möglichkeiten und Grenzen technischer Realisierungen auf einer konkreten Gerätetechnik abschätzen zu können.

Praktische Informatik in der Schule:
Notwendige Kenntnisse zur Nutzung von Betriebssystemen und dialogorientierter grafischer Benutzeroberflächen und des damit im Zusammenhang stehenden „Dateihandlings" werden in der informationstechnischen Grundbildung angeeignet.
Das Suchen von algorithmischen Lösungen für Probleme und die Formulierung der Lösungen als Programm, Kenntnisse zu genutzten Programmiersprachen und Programmiermethoden stehen meist im Mittelpunkt des Informatikunterrichts.

Teilgebiete der technischen Informatik:
Rechnerarchitektur, Datenfernübertragung, Netze, Prozessdatenverarbeitung, VLSI-Entwurf (Entwurf hochintegrierter Schaltkreise), ...

Technische Informatik:
In der technischen Informatik befasst man sich mit dem funktionellen Aufbau der Hardware des Computers (Speicher, Zentraleinheit usw.) und den zugehörigen Ein- und Ausgabegeräten, also dem logischen Entwurf von Rechentechnik, Geräten und Schaltungen.
Dabei sind Kenntnisse zu technischen Grundlagen der Informatik (Nachrichtentechnik, Informationstheorie, Mikroelektronik, Sensortechnik, Optoelektronik, Bildschirmtechnik, Lichtleiter- und Satellitentechnik) unerlässlich.

Technische Informatik in der Schule:
Um den Computer effektiv nutzen zu können, sind Kenntnisse über Hardwarebestandteile und ihre Kenngrößen sowie Fertigkeiten im Umgang mit peripheren Geräten wie Tastatur, Maus usw. erforderlich. Auch die Arbeit im Netz spielt eine immer größere Rolle. Dies wird schon in der informationstechnischen Grundbildung vermittelt.
Da die informationstechnische Grundbildung sehr oft an den Technik- oder Arbeitslehreunterricht gebunden ist, wird manchmal auch auf Prozessautomatisierung und Schaltalgebra eingegangen, was neben der Rechnerarchitektur eigentlich dem Informatikunterricht vorbehalten ist.

Teilgebiete der angewandten Informatik:
Betriebsinformatik, Rechtsinformatik, Mensch-Maschine-Kommunikation, Ergonomie, ...

Angewandte Informatik:
Die angewandte Informatik beschäftigt sich mit Anwendungen von Methoden der Kerninformatik in anderen Wissenschaften und Gesellschaftsbereichen. Sie untersucht Abläufe (z. B. in der Wirtschaft, bei der Herstellung von Büchern, in der Medizin usw.) auf ihre Automatisierbarkeit durch Computer, erstellt anwendungsbezogene Analysen und hilft bei der Entwicklung von Programmsystemen, die bestimmte Anwendungsfälle abdecken sollen. Durch den Einsatz von informationsverarbeitender Technik ändern sich die Arbeitsbedingungen und Organisationsformen in vielen gesellschaftlichen Bereichen und anderen Wissenschaften gravierend. Es werden also Kenntnisse über die jeweiligen Anwendungsgebiete vorausgesetzt bzw. es muss sehr eng mit den entsprechenden Fachleuten zusammengearbeitet werden.

Angewandte Informatik in der Schule:
Schon in der informationstechnischen Grundbildung geht es hier vor allem um grundlegende Kenntnisse, Fähigkeiten und Fertigkeiten im Umgang mit wichtigen Anwendungssystemen (Textverarbeitungs-, Tabel-

lenkalkulations-, Datenbank- sowie Grafikprogramme) und mit dem Internet sowie um Auswirkungen der Datenverarbeitung auf die Gesellschaft (einschließlich der Datenschutzproblematik).

Übersicht zu grundlegenden Inhalten und Bereichen der Wissenschaft Informatik

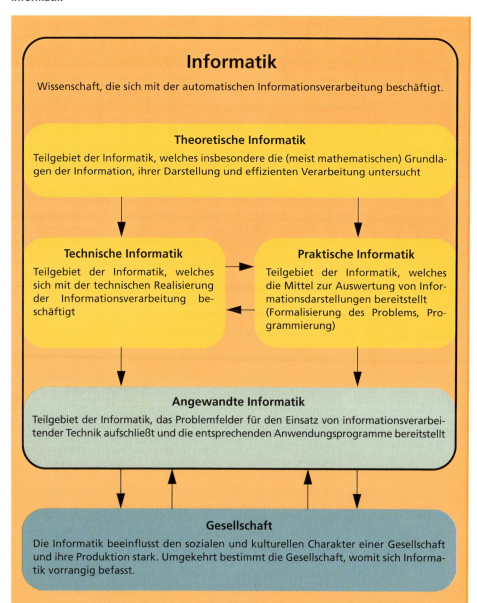

10 Grundbegriffe

1.1.2 Anwendungsbereiche der Informatik und gesellschaftliche Auswirkungen

Bedeutung der Informatik

Der Kernprozess der wissenschaftlich-technischen Revolution ist die (vor allem durch die Wissenschaft Informatik mitbestimmte) Umwälzung der informationsverarbeitenden Technik, die eng mit der Automatisierung verbunden ist. Dabei werden zunehmend geistige Tätigkeiten des Menschen „technisiert", was eine Revolution in der Entwicklung der Produktivkräfte darstellt, die nur vergleichbar ist mit der massenhaften Übernahme körperlicher Arbeitsfunktionen des Menschen durch Maschinen während der industriellen Revolution im 19. Jahrhundert.

Durch die Übertragung automatisierbarer geistiger Tätigkeiten auf Maschinen werden die geistigen Kräfte des Menschen vervielfacht, wird Zeit gewonnen für schöpferisches Denken und Handeln. Außerdem erleichtert, beschleunigt und verbilligt die informationsverarbeitende Technik den Zugang zum vorhandenen Wissen der Menschheit.

Grenzen der Anwendung von Informatik und informationsverarbeitender Technik

Hinweis zu Problemen, die sich nicht algorithmisch lösen lassen (1.):
Es gibt keinen Algorithmus, der entscheidet, ob ein beliebiges Problem algorithmisch lösbar ist oder nicht, d. h., ob die Antwort auf eine gewisse Entscheidungsfrage „Ja" oder „Nein" lauten wird. Für viele Problemklassen gelingt dies jedoch.

1. Es gibt zahlreiche *Probleme* – und dies ist mit Mitteln der theoretischen Informatik exakt nachgewiesen – *zu deren Lösung sich keine Algorithmen konstruieren lassen* und die damit mit dem Computer nicht lösbar sind.

2. Es gibt zahlreiche *Probleme,* deren Lösungsaufwand (Speicherbedarf und Bearbeitungszeit) exponentiell oder sogar noch stärker mit der Problemgröße ansteigt (z. B. beim systematischen Probieren aller infrage kommenden Varianten), *die* also *praktisch nicht exakt lösbar sind.* Oft sind diese Probleme aus dem Bereich der Ökonomie.

3. Informationsverarbeitende Technik ist Hilfsmittel zum Lösen von Problemen, zur Unterstützung von Entscheidungen des Menschen. Zur Entscheidungsfindung – auch sozialer, moralischer, ethischer Art – kann der Computer beitragen. Aber die Entscheidungen selbst trifft der Mensch und führt sie aus bzw. lässt sie mittels Computern ausführen.

Nur der Mensch begreift sich als soziales Wesen und kann im Interesse der Gesellschaft Entscheidungen treffen. Dies schließt ein, dass er entscheidet, wann informationsverarbeitende Technik eingesetzt wird und wann nicht. Dies schließt aber auch ein, dass es *ethische, soziale, ökologische und rechtliche Grenzen der Computernutzung* geben kann, die diskutiert und immer wieder neu festgelegt werden müssen.

In den letzten Jahrzehnten erkannte man beispielsweise zunehmend die Gefahren, die sich aus der schnellen Verfügbarkeit personenbezogener Daten und deren Konzentration in vernetzbaren Datenbanken ergeben. Das hat in vielen Ländern zur Ausarbeitung und Annahme von Datenschutzgesetzen geführt (↗ S. 81–84). Auch schließt der weltweite Informationsaustausch im Internet die Möglichkeit ein, ethisch und moralisch nicht vertretbare Bilder und Texte rassistischen oder pornografischen Inhalts zu verbreiten (↗ S. 93, 94).

Die Informatik als junge Wissenschaft

Gesellschaftliche Auswirkungen

Die Auswirkungen der Informatik und des Einsatzes von Computertechnik umfassen im Wesentlichen zwei Bereiche: Beruf und Alltag.

Ähnlich wie bei der Entwicklung mechanischer Maschinen während der industriellen Revolution im 19. Jahrhundert wird auch der Computer als Instrument der Rationalisierung eingesetzt, woraus sich für die Betroffenen – durch den Wandel von Arbeitsplätzen und beruflichen Anforderungen – oft schwerwiegende soziale Folgen ergeben.

Andererseits erhöht sich der Lebensstandard durch den Einsatz von Computern (Kaufen durch Kassensysteme, vielfältige Informationsangebote durch neue Medien, Vereinfachung der Hausarbeit durch in die Haushaltstechnik integrierte Computer, Zahlungsverkehr, neue Freizeitmöglichkeiten usw.).

Die letzten Beispiele zeigen aber auch, dass die Computersysteme für die meisten Menschen undurchschaubar geworden sind, dass die Chancen und Risiken dieses Einsatzes schwer abschätzbar sind (vgl. Abschnitt 1.5).

Ausgewählte Anwendungsgebiete informationsverarbeitender Technik

Produktion:

Häufig ist der gesamte Produktionsprozess für bestimmte Produkte voll automatisiert.

- Das Produkt (z. B. ein Geräteteil, ein Werkzeug oder ein Mikroprozessor) wird schon mittels **CAD**-Systemen entworfen. Der Konstrukteur verwendet dabei Tastatur, Maus und Lichtgriffel, Grafik- und Rechenprogramme. Als Zeichenbrett dienen ihm Bildschirm und Plotter.

  CAD steht für computer-aided design (computerunterstütztes Entwerfen).

- Oft werden die Zeichnungen durch ein Computerprogramm sofort in Steuerungsinformationen für Werkzeugmaschinen umgesetzt. Man nennt dies auch computerunterstützte Arbeitsvorbereitung **(CAP)**.

  CAP: **c**omputer-**a**ided **p**roduction **p**lanning

- Durch Prozessrechner gesteuerte Werkzeugmaschinen **(CNC-Maschinen)** fertigen das Produkt.
  Diese Fertigung nennt man **CAM** (computerunterstützte Fertigung).

  CNC: **c**omputerized **n**umerical **c**ontrol
  CAM: **c**omputer-**a**ided **m**anufacturing

- Selbst die Qualitätskontrolle des fertigen Produkts, z. B. der Vergleich von Soll- und Istmaßen, wird durch Computer durchgeführt **(CAQ)**.

  CAQ: **c**omputer-**a**ided **q**uality control

12 Grundbegriffe

POS:
Abkürzung für „**p**oint **o**f **s**ale" („Ort des Verkaufs").

EAN-Code:
Abkürzung für „Europäische Artikel-Nummerierung"

Handel:

Nach der vorausgehenden Einführung von informationsverarbeitender Technik im Rechnungswesen und in der Lagerhaltung wurden in den 80er-Jahren elektronische Erfassungssysteme direkt am Ort des Verkaufs – also an der Kasse – installiert. Diese verkaufsnahe Datenerfassung durch **Kassensysteme** führte nach der Einführung der Selbstbedienung zu einer „zweiten Revolution" im Handel. Man nennt diese Systeme auch **POS-Systeme**.

Auf den Waren sind Etiketten aufgeklebt, auf denen der so genannte **EAN-Code** aufgedruckt ist. Der EAN-Code erlaubt eine international einheitliche Warencodierung durch den Hersteller. Selbst dieses Buch ist auf der Rückseite mit einem EAN-Code versehen, in dem das Herstellungsland und die ISBN-Nummer des Titels verschlüsselt wurden, woraus das Kassensystem des Buchhändlers den Verlag und den konkreten Titel erkennen kann.

Der Kunde entnimmt die Ware dem Regal und bringt sie zur Kasse. Hier wird mit einem automatischen Lesegerät (**Barcode-Leser,** Strichcode-Leser) der EAN-Code erfasst und innerhalb kurzer Zeit vom Computer der betriebsinterne Preis der Ware abgerufen. Die Erstellung des Kassenbons erfolgt so sehr schnell.

Das Kassensystem erledigt aber auch alle anderen routinemäßigen Vorgänge eines Handelsbetriebes wie Bestandsveränderungen und das Auslösen von Bestellungen. Auch können Preise je nach Marktlage relativ schnell geändert werden, wobei der Kunde sicher sein kann, dass der aufgedruckte Preis mit dem durch den EAN-Code individuell festgelegten Preis der Ware übereinstimmt. Ansonsten kann er reklamieren: Es gilt immer der für den Kunden ersichtliche Preis.

Freizeit:

- Das Fernsehgerät wächst mittlerweile mit Telefon und Computer zu einem individuellen Wünschen gerecht werdenden Informations-, Auskunfts- und Kommunikationssystem zusammen (Bildschirmtext, digitales Fernsehen).
- Computerspiele sind eine immer beliebter werdende Freizeitbeschäftigung.
- Preiswerte elektronische Tasteninstrumente (Keyboards) erzeugen die unterschiedlichsten Klangbilder und Rhythmen. Melodien können gespeichert und am Computer bearbeitet werden.

Bank- und Versicherungswesen:

- Der Einsatz von Tabellenkalkulationsprogrammen hat schon die Kundenberatung vereinfacht. Geldanlagen und Versicherungen können den Kundenwünschen entsprechend kalkuliert und ausgewählt werden.
- Der gesamte Zahlungsverkehr wird mittlerweile elektronisch abgewickelt: Lohn- oder Gehaltsüberweisungen; Abbuchung fester monatlicher Zahlungen (Miete, Energiekosten, Telefongebühren, ...) auf Kundenwunsch; Geld abheben am Automaten; bargeldloser Einkauf mit Chipkarte.
- Das Führen der Bankgeschäfte von zu Hause aus **(Homebanking)** ist seit vielen Jahren die Hauptanwendung im Bildschirmtext (Btx) der Deutschen Bundespost.
Durch Verbesserungen von Btx entwickelte sich T-Online. Seit dieses Online-System einen Internetzugang hat, ist Homebanking auch über Internet möglich.

Verlagswesen, Buch- und Zeitungsdruck:

Durch den Einsatz informationsverarbeitender Technik hat sich in den letzten Jahren eine ganze Branche strukturell gewandelt, was an der Produktion eines Buches gezeigt werden soll:

- Die Autoren liefern ihr Manuskript meist schon als Textdateien an den Verlag.
- Der Redakteur oder Lektor redigiert das Manuskript direkt am Computer und reicht es an die Layouter weiter.
- Die **Layouter** erstellen daraus mittels eines Desktop-Publishing- oder Textverarbeitungs-Programms durch Einfügen von Bildern und Grafiken und durch Gestaltung der Seiten eine veröffentlichungsreife Druckschrift am Bildschirm. Sie drucken die gestalteten Seiten in eine (Druck-)Datei und reichen diese Datei an das Satzstudio weiter.
- Im Satzstudio werden mittels der Druckdatei Filme hergestellt. Beispielsweise werden für die Herstellung eines mehrfarbigen Buches im Allgemeinen 4 Filme (die die Farben Cyan, Magenta, Gelb und Schwarz repräsentieren) benötigt. Meist ist heute das Satzstudio schon in den Verlag integriert und selbstverständlich arbeiten die genannten Bereiche eng zusammen.
Der Beruf des Setzers, der früher aus beweglichen Lettern eine Druckvorlage herstellte, ist mittlerweile gänzlich verschwunden.
- Die Filme werden an eine Druckerei weitergeleitet. Hier werden sie auf eine Druckmaschine montiert. Der Druck kann beginnen.
- Viele Druckereien bieten schon an, den Weg über das Satzstudio zu umgehen und gleich die Druckdateien an die Druckerei zu liefern. Filme werden nicht mehr hergestellt, sondern es erfolgt ein so genannter **Digitaldruck** direkt aus den Druckdateien heraus.
Damit wird es auch möglich, kleine, inhaltlich variable, bestimmten Kundenwünschen entsprechende Auflagen auf Anforderung des Verlages zu drucken **(book on demand)**.

Grundbegriffe

Informations- und kommunikationstechnische Berufe

Die informationsverarbeitende Technik hat Auswirkungen auf nahezu alle Berufe, meist sind die Arbeitnehmer allerdings „nur" reine Nutzer, die diese Technik bedienen können müssen.

Die Anzahl der Menschen, die für Softwareentwicklungen, für die Wartung und Pflege der Software und Hardware, für Beratung und Schulung in fast allen Bereichen von Unternehmen, Verwaltungen und Behörden mit Informationstechnologie-Anwendungen gebraucht werden, wurde bislang aber unterschätzt. Deshalb sind Informatiker derzeit sehr gefragt.

Die Ausbildung auf dem Gebiet der Informatik erfolgte bis 1997 ausschließlich an Hoch- und Fachschulen auf solchen Gebieten wie allgemeine Informatik, Wirtschaftsinformatik oder technische Informatik.

Um den wirtschaftlichen Strukturwandel zu unterstützen, neue Beschäftigungsbereiche zu erschließen, ein Ausbildungsplatzangebot mit interessanten beruflichen Entwicklungschancen zu sichern und durch Orientierung an konkreten Geschäftsprozessen die Ausbildung anwendungsbezogener zu gestalten, bieten die Industrie- und Handelskammern (IHK) Deutschlands seit dem 1. August 1997 an, wichtige **informations- und kommunikationstechnische Berufe** (IuK-Berufe) direkt in Unternehmen *ausbilden* zu lassen.

Für alle Berufe gibt es gemeinsame Kernqualifikationen, die durch spezielle Fachqualifikationen bei den einzelnen Berufen ergänzt werden.

Kernqualifikationen sind:

Genauere Informationen zu diesen Berufen, insbesondere zu Voraussetzungen (Bildungsabschluss, Noten) und zu ausbildenden Betrieben im Heimatterritorium erhält man auf dem Arbeitsamt.

- Wissen über den Ausbildungsbetrieb,
- Betriebswirtschaft und Arbeitsorganisation,
- IuK-Produkte,
- Exemplarische Programmierung,
- Konzeption von IuK-Systemen,
- Inbetriebnahme und Administration (Verwaltung) von IuK-Systemen,
- Bedienung von IuK-Systemen.

Die Informatik als junge Wissenschaft 15

Beruf	Fachqualifikation	Berufstätigkeiten
IuK-System-elektroniker/-in	– IuK-Systemtechnik – Installieren und Inbetriebnahme von IuK-Systemen – Administration, Service und Support – Instandsetzung – Projektmanagement	– Planung und Installation von Informations- und Kommunikationssystemen und Netzwerken einschließlich deren Stromversorgung – Dienstleistungen und Unterstützung für interne und externe Kunden – Anpassung von Hardware und Software an Kundenwünsche – Störungsbeseitigung
Fachinformatiker/-in Anwendungsentwicklung	– Programmierung, Programmierwerkzeuge (Tools), Programmiermethoden – Applikationsmanagement – Datenbanken – Produktbereitstellung – Anwendungs- und Kommunikationsdesign – Projektmanagement – Anwendungen in den Bereichen kaufmännische, technische oder multimediale Systeme	– Erarbeitung von Softwarelösungen für Kunden – Realisierung der Softwarelösungen – Software-Engineering (Programmierung) – Nutzung moderner Softwareentwicklungstools (-werkzeuge) – Nutzung der aktuellen IuK-Technologien bis hin zu Multimedia-Anwendungen
Fachinformatiker/-in (Fachrichtung Systemintegration)	– Planung der IuK-Systeme – Installation, Operating, Service – Schulung – Projektmanagement – Fachaufgaben einzelner Gebiete wie z.B. Rechenzentren, Netzwerke, Client/Server, Mobilkommunikation	– Planung, Konfiguration und Installation komplexer vernetzter Systeme bei Kunden – Arbeit mit modernen Experten- und Diagnosesystemen – Beratung, Betreuung und Schulung von Kunden bei der Einführung neuer Systeme

Grundbegriffe

Beruf	Fachqualifikation	Berufstätigkeiten
IuK-System-Kaufmann/frau	– Marketing und Vertrieb – Analyse kundenspezifischer IuK-Systeme – Konzeption kundenspezifischer IuK-Systeme – Angebote, Preise, Verträge – Fakturierung, Einkauf – Projektmanagement – Realisierung kundenspezifischer IuK-Systeme – Service und Support	– Information und Beratung von Kunden bei der Konzeption kompletter Lösungen der IuK-Technologie – Projektleitung in kaufmännischer, technischer und organisatorischer Hinsicht bei der Einführung oder Erweiterung einer IuK-Infrastruktur – Beratung der Kunden von der ersten Konzeption bis zur Übergabe des IuK-Produkts – Erstellung von Angeboten und Finanzierungslösungen für IuK-Technologien
Informatik-kaufmann/frau	– betrieblicher Leitungsprozess, Aufbau- und Ablauforganisation – Rechnungswesen und Controlling – IuK-Organisation und -Projektmanagement – Planung und Beschaffung von IuK-Systemen – Systembereitstellung und -gestaltung – Anwenderberatung und Support (Unterstützung)	– Analyse von Geschäftsprozessen der jeweiligen Branche mit Blick auf die Einsatzmöglichkeiten der IuK-Techniken – Vermittlung zwischen den Anforderungen der Fachabteilungen auf der einen und IuK-Realisierung auf der anderen Seite – Beratung von Fachabteilungen in Fragen der Einsetzbarkeit von IuK-Systemen – Einführung von Standardanwendungen – Mitarbeit in Entwicklungsprojekten – Koordination und Administration von IuK-Systemen

1.2 Daten, Datentypen und Datenstrukturen

1.2.1 Informationen und Daten

Allgemeiner Informationsbegriff

> **Information** (umgangssprachlich: Unterrichtung, Mitteilung, Auskunft) ist eine allgemeine Eigenschaft der uns umgebenden Welt. Informationen werden sowohl in der belebten und unbelebten Natur als auch in der menschlichen Gesellschaft aufgenommen, gespeichert, verarbeitet und weitergegeben.

Kristallgitter (Informationsverarbeitung in der unbelebten Natur)

Gesteine bestehen aus verschiedenen Mineralen, das fast überall zu findende Granit z. B. aus Quarz (SiO_2), Feldspat, Plagioklas und anderen chemischen Verbindungen. Die meisten Minerale kristallisieren in immer gleicher Form aus, die dann besonders schön zu erkennen ist, wenn ideale Kristallisationsbedingungen vorhanden waren. Die dargestellten Säulen mit zugespitzten Enden sind Bergkristall, eine Ausbildungsweise von Quarz. Die Atomanordnung von Quarz unterliegt bestimmten Gesetzmäßigkeiten. Bei der Anlagerung von weiteren Silizium- oder Sauerstoffatomen an den Kristall werden diese Informationen weitergegeben, die Struktur des Minerals entwickelt sich.

DNS (Informationsverarbeitung in der belebten Natur)

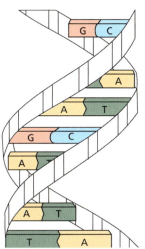

Wie entsteht aus einer Rose wieder eine Rose, aus einem Pferd wieder ein Pferd?
Jedes Lebewesen ist aus einzelnen Zellen mit Zellkernen aufgebaut. Die genetischen Informationen, die die Entwicklung des jeweiligen Lebewesens steuern, sind in jedem Zellkern in der DNS (Desoxyribonukleinsäure) gespeichert. Ein Modell der DNS ist hier abgebildet. Die Anordnung (der Code) der organischen Basen Adenin (A), Thymin (T), Guanin (G) und Cytosin (C) in einzelnen Abschnitten der DNS (Gene) entscheiden über die Merkmale des Lebewesens.
Die DNS kann sich in zwei Einzelstränge aufspalten, die Stränge werden mit komplementären Basen (z. B. A zu T) ergänzt. Es entstehen zwei identische „Tochterstränge", die Information kann (bei Zellteilung) weitergegeben werden.

Philosophisch betrachtet ist jede Struktur, die als Struktur eines Systems Funktionen gegenüber den Elementen des Systems und umfassenderen Systemen erfüllt, **Information** (Beispiele: Kristallgitter, Samenzelle, Buch). Man kann also jede Wechselwirkung als Informationsverarbeitung auffassen. Die mit jeder Struktur gegebene Information dient auch dem Menschen zur Erkenntnisgewinnung über seine Umwelt.

Grundbegriffe

Buch (Informationsverarbeitung in der menschlichen Gesellschaft)
Der Mensch gibt Informationen insbesondere über die Sprache weiter. Mit Erfindung der Schrift konnten Informationen auf Tontafeln, Pergament- oder Lederrollen und in Büchern festgehalten werden.
Durch die Erfindung des Buchdrucks mit beweglichen Lettern aus Metall durch JOHANN GUTENBERG – das erste 1455 gedruckte Buch war eine Bibel – wurde die massenhafte Informationsverbreitung möglich. Davor wurden Bücher durch Mönche in mühevoller Handarbeit kopiert.

Anhand der Beispiele erkennt man Folgendes:

> **Eigenschaften von Information**
> – Information ist immer an einen stofflich(-energetischen) Träger gebunden. Kristallgitter (Atomgitter), DNS und Buch sind in den Beispielen die jeweiligen Informationsträger.
> – Information bewirkt etwas. Dabei sind 3 Fälle zu unterscheiden:
>   - Information strukturiert ein System (Kristallgitter; Schaffung von Hardware in der Technik; Entwicklung von der Eizelle bis zum Lebewesen, …)
>   - Information steuert das Verhalten eines Systems (Reizablauf im menschlichen Körper; Nachrichtenübertragung, …)
>   - Information steuert über ein System Information (Programme in einem Computer; biologische Programme in Form von Reflexen, Instinkten, Emotionen, …)
> – Information lässt sich beliebig vervielfältigen (das Vorhandensein von Informationsträgern vorausgesetzt).

Stoff (Materie, von engl. „matter"), Energie und Information sind die drei wichtigsten Grundbegriffe der Natur- und Ingenieurwissenschaften. Auch für die Informatik als Wissenschaft von der automatischen Verarbeitung von Informationen ist dieser Begriff von zentraler Bedeutung, obwohl er bisher kaum präzisiert worden ist, selbst obige philosophische Betrachtungen sind eine Theorie.

Um den Begriff „Information" für die Rechentechnik handhabbarer zu machen, ist es sinnvoll, den Begriff „Nachricht" einzuführen.

Nachrichten, Informationen, Daten

> Informationen werden mithilfe von Zeichen oder Signalen übertragen.
>
> Eine **Zeichenkette** ist eine Folge von Elementen (Buchstaben, Zahlen, Symbole) eines Alphabets.
>
> Ein **Signal** ist eine durch Messgeräte erfassbare physikalische Veränderung (ein Ton, ein elektrischer Impuls, ein Lichtblitz, …). Signale dienen zur Darstellung von Zeichen.
>
> Eine **Nachricht** ist eine endliche Zeichenkette oder eine endliche Folge von Signalen, die von einem Sender (Quelle) über einen Kanal (der störanfällig sein kann) an einen Empfänger (Senke) übermittelt wird.

Daten, Datentypen und Datenstrukturen

Bei der Informationsübertragung müssen meist feste Regeln eingehalten werden: Ein Satz in deutscher Sprache sollte z. B. syntaktisch korrekt sein; ein Brief sollte im Kopf die Adresse des Absenders enthalten usw.
Die Nachricht besitzt für den Empfänger zunächst keine Bedeutung, erst durch ihre Verarbeitung, Interpretation oder Bewertung erhält die Nachricht einen Sinn.

> Die Bedeutung einer Nachricht für den Empfänger (die einen Sachverhalt ausdrückt, einem Zweck dient oder eine Aktion auslöst) wird umgangssprachlich als **Information** bezeichnet.

Eine Nachricht wird also durch (menschliche) Interpretation oder durch die Art und Weise wie sie algorithmisch verarbeitet (entschlüsselt oder gespeichert) wird zur Information.

> Auf der Datenbasis einer medizinischen Untersuchung (Blutbild, EKG, …) kann ein Arzt (oder auch ein Expertensystem, ein Programm, welches medizinische Daten auswerten kann) möglicherweise eine Diagnose für einen Patienten stellen, eine Person ohne medizinische Bildung nicht.

Die Informatik beschäftigt sich ausschließlich mit Informationen, die so dargestellt sind, dass sie *maschinell* erfasst, aufbereitet, ausgewertet, übertragen, gespeichert und zur Nutzung weitergegeben werden können.

Interessant ist die Frage, wie man möglichst viel Information in möglichst kurzen Nachrichten übermitteln kann. Dieses Problem hat der amerikanische Mathematiker Claude E. Shannon 1948 in seiner Informationstheorie beschrieben und ein Maß für den mittleren Informationsgehalt einer Nachricht definiert.
Die Einheit lautet *bit*
Die Einheit bit wird hier klein geschrieben, im Unterschied zu Bit (als kleinste Einheit der Datendarstellung).
Der Begriff Informationsgehalt ist in der Informatik dort von Interesse, wo Nachrichten komprimiert oder ver- und entschlüsselt werden.

> Automatisch bzw. elektronisch verarbeitbare Informationen fasst man mit dem Begriff **Daten** (Einzahl: Datum).
> Daten umfassen eine Zeichenfolge (meist bezeichnet als „Nachricht") zusammen mit ihrer Bedeutung für den Empfänger. Die Zeichenfolge muss eindeutig über einem vorgegebenen Zeichenvorrat nach festgelegten Regeln aufgebaut sein. Für die Bearbeitung mit dem Computer werden die einzelnen Zeichen binär codiert, d. h. mittels zweier Ziffern verschlüsselt, die zwei Zustände (z. B. Strom fließt/fließt nicht) repräsentieren.

Dualsystem

Der Computer kann nur mit zwei möglichen Zuständen „rechnen" – Strom fließt nicht/Strom fließt; Relais nicht angezogen/Relais angezogen; Schalter geöffnet/Schalter geschlossen usw. –, wofür man die Ziffern 0/1 (seltener 0/L oder in der Technik L für low/H für high) verwendet. Durch Annahme dieser Zustände in technischen Schaltungen können Rechenoperationen realisiert werden.

> Die kleinste Einheit der Datendarstellung, die zwei mögliche Werte (0/1) annehmen kann, nennt man **Bit**.

Mit einem Bit kann man 2 Zahlen zum Rechnen darstellen („Dualsystem"). Um mehr Zahlen darstellen zu können, schreibt man „Bitmuster"

20 Grundbegriffe

nieder, wobei die Position der einzelnen Ziffern – wie im Dezimalsystem – von entscheidender Bedeutung ist.

$$10011 = 1 \cdot 2^4 + 0 \cdot 2^3 + 0 \cdot 2^2 + 1 \cdot 2^1 + 1 \cdot 2^0$$
$$= 1 \cdot 16 + 0 \cdot 8 + 0 \cdot 4 + 1 \cdot 2 + 1 \cdot 1 = 16 + 2 + 1$$
$$= 19$$

Also: 10011 im Dualsystem dargestellt bedeutet die Zahl 19 im Dezimalsystem, kurz $10011_{[2]} = 19_{[10]}$.

$$1111_{[2]} = 1 \cdot 2^3 + 1 \cdot 2^2 + 1 \cdot 2^1 + 1 \cdot 2^0 = 2^3 + 2^2 + 2^1 + 2^0$$
$$= 8 + 4 + 2 + 1 = 15$$
$$10000_{[2]} = 1 \cdot 2^4 + 0 \cdot 2^3 + 0 \cdot 2^2 + 0 \cdot 2^1 + 0 \cdot 2^0 = 2^4 = 16$$
$$6_{[10]} = 4 + 2 = 1 \cdot 2^2 + 1 \cdot 2^1 + 0 \cdot 2^0 = 110_{[2]}$$
$$31_{[10]} = 16 + 8 + 4 + 2 + 1 = 1 \cdot 2^4 + 1 \cdot 2^3 + 1 \cdot 2^2 + 1 \cdot 2^1 + 1 \cdot 2^0$$
$$= 11111_{[2]}$$
$$32_{[10]} = 1 \cdot 2^5 + 0 \cdot 2^4 + 0 \cdot 2^3 + 0 \cdot 2^2 + 0 \cdot 2^1 + 0 \cdot 2^0$$
$$= 100000_{[2]}$$

Zusammenfassend sei folgende Übersicht zum Dualsystem gegeben:

Dualsystem

Grundziffern:	0, 1
Stellenwert:	Potenzen der Zahl 2
Darstellungsform:	$b_m b_{m-1} ... b_0, b_{-1} b_{-2} ... b_{-n}$
	(b steht für die Grundziffern, m und n sind natürliche Zahlen)

Oft spricht man im Zusammenhang mit dem Dualsystem von Binärcodierung. **Binärcodierung** heißt aber nur, dass zwei Zeichen zur Verschlüsselung genutzt werden, über deren Position in einer Zeichen- oder Signalkette wird nichts ausgesagt. Im Dualsystem werden ebenfalls zwei Zeichen zur Codierung genutzt, entscheidend ist aber hier deren Position, deren Stellung in einer Zeichenkette.

Im Dualsystem kann man Addieren und Multiplizieren wie im Dezimalsystem. Grundaufgaben der Addition sind:
$0 + 0 = 0$, $0 + 1 = 1 + 0 = 1$, $1 + 1 = 10$.
Das Rechnen ist einfacher, man muss sich für die Multiplikation beispielsweise nur 4 Grundaufgaben merken (statt 100 wie im Dezimalsystem), die Zahlen werden aber länger.

Zum Rechnen mit dem Computer müsste man nur die Ziffern 0 bis 9 des Dezimalsystems sowie einige Operationszeichen wie „+" oder „–" als Bitmuster darstellen. Aber man will mit dem Computer auch schreiben. Insbesondere benötigt man dazu Buchstaben (groß/klein ≈ 60 Zeichen), (Ziffern = 10 Zeichen), Sonderzeichen (Operations-, Relations-, Satz-, Steuerzeichen ≈ 40 Zeichen; auf der Tastatur erkennbar), Grafikzeichen (⌠, ⌡, ...) und Schriftzeichen aus anderen Sprachen (ë, É, ...)
Man kommt mit $256 = 2^8$ Bitmustern aus. Die Bitmusterreihen haben die Länge 8.

Die Zusammenfassung von 8 Bit zu einem Zeichen nennt man **Byte**. Dies ist die kleinste vom Computer akzeptierte Dateneinheit. Mit einem Byte können $2^8 = 256$ verschiedene Zeichen dargestellt werden.

Daten, Datentypen und Datenstrukturen

Byte ist auch die Maßeinheit für die Kapazität von Speichermedien wie Disketten oder Festplatten.

1 **KByte** (Abk. **KB**)	$= 2^{10}$ Byte = 1024 Byte (Zeichen)	
	$\approx$ 1000 Byte	
1 **MByte** (Abk. **MB**)	$= 2^{20}$ Byte = 1048576 Byte (Zeichen)	
	$\approx$ 1 Million Byte	
1 **GByte** (Abk. **GB**)	$= 2^{30}$ Byte = 1073741824 Byte (Zeichen)	
	$\approx$ 1 Milliarde Byte	
1 **TByte** (Abk. **TB**)	$= 2^{40}$ Byte = 1099511627776 Byte (Zeichen)	
	$\approx$ 1 Billion Byte	

K steht für „Kilo",
M für „Mega",
G für „Giga" und
T für „Tera".

„Mega" ist hier nicht exakt 1 Million. Aber die Abweichungen sind so gering, dass man überschlagsmäßig damit arbeiten kann.

Mit **Word** bezeichnet man eine Bitfolge der Länge 16. Hiermit können 16-stellige Dualzahlen codiert werden, nämlich die Zahlen von $0_{[10]} = 0000000000000000_{[2]}$ bis $65535_{[10]} = 1111111111111111_{[2]}$.

Hexadezimalsystem

Die Bitmuster sind nicht sonderlich gedächtnisfreundlich und nehmen außerdem relativ viel Platz in Anspruch. Deshalb werden die Bytes (Zeichen, Bitmuster der Länge 8) oft durch eine Kurzschreibweise angegeben, die auf einem anderen Positionssystem, dem Hexadezimalsystem basiert.

Hexadezimalsystem

Grundziffern:	0, 1, 2, 3, 4, 5, 6, 7, 8, 9, A, B, C, D, E, F
Stellenwert:	Potenzen der Zahl 16
Darstellungsform:	$h_m h_{m-1} \ldots h_0, h_{-1} h_{-2} \ldots h_{-n}$
	(h steht für die Grundziffern, m und n sind natürliche Zahlen)

$53E_{[16]} = 5 \cdot 16^2 + 3 \cdot 16^1 + 14 \cdot 16^0$
$\phantom{53E_{[16]}} = 5 \cdot 256 + 3 \cdot 16 + 14 \cdot 1$
$\phantom{53E_{[16]}} = 1280 + 48 + 14 = 1342_{[10]}$

Also: 53E im Hexadezimalsystem dargestellt bedeutet die Zahl 1342 im Dezimalsystem, kurz $53E_{[16]} = 1342_{[10]}$.

Ein Byte wird in zwei Tetraden (Halbbytes) zu je 4 Bits unterteilt. Diese Tetraden können wiederum jeweils durch genau eine Hexadezimalziffer (0, 1, 2, 3, 4, 5, 6, 7, 8, 9, A, B, C, D, E, F) codiert werden, was die Umwandlung von einem Positionssystem in das andere vereinfacht.

$26_{[10]} = 0001\ 1010_{[2]} = 1A_{[16]}$
$98_{[10]} = 0110\ 0010_{[2]} = 62_{[16]}$
$129_{[10]} = 1000\ 0001_{[2]} = 81_{[16]}$

Grundbegriffe

Im Folgenden wird ein (unvollständiger) Überblick über die Dezimalzahlen (dez), Dualzahlen (Bitmuster, b) und Hexadezimalzahlen (**HEX-Code**, h) von 0 bis 255 gegeben:

dez	b	h	dez	b	h	dez	b	h
0	0000 0000	00	16	0001 0000	10	32	0010 0000	20
1	0000 0001	01	17	0001 0001	11	33	0010 0001	21
2	0000 0010	02	18	0001 0010	12	34	0010 0010	22
3	0000 0011	03	19	0001 0011	13	55	0011 0111	37
4	0000 0100	04	20	0001 0100	14	56	0011 1000	38
5	0000 0101	05	21	0001 0101	15	99	0110 0011	63
6	0000 0110	06	22	0001 0110	16	100	0110 0100	64
7	0000 0111	07	23	0001 0111	17	101	0110 0101	65
8	0000 1000	08	24	0001 1000	18	126	0111 1110	7E
9	0000 1001	09	25	0001 1001	19	127	0111 1111	7F
10	0000 1010	0A	26	0001 1010	1A	128	1000 0000	80
11	0000 1011	0B	27	0001 1011	1B	251	1111 1011	FB
12	0000 1100	0C	28	0001 1100	1C	252	1111 1100	FC
13	0000 1101	0D	29	0001 1101	1D	253	1111 1101	FD
14	0000 1110	0E	30	0001 1110	1E	254	1111 1110	FE
15	0000 1111	0F	31	0001 1111	1F	255	1111 1111	FF

ASCII-Zeichensatz

ASCII (gesprochen: aski) ist die Abkürzung für **A**merican **S**tandard **C**ode for **I**nformation **I**nterchange.

Mit einem Byte sind also genau 256 Zeichen darstellbar. Zur Zuordnung der 256 Bitmuster (Bytes) zu jeweils genau einem Zeichen nutzt man heute meist den amerikanischen Standard-Code für den Informationsaustausch, den **ASCII**.

Dem Byte 01000001 entspricht der Großbuchstabe A,

dem Byte 01000011 entspricht der Großbuchstabe C.

Ursprünglich war der ASCII-Zeichensatz ein 7-Bit-Code, es konnten also nur 128 Zeichen dargestellt werden, das achte Bit diente als Prüfbit. Dieser „einfache" ASCII-Zeichensatz ist auf allen Computern, in allen Ländern und in allen Programmen gleich.

Außer den ersten 32 und dem letzten Zeichen, die für Steuerungsaufgaben reserviert sind, sind alle Zeichen auf der Tastatur dargestellt. Darüber hinaus kann man die Zeichen unter DOS, in Programmierumgebungen und in Anwendungsprogrammen folgendermaßen abrufen:

Man gibt den Dezimalwert (dez) auf dem Ziffernblock der Tastatur bei gedrückter <Alt>-Taste ein und erhält jeweils das ASCII-Zeichen (asc), welches in der folgenden Tabelle dargestellt ist:

Daten, Datentypen und Datenstrukturen

dez	asc	dez	asc	dez	asc	dez	asc	dez	asc	dez	asc	dez	asc	dez	asc
0	nul	16	dle	32		48	0	64	@	80	P	96	'	112	p
1	soh	17	dc1	33	!	49	1	65	A	81	Q	97	a	113	q
2	stx	18	dc2	34	„	50	2	66	B	82	R	98	b	114	r
3	etx	19	dc3	35	#	51	3	67	C	83	S	99	c	115	s
4	eot	20	dc4	36	$	52	4	68	D	84	T	100	d	116	t
5	enq	21	nak	37	%	53	5	69	E	85	U	101	e	117	u
6	ack	22	syn	38	&	54	6	70	F	86	V	102	f	118	v
7	bel	23	etb	39	'	55	7	71	G	87	W	103	g	119	w
8	bs	24	can	40	(	56	8	72	H	88	X	104	h	120	x
9	ht	25	em	41	)	57	9	73	I	89	Y	105	i	121	y
10	lf	26	sub	42	*	58	:	74	J	90	Z	106	j	122	z
11	vt	27	esc	43	+	59	;	75	K	91	[	107	k	123	{
12	ff	28	fs	44	,	60	<	76	L	92	\	108	l	124		
13	cr	29	gs	45	-	61	=	77	M	93	]	109	m	125	}
14	so	30	rs	46	.	62	>	78	N	94	^	110	n	126	~
15	si	31	us	47	/	63	?	79	O	95	_	111	o	127	del

Das Zeichen 32 ist das Leerzeichen (Wortabstand), nicht zu verwechseln mit dem Steuerzeichen nul, welches das „leere Zeichen" (Speicherplatz für „nichts") ist.

Die Steuerzeichen bedeuten Folgendes:

dez	asc	Bedeutung der Abkürzung	Übersetzung, Bedeutung
0	nul	null character	leeres Zeichen, Nil, Null
1	soh	start of heading	Anfang des Kopfes
2	stx	start of text	Anfang des Textes
3	etx	end of text	Ende des Textes
4	eot	end of transmission	Ende der Übertragung
5	enq	enquiry	Stationsaufforderung
6	ack	acknowledgement	positive Rückmeldung
7	bel	ring bell	Klingel
8	bs	backspace	Rückwärtsschritt
9	ht	horizontal tabulation	Horizontal-Tabulator
10	lf	line feed	Zeilenvorschub
11	vt	vertical tabulation	Vertikal-Tabulator
12	ff	form feed	Formularvorschub
13	cr	carriage return	Wagenrücklauf
14	so	shift-out	Dauerumschaltung
15	si	shift-in	Rückschaltung
16	dle	data link escape	Datenübertragungsumschaltung

dez	asc	Bedeutung der Abkürzung	Übersetzung, Bedeutung
17	dc1	device control 1	Gerätesteuerung 1
18	dc2	device control 2	Gerätesteuerung 2
19	dc3	device control 3	Gerätesteuerung 3
20	dc4	device control 4	Gerätesteuerung 4
21	nak	negative acknowledgement	negative Rückmeldung
22	syn	synchronous idle	Synchronisierung
23	etb	end of transmission bloc	Ende des Datenübertragungsblocks
24	can	cancel	ungültig
25	em	end of medium	Ende der Aufzeichnung
26	sub	substitute	Substitution
27	esc	escape	Umschaltung
28	fs	file separator	Hauptgruppen-Trennung
29	gs	group separator	Gruppen-Trennung
30	rs	record separator	Untergruppen-Trennung
31	us	unit separator	Teilgruppen-Trennung
127	del	delete	Löschen

Der ASCII-Zeichensatz wurde vom American National Standards Institute (ANSI), dem nationalen Normenausschuss der USA – vergleichbar mit dem Deutschen Institut für Normierung (DIN) – festgelegt.
Auch den **erweiterten ASCII-Zeichensatz** – also zusätzlich die Zeichen für die Plätze von 128 bis 255 – hat dieses Institut festgelegt, man nennt ihn deshalb oft **ANSI-Zeichensatz**.

Der erweiterte ASCII-Zeichensatz weicht in den verschiedenen Ländern voneinander ab. Dies hängt damit zusammen, dass die verschiedenen Sprachen auch unterschiedliche zusätzliche Schriftzeichen haben. Deshalb gibt es vom ANSI normierte Code-Tabellen für die einzelnen Länder. In Deutschland sind 2 Tabellen gebräuchlich: Code-Tabelle 437 und der internationale Standard, die Code-Tabelle 850.

Insbesondere für den Datenaustausch im Internet wird ein 16-Bit-Zeichensatz, der 1996 als Standard vereinbart wurde, immer wichtiger – der **Unicode** („Einheitsschlüssel"). Das ist ein Zeichensatz, mit dem also $2^{16} = 65\,536$ Zeichen dargestellt werden können. Das reicht für die Zeichen aller Sprachen aus.

Die Zeichen 128 bis 255 sind im Allgemeinen nicht auf der Tastatur dargestellt. Man kann sie aber unter DOS, in Programmierumgebungen und in Anwendungsprogrammen (im Allgemeinen auch unter der Benutzeroberfläche Windows) ebenfalls dadurch erhalten, dass man den Dezimalwert (dez) auf dem Ziffernblock der Tastatur bei gedrückter <Alt>-Taste eingibt und dann die <Alt>-Taste loslässt.
Windows hat zusätzlich eine eigene Code-Tabelle. Die entsprechenden Zeichen erhält man dadurch, dass man vor dem Dezimalwert außerdem eine 0 eingibt.

Die folgende Übersicht zeigt für die Zeichen 128 bis 255 (dez) die Code-Tabelle 850 und die Codierung unter Windows (win).
Freie Stellen bedeuten hier meist Steuerzeichen.

dez	850	win	dez	850	win	dez	850	win	dez	850	win	dez	850	win
			150	û	–	180	┤	´	210	Ê	Ò	240	-	ð
			151	ù	—	181	Á	µ	211	Ë	Ó	241	±	ñ
			152	ÿ	~	182	Â	¶	212	È	Ô	242	_	ò
			153	Ö	™	183	À	·	213	ı	Õ	243	¾	ó
			154	Ü	š	184	©	¸	214	Í	Ö	244	¶	ô
			155	ø	›	185	╣	¹	215	Î	×	245	§	õ
			156	£	œ	186	║	º	216	Ï	Ø	246	÷	ö
			157	Ø	″	187	╗	»	217	┘	Ù	247	¸	÷
128	Ç		158	×	•	188	╝	¼	218	┌	Ú	248	°	ø
129	ü		159	ƒ	Ÿ	189	¢	½	219	█	Û	249	¨	ù
130	é	,	160	á		190	¥	¾	220	▄	Ü	250	·	ú
131	â	ƒ	161	í	¡	191	┐	¿	221	¦	Ý	251	¹	û
132	ä	„	162	ó	¢	192	└	À	222	Ì	Þ	252	³	ü
133	à	…	163	ú	£	193	┴	Á	223	▀	ß	253	²	ý
134	å	†	164	ñ	¤	194	┬	Â	224	Ó	à	254	■	þ
135	ç	‡	165	Ñ	¥	195	├	Ã	225	ß	á	255		ÿ
136	ê	^	166	ª	¦	196	─	Ä	226	Ô	â			
137	ë	‰	167	º	§	197	┼	Å	227	Ò	ã			
138	è	Š	168	¿	¨	198	ã	Æ	228	õ	ä			
139	ï	‹	169	®	©	199	Ã	Ç	229	Õ	å			
140	î	Œ	170	¬	ª	200	╚	È	230	µ	æ			
141	ì	•	171	½	«	201	╔	É	231	þ	ç			
142	Ä	•	172	¼	¬	202	╩	Ê	232	Þ	è			
143	Å		173	¡	-	203	╦	Ë	233	Ú	é			
144	É		174	«	®	204	╠	Ì	234	Û	ê			
145	æ	'	175	»	¯	205	═	Í	235	Ù	ë			
146	Æ	'	176	░	°	206	╬	Î	236	ý	ì			
147	ô	"	177	▒	±	207	¤	Ï	237	Ý	í			
148	ö	"	178	▓	²	208	ð	Ð	238	¯	î			
149	ò	•	179	│	³	209	Ð	Ñ	239	´	ï			

Damit nicht genug – wem diese Zeichen nicht ausreichen, der hat außerdem die Möglichkeit, in Anwendungsprogrammen, insbesondere in Textverarbeitungssystemen mit Schriftfonts zu arbeiten, die spezielle Bedürfnisse befriedigen (Schaltzeichen, kartografische Symbole, mathematische Zeichen usw.). Dabei muss man die entsprechenden Zeichen durch Zuweisung der Schriftart formatieren (↗ Abschnitt 2.1.2, S. 105, 106).

Schriftart „Symbol" (Ausgabe nach Schriftartzuweisung):

Eingabe: d   Dezimalwert: 100   Ausgabe: δ
Eingabe: D   Dezimalwert: 68   Ausgabe: Δ
              Dezimalwert: 0222   Ausgabe: ⇒
              Dezimalwert: 0180   Ausgabe: Π

1.2.2 Datentypen

Sowohl für das Programmieren als auch für die Arbeit mit Anwendungsprogrammen ist es von Bedeutung, welcher Art die Daten sind, die verarbeitet werden sollen. Soll mit ihnen gerechnet werden, sollen Texte bearbeitet werden, sollen logische Operationen vorgenommen werden? Hierzu werden jeweils unterschiedliche Datentypen genutzt – auch um den Speicherbedarf möglichst gering zu halten.

> Der Begriff **Datentyp** beschreibt den Wertebereich von Daten, in dem ganz bestimmte Operationen gelten, die man auf alle Daten dieses Typs anwenden kann.

Beim Programmieren, aber auch bei der Arbeit mit Anwendungssystemen wie Tabellenkalkulations- oder Datenbankprogrammen sollte man immer zuerst überlegen, welche Datentypen man am sinnvollsten einsetzt, überprüfen, ob in der gewählten Programmiersprache oder im genutzten Anwendungsprogramm die entsprechenden Datentypen auch vorhanden sind und – wenn nicht – gegebenenfalls eine andere Programmiersprache oder ein anderes Anwendungsprogramm wählen.

Datentyp (Name)	Bedeutung	Beispiele für mögliche Operationen, Relationen und Funktionen	
integer	– ganze Zahlen; im Allgemeinen von -2^{15} bis $2^{15}-1$, also von -32768 bis 32767 –101; 0; 5; 3000	+	Addition
		-	Subtraktion
		×	Multiplikation
		div	ganzzahlige Division
		mod	Rest bei der ganzzahligen Division
		abs	Absolutbetrag
		Vergleichsrelationen wie $<, >, =, <>$ ($\neq$)	
longinteger	– ganze Zahlen; i. Allg. von -2^{30} bis $2^{30}-1$, also von -1073741824 bis 1073741823	Operationen, Relationen und Funktionen wie bei integer	
real	– rationale Näherungswerte für reelle Zahlen (vgl. auch den Text am Ende der Tabelle) –101.0; 0.0; 5.0; 3000.0; –26.53; 0.01; 102.5; $22.5\text{E}20$ ($22,5 \cdot 10^{20}$)	+	Addition
		-	Subtraktion
		×	Multiplikation
		/	Division
		Vergleichsrelationen	
		verschiedene mathematische Funktionen (z. B. Logarithmus, Sinus)	
boolean (logical)	– logische Werte falsch (false), wahr (true) Es gibt nur diese beiden logischen Werte.	NOT	nicht
		AND	und
		OR	oder

Daten-typ (Name)	Bedeutung	Beispiele für mögliche Operationen, Relationen und Funktionen

char (character)	– Zeichen (Ziffern, Buchstaben, Sonderzeichen, Grafiksymbole)
	
	  5; 9; A; b; X; l; –; °; é; P; ⇒
	
	– Oft rechnet man auch Zeichenketten (strings) zu den Datentypen. Hier liegt eigentlich eine *Datenstruktur* vor.
	
	  OTTO; A1; Otto; ee; 1234+; 12623 Berlin
		ord ordnet dem Zeichenwert die entsprechenden ASCII-Codezahl zu
		
		chr ordnet der ASCII-Codezahl das entsprechende Zeichen zu
		
		verschiedene Funktionen zur Aneinanderreihung, Wiederholung, Aussonderung, Suche und Längenbestimmung sowie Vergleichsrelationen bei strings

Da der Computer nur endlich lange Zeichenfolgen verarbeiten kann, müssen reelle Zahlen (Typ real) als rationale Näherungswerte dargestellt werden.

Erfolgt die Zahlendarstellung im Dezimalsystem z. B. auf 6 Dezimalen genau, so liegen im Intervall $0 \leq x < 1$ eine Million Zahlen, im Intervall $999998 \leq x < 999999$ nur eine Zahl, nämlich 999998.

Die Zahlen sind also recht unterschiedlich verteilt und es gelten in der Menge der Computerzahlen nicht die üblichen Rechengesetze (Assoziativgesetz, Distributivgesetz). Dies kann in Einzelfällen zu großen Rechenungenauigkeiten oder falschen Ergebnissen führen.

1.2.3 Datenstrukturen

Der Begriff **Datenstruktur** beschreibt die Zusammenfassung gleicher oder unterschiedlicher Datentypen nach bestimmten Konstruktionsprinzipien.

In imperativen Programmiersprachen wird für „Datenstruktur" auch „Datentyp" genutzt.

Datenstruktur	Bedeutung	Beispiele

Feld (array)	– Zusammenfassung von Daten gleichen Typs
	  • in einer Reihe (eindimensionales Feld),
	  • in Reihen und Spalten (zweidim. Feld).
	– Die einzelnen Daten werden als „Feldelemente" bezeichnet. Jedes Feldelement ist durch Ordnungszahlen (**Indizes**) eindeutig festgelegt. Bei zweidimensionalen Feldern besitzt jedes Element zwei Indizes, bei dreidimensionalen Felder drei usw.
		– Namensliste, Folge von Zahlen
		– Koeffizienten eines Gleichungssystems (als Matrix dargestellt)
		– Stichprobe

Daten-struktur	Bedeutung	Beispiele
Verbund (record)	– Zusammenstellung von Daten unterschiedlichen Typs – Bei dieser Datenstruktur spricht man auch von einem **Datensatz** (z. B. Angaben zu einer Person), der aus einzelnen **Datenfeldern** (z. B. Name, Straße, PLZ, Wohnort) besteht.	– Zusammenfassung von Warenbezeichnungen und Zahlen zu einer Preisliste – Personalien (Name, Adresse)
File	– Zusammenfassung von Daten gleicher Struktur. Man kann in einem File jede in der Programmiersprache vereinbarte Datenstruktur speichern, nur Files selbst nicht. – Für nicht zu große Files werden die Daten sequenziell (aufeinanderfolgend) abgelegt, für große Files sind andere Organisationsformen effektiver. – Ein File kann ständig erweitert werden (dynamische Datenstruktur), und wird unter einem Namen auf Datenträgern gespeichert.	– Namensliste – Zahlenfolge – Messreihe
Baum	– Die betrachteten Daten stehen nicht auf gleichem Niveau, d. h., es gibt über- und untergeordnete Daten. Jedes Datum auf einem gegebenen Niveau ist genau einem Datum von unmittelbar höherem Niveau unterstellt. Jedes Datum kann auf mehrere Daten des nächstniedrigeren Niveaus Bezug nehmen. Es gibt genau ein Datum, dass keinen Vorgänger hat. – Die einzelnen Daten werden hier auch als **Knoten** betrachtet, von denen verschiedene Verzweigungen **(Kanten)** zu den anderen Daten bestehen. 	– Generationsfolge einer Familie – baumartige Einteilung der Tierwelt (Stamm – verschiedene Arten – Unterarten) – Notation von aufeinanderfolgenden möglichen Antworten zum Lösen eines Problems, die nur „ja" oder „nein" lauten können **(binärer Baum)**

1.3 Algorithmen und Programme

1.3.1 Algorithmen

Grundlage für die Entwicklung und Nutzung informationsverarbeitender Technik sind Algorithmen.

Algorithmusbegriff

> Ein **Algorithmus** ist eine Verarbeitungsvorschrift, die aus einer endlichen Folge von eindeutig ausführbaren Anweisungen besteht, mit der man eine Vielzahl gleichartiger Aufgaben lösen kann.
> Ein Algorithmus gibt an, wie Eingabegrößen schrittweise in Ausgabegrößen umgewandelt werden.

Der Name Algorithmus geht auf den Namen des arabischen Mathematikers Muhammad ibn Musa Al-Chwarizmi (787 – um 850) zurück, der in seinem Werk „Hisab al'schabr wal mukábala" („Das Buch vom Hinüberschaffen und vom Zusammenfassen") viele Rechenverfahren beschrieben hat.

- Gebrauchsanweisungen, Bastelanleitungen, Spielregeln, Gewinnstrategien, mathematische Lösungsverfahren, …

- Die Schrittfolgen beim Arbeiten mit einem Taschenrechner sind auch Algorithmen. Man gibt diese Schritt- oder Tastenfolgen durch so genannte **Rechenablaufpläne** an.

- Ein bekanntes Beispiel für einen „mathematischen" Algorithmus ist der **euklidische Algorithmus** zur Ermittlung des größten gemeinsamen Teilers (ggT) zweier Zahlen:
  - Man teilt die größere durch die kleinere Zahl.
  - Geht die Division auf, ist der Divisor der ggT.
  - Geht die Division nicht auf, bleibt ein Rest. Dieser ist der neue Divisor, der alte wird zum Dividenden. Nun setzt man das Verfahren fort. Nach endlich vielen Schritten erhält man den ggT. Ist der letzte Rest 1, dann sind die Ausgangszahlen teilerfremd.

  Es ist der ggT von 544 und 391 gesucht.

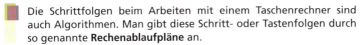

Alle Rechenverfahren, insbesondere das schriftliche Rechnen mit im dekadischen Positionssystem dargestellten Zahlen, sind letztlich Algorithmen.

Eigenschaften von Algorithmen

Der obige Algorithmusbegriff ist keine exakte mathematische Definition, sondern er wurde mithilfe folgender **Eigenschaften von Algorithmen** beschrieben:

> **Endlichkeit:**
> Ein Algorithmus besteht aus endlich vielen Anweisungen (Verarbeitungsbefehlen bzw. Regeln) endlicher Länge.

Die Abarbeitung der Anweisungen eines Algorithmus erfolgt „sequenziell", d. h. nacheinander. Praktisch bedeutsam werden immer mehr so genannte **nichtsequenzielle** Algorithmen, d. h. Algorithmen, bei denen einzelne Teile parallel bearbeitet werden (z. B. Auto fahren, Bereitstellung von Werten für Unteralgorithmen).

> **Eindeutigkeit:**
> Mit jeder Anwendung ist auch die nächstfolgende festgelegt, d. h., die Reihenfolge der Abarbeitung der Anweisungen unterliegt nicht der Willkür des Ausführenden.
> (Man sagt auch: Algorithmen sind **deterministisch**).
> Das heißt, dass bei gleichen Bedingungen gleiche Eingabegrößen bei wiederholter Abarbeitung eines Algorithmus auf dieselben Ausgabegrößen abgebildet werden.
> (Man sagt auch: Algorithmen sind **determiniert**).

> **Ausführbarkeit:**
> Jede einzelne Anweisung muss für den Ausführenden des Algorithmus (den „Prozessor") verständlich und ausführbar sein. Ein Algorithmus ist also immer nur ein Algorithmus bezüglich eines Prozessors.

Eine Beschreibung zum Lösen linearer Gleichungssysteme mithilfe des Einsetzungsverfahrens ist für viele Menschen ein Algorithmus, für einen Computer nur dann, wenn entsprechende Programme zur Formelmanipulation existieren. Für den Prozessor Computer wird man deshalb im Allgemeinen ein numerisches Verfahren benutzen und das Vorgehen nach dieser Lösung auch noch in einer ganz konkreten Programmiersprache formulieren müssen.

> **Allgemeingültigkeit:**
> Ein Algorithmus muss auf alle Aufgaben gleichen Typs (Aufgabenklasse) anwendbar sein und (bei richtiger Anwendung) stets zum gesuchten Resultat (zur Lösung bzw. zur Einsicht, dass die Aufgabe nicht lösbar ist) führen.

Es gibt auch **Eigenschaften, die für den Prozess gelten, den ein Algorithmus beschreibt:**

– Endlichkeit der Beschreibung bedeutet noch nicht, dass auch der beschriebene Prozess endlich sein muss (z. B. kommen verschiedene Verfahren zur Berechnung von Quadratwurzeln durch schrittweise Näherung für gewisse Eingabegrößen nie zum Ende). In der Praxis ist dies aber nicht sinnvoll und man fordert daher, dass der beschriebene *Prozess nach endlich vielen Schritten* (deren Anzahl nicht bekannt sein muss) *abbricht*, d. h. nach einer endlichen Zeitspanne zum Ende kommt **(terminiert)**. Für das Beispiel (Berechnung von Quadratwurzeln) würde dies bedeuten, dass man die Genauigkeit festlegt, mit der evtl. auftretende irrationale Ausgabegrößen angenähert werden sollen.

– Oft gibt es mehrere **äquivalente Algorithmen** (Algorithmen, die das Gleiche leisten – wenn auch auf unterschiedlichem Wege) zum Lösen ein und desselben Problems.
Ein Algorithmus heißt **effizient,** wenn er ein vorgegebenes Problem in möglichst kurzer Laufzeit und/oder mit möglichst geringem Aufwand für den Prozessor löst.

1.3.2 Algorithmenstrukturen und Darstellungsformen

Algorithmenstrukturen sind Bausteine, aus denen sich jeder Algorithmus zusammensetzen lässt. Man unterscheidet drei grundlegende Algorithmenstrukturen:

- **Folge** von zwei oder mehreren Anweisungen, die hintereinander ausgeführt werden (auch **Sequenz** genannt)

Auf Anweisung A folgt Anweisung B.

- **Auswahl** von genau einer Anweisung oder Folge aus mehreren Anweisungen oder Folgen in Abhängigkeit von einer Bedingung (auch **Verzweigung** genannt)

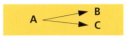

Auf Anweisung A folgt in Abhängigkeit von einer Bedingung entweder Anweisung B oder Anweisung C.

- **Wiederholung** (auch **Zyklus**, **Schleifenstruktur** und manchmal **Iteration** genannt) einer Anweisung oder Folge in Abhängigkeit von einer Bedingung

Nach einer Reihe von Anweisungen folgt wieder die Anweisung A_1.

Algorithmen sollten möglichst knapp, aber präzise, für den Nutzer (den Ausführenden, den Prozessor) aufgeschrieben werden. Es existieren verschiedene **Algorithmen-Notationsformen** (Darstellungsformen):

Als spezielle Algorithmenstruktur kann man den Unteralgorithmus (die Prozedur) betrachten, der sich aus den anderen Strukturen zusammensetzt.

a) *Beschreibung mithilfe der Umgangssprache:*
Ein Beispiel für die umgangssprachliche Beschreibung eines Algorithmus findet man auf Seite 31 (euklidischer Algorithmus). Eine solche Darstellung ist wenig sinnvoll, wenn man an die Umsetzung in eine Programmiersprache und an den Prozessor Computer denkt.

b) *Verbale, aber formalisierte Beschreibung:*
Bestimmte, oft wiederkehrende Strukturelemente eines Algorithmus werden immer mit den gleichen Worten beschrieben.

c) *Programmablaufplan:*
Ein **Programmablaufplan (Flussdiagramm)** ist eine normierte grafische Darstellung von Algorithmen. Eingaben, Aktionen, Verzweigungen, Anfang und Ende des Algorithmus werden durch grafische Symbole dargestellt, die durch Pfeile verbunden sind.

Für die Notation größerer Algorithmen sind Programmablaufpläne ungeeignet, da Darstellungsmittel für Datenbereiche und Schleifenstrukturen fehlen. Außerdem verführen Programmablaufpläne durch leichtes Einzeichnen unbedingter Sprünge (Verzweigungen) zu unübersichtlicher, schwer nachvollziehbarer, unstrukturierter Programmierung („Spaghettiprogrammierung"), die sich an der Arbeitsweise des Computers orientiert, aber kaum der menschlichen Denkweise entspricht.

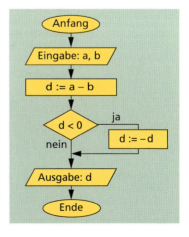

d) *Struktogramm:*

Ein grafisches Darstellungsmittel für Algorithmen ist auch das **Struktogramm (Nassi-Shneiderman-Diagramm).**

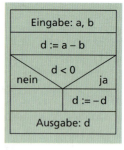

Jede Aktion (jedes Strukturelement) eines Algorithmus wird durch einen Block dargestellt. Die Blöcke werden aneinandergereiht oder können ineinander geschachtelt werden. Unbedingte Sprünge sind nicht möglich. Hierdurch wird der Programmierer gezwungen, seine Gedanken systematisch, für andere nachvollziehbar zu notieren.

e) *Programm:*

Auch ein Programm ist letztlich eine Darstellungsform für einen Algorithmus. Höhere Programmiersprachen besitzen sprachliche Mittel für die Strukturelemente von Algorithmen, die der verbal-formalisierten Beschreibung recht nahe kommen, für den Menschen also leicht verständlich sind. Ein Algorithmus in der imperativen (befehlsorientierten) Programmiersprache Turbo Pascal notiert, ist durch die Strukturierungsmöglichkeiten (beispielsweise Einrückungen von Programmzeilen, Auslagerung von Unterprogrammen usw.) oft genauso anschaulich wie ein Struktogramm und kann zur Dokumentation des erarbeiteten Algorithmus (Programms) genutzt werden.

Die Notation von Algorithmen ist eine Stufe auf dem Weg zum fertigen Programm und dient gleichzeitig zur Dokumentation von Programmen, was eine mögliche Fehlersuche vereinfacht. Es hat sich gezeigt, dass es oft günstig ist, verschiedene Notationsformen (z. B. Struktogramm, Programm) parallel bzw. nacheinander zu nutzen.

Im Folgenden werden die grundlegenden Strukturen von Algorithmen beschrieben und dabei beispielhaft verschiedene Notationsformen dieser Strukturen aufgezeigt.

Folge

Man spricht von der Algorithmenstruktur **Anweisungsfolge (Sequenz)**, wenn in einem Algorithmus keine Anweisungen (Aktionen) auftreten, die mehrmals durchlaufen werden müssen, und die Reihenfolge, in der die einzelnen Anweisungen abgearbeitet werden, mit ihrer Anordnung im Algorithmus übereinstimmt. Ein solcher Algorithmus heißt auch **linearer Algorithmus**, ein entsprechendes Programm **Geradeausprogramm**.

	Beispiele für Notationsformen	
verbal formalisiert	**grafisch (Struktogramm)**	**Programm (Turbo Pascal)**
Anweisung 1 Anweisung 2 Anweisung 3 … Anweisung n	Anweisung 1 Anweisung 2 … Anweisung n	BEGIN 　Anweisung 1; 　Anweisung 2; 　… END.

Algorithmen und Programme 33

■ Struktogramm zur Berechnung von Umfang und Flächeninhalt eines beliebigen Rechtecks:

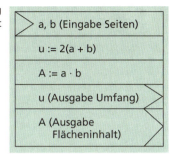

■ Auch **Rechenablaufpläne** für Taschenrechner sind Beispiele für lineare Algorithmen.

Zum Lösen einer quadratischen Gleichung der Form $x^2 + px + q = 0$ kann aus der Lösungsformel $x_{1,2} = -\frac{p}{2} \pm \sqrt{\left(\frac{p}{2}\right)^2 - q}$ folgender Rechenablaufplan entwickelt werden:

| p | ÷ | 2 | = | x^2 | − | q | = | √ | X→M | + | p | +/− | ÷ | 2 | = | MR | +/− | + | p | +/− | ÷ | 2 | = |

Ablesen: x_1 ↑ Ablesen: x_2 ↑

Struktogramm zur Berechnung von x_1 und x_2:

Man erkennt hier, dass es sinnvoll ist, den Wert von mehrmals zu berechnenden Termen (hier $\frac{p}{2}$, die Diskriminante d und $\sqrt{d}$) einer Variablen zuzuweisen und immer wieder zu benutzen. Dies gilt übrigens nicht nur für das Lösen von Problemen mit Blick auf den Computer, sondern dient allgemein der Effektivierung der Rechenarbeit

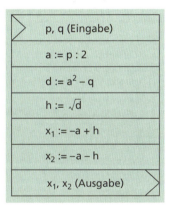

Einseitige Auswahl

Wenn in Abhängigkeit von einer Bedingung entweder zusätzliche Aktionen ausgelöst werden, oder der Algorithmus einfach fortgesetzt wird, spricht man von der Algorithmenstruktur **einseitige Auswahl**.

	Beispiele für Notationsformen	
verbal formalisiert	grafisch (Struktogramm)	Programm (Turbo Pascal)
WENN Bedingung, DANN Anweisung	b / ja \ nein / Anweisungen / ./.	IF Bedingung THEN Anweisung;

Der Algorithmus zur Berechnung des Abstandes zweier Zahlen auf der Zahlengeraden (vgl. Programmablaufplan und Struktogramm auf S. 31, 32) beinhaltet die Algorithmenstruktur „einseitige Auswahl". Nebenstehend ist ein BASIC-Programm hierfür angegeben.

```
10 INPUT "ZAHL A="; A
20 INPUT "ZAHL B="; B
30 D=A-B
40 IF D<0 THEN D=-D
50 PRINT D
60 END
```

Zweiseitige Auswahl

Eine **zweiseitige Auswahl (Alternative)** in einem Algorithmus liegt dann vor, wenn in Abhängigkeit von einer Bedingung entweder eine Anweisung(sfolge) 1 oder eine Anweisung(sfolge) 2 ausgeführt wird.

	Beispiele für Notationsformen	
verbal formalisiert	grafisch (Struktogramm)	Programm (Turbo Pascal)
WENN Bedingung, DANN Anweisung 1 SONST Anweisung 2	ja b nein / Anw. 1 / Anw. 2	IF Bedingung THEN Anweisung 1 ELSE Anweisung 2;

Quadratische Gleichungen sind nicht lösbar, wenn die Diskrimante (der Term, der unter der Wurzel steht) kleiner als null ist (vgl. Beispiel S. 33). Im Folgenden wird das Struktogramm und ein Turbo Pascal-Programm für den vervollständigten Algorithmus angegeben:

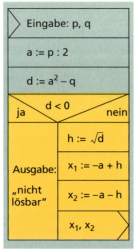

```
program
Quadratische_Gleichungen;
var p,q,a,d,h,x1,x2:REAL;
begin
  WRITE('p='); READLN(p);
  WRITE('q='); READLN(q);
  a:=p/2; d:=a*a-q;
  if d<0
    then WRITELN('nicht loesbar')
    else begin
         h:=sqrt(d);
         x1:=-a+h; x2:=-a-h;
         WRITELN('x1=',x1);
         WRITELN('x2=',x2)
         end
end.
```

Am Programmbeispiel wird auch deutlich, dass zu einem Algorithmus mehr gehört als die Algorithmenstrukturen. Wichtig ist beispielsweise auch die Definition der Datentypen (in der dritten Programmzeile, ↗ auch Abschnitt 1.2.2, S. 26, 27).

Mehrseitige Auswahl

Man spricht von **mehrseitiger Auswahl (Mehrfachverzweigung, Fallunterscheidung),** wenn in Abhängigkeit vom Wert eines Ausdrucks (eines Selektors) mehr als 2 Anweisungsfolgen abgearbeitet werden können.

Während einseitige und zweiseitige Auswahl (als Wenn- oder Wenn-Dann-Funktion) auch in Tabellenkalkulations-, Datenbank- und sogar in Textverarbeitungsprogrammen benutzt werden können, steht die mehrseitige Auswahl nur in höheren Programmiersprachen zur Verfügung. Man kann eine mehrseitige Auswahl allerdings durch ineinander geschachtelte Alternativen simulieren.

 Eigentlich müsste es heißen: Wenn-Dann-Funktion bzw. Wenn-Dann-Sonst-Funktion.

Beispiele für Notationsformen		
verbal formalisiert	grafisch (Struktogramm)	Programm (Turbo Pascal)

FALLS Selektor=
    1: Anweisung 1
    ...
    n: Anweisung n
ENDE
	Falls s =
	1 | 2 | 3 | ... | n
	A_1 | A_2 | A_3 | ... | A_n
		CASE Selektor OF
		    1: Anweisung 1;
		    ...
		    n: Anweisung n;
		END;

 Struktogramm eines Algorithmus zur Prozentrechnung:

Was möchten sie berechnen?	1: Prozentwert W 2: Prozentsatz p 3: Grundwert G		
Eingabe: entsprechende Zahl s (1, 2 oder 3)			
			Falls s =
1	2	3	
Eingabe p, G	Eingabe W, G	Eingabe W, p	
W := G · p : 100	p := W · 100 : G	G := W · 100 : p	
Ausgabe W	Ausgabe p	Ausgabe G	

Wiederholung mit vorangestelltem Test

Wird eine Anweisungsfolge mehrfach wiederholt, wobei diese Schleife solange durchlaufen wird, wie eine Eingangsbedingung erfüllt ist, spricht man von der Algorithmenstruktur **Wiederholung mit vorangestelltem Test (Wiederholung mit Eingangsbedingung).** Dabei kann es vorkommen, dass die Schleife gar nicht durchlaufen wird, nämlich dann, wenn die Bedingung gleich zu Beginn nicht erfüllt ist.

> Folgende Anweisung an eine Kindergruppe soll diesen Sachverhalt verdeutlichen: „Solange es regnet, teilt Karten aus, spielt Karten und zählt die Punkte, ansonsten geht nach draußen!"
> Die Kinder schauen aus dem Fenster. Wenn die Bedingung „Es regnet." erfüllt ist, werden Karten ausgeteilt, ein Spiel gespielt und erreichte Punkte notiert. Nach jedem Spiel wird die Eingangsbedingung überprüft. Wenn es aufgehört hat zu regnen, gehen die Kinder nach draußen, was auch schon zu Beginn passieren kann.

Beispiele für Notationsformen		
verbal formalisiert	grafisch (Struktogramm)	Programm (Turbo Pascal)

SOLANGE b, FÜHRE
   Anweisungen
AUS
	Solange b
	tue Anweisungen
		WHILE Bedingung DO
		   Anweisung;

Wiederholung mit nachgestelltem Test

Wird eine Anweisungsfolge wiederholt bis eine Endbedingung erfüllt ist, spricht man von der Algorithmenstruktur **Wiederholung mit nachgestelltem Test (Wiederholung mit Endbedingung).**
Im Unterschied zur Wiederholung mit vorangestelltem Test wird die Schleife immer mindestens einmal durchlaufen.

Auch hier soll wieder eine Alltags-Anweisung diese Algorithmenstruktur verdeutlichen:
„Wirf mit dem Pfeil auf die Darts-Scheibe. Wenn du das Bullenauge in der Mitte der Scheibe getroffen hast, höre auf!"
Der Spieler muss hier mindestens einmal werfen, um die Bedingung „Bullenauge getroffen" überprüfen zu können. Wie oft er schießen muss, ist unbekannt. Es ist zu hoffen, dass er irgendwann einmal trifft.

Beispiele für Notationsformen		
verbal formalisiert	grafisch (Struktogramm)	Programm (Turbo Pascal)

WIEDERHOLE
   Anweisungen
BIS b
	Wiederhole Anweisungen
	bis b
		REPEAT
		   Anweisungen
		UNTIL b;

Gezählte Wiederholung

Wenn die Anzahl der Wiederholungen einer Folge von Anweisungen von vornherein bekannt ist, nutzt man die Algorithmenstruktur **gezählte Wiederholung (Zählschleife).**
Bei der Zählschleife kann man den Anfangswert und den Endwert des Schleifendurchlaufs sowie die (immer konstante) Schrittweite festlegen. Es ist möglich, aufwärts und abwärts zu zählen.

Beispiele für Notationsformen		
verbal formalisiert	grafisch (Struktogramm)	Programm (Turbo Pascal)

FÜR i: = anfw BIS endw
(und SCHRITTWEITE s)
   FÜHRE Anw. AUS
	Für i = anfw bis endw
	tue Anweisungen
		FOR i := anfw TO endw DO
		   Anweisung;
		
		(für TO auch DOWNTO)

Algorithmen und Programme 37

Insbesondere Wertetabellen lassen sich einfach mit Zählschleifen erstellen:

Struktogramm

Für x = −4 bis +4 Schrittw. 0,1
tue	y := 2x² + 1
	Ausgabe x, y

BASIC-Programm

```
10 FOR X=-4 TO 4 STEP .1
20   Y=2*X*X+1
30   PRINT,X,Y
40 NEXT X
50 END
```

Unteralgorithmus

Treten Teile eines umfangreichen Algorithmus mehrmals auf, ist es sinnvoll, diese gleichen Teile als **Unteralgorithmus (Prozedur)** auszugliedern.

Bei der Bruchrechnung benötigt man sehr oft den größten gemeinsamen Teiler zweier Zahlen (ggT). Man kann z. B. den euklidischen Algorithmus (vgl. S. 29) hierfür nutzen, ihn als Prozedur an das Ende eines Trainings-Algorithmus zur Bruchrechnung stellen und immer dann aufrufen, wenn man ihn benötigt.

Beispiele für Notationsformen		
verbal formalisiert	grafisch (Struktogramm)	Programm (Turbo Pascal)
(UNTERALGORITHMUS Name) (Vereinbarungen zu Daten) BEGINN Anweisungen ENDE RUFE Unteralgorithmus (Name)	(UA-Name) (Vereinbarungen) Beginn Anweisungen Ende Rufe UA-Name	PROCEDURE Bezeichner (Parameterliste); Deklarationsteil; BEGIN Anweisungen END; Prozedurbezeichner (Parameterliste)

1.3.3 Programme und Programmiersprachen

Programme

Als **Programm** bezeichnet man im Allgemeinen einen Algorithmus (einschließlich der zugehörigen Datentypen, Datenstrukturen und Variablen), der in einer dem Computer verständlichen Sprache (Programmiersprache) formuliert ist und von diesem ausgeführt werden kann.

Ein Programm in einer imperativen (befehlsorientierten) Programmiersprache besteht aus Vereinbarungen und Anweisungen.

Vereinbarung (Deklaration) heißt: Festlegung des Namens und der Bedeutung der im Programm genutzten Konstanten, Variablen, Unterprogramme (Prozeduren), Datentypen und Datenstrukturen.

Manchmal kann es sinnvoll sein, dass ein Programm unendlich läuft, also keine Abbruchbedingung besitzt. So lässt sich das Betriebssystem MS-DOS nur unterbrechen, indem man den Computer ausschaltet.

38 Grundbegriffe

Algorithmenstrukturen in Programmiersprachen: Anweisungsfolge, ein- und zweiseitige Auswahl, Fallunterscheidung, Wiederholung mit vorangestelltem und mit nachgestelltem Test, Zählschleife, Prozedur.

Einfache **Anweisungen** (Bearbeitungsvorschriften) sind:
- die **Zuweisung** eines Wertes zu einer Variablen **(Ergibtanweisung)**,
- Aufrufe von Unteralgorithmen, insbesondere die **Aus- und Eingabeanweisungen,**
- die **Sprunganweisung,** die die Abarbeitung des Programms in der notierten Reihenfolge unterbricht und an einer besonders markierten Stelle fortsetzt.

Weitere Anweisungen sind die programmiersprachlichen Entsprechungen der Algorithmenstrukturen wie Auswahl- und Schleifenstrukturen.

Programmbeispiel (Bestimmung des größten gemeinsamen Teilers zweier natürlicher Zahlen nach dem euklidischen Algorithmus in der Programmiersprache Turbo Pascal; ↗ auch S. 29):

```
program ggt;
var a, b, r, h:integer;         Vereinbarungen
  begin
  write('1. Wert eingeben':);
  readln(a);                    Eingabe: a (∈ ℕ)
  write('2. Wert eingeben:');
  readln(b);                    Eingabe: b (∈ ℕ)
  if b>a then begin             Wenn b > a, dann führe
            h:=a;a:=b;b:=h         h := a, a := b, b := h
          end;                  aus
  {Umspeichern kann entfallen}
  repeat                        Wiederhole
    r:=a mod b;                   r := Rest bei Division a/b
    a:=b;                         a := b
    b:=r;                         b := r
  until r=0;                    bis r = 0
  writeln ('ggt(a,b)=',a);      Ausgabe: a (ggT(a,b))
end.                            Ende
```

Programmiersprachen

Eine **Programmiersprache** ist eine Sprache zur Formulierung von Algorithmen und Datenstrukturen für die Abarbeitung auf einem Computer. Im Gegensatz zu natürlichen Sprachen, wo ein Wort mehrere Bedeutungen besitzen kann, ist in einer Programmiersprache eindeutig festgelegt, welche Zeichenfolgen als Programm zugelassen sind **(Syntax)** und was diese Zeichenfolgen bewirken **(Semantik).**

Je nach dem Grad, mit der die Hardware bei der Programmierung beachtet werden muss, kann man Programmiersprachen in Maschinensprachen, Assemblersprachen und höhere Programmiersprachen untergliedern.

Maschinensprache:
Sprache, deren Alphabet nur aus zwei Zeichen (0, 1) besteht und vom Computer direkt verarbeitet werden kann.

Assemblersprache:
Maschinenorientierte Programmiersprache, mit der ein Programm durch die Benutzung symbolischer Namen für Operanden (Werte, die verarbeitet werden sollen) und Operationen sowie durch die Möglichkeit, vordefinierte Folgen von Anweisungen in das Programm einzuführen, übersichtlicher wird.

Die Maschinensprachenzeichenfolge `1011100000001001` könnte in der Assemblersprache `add A,0` heißen und die Addition zweier ganzer Zahlen bedeuten.

Höhere Programmiersprachen sind **problemorientierte Sprachen,** die weitgehend von der Hardware unabhängig und der natürlichen Sprache etwas näher sind.

Einteilung der höheren Programmiersprachen

imperative (befehlsorientierte)		deklarative	
Ein Programm besteht aus einer Folge von Befehlen (Anweisungen) an den Computer. Das Programm beschreibt den Lösungsweg für ein Problem.		Ein Programm beschreibt die allgemeinen Eigenschaften von Objekten und ihre Beziehungen untereinander. Das Programm beschreibt zunächst nur das Wissen zur Lösung eines Problems.	
unstrukturierte	**strukturierte (strukturorientierte)**	**funktionale (applikative)**	**logische (prädikative)**
Ein Programm besteht vorwiegend aus Zuweisungen, bedingten und unbedingten Sprüngen sowie meist noch aus der Zählschleife. Ein solches Programm ist direkt an die Arbeitsweise eines Computers angelehnt.	Ein Programm ist vorwiegend eine Zusammensetzung aus einzelnen Algorithmenstrukturen, die jeweils genau einen definierten Ein- und Ausgang besitzen. Die Datentypen werden zu Beginn jedes Programms vereinbart. Umfangreiche Programme können aus einzelnen Teilen (Moduln) zusammengesetzt werden, die für sich austestbar sind.	Ein Programm wird als eindeutige Abbildung (Funktion) aus der Menge der Eingabedaten auf die Menge der Ausgabedaten betrachtet und stellt sich als Zusammensetzung aufeinander bezogener, einfacherer Funktionen dar. Es besteht die Möglichkeit, dass sich ein Programm selbst aufrufen kann.	Ein Programm ist die Niederschrift von Fakten („Prädikaten", Definitionen) und Regeln, womit der Computer neue Fakten gewinnt und das Problem gelöst wird.
Vertreter: BASIC, FORTRAN	Vertreter: PASCAL, C	Vertreter: LISP, LOGO	Vertreter: PROLOG

Grundbegriffe

1.3.4 Arbeitsschritte bei der Programmentwicklung

Betrachtet man eine Programmentwicklung als ein zu planendes Vorhaben, so ist jeder von Kindheit an mit dem Programmieren vertraut.
Was läuft bei der Programmentwicklung ab?
Im Weiteren werden die Schritte einer Programmentwicklung betrachtet. Zur Illustration wird die Entwicklung eines Programms zur rechnerunterstützten Auswertung eines Schulsportfestes herangezogen.

Problemanalyse

> Gegenstand der **Problemanalyse** ist die Untersuchung der Algorithmierbarkeit des Problems, der Erfassung der Problemdaten und der Werkzeuge, die das informationsverarbeitende System für die Behandlung anbietet.

Im Einzelnen bedeutet dies:
- Globale Zielvorstellungen festlegen: Was soll mit dem Programm erreicht werden?
- Welche Daten sind zu erfassen?
- Welche Hilfsmittel stehen für die geplante algorithmische Auswertung zur Verfügung (Technik, Programmiersprachen u. ä.)?
- Welche Programmiersprache ist für das auswertende Programm vorgesehen? Wie erfolgt die Bereitstellung der Urdaten für diese Programmiersprache?
- Welche Forderungen des Datenschutzes sind zu beachten?
- Welche theoretischen Klärungen muss es geben? Sind numerische Verfahren erforderlich? Gibt es vordefinierte mathematische Funktionen, die benutzt werden können? Werden nichtnumerische Verfahren (z. B. Sortier- oder Suchalgorithmen) benötigt?

Schulsportfest (Problemanalyse):
- Globale Zielvorstellung: Statistische Auswertung des Sportfestes; Protokollierung und Archivierung von Verlauf und Leistungen
- Entscheidung für eine Programmiersprache (z. B. Turbo Pascal)
- Datenerfassung in Listen an den Wettkampfplätzen

- Datenübernahme durch die Erzeugung eines (oder mehrerer) Textfiles mithilfe des im Programmiersystem integrierten Editors
- Datenschutz: Für die Auswertung genügt es, wenn die Teilnehmer am Sportfest nicht namentlich in den Files erscheinen, sondern durch einen Schlüssel (Schule, Klasse/Gruppe, laufende Nummer). Die Verwaltung der Zuordnungstabelle ist Sache der Veranstalter.
- Ausgabe von herausragenden Leistungen
- sortierte Ausgabe nach Leistungen innerhalb einer Disziplin

Algorithmen und Programme   41

Algorithmierung

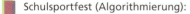
Gegenstand der **Algorithmierung** ist die Erarbeitung der Programmstruktur im Rahmen der durch die Programmumgebung vorgegebenen Bedingungen.

- Ausgangspunkt ist die Präzisierung der Schnittstellen zur Programmumgebung: Struktur der Eingabedaten; Forderungen an die Ergebnisausgabe.
- Festlegung der lokalen Datentypen für die Übernahme der Eingabedaten
- Grobstruktur für den Programmaufbau festlegen
- Vorsehen von Schnittstellen für einen möglichen Ausbau des Programms
- Organisation eines Anwenderdialogs

   Schulsportfest (Algorithmierung):
- Genaue Festlegungen für den Zeilenaufbau der Textfiles für die Eingabedaten: Trennzeichen innerhalb der Zeilen, Syntax der Einzeldaten
- Entscheidung: Welche Eingabedaten müssen während der Programmabarbeitung ständig vorhanden sein, welche werden nur temporär benötigt? Datentypen dafür festlegen.
- Teilalgorithmen herauslösen, die als Unterprogramme realisiert werden sollen
- Konzept für zentrale Typen und Unterprogramme innerhalb von Units
- Konzept für den Anwenderdialog (z. B. Menüs)
- Konzept für Druckbilder und Bildschirmgrafiken

Codierung

Gegenstand der **Codierung** ist, eine Programmniederschrift zu schaffen, die auf dem Computer abgearbeitet werden kann.

- Datenbereitstellung; Festlegung aller globalen Vereinbarungen
- Zerlegung des Programms in Bausteine

   Schulsportfest (Codierung):
- Eintasten der in Listenform vorliegenden Daten.
  Dafür genügt es, einen Texteditor zu benutzen, der (bei syntaktisch richtiger Eingabe) die Fileorganisation so vornimmt, wie sie vom Programm erwartet wird.
- Entwurf und Realisierung eines Programms zum Prüfen der im File abgelegten Daten auf syntaktische Korrektheit, d. h. Auffinden von Tippfehlern, die beim Eintasten entstanden sind, etwa 4,25 statt 4.25 oder 4E.5 statt 43.5.
- Festlegen von globalen Programmkonstanten: Namen und Werte
- Schnittstellen zu Teilalgorithmen fixieren: Prozedur- und Funktionsköpfe festlegen
- Codierung der Prozeduren und Funktionen. Trockentest.

Manchmal wird für die Codierung auch der Begriff **Programmierung** (im engeren Sinne) benutzt.

Merke: Trickreiche Programmierung vermeiden, da solche Programmpassagen für andere Nutzer nur schwer lesbar und in diesen Passagen auftretende Fehler nur schwer korrigierbar sind!

Programmtest

> Gegenstand des **Programmtests** ist, an Hand ausgewählter, wohlüberlegter Daten die korrekte Arbeitsweise des Programms zu prüfen. Bei umfangreichen Programmen muss bei aller Sorgfalt damit gerechnet werden, dass bei späterer Benutzung trotzdem Fehler auftreten, weil prinzipiell Testdaten nicht alle möglichen Programmabläufe prüfen.
>
> Im Einzelnen bedeutet dies:
>
> – Trockentest zum Prüfen der Steuerstrukturen: Programmverzweigungen, Unterprogrammaufrufe;
> – Testumgebung für Programmteile konzipieren.

Schulsportfest (Programmtest):
- Erarbeitung von Testdaten für Trocken- und Laufzeittest
- Prozeduren und Funktionen testen, bevor sie als Teile des Hauptprogramms aufgenommen werden.
  Dazu empfiehlt sich die Entwicklung von Testumgebungen, in denen mit vorbereiteten Testdaten (oder mit zufällig erzeugten) die Bausteine auf korrekte Arbeit geprüft werden.

Dokumentation

> Gegenstand der **Dokumentation** ist, die Leistungsfähigkeit des Programms zu beschreiben und einem potentiellen Anwender die Handhabung und die Wartung zu vermitteln.

Dieser Teil ist der am wenigsten beliebte bei einer Programmentwicklung und wird dementsprechend auch am schlechtesten ausgeführt. Dahinter steht die Meinung: „Das Programm funktioniert ja, und wer mehr wissen will, muss eben den Quelltext durcharbeiten." Das ist aber bei der sehr unterschiedlichen Mentalität von Programmierern oft ein recht schwieriges und zeitaufwändiges Geschäft.

Zur Dokumentation gehört:
– Programmkonzeption und -grobstruktur angeben
– Benutzungshinweise
– reproduzierbare Laufzeitprotokolle

Schulsportfest (Dokumentation):
- Programmdokumentation durch Diagramme
- Quelltext mit ausführlichen Kommentaren versehen; jede Programmiersprache bietet dafür gute Möglichkeiten.
- Testdaten, Ergebnisse und Beschreibung der Rahmenbedingungen, unter denen die Tests erfolgten, aufnehmen
- Ergebnisse kommentieren, wo es erforderlich ist

1.4 Informationsverarbeitende Technik

1.4.1 Zur Geschichte der Rechentechnik

Als eines der ältesten Rechenhilfsmittel bezeichnet man den **Abakus**. Der Abakus ist ein **digitales** (auf einem Zählvorgang beruhendes) Rechengerät.

Altertum

Das Prinzip besteht darin, dass Kugeln auf Stangen oder Schnüren verschoben werden können, wobei Werte durch die Position der Kugeln dargestellt werden. Der Abakus bedeutet gegenüber früheren Hilfsmitteln (Zählstäbchen, Zählsteine usw.) einen Fortschritt, weil damit einfache Rechenoperationen schneller ausführbar waren.

Der Abakus war seit etwa 1000 v. u. Z. in Ostasien bekannt, auch im Römischen Reich wurde er benutzt (das Wort „Abakus" ist römischen Ursprungs).

Um 967 konstruierte Papst SYLVESTER II ein abakusähnliches Rechengerät, das für Unterweisungen verwendet wurde. Aus dem Abakus entwickelte sich der Rechenrahmen mit verschiebbaren Kugeln, der noch heute ein verbreitetes Rechenhilfsmittel ist („Soroban" in Japan, „Stchoty" in Russland).

Mittelalter

Der arabischen Mathematiker MUHAMMAD IBN MUSA AL-CHWARIZMI beschreibt in seinem Werk „Hisab al'schabr wal mukábala", welches um 820 erscheint, auch Rechenverfahren (Algorithmen). Der für die Informatik so wichtige Begriff des Algorithmus geht auf seinen Namen zurück.

Die Weiterentwicklung von Instrumenten für das mechanische Rechnen setzt erst ein, als die von den Indern entwickelte Ziffernschreibweise und das Dezimalsystem nach dem Sieg über die Araber in Europa bekannt wurden und sich in der Zeit von etwa 1150 bis 1500 durchsetzten. Die römische Zahlenschreibweise war für die Entwicklung von Rechengeräten ungeeignet.

1614	Der Erfinder der Logarithmen, JOHN NAPIER, gibt die erste Logarithmentafel heraus und entwirft ein System von Stäben für das Durchführen von Multiplikationen.
1622	WILLIAM OUGHTRED entwickelt den **Rechenstab,** ein **analoges** (auf einem Messvorgang beruhendes) Rechengerät. Den Rechenstab in der noch bis ins 20. Jahrhundert bekannten Form mit verschiebbarer Zunge schufen 1657 WINGATE und PARTRIDGE. Mit der industriellen Fertigung von Rechenstäben ab 1880 wurden diese zum verbreitetsten Rechenhilfsmittel.
1623	WILHELM SCHICKHARDT entwirft einen **Ziffernrechner** für die vier Grundrechenarten, der auf Grundlage verschiebbarer Rechenstäbe arbeiten sollte.

Die Beschreibung dieses Gerätes (Rechenuhr) liegt in Form eines Briefes aus dem Jahre 1623 an JOHANNES KEPLER vor (der Brief wurde erst 1957 in KEPLERS Nachlass gefunden). Der Ziffernrechner wurde vor seiner vollständigen technischen Ausführung durch ein Feuer zerstört. Es sind keine weiteren Versuche bekannt, die das Ziel hatten, ein zweites Gerät zu bauen. So blieb SCHICKHARDTS Arbeit ohne Einfluss auf die weitere Entwicklung.

1642	BLAISE PASCAL lässt einen **Zweispeziesrechner** (Addition und Subtraktion mittels Zahnräder) patentieren. Das Gerät fand weite Verbreitung und soll zu Beunruhigungen wegen Arbeitsstellenverlust geführt haben.
1671	GOTTFRIED WILHELM LEIBNIZ entwickelt eine Rechenmaschine mit Staffelwalzen, mit der alle vier Grundrechenarten **(Vierspeziesrechner)** ausführbar waren. In diesem Zusammenhang befasst er sich mit der binären Darstellung von Zahlen und schlägt vor, das Dualsystem für einen mechanisch arbeitenden Rechner zu benutzen.
1822–1832	CHARLES BABBAGE entwirft den ersten digitalen programmgesteuerten Rechenautomaten **(Analytical Engine).** Gesteuert werden sollte die Maschine über Lochkarten, wie sie bereits in einem von dem französischen Seidenweber JOSEPH MARIE JACQUARD entworfenen Webstuhl Anwendung gefunden hatten. Der Grundaufbau dieses Automaten mutet sehr modern an (Datenein- und -ausgabegeräte, Programm- und Datenspeicher, Steuereinheit, Rechenwerk). Der Entwurf war revolutionär. Die rein mechanische Arbeitsweise verhinderte aber ein einwandfreies Funktionieren, auch bestand für seinen Einsatz kaum Bedarf.

Der erste mechanische **Tischrechner** wird von dem Schweden WILLGODT T. ODHNER vorgestellt. Das Gerät arbeitete mit einer Stiftwelle und wurde das erste mechanische Rechenhilfsmittel, dass in großem Umfang produziert und bis ins 20. Jahrhundert hinein benutzt wurde.

In einer vorwiegend auf kaufmännische Belange ausgerichteten Form wurde dieser Tischrechner die Grundlage der von der Firma W. S. Burroughs entwickelten und vertriebenen Rechenmaschinen mit 9 Dezimalstellen.

1874

HERMANN HOLLERITH baut die erste elektrisch arbeitende **Lochkartenmaschine**, die bei statistischen Auswertungen (z. B. bei Volkszählungen in den USA), aber auch für einfache Rechnungen Anwendung fand.

1886

KONRAD ZUSE baut die ersten funktionsfähigen programmgesteuerten elektromechanischen Rechenanlagen **(Z1, Z2** und **Z3)**. Sie arbeiteten auf Grundlage der Relaistechnik. In diesem Zusammenhang – Relais können nur 2 Zustände (angezogen bzw. nicht angezogen) annehmen – führte ZUSE das Dualsystem in die Rechentechnik ein. Im Jahre 1945 veröffentlichte er die erste Programmiersprache der Welt („Plankalkül").

1934–1941

Der britische Mathematiker ALAN MATHISON TURING schlägt ein universelles Automatenmodell **(Turing-Maschine)** vor, durch das der Algorithmusbegriff mathematisch exakt gefasst werden kann.

1936

Unter TURINGS Leitung wird auch 1943 in Großbritannien der erste elektronische Digitalcomputer – **Colossus** – entwickelt und erfolgreich genutzt, um im 2. Weltkrieg verschlüsselte deutsche Funksprüche zu decodieren.

1943

HOWARD H. AIKEN entwickelt zusammen mit der Harvard Universität und der Firma IBM die teilweise programmgesteuerte Rechenanlage **MARK I**.

1944

JOHN PRESPER ECKERT und JOHN WILLIAM MAUCHLY konstruieren **ENIAC** (**E**lectrical **N**umerical **I**ntegrator **a**nd **C**alculator), den ersten vollelektronischen Rechner (18000 Elektronenröhren).

1946

JOHN VON NEUMANN entwickelt die Idee, dass auch das Programm selbst im Rechner gespeichert werden soll. Das Programm macht den Rechner erst arbeitsfähig. Durch bedingte und unbedingte Sprungbefehle in Programmen kann die Reihenfolge der Arbeitsschritte geändert werden und können Entscheidungen gefällt werden, die von Eingabedaten, Zwischen- und Endergebnissen abhängen. Fast alle heutigen Computer arbeiten nach dem Konzept JOHN V. NEUMANNS **(Von-Neumann-Rechner)**.

1946–1952

HEINZ RUTISHAUSER (Zürich) veröffentlicht eine Untersuchung über die Frage, ob es digitalen Rechnern prinzipiell möglich ist, in üblicher mathematischer Schreibweise dargestellte Formeln automatisch auszuwerten. Das bahnbrechende an seinem Vorschlag war, Rechenautomaten selbst zur Übersetzung zu verwenden. Die Arbeit von RUTISHAUSER bereitete die Compilertechnik vor. Ihr folgten um 1960 Arbeiten zur sequenziellen Formelübersetzung (F. L. BAUER und K. SAMELSON) und zur Struktur von Formelübersetzern (R. LUCAS). Danach wurden von Anlagenherstellern auch Formelübersetzer bereitgestellt (FORTRAN ist die Abkürzung von **for**mula **trans**lation).

1952

46 Grundbegriffe

ab 1950

Industrielle Rechnerentwicklung und -produktion, wobei vor allem auf Grundlage der verwendeten Schaltkreistechnologie **Computergenerationen** unterschieden werden:

Gene-ration	Bauele-mentebasis	Geschwin-digkeit	Programmie-rung	Rechnerstruktur/Einsatzgebiete
1.	Elektronen-röhren als Schaltele-mente	1000 Additio-nen pro Sekunde	Maschinen-sprache	Einzelrechner für wissenschaft-lich-technische Berechnungen
2.	Halbleiter-schalt-kreise (Transisto-ren, Dio-den)	10000 Additio-nen pro Sekunde	Assembler; erste höhere Programmier-sprachen (Fortran, Algol 60, Cobol)	Einzelrechner, erste Mehrpro-grammsysteme
3.	teilweise integrierte Schalt-kreise	500000 Additio-nen pro Sekunde	Betriebssys-teme mit Dia-logbetrieb (Basic)	Rechnerfami-lien, universell einsetzbar
4.	überwie-gend hoch-integrierte Schalt-kreise (Mikropro-zessoren)	10 Millio-nen Additio-nen pro Sekunde	strukturierte Programmie-rung (Pascal), verschiedenar-tigste Pro-grammierspra-chen, Be-triebssysteme mit vielfältigen Programmier-hilfen (Über-setzungspro-gramme, Dialogbetrieb)	dezentralisierte arbeitsplatzbe-zogene Rechen-technik, die weitgehend vernetzt ist; komplexe Infor-mations- und Kommunikati-onssysteme
5.	höchstinte-grierte Schalt-kreise (Mi-kroprozes-soren)		zusätzlich zu den schon vor-handenen im-perativen und funktionalen Programmier-sprachen sind auch logische Programmier-sprachen ver-breitet	weltumspan-nende Rechner-netze, Datenbanken, Parallelverar-beitung, Bild-verarbeitung, Sprach- und Handschrif-tenerkennung, Animation

1960

1965

1970

1980

1990

1.4.2 Der Computer und sein Betriebssystem

Der Computer als Einheit von Hardware und Software

> Ein **Computer** (auch **Datenverarbeitungsanlage** oder **Rechner** genannt) ist ein elektronisches System zur automatischen Verarbeitung von Informationen. Der Computer ist als Einheit von Gerätetechnik (Hardware) und Betriebssystem (Systemsoftware) zu betrachten.

Computer kommt vom engl. „to compute", was „berechnen" bedeutet.

Ein Computer verarbeitet Eingabedaten in Ausgabedaten, ein grundsätzliches Prinzip – das **EVA-Prinzip** –, welches auch für alle Software gilt.

Eingabe → **V**erarbeitung → **A**usgabe

> Als **Hardware** bezeichnet man die technischen Geräte, die physischen Bestandteile des Computers

Hardware ist also alles, was man anfassen kann. Die Vorsilbe „hard" (dt. hart) soll verdeutlichen, dass es sich bei der Hardware um unveränderbare Komponenten eines Computers handelt.
Zur Hardware gehören insbesondere das Grundgerät, in dem meist auf einer Platine, dem **Motherboard**, der Prozessor (das Kernstück des Computers), Speicherbausteine und weitere notwendige Funktionselemente (z. B. Grafikkarte) aufgesteckt sind. Im Grundgerät sind auch weitere Speichergeräte wie Festplatten-, CD-ROM- oder Diskettenlaufwerke eingebaut.
Auch alle Ein- und Ausgabegeräte gehören zur Hardware. Manchmal bezeichnet man diese Geräte als **periphere Geräte**.

> Die Gesamtheit der Programme, die zur Steuerung der Hardware eines Computers und zum Lösen vielfältiger Aufgaben und Probleme notwendig sind, nennt man **Software**.

Die Vorsilbe „soft" (dt. weich) soll veranschaulichen, dass es sich bei der Software um leicht veränderbare Komponenten eines Computers handelt.
Man kann Software grob in 2 Kategorien unterteilen:

- **Systemsoftware (Betriebssystem):**
  Das sind die Programme, die zur Steuerung der Hardware notwendig sind (↗ S. 51, 52). Ferner gehört dazu sämtliche Software, die die Programmerstellung unterstützt (Programmierumgebungen).

- **Anwendersoftware:**
  Hierzu gehören *anwendungsneutrale* Programme, z. B. zur Textbearbeitung oder Dateiarbeit. Dies ist also Software, die in ganz unterschiedlichen Bereichen der Arbeitswelt oder auch in der Freizeit einsetzbar ist.
  Zur Anwendersoftware gehören auch *anwendungsspezifische* Programme, z. B. zur Steuerung einer Werkzeugmaschine oder für spezielle Berechnungen. Auch Computerspiele kann man zu den anwendungsspezifischen Programmen rechnen, da sie spezielle Bedürfnisse befriedigen.

Funktionseinheiten eines Computers

Im Folgenden ist eine Übersicht über die wesentlichen physischen Bestandteile eines Computers einschließlich seiner peripheren Geräte dargestellt:

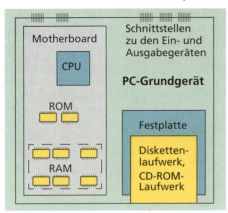

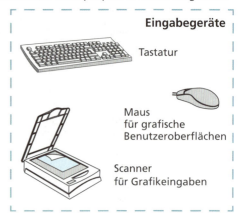

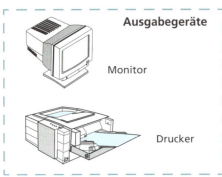

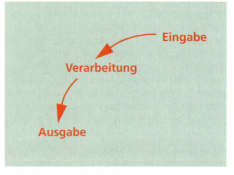

Die Funktionseinheiten, die im Grundgerät des Computers vereint und über ein so genanntes Bus-System untereinander verbunden sind, werden in diesem Abschnitt beschrieben. Die Ein- und Ausgabegeräte werden in den Kapiteln 1.4.3 und 1.4.4 gesondert behandelt.

CPU ist die Abkürzung für **C**entral **P**rocessing **U**nit (deutsch: Zentrale Verarbeitungseinheit).

Das Herzstück des Computers ist der **Mikroprozessor (CPU)**, der auf einem sehr komplex aufgebauten Mikrochip untergebracht ist (manchmal sind es auch mehrere Chips). Auf einem Chip können mehrere Millionen Transistoren vereint sein. Der Mikroprozessor besteht aus folgenden Komponenten:

– arithmetisch-logische Einheit **(ALU)** zum Rechnen,
– Register (Zwischenspeicher),
– Steuerwerk.

Informationsverarbeitende Technik 49

Die Schnelligkeit eines Computers hängt entscheidend von der Verarbeitungsgeschwindigkeit **(Taktfrequenz)** der CPU ab, daher steht diese Kenngröße in Verkaufsprospekten von Computern oft an erster Stelle. Die Taktfrequenz bestimmt (ähnlich wie bei einer Digitaluhr) ein kleiner Schwingquarz. Die Frequenz wird in Megahertz **(MHz)** angegeben:

Mikroprozessoren, die ursprünglich für die Computertechnik entwickelt wurden, findet man heute in ganz alltäglichen Dingen, in Haushaltsgeräten wie Waschmaschine und Mikrowelle, in Nachrichtengeräten wie Telefon und Fax, in Geld- und Parkhausautomaten oder in Kraftfahrzeugen (Antiblockiersystem, Kraftstoffeinspritzung).

 „250 MHz" bedeutet, dass der Prozessor pro Sekunde 250 Millionen Arbeitsschritte (Ja-Nein-Informationen) ausführt.

International durchgesetzt haben sich vor allem zwei Linien:

- Mikroprozessoren der Firma Intel (8086, 80286, 80386, 80486, Pentium), insbesondere dadurch, dass der Prozessor vom Typ 8086 ab 1978 in Personalcomputer (PCs) der Firma IBM eingebaut wurden;
- Mikroprozessoren der Firma Motorola (6502, 68000, 68040), die insbesondere für Macintosh-Computer der Firma Apple entwickelt wurden (und in Europa kaum eine Rolle spielen).

Eine weitere Funktionseinheit, welche sich meist auf dem Motherboard befindet sind die ROM-Bausteine. Mit **ROM** (**r**ead **o**nly **m**emory, Nur-Lese-Speicher) fasst man Festwertspeicher, also Speicher, dessen Inhalt bereits bei der Herstellung festgelegt wird und nicht mehr verändert werden kann.

Einer der ROMs ist der **ROM-BIOS** (**B**asic-**I**nput-**O**utput-**S**ystem), der bei jedem Start des Computers sämtliche Hardwarekomponenten testet, den Rechner in Gang bringt und das Betriebssystem sucht.

Wichtig für eine schnelle Arbeit am Computer sind die RAM-Module. In den **RAMs** (**r**andom **a**ccess **m**emory, Speicher mit wahlfreiem Zugriff, **Arbeitsspeicher**) werden alle Programme geladen, mit denen während einer Sitzung am Computer gearbeitet wird.

Für speicherintensive Benutzeroberflächen wie Windows oder Anwendungsprogramme wie MS Office ist es sinnvoll, die Kenngröße „RAM-Umfang" relativ hoch zu wählen. Mit einem 64-MByte RAM lässt sich unter Windows und im Internet schon recht gut arbeiten.

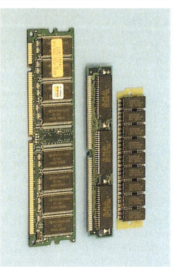

Ohne Leitungen zur Datenübertragung zwischen den verschiedenen Funktionseinheiten eines Computers wäre der Computer taub und blind. Den elektronischen Miniaturleitungsweg zur Weiterleitung von Informationen zwischen den Computerbestandteilen nennt man **Bus**. Es gibt Datenbusse, Adressbusse und Steuerbusse, wobei die entsprechenden Leitungen auch gleichzeitig auftreten können, z. B. zwischen CPU und RAM.

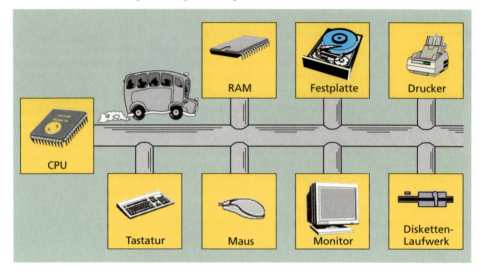

Schnittstellen

Alle peripheren Geräte (z. B. Ein- und Ausgabegeräte, externe Speicher) benötigen Anschlüsse an das Bus-System, so genannte Schnittstellen.

> Eine **Schnittstelle (Interface)** ist eine Verbindungsstelle zwischen Computern oder zwischen einzelnen Geräten des Computers zum Zweck des Informationsaustauschs.

9 Pins

25 Pins

Es gibt zwei Arten von Schnittstellen – serielle und parallele:

Bei einer **seriellen Schnittstelle** wird jedes einzelne Byte bitweise (nacheinander) über die Leitung geschickt. Sie ist die unkomplizierteste Art der Datenübertragung und wird dann genutzt, wenn es nicht auf hohe Geschwindigkeiten ankommt. Geräte, die oft an eine serielle Schnittstelle angeschlossen werden, sind Maus und Modem.

Die serielle Schnittstelle ist international genormt und hat in Europa die Bezeichnung „V.24". Unter DOS und Windows heißen die seriellen Schnittstellen „COM". Für den seriellen Anschluss gibt es 2 genormte Stecker, einen 9-poligen und einen 25-poligen.

Rechnerseite

Druckerseite

Bei einer **parallelen Schnittstelle (Parallelport, Druckerschnittstelle)** wird jedes Byte über 8 parallele Leitungen transportiert. Sie wird dann genutzt, wenn es um schnelle Datenübertragung geht (z. B. Drucker). Unter DOS und Windows heißen die parallelen Schnittstellen **„LPT"**.

Eine heute sehr oft für professionelle Zwecke genutzte parallele Schnittstelle ist die **SCSI-Schnittstelle**, die eine Verbindung zwischen dem Grundgerät und sieben anderen Geräten erlaubt. Die Geräte werden kettenartig miteinander verbunden.

Eine sehr schnelle, universelle Schnittstelle ist der **USB**, die als Bus ausgelegt ist: Es können beliebig viele Geräte angehängt werden, ohne dass diese sich gegenseitig stören.

SCSI ist die Abkürzung für small computer systems interface und wird „skasi" gesprochen.
USB ist die Abkürzung für universal serial bus.

Betriebssysteme

Ein wichtiger Software-Bestandteil des Computers ist das Betriebssystem. Es wird vom Computerhersteller im Allgemeinen mitgeliefert und besteht aus Steuer-, Datenverwaltungs-, Fehlerbehandlungs- und Dienstprogrammen sowie Programmierhilfen.

> Mit dem Begriff **Betriebssystem (Systemsoftware)** fasst man die Gesamtheit der Programme, die es gestatten, den Computer in Betrieb zu setzen, und die der Ausführung von Anwendungsprogrammen dienen, dabei eine effektive Auslastung des Computers gewährleisten und teilweise in der Hardware (im ROM) fest eingespeichert sind.
> Im Einzelnen gehören dazu:
> – Organisationsprogramme (z. B. zur Ein-, Ausgabesteuerung und Speicherverwaltung oder zur Laufzeitorganisation),
> – Übersetzungsprogramme (für Programme höherer Programmiersprachen in Assembler- bzw. Maschinenprogramme),
> – Dienstprogramme (z. B. zum Initialisieren von Datenträgern, zur Dateiverwaltung; Editoren zur Programmkorrektur im Dialogbetrieb).

Bis 1980 war das Betriebssystem im Computer (meist einem Großrechner, an dem mehrere Terminals – Arbeitsplätze mit Monitor und Tastatur – hingen) „fest verdrahtet". Dies hat aber etliche Nachteile:

– Sind viele Terminals an einem Großrechner angeschlossen, verlängern sich die Wartezeiten der einzelnen Nutzer unerträglich, da der Rechner den Nutzern nur bestimmte Zeittakte für ihre Arbeit freigeben kann.
– Bei einer Weiterentwicklung des Betriebssystems mussten Teile des Computer gegen neue ausgetauscht werden.
– Die vorliegenden Anwendungsprogramme waren meist nicht auf andere Computer mit anderen Betriebssystemen übertragbar.

Die Idee, dass jeder seinen persönlichen Computer (Personal Computer, PC) haben sollte, war deshalb revolutionierend. Das ab 1980 von der Firma Microsoft entwickelte Betriebssystem **MS-DOS** (**M**icrosoft **D**isk **O**perating **S**ystem) ist – wie der Name ausdrückt – durch ein externes Speichermedium (Diskette) installierbar und kann auch von der Diskette aus gestartet werden. Es wurde aus den Betriebssystemen CP/M und UNIX entwickelt.

Das auf Personalcomputern am meisten genutzte Betriebssystem ist MS-DOS, in bestimmtem Anwendungsbereichen auch Mac OS.

Auf Großrechnern und in vernetzten Systemen ist das Betriebssystem UNIX (unter Herstellerbezeichnungen wie Linux oder FreeBSD) verbreitet.

52 Grundbegriffe

Seit Anfang der 90er Jahre übernehmen Benutzeroberflächen (s. Abschnitt 1.4.6) bestimmte Aufgaben des Betriebssystems, vor allem die Aufgaben der Dienstprogramme. So fasst man heute die Benutzeroberfläche Windows der Firma Microsoft auch als Betriebssystem (mit einem DOS-Kern) auf.

In den Schulen werden wie in fast allen anderen Bereichen vorrangig MS-DOS und MS Windows genutzt. Beispiele zur Arbeit mit Dateien und Anwendungsprogrammen in diesem Buch beziehen sich deshalb meist auf dieses Betriebssystem bzw. diese Benutzeroberfläche.

Aufgaben eines Betriebssystems

1. Ermöglichung der Kommunikation zwischen Nutzer und Rechner einschließlich des Ladens und Startens von Anwendungsprogrammen

   Hierfür sind z. B. unter MS-DOS zwei Dateien (`COMMAND.COM` und `IO.SYS`) verantwortlich, die nach dem Start sofort in den Arbeitsspeicher geladen werden, und hier auch während der Arbeit am Computer bleiben (**residenter Bestandteil** des Betriebssystems)

2. Datenorganisation auf Festplatten und Disketten (Vorbereitung der Datenträger; Verzeichnisse erstellen; Dateien kopieren, löschen, umbenennen, ...)

   Die elementaren Befehle hierfür sind Bestandteil der Dateien, die im Arbeitsspeicher resident sind. Die meisten Befehle befinden sich in eigenständigen Dateien, die auf der Festplatte (oder Diskette) in einem gesonderten Verzeichnis gespeichert sind, und nur in den Arbeitsspeicher geladen werden, wenn es notwendig ist (**transienter Bestandteil** des Betriebssystems).

3. Anpassung der Systemumgebung an Nutzerbedürfnisse (z. B. Programmabläufe effizienter gestalten, Speicherausnutzung optimieren)

   Hierfür sind beispielsweise unter MS-DOS zwei Dateien verantwortlich (`CONFIG.SYS` und `AUTOEXEC.BAT`), die früher vom Nutzer selbst zu erstellen und zu verändern waren, heute zum Lieferumfang von MS-DOS gehören und bei der Installation von Anwendungsprogrammen durch diese Anwendungsprogramme selbst geändert werden. Beide Dateien sind ebenfalls im Arbeitsspeicher resident.

1.4.3 Eingabegeräte

Zu den Eingabegeräten zählt man Tastatur, Maus, **Scanner** (Gerät zur punktweisen Eingabe von Bildern) und **Joystick** (Steuerknüppel, Gerät das insbesondere bei Computerspielen zur waagerechten, senkrechten und diagonalen Bewegung von Bildschirmelementen benutzt wird). Die wichtigsten Eingabegeräte sind Tastatur und Maus (s. folgende Abschnitte).

Joystick

Tastatur

Die **Tastatur** dient zur Eingabe von Zeichen (auch Steuerzeichen) und ist i. Allg. mit einem Monitor gekoppelt. Die Tastatur ist in 4 Blöcke aufgeteilt:

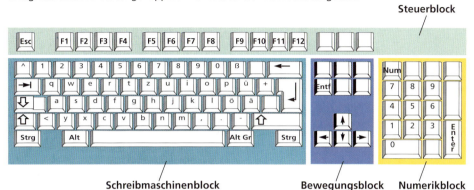

Steuerblock
Schreibmaschinenblock   Bewegungsblock   Numerikblock

In den einzelnen Blöcken findet man **Sondertasten,** die oft übergreifende Wirkung besitzen. Sie sind in die folgende Tabelle eingeordnet.

Block	Funktion
Schreib-maschinen-block	Er dient zur Text- und Zahleneingabe. Die Tasten sind mehrfach belegt: – Im einfachen Modus erhält man Kleinbuchstaben und Ziffern. – In Verbindung mit der Shift-Taste <⇧> ruft man Großbuchstaben und bestimmte Sonderzeichen (!, ?, §, $, % usw.) ab. Sollen z. B. nur Großbuchstaben geschrieben werden, kann man diesen Modus durchgängig erreichen, wenn die Shift-Lock-Taste <⇩> einmal gedrückt wird. Auf der Tastatur rechts oben (in der Mitte) leuchtet dann eine Diode auf, woran man den Modus der Zweitbelegung erkennen kann. Ein einmaliges Drücken von <⇧> schaltet die Zweitbelegung wieder aus. – Manche Zeichen (eckige und geschweifte Klammern, @ usw.) gehören zu einer Drittbelegung (mit der gedrückten <Alt Gr>-Taste abrufbar). Tasten, wie <Alt Gr>, <Shift>, <Shift Lock> (und <Alt>, <Strg>) gelten nur in Verbindung mit anderen Tasten (werden immer zuerst gedrückt und festgehalten) und heißen deshalb auch **Stummtasten.** Folgende Sondertasten sind von Bedeutung: • <tab> oder <→|> Tabulatorsprung • <Enter> oder <Return> Eingabebestätigung • <←> Löschtaste (Zeichen vor dem Cursor)

Grundbegriffe

Block	Funktion
Bewegungsblock	Mit den Cursor-Tasten (<↑>, <←>, <↓>, <→>) erreicht man eine entsprechende Bewegung des Cursors (der Eingabemarke) auf dem Bildschirm. Über dem Cursor-Block findet man folgende Sondertasten: • <Entf> oder <Del> — Entfernen-Taste (Zeichen nach dem Cursor) • <Einfg> oder <Ins> — Einfügemodus (DOS-Ebene) • <Pos1> oder <Home> — Bildlauf zum Zeilenanfang • <Ende> oder <End> — Bildlauf zum Zeilenende • <Bild↑> oder <PgUp> — Bildlauf nach oben (oft seitenweise) • <Bild↓> oder <PgDn> — Bildlauf nach unten (oft seitenweise)
Numerikblock	Er dient insbesondere der Eingabe von Zahlen und Rechenzeichen. Mit <Num ⇩> wird der Block ein- bzw. ausgeschaltet. Den aktivierten Modus erkennt man an der Leuchtdiode auf der Tastatur rechts oben (links). Gibt man den Dezimalwert für ASCII-Zeichen (↗ S. 22 ff.) auf dem Ziffernblock der Tastatur bei gedrückter <Alt>-Taste ein, erhält man das gewünschte ASCII-Zeichen.
Steuerblock	Er besteht im Wesentlichen aus Funktionstasten (<F1>, <F2>, ..., <F12>), die dem Aufruf von Befehlen dienen. Die Tasten sind in den verschiedenen Programmen unterschiedlich belegt, <F1> ruft meist eine Hilfe auf. Zum Steuerblock gehören auch folgende Sondertasten: • <Esc> — Escape, Fluchttaste (Abbruch eines Kommandos) • <Druck> — Bildschirmausdruck (DOS-Ebene)

Maus

Die **Maus** (mouse) ist ein meist auf Rollen gleitendes Eingabegerät, welches für menügesteuerte Programme und grafische Benutzeroberflächen entwickelt wurde. Sie ersetzt nicht die Tastatur, sondern erfüllt vor allem Funktionen des Bewegungsblocks der Tastatur.

Die Maus wird auf einer festen Unterlage **(Mousepad)** hin und her bewegt, um den Cursor oder ein anderes Markierungssymbol auf dem Bildschirm zu steuern.

Informationsverarbeitende Technik

Die Maus besteht insbesondere aus zwei Wellen und einer Kugel, womit waagerechte, senkrechte und in der Summe diagonale Bewegungen aufgenommen werden können.

Die mechanischen Bewegungen werden in elektrische Signale gewandelt und an den Computer übertragen.

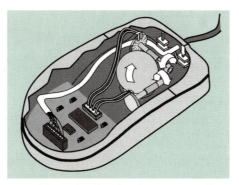

Die Maus ist standardmäßig für Rechtshänder gedacht, man kann sie aber auf einen Modus für Linkshänder umstellen.
In Windows 95 oder Windows 98 geht man dabei folgendermaßen vor:
– **M** Start
   (Task-Leiste)
   M Einstellungen
   M Systemsteuerung
   B Maus
– Die Option „Rechtshändig" wird auf „Linkshändig" gestellt und der Schalter „OK" angeklickt.

Durch das Bewegen der Maus auf dem Schreibtisch oder einer Unterlage wird schnell Staub und Schmutz aufgenommen.
Die Wellen verkleben und die Bewegungsübertragung ist nicht mehr gewährleistet. Bleibt der Mauszeiger also auf dem Bildschirm „hängen", ist eine gründliche Reinigung der mechanischen Teile angesagt. Hierzu schraubt man eine kleine Platte an der Unterseite der Maus auf, entfernt die Kugel und reinigt die Kugel und insbesondere die Wellen mit Alkohol und einem Pinsel, zur Not auch mit den Fingern.

Für die Mausführung sind einige Regeln zu beachten:

- Es sollte eine saubere, glatte, nicht zu harte, ausreichend große, nicht rutschende Mausunterlage gewählt werden. Das kann auch ein Platzdeckchen aus Weichplastik sein.
- Beim Bewegen der Maus sollte der Handballen auf der Tischoberfläche mitrutschen.
- Die Maus sollte mit der ganzen Hand in ihrer Position festgehalten werden, auch dann, wenn z. B. mit dem Zeigefinger die linke Maustaste gedrückt werden muss.

Für die Arbeit mit der Maus sind folgende Begriffe wichtig:

Techniken der Arbeit mit der Maus	
Zeigen	Mauszeiger auf ein Objekt auf dem Bildschirm bewegen
Klicken	kurzes Drücken der Maustaste
Doppelklicken	zweifaches Drücken der Maustaste in kurzer Folge
Anfassen	auf ein Objekt zeigen, Maustaste drücken und gedrückt halten
Ziehen	Maustaste gedrückt halten, während die Maus bewegt wird

Bei geringem Schreibtischplatz kann man statt einer Maus auch einen **Trackball** benutzen. Er sieht aus wie eine auf den Rücken gefallene Maus. Die Kugel wird mit dem Finger gerollt. Die Tasten befinden sich links und rechts der Kugel.

56 Grundbegriffe

1.4.4 Ausgabegeräte

Zu den Ausgabegeräten zählt man Monitor, Drucker und **Plotter** (elektromechanisches Gerät zum Zeichnen von Kurven). Man kann auch an das Computergrundgerät oder an das CD-ROM-Laufwerk angeschlossene Lautsprecher zu den Ausgabegeräten rechnen.

Monitor

Der **Monitor (Bildschirm)** macht den Zustand bzw. die Ausgabe eines Computers sichtbar. Er ist die wichtigste Verbindung zwischen Mensch und Computer, denn ohne ihn weiß der Nutzer nicht, ob seine Eingaben korrekt waren oder richtig ausgeführt wurden.

Die Anzeige erfolgt elektronisch durch eine Kathodenstrahlröhre (Bildröhre, ähnlich wie beim Fernsehgerät) oder durch eine Flüssigkristallanzeige **(LCD-Anzeige).**

Die LCD-Anzeige wird meist bei kleinen, transportablen Computern **(Laptops, Notebooks,** s. nebenstehendes Foto) verwendet, da die Monitore sehr flach sind und der Stromverbrauch gering ist.

Da der Monitor das wichtigste Ausgabegerät ist, sollten unter ergonomischen und Arbeitsschutz-Gesichtspunkten die im Folgenden dargestellten Kenngrößen für Monitore beachtet werden:

1 Zoll = 1" = 2,54 cm

Kenngröße	Bedeutung
Bildschirm-diagonale	Die Bildschirmdiagonale gibt die Größe des sichtbaren Bildschirms in Zoll an. Für normales Arbeiten (auch in der Schule) reichen 15"-Monitore, für professionelle Layout- und Grafikarbeiten werden besser 17"- oder 21"-Monitore verwendet. Transportable Notebooks besitzen meist einen 11"-Monitor.

Informationsverarbeitende Technik 57

Kenngröße	Bedeutung
Auflösung	Mit „Auflösung" fasst man die Anzahl der Bildpunkte, die horizontal und vertikal dargestellt werden können. Je höher die Auflösung ist, desto feiner ist das Bild, umso kleiner sind aber auch Menüs, Symbole und Schrift unter grafischen Benutzeroberflächen. Typische Werte sind: • 640 × 480 (Pixel) — nicht für grafische Oberflächen geeignet • 800 × 600; 1024 × 768 — für normales Arbeiten (auch in der Schule) • 1280 × 1024; 1600 × 1200 — für professionelle Zwecke, 21"-Monitore
Bildwiederholfrequenz und Zeilenfrequenz	Die Bildwiederholfrequenz gibt an, wie oft das Monitor-Bild in einer Sekunde aufgebaut werden kann. Sie wird in Hertz (Hz) angegeben. Je höher die Frequenz, desto flimmerfreier und ruhiger ist das Bild. Selbst bei einer Auflösung von 1024 × 768 sollten mindestens 70 Hz bis 100 Hz gewährleistet sein. Als Kenngröße für Monitore wird oft noch die Zeilenfrequenz angegeben: Zeilenfr. = Zeilenanzahl · Bildwiederholfrequenz · 1,05 Zeilenfrequenz = 768 (Zeilen) · 80 Hz · 1,05 = 64 512 Hz ≈ 64,5 kHz Dies ist schon eine annehmbare Zeilenfrequenz.

$1\,\text{Hz} = 1\frac{1}{s}$

Der Monitor wird von einer **Grafikkarte** gesteuert, die auf einem genormten Steckplatz **(Slot)** innerhalb des Computergehäuses sitzt. Grafikkarten besitzen meist einen eigenen RAM und einen Prozessor. Von der Grafikkarte hängt stark ab, ob die Kenngrößen eines Monitors voll „ausgereizt" werden können. Andererseits hilft eine gute Grafikkarte keinem schlechten Monitor.

RAM (random access memory): Speicher mit wahlfreiem Zugriff, ↗ S. 49

Kenngröße	Bedeutung
RAM-Größe	Der RAM-Baustein der Grafikkarte sollte für fotorealistische Bildschirmdarstellungen mindestens 2 MB Speicherkapazität besitzen.

Kenngröße	Bedeutung
Bildwiederholfrequenz und Videobandbreite	Die Grafikkarte sollte die gleiche Bildwiederholfrequenz wie der Monitor besitzen. Als Kenngröße für Grafikkarten wird oft die Videobandbreite (auch „Bildwiederholrate" genannt) angegeben: Videobandbr. = Pixelanzahl · Bildwiederholfrequenz · 1,3 Videobandbr. = 1024 · 768 · 100 Hz · 1,3 ≈ 100 MHz

Drucker

Neben dem Monitor ist der Drucker das am meisten genutzte Ausgabegerät. Im Laufe der Entwicklung wurden Drucker mit unterschiedlichen Funktionsprinzipien hergestellt:

Matrixdrucker

Typendrucker: Für jedes druckbare Zeichen ist – ähnlich wie bei einer Schreibmaschine – ein Typenträger vorgesehen. Der Wechsel des Zeichensatzes kann nur durch Austausch der Typenträger erfolgen.

Nadeldrucker: Jedes Zeichen wird aus einzelnen Punkten einer Matrix zusammengesetzt (5 × 7 oder 7 × 9 Punkte). Man spricht auch von einem **Matrixdrucker**. Die Zeichen werden durch Nadeln erzeugt, die durch die Matrix hindurchschnellen und das Farbband auf das Papier drücken.

Thermodrucker: Durch gezielte Wärmeeinwirkung, durch die temperaturempfindliches Papier seine Farbe ändert, werden die zu druckenden Zeichen dargestellt.

Durchgesetzt haben sich vor allem folgende Druckertypen:

Tintenstrahldrucker: Diesen Druckertyp kann man zu den Matrixdruckern rechnen. Das Farbband entfällt und die Nadeln sind als feine Röhrchen ausgebildet, durch die Tinte auf das Papier gespritzt wird. Durch die großen Variationsmöglichkeiten des Punktrasters können sehr viele Schriftarten und Symbole dargestellt werden.

Laserdrucker: Die Zeichen werden durch einen Laserstrahl erzeugt und elektrofotografisch auf das Papier aufgebracht. Die Druckqualität ist sehr gut, die Druckgeschwindigkeit sehr hoch (bis zu 200000 Zeichen pro Minute).

Informationsverarbeitende Technik 59

Im Zusammenhang mit Druckern sind drei Begriffe wichtig:

> Bei Matrix- und Laserdruckern ist **dpi** ein Maß für die Druckqualität: Anzahl der Punkte, die ein Drucker pro Inch (2,54 cm) erzeugen kann.

dpi ist die Abkürzung für **d**ots **p**er **i**nch

Drucker mit 2400 dpi haben eine sehr hohe Druckqualität, die im Verlagswesen zur Herausgabe von Vierfarbbüchern genutzt wird. Für Schwarz-Weiß-Drucke oder Farbdrucke ohne Fotos reichen auch schon 1200 dpi aus.

Eine Druckqualität von 300 bis 600 dpi ist für nichtprofessionelle Zwecke völlig ausreichend.

> Ein **Druckertreiber** ist ein Programm, welches auf Betriebssystem- oder Benutzeroberflächenebene den Drucker steuert.

Jeder Drucker hat einen eigenen Druckertreiber, der im Allgemeinen beim Kauf mitgeliefert wird. Man kann mit Druckertreibern auch ohne Druckeranschluss arbeiten.

Viele DesktopPublishing-Programme (zur Herstellung von Büchern) steuern auch die Monitorausgabe über Druckertreiber, man kann also schon am Bildschirm die Druckausgabe kontrollieren.

> **PostScript** ist eine imperative Programmiersprache für die geräteunabhängige Beschreibung von Druckseiten.

PostScript ist ein von der Firma Adobe entwickelter standardisierter Befehlssatz für Drucker, die in Belichtungsstudios zum Einsatz kommen. Man setzt am Computer ein Buch, speichert es mithilfe eines PostScript-Druckertreibers als Druckdatei ab, übergibt diese an das Belichtungsstudio, wo damit Filme für die Druckerei hergestellt werden (↗ auch S. 13). Viele Matrix- und Laserdrucker besitzen eine solche PostScript-Option, sind dadurch aber recht teuer. Der Vorteil ist: Man hat als Grafiker oder Setzer eine genaue Kontrolle über das tatsächliche Druckergebnis.

1.4.5 Externe Speicher

Neben den RAMs im Mikroprozessor oder z. B. auf der Grafikkarte, die für die interne Befehlsausführung notwendig sind, gibt es eine Reihe externer Speicher, die insbesondere für die Datensicherung wichtig sind.

Typische Speichermedien waren bisher Disketten und Festplatten. Dabei ist die Festplatte nicht nur zur Datensicherung von Bedeutung, sondern ohne große Festplatte ist die Arbeit mit speicherintensiven Benutzeroberflächen und Anwendungsprogrammen nicht möglich, denn diese werden dort abgelegt.

Es gibt etliche Gemeinsamkeiten von **Disketten** und **Festplatten.**

	3,5"-Diskette	**Festplatte**
Gemeinsamkeiten	– Speichermedien; sich drehende, magnetisierbare Scheiben – Der Schreib-/Lesekopf des Disketten- bzw. Festplattenlaufwerks liegt auf der Diskette bzw. bewegt sich ganz dicht ober- und unterhalb der Festplattenscheiben (1,2 μm – zum Vergleich: ein Fingerabdruck ist 5 μm stark). Dabei werden die magnetisierten Oxidteilchen erkannt, im Disketten-Steuerbaustein decodiert und über den Datenbus an den Rechner übermittelt. – Bevor man auf dem Datenträger Dateien speichern kann, muss die magnetisierbare Schicht formatiert, d. h. in Spuren und Sektoren eingeteilt, werden. Die Formatierung geschieht mit dem DOS-Befehl FORMAT. Mit diesem Befehl wird z. B. eine normale 3,5"-Diskette in 80 Spuren und 18 Sektoren pro Seite unterteilt, wobei die entstehenden Einheiten 512 Bytes fassen. Sie hat damit eine Speicherkapazität von $2 \times 80 \times 18 \times 512\,\text{Bytes} = 1474560\,\text{Bytes} = 1440\,\text{KByte}.$ – Die äußere Spur bleibt dabei der **FAT** (**F**ile **A**llocation **T**able) vorbehalten, der „Dateizuweisungstabelle", die zum Auffinden von Dateien und Zuweisen von Speicherplatz dient. Durch das Formatieren gehen alle Informationen, die ursprünglich vorhanden waren, verloren, sind aber mit bestimmten Befehlen neuerer DOS-Versionen unter Umständen wieder herstellbar.	
Anzahl der Scheiben	1 Scheibe	mehrere, übereinander liegende Scheiben
Speicherkapazität	1,44 MB	bis zu 100 GB (und mehr)
Laufwerksgeschwindigkeit	360 Umdrehungen/Minute (Die Diskette dreht sich nur bei Zugriff.)	5400 oder 7200 Umdrehungen/min (Der Datenträger dreht sich ständig.)

Informationsverarbeitende Technik

3,5"-Disketten werden heute oft durch **ZIP-Disketten** abgelöst, da diese bei ungefähr der gleichen Größe wie normale Disketten eine Speicherkapazität von 100 MB besitzen. Sie benötigen ein eigenes, meist externes Laufwerk **(ZIP-Drive),** welches weitaus schneller ist als das normale Diskettenlaufwerk.

Eine Kompaktdiskette ist die **CD-ROM.** Mit ca. 650 MB Speicherkapazität wird sie vor allem von Softwareproduzenten zur Bereitstellung von umfangreichen Programmen und Grafiken verwendet, um die Festplatte nicht „vollzustopfen". Das CD-Laufwerk ist zumeist im Computergrundgerät eingebaut. Mit ihm lassen sich im Allgemeinen auch Musik-CDs abhören.

CD-ROM ist die Abkürzung für **c**ompact **d**isk **r**ead-**o**nly-**me**mory.

Es gibt spezielle Laufwerke, mit denen man nicht nur CD-ROMs lesen, sondern auch **CD-Rs** „brennen" kann. Der **CD-Brenner** sollte über eine SCSI-Schnittstelle betrieben werden, um die Brennzeiten zu verkürzen.

Das R bei CD-R steht für **r**ecordable.

Weitere Speichermedien werden nur in bestimmten Anwendungsbereichen stärker genutzt:

- **Wechselfestplatten** und **magneto-optische Laufwerke** zur täglichen Datensicherung;
- **Bandkassetten** für die preisgünstige Archivierung, das Bandlaufwerk **(Streamer)** funktioniert wie ein Kassettenrekorder.

Zukünftig werden **DVDs** eine große Rolle spielen, da man auf ihnen sogar Spielfilme speichern kann. DVDs haben die gleichen Abmessungen wie CDs, können aber eine vielfache Datenmenge (bis zu 16 GB) aufnehmen.

DVD ist die Abkürzung für **d**igital **v**ersatile **d**isk (digitale vielseitige Diskette).

1.4.6 Benutzeroberflächen

Arten von Benutzeroberflächen

Die Programme, mit denen man arbeitet, sollten so beschaffen sein, dass ihre Bedienung einfach ist, dass sie auf falsche Eingaben robust reagieren, dass sie sich nach den Denk- und Arbeitsweisen der Benutzer richten – eben dass sie benutzerfreundlich sind.

> Das Erscheinungsbild des Dialogs mit dem Computer und der Anwendungsprogramme auf dem Monitor nennt man **Benutzeroberfläche.**

In Abhängigkeit von Speicherkapazitäten und der immer stärkeren Verbreitung informationsverarbeitenden Technik wurden im Laufe der Zeit verschiedene Arten von Benutzeroberflächen entwickelt:

Art	Beschreibung	Beispiel
kommando-gesteuert	Der Benutzer gibt über die Tastatur Kommandos ein. Die Kommandos müssen syntaktisch korrekt sein, sonst erfolgt im Allgemeinen eine Fehlermeldung auf dem Monitor.	Betriebssystem MS-DOS (vgl. Beispiele im Abschnitt 1.4.7)
menüge-steuert	Auf dem Bildschirm werden Listen von Kommandos angezeigt, die in der aktuellen Situation erlaubt sind. Der Nutzer wählt ein Kommando aus und legt damit Aktionen des Computers fest. Oft kann dabei die Maus eingesetzt werden.	**Norton Commander** (auf DOS aufgesetzte Benutzeroberfläche, die die Arbeit mit dem Betriebssystem erleichtert)
grafisch	Die Benutzeroberfläche erinnert an einen Schreibtisch, auf dem Programme zum Lösen von Arbeitsaufgaben abgelegt sind, die durch grafische Symbole (Icons) verdeutlicht werden. Die Anwendungen werden in Fenstern ausgeführt, die man verschieben, vergrößern oder verkleinern kann. Umfangreiche, aber übersichtliche Menüfolgen mit Klartext sowie Werkzeug-Symbolleisten unterstützen die Arbeit. Kommandos (über Tastenkombinationen) sind möglich.	Windows (vgl. die folgenden Seiten)

Durchgesetzt haben sich die grafischen Benutzeroberflächen, da die Darstellung der Daten und Programme in grafischer Form, in Fenstern und bewegten Bildern, die leichte Interaktion und vielen Kontrollmöglichkeiten bei der Ausführung von Dialogbefehlen den menschlichen

Denk- und Arbeitsweisen sehr nahe kommen. Die Entwicklung und Nutzung von solchen Benutzeroberflächen wurde allerdings erst durch leistungsfähige Mikroprozessoren (ab Intel 486 bzw. Pentium) und große Speicher (Arbeitsspeicher ab 8 MB, Festplatte ab 200 MB) möglich.

Grafische Benutzeroberflächen

Als Quasi-Standard für grafische Benutzeroberflächen hat sich Microsoft Windows durchgesetzt. Trotz vieler öffentlicher Kritik an Windows sowie der marktbeherrschenden Position der Firma Microsoft und ihres Gründers BILL GATES hat diese Standardisierung auch ihre positiven Seiten:

– Es werden für den Nutzer wenig Vorkenntnisse im Umgang mit dem Computer vorausgesetzt. Elementare hardwarebezogene Aufgaben des Betriebssystems werden versteckt und spielen sich im Verborgenen ab.
– Die meisten Anwendungsprogramme sind Windows-Applikationen, d. h., dass Menü-, Dialog- und Fenstertechnik in diesen Anwendungsprogrammen ähnlich sind, ganz gleich ob man mit einem Datenbank-, Textverarbeitungs-, Tabellenkalkulations- oder Grafikprogramm arbeitet.

Im Folgenden werden daher wesentliche Elemente grafischer Benutzeroberflächen am Beispiel von Windows beschrieben.

Wichtigstes Eingabegerät hierbei ist die Maus. Techniken der Arbeit mit der Maus sollten daher beherrscht werden (↗ S. 55).

Auf dem Monitor erscheinen die Programme oder Programmgruppen als **Icons** (anschauliche, grafische Symbole). Den Start eines gewünschten Programms oder das Öffnens eines Fensters erreicht man dadurch, dass man das Icon markiert (anklickt) und danach die <Enter>-Taste drückt oder einen Doppelklick mit der Maus auf das Icon ausführt. Die Icons können durch Ziehen mit der Maus an eine gewünschte Stelle verschoben werden. Der Nutzer richtet sich seinen „Schreibtisch" entsprechend seinen Wünschen ein.

Ein Icon, der **Papierkorb**, soll etwas näher betrachtet werden: Alle Dateien oder Verzeichnisse (Ordner), die gelöscht werden, landen im Papierkorb und man kann das Löschen leicht rückgängig machen. Versehentlich gelöschte Dateien sind also schnell wieder herstellbar.

Löschen kann man Dateien unter Windows, indem in Fenstern, in denen Dateien angezeigt werden, die entsprechenden Dateien markiert, den **M**enüpunkt „Datei" auswählt und danach den **B**efehl „Löschen" anklickt. Mit der <Entf>-Taste erreicht man das Gleiche.

Nur Festplattenlaufwerke besitzen einen Papierkorb, Diskettenlaufwerke nicht, gelöschte Dateien sind also nicht mehr auf der Diskette vorhanden.

Sollen Dateien tatsächlich gelöscht, also nicht erst in den Papierkorb geworfen, sondern gleich „verbrannt" werden, dann ist dies dadurch erreichbar, dass man die Shift-Taste <⇧> beim Löschen gedrückt hält.

Am unteren Ende des Bildschirms findet man die **Task-Leiste.** Hier werden alle geöffneten Fenster durch Schaltflächen angezeigt. Die Task-Leiste ist auch dann zu sehen, wenn man das Fenster eines Anwendungsprogramms maximiert hat. Ein Wechsel zwischen den verschiedenen Programmen wird durch Anklicken der entsprechenden Schaltfläche erreicht.

Die **Direkt-Hilfe von Windows** lässt sich nicht nur über die Task-Leiste aufrufen, sondern auch mit der Funktionstaste <F1> oder dem Hilfe-Menü „?" in den Arbeitsplatz- oder Explorerfenstern.

Ganz links ist die Schaltfläche „Start" zu sehen. Bei Anklicken erscheint ein Menü mit wichtigen Befehlen (z. B. Aufruf von installierten Programmen, Änderungen von Einstellungen des Betriebssystems, Suchen von Dateien, **Hilfe-Funktion,** Beenden der Arbeit am Computer).

Ein typisches Merkmal für die Arbeit mit grafischen Benutzeroberflächen ist die Arbeit in **Fenstern.** Mehrere Programmgruppen oder Anwendungsprogramme können gleichzeitig in verschiedenen Fenstern geöffnet werden, man kann bei der Arbeit zwischen den Fenstern hin- und herspringen. Die Fenster können durch Anklicken und Ziehen der Randleisten in die gewünschte Größe oder Form und durch Klicken auf die Leiste mit dem Namen des Fensters und Ziehen in die gewünschte Position auf dem Bildschirm gebracht werden.

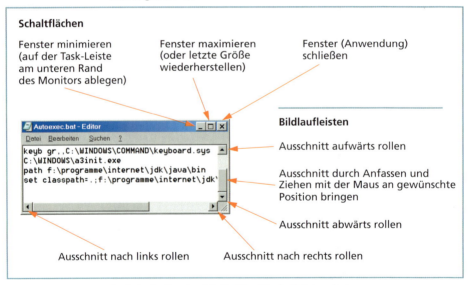

In fast alle Fenster ist die **Menütechnik** integriert.
Ein **Menü** ist eine Liste von Befehlen, die in der aktuellen Situation am Bildschirm erlaubt bzw. möglich sind.
Im obigen Bild werden in der Menüleiste beispielsweise die Menüs „Datei", „Bearbeiten", „Suchen" und „?" **(Hilfe)** angezeigt. Durch Anklicken des Menüs Datei erscheint das gesamte Untermenü wie ein Rollladen. Es heißt deshalb auch **Pull-down-Menü.** Selbst die Anordnung, die Bezeichnung und der Inhalt der Pull-down-Menüs ist in den Fenstern und Programmen unter Windows einheitlich.

Ganz links ist immer das Menü „Datei" zu finden mit solchen Untermenüs wie „Neu", „Öffnen", „Speichern", „Speichern unter...", „Drucken" oder (Programm) „Beenden".
Das Menü „Bearbeiten" steht an zweiter Stelle mit Punkten wie „Ausschneiden", „Kopieren", „Einfügen" usw.

Befehle, die man in bestimmten Situationen nicht ausführen kann, sind grau gekennzeichnet. Befehle, die nicht direkt ausgeführt werden können, wo weiter Eingaben notwendig sind, sind mit drei Pünktchen (Öffnen eines Dialogfeldes) markiert.

Manchmal reichen die Untermenüs eines Pull-down-Menüs nicht aus, es sind Unter-Unter-Menüs erforderlich. Diese werden dann direkt neben den Untermenüs angezeigt. Man spricht von einem **Pop-up-Menü.**

Um das in Windows integrierte kleine, aber durchaus leistungsfähige Textverarbeitungsprogramm WordPad aufzurufen, geht man wie folgt vor:
Menü „Start" (Schalter in der Task-Leiste) **M** Programme **M** Zubehör **B**efehl „WordPad".

Menüs haben den Vorteil, dass man keine Kommandosprache beherrschen muss, um am Computer zu arbeiten. Allerdings kann man keinen Befehl überspringen, um zu einem bestimmten Menüpunkt zu gelangen und eine Aktion auszulösen.

Fortgeschrittenen Nutzern helfen daher oft **Tastenkombinationen (Hotkeys,** „heiße Tasten") für bestimmte Befehle, die ebenfalls bei der Arbeit mit grafischen Benutzeroberflächen möglich sind. Die Tastenkombinationen zum Auslösen von Aktionen stehen oft in den Untermenüs hinter den Befehlen. Einige sollte sich auch der Anfänger merken:

Hotkey	Wirkung
<Strg> + s	Die aktuell bearbeitete Datei wird gespeichert.
<Strg> + p	Das Druck-Dialogfeld wird aufgerufen.
<Strg> + c <Strg> + v	– Kopieren – Einfügen an eine zuvor markierte Stelle
	Diese beiden Tastenkombinationen sind deshalb interessant, weil sie vielseitig anwendbar sind (auf markierte Dateien und Verzeichnisse, Grafiken, Textteile und Zeichen).
	Mit <Strg> + c werden markierte Daten in die **Zwischenablage** von Windows kopiert, mit <Strg> + v aus diesem Speicher herauskopiert. Die Daten bleiben bis zum Ausschalten des Computers dort bzw. werden beim nächsten Kopiervorgang überschrieben.
	Die kopierten Daten kann man sich in der Zwischenablage ansehen, die etwas versteckt liegt (**M** Start **M** Programme **M** Zubehör **M** Systemprogramme **B** Zwischenablage).
<Strg> + x	– Löschen markierter Objekte und Verschieben in die Zwischenablage

Immer im Kopf:
<Strg> + c
und
<Strg> + v.

Anwendungsprogramme unter grafischen Benutzeroberflächen sind nach dem **SAA-Standard** (**S**tandard of **A**pplication **A**rchitecture, Standardarchitektur für Anwendungen) einheitlich aufgebaut:

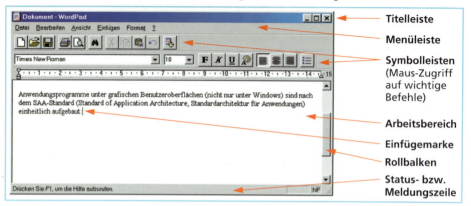

- Titelleiste
- Menüleiste
- Symbolleisten (Maus-Zugriff auf wichtige Befehle)
- Arbeitsbereich
- Einfügemarke
- Rollbalken
- Status- bzw. Meldungszeile

Ein weiteres wichtiges Element unter grafischen Benutzeroberflächen und Anwendungsprogrammen sind **Dialogfelder** (hier ein Beispiel eines Dialogfelds in WordPad):

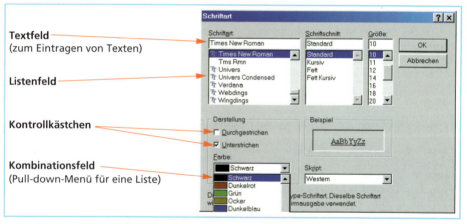

- **Textfeld** (zum Eintragen von Texten)
- **Listenfeld**
- **Kontrollkästchen**
- **Kombinationsfeld** (Pull-down-Menü für eine Liste)

Auch **Registerkarten** sind Dialogfelder, die dann Verwendung finden, wenn so viele Dinge einzustellen sind, dass sie nicht in ein einziges Feld passen.

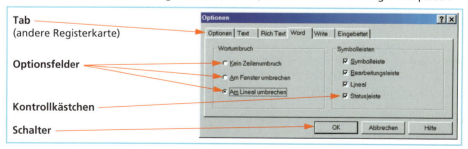

- **Tab** (andere Registerkarte)
- **Optionsfelder**
- **Kontrollkästchen**
- **Schalter**

1.4.7 Arbeit mit Dateien (Dateihandling)

Bezogen wird sich im Folgenden – insbesondere bei Beispielen – auf das Betriebssystem MS-DOS und seine aufgesetzte Benutzeroberfläche Windows, da dies die verbreitetste Software ist. Vieles ist auch auf andere Betriebssysteme und Benutzeroberflächen übertragbar.

Dateiverwaltung

Für das Betriebssystem besteht der Computer nur aus

- **Datenträgern** (Disketten, Festplatten, CD-ROMs),
  vergleichbar mit Aktenschränken, die Aktenordner enthalten,
- **Verzeichnissen**,
  vergleichbar mit Aktenordnern, die weiter geordnet sind und Akten enthalten,
- **Dateien**,
  vergleichbar mit Akten (Texte, Bilder, …).

Alle diese Objekte haben bestimmte Bezeichnungen, die man nach festgelegten Regeln bilden muss, damit sie das Betriebssystem erkennen und unterscheiden kann.

Objektbezeichnungen

Objekte	Vereinbarungen für die jeweilige Bezeichnung
Datenträger	A: B: Diskettenlaufwerke C: D: E: … Z: Festplatten oder Teile von Festplatten **(Partitionen)**, CD-ROM-Laufwerke, Zip-Laufwerke, virtuelle Speicher

Verzeichnisse	– Der Name besteht aus maximal 8 Zeichen. Man sollte möglichst nur Buchstaben oder Ziffern verwenden. Ab Windows 95 und unter Mac OS sind, um die Aussagekraft solcher Bezeichnungen zu erhöhen, auch mehr Zeichen zugelassen. Um die Kompatibilität (die Austauschbarkeit) zwischen verschiedenen Betriebssystemen und Datenträger-Standards zu gewährleisten, ist man aber gut beraten, bei der Vergabe von Verzeichnisnamen nicht mehr als 8 Zeichen zu verwenden.
	– Das höchste Verzeichnis (der Hauptaktenordner) heißt **Hauptverzeichnis (Wurzelverzeichnis, root)** und hat den Namen „\" („Backslash").
	– Um ein ganz bestimmtes Unterverzeichnis zu kennzeichnen, muss der gesamte „Pfad", der durchlaufen werden muss, um zu ihm zu gelangen, angegeben werden.
	    A:\DOS
	    C:\WORKS\TEXTE\NUTZER1

Der Backslash ist mit <Alt Gr> + <ß> oder <Alt> + <92> über die Tastatur abrufbar.

68 Grundbegriffe

Hier gilt wieder, dass ab Windows 95 längere Dateinamen zugelassen sind. Auch kann man in bestimmten Betriebssystemen durchaus Umlaute oder sogar Leerzeichen benutzen. Man sollte sich trotzdem an die hier aufgeführten Standards halten.

Dateien	– Die Bezeichnung wird folgendermaßen gebildet: `dateiname.erweiterung` – Der Dateiname besteht aus maximal 8 Zeichen und wird vom Nutzer festgelegt. Nicht zugelassen sind Leerzeichen und Sonderzeichen wie : . * ^ @ \ / < > ; Der Unterstrich (_) ist erlaubt. Es sollten keine Umlaute benutzt werden. Auch dürfen folgende Namen nicht verwandt werden, da sie Schnittstellen (Gerätetreiber) bedeuten: CON AUX COM1 COM2 PRN LPT1 LPT2 LPT3 NUL – Die Erweiterung besteht aus maximal 3 Zeichen und gibt den Typ der Datei an. Die Erweiterung wird i. Allg. durch das genutzte Anwendungsprogramm selbst festgelegt. `BRIEF_1.DOC` könnte ein Brief an einen Verwandten sein. Den Dateinamen `BRIEF_1` hat der „Schreiber" festgelegt, die Endung `DOC` wurde durch das genutzte Programm (z. B. Word) erstellt.

Verwaltung von Datenträgern

Eine Startdiskette legt man so an:
Mit dem Befehl
`FORMAT A: /s` wird eine sich im Laufwerk `A:` befindliche Diskette formatiert, und es werden anschließend die Dateien `COMMAND.COM` und `IO.SYS` auf die Diskette kopiert. Mit den Befehlen `COPY AUTOEXEC.BAT A:` und `COPY CONFIG.SYS A:` werden die außerdem notwendigen Dateien auf die Diskette kopiert.

Datenträger formatieren	
Hinweise	– Datenträger müssen formatiert (in Spuren und Sektoren eingeteilt) sein, bevor sie Daten aufnehmen können. (vgl. auch Abschnitt 1.4.5, S. 60) – Alle Daten, die sich vor diesem Vorgang auf der Diskette befinden, werden gelöscht. Das Formatieren der Festplatte sollte dem Systembetreuer überlassen bleiben! – Disketten und ZIP-Disketten, die man kauft, sind heute meist schon formatiert. Trotzdem ist es unter Umständen notwendig einen Datenträger neu zu formatieren, z. B. dann, wenn man sicher sein will, dass alle Daten (beispielsweise Viren) auch wirklich gelöscht sind.

unter DOS	– Befehl: `FORMAT laufwerksbez. (Zusätze)`
	 `FORMAT A:`
	(formatiert Diskette im Laufwerk `A:`)
	`FORMAT B: /s`
	(formatiert Diskette im Laufwerk `B:` und überträgt den residenten Teil des Betriebssystems)
	– Bei der Arbeit am Computer können versehentlich wichtige Dateien des Betriebssystems gelöscht oder zerstört werden. Es ist deshalb unbedingt notwendig, immer eine Startdiskette mit dem residenten Teil des Betriebssystems in der Nähe zu haben (s. Informationstext).

unter Windows	Windows 3.x: – Fenster Programm-Manager **F** Hauptgruppe **F** Datei-Manager **M** Datenträger **B** Datenträger formatieren Windows 95/98 und höhere Versionen: – Diskette in das Diskettenlaufwerk einlegen – Doppelklicken auf das Symbol Arbeitsplatz und dann Klicken auf das Symbol für den Datenträger, der formatiert werden soll (nicht auf das Symbol für den Datenträger doppelklicken, da ein Datenträger nicht formatiert werden kann, wenn er im Arbeitsplatz oder im Windows-Explorer geöffnet ist) – **M** Datei **B** Formatieren

Datenträger benennen / Namen eines Datenträgers erfragen

unter DOS	– Befehl: `LABEL laufwerksbezeichnung`
	(benennt Datenträger)
	
	`LABEL B:`
	(DOS verlangt die Eingabe eines Namens, der bis zu 11 Zeilen lang sein kann, und in dem Leerzeichen erlaubt sind. Der Name kann durch eine erneute Eingabe des Befehls wieder gelöscht werden.)
	
	– Befehl: `VOL laufwerksbezeichnung`
	(zeigt Namen des Datenträgers an)
	
	`VOL A:`

unter Windows	Windows 3.x: – **F** Programm-Manager **F** Hauptgruppe **F** Datei-Manager **M** Datenträger **B** Datenträger benennen Windows 95/98 und höhere Versionen: – Doppelklicken auf das Symbol Arbeitsplatz und dann Klicken auf das Laufwerk, in dem die Diskette liegt – **M** Datei **B** Eigenschaften – im Bezeichnungs-Feld einen Namen eingeben oder ablesen (Der Name kann bis zu 11 Zeichen lang sein. Er kann wie unter DOS durch Eingabe eines neuen Namens geändert werden.)

Es ist immer dann sinnvoll, Namen für Datenträger zu vergeben, wenn sehr viele Datenträger vorhanden sind und man bestimmte Dateien einfach finden möchte.

aktuellen Datenträger festlegen (auswählen)

unter DOS	– Befehl: `laufwerksbezeichnung` `A:` (Wechsel zum Laufwerk A:) `C:` (Laufwerkswechsel zur Festplatte)

70 Grundbegriffe

unter Windows	Windows 3.x: – **F** Programm-Manager **F** Hauptgruppe **F** Datei-Manager **M** Datenträger **B** Laufwerk auswählen
	Windows 95/98 und höhere Versionen: – Doppelklicken auf das Symbol Arbeitsplatz und dann Doppelklicken auf das Symbol für den Datenträger

Datenträger prüfen

CHKDSK ist die Abkürzung für „**Check Disk**" („Prüfe Diskette").

unter DOS	– Befehl: `CHKDSK laufwerksbez. (Zusätze)`
	  Befehl: `SCANDISK laufwerksbez. (Zusätze)`
	  (ab Version 6.2)

	`CHKDSK A: /v`
	(prüft Diskette im Laufwerk `A:` und gibt alle Dateien und Verzeichnisse zur Fehlerfeststellung aus)
	`CHKDSK C: /F`
	(Fehlerkorrektur wenn nötig und soweit möglich auf `C:`)
	`SCANDISK C: /CHECKONLY`
	(prüft Laufwerk `C:` auf Fehler, ohne sie zu korrigieren)

unter Windows	Windows 95/98/ME: – **M** Start (Task-Leiste) **M** Programme **M** Zubehör **M** Systemprogramme **B** ScanDisk – zu prüfendes Laufwerk auswählen – **O** Intensiv (zeigt auch Fehler der Datenträgeroberfläche an) – **S** Starten

Datenträger (Diskette) kopieren

Dieser Befehl gilt nur für Datenträger mit gleichem Format. Man kann für beide Disketten dasselbe Laufwerk verwenden. Die Quelldiskette sollte mit einem Schreibschutz versehen werden, damit sie nicht durch versehentliches Einlegen als Zieldiskette überschrieben wird.

unter DOS	– Befehl: `DISKCOPY quelllaufwerk ziellaufw.` `DISKCOPY A: A:` – Quell- und Zieldiskette sind nach dem Kopiervorgang völlig identisch.
unter Windows	Windows 3.x: – **F** Programm-Manager **F** Hauptgruppe **F** Datei-Manager **M** Datenträger **B** Datenträger kopieren
	Windows 95/98 und höhere Versionen: – im Arbeitsplatz auf das Symbol der Diskette klicken, die kopiert werden soll – **M** Datei **B** Diskette (Datenträger) kopieren – auf das Laufwerk, von dem, und dann auf das Laufwerk, auf das kopiert werden soll, klicken – **S** Starten

Informationsverarbeitende Technik

Arbeit mit Verzeichnissen

Durch Verzeichnisse kann die Ablage von Dateien auf einem Datenträger sinnvoll organisiert werden. Auf einer Festplatte können mehrere Tausend Dateien gespeichert sein. Sind diese nicht geordnet abgelegt, können einzelne Dateien schwer wiedergefunden werden.
Auch Disketten sollten durch Verzeichnisse mit ausdrucksstarken Bezeichnungen zur Dateiaufnahme vorbereitet werden. Ein solcher „Verzeichnisbaum" kann beispielsweise folgendermaßen aussehen:

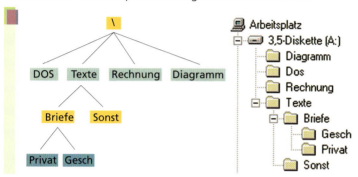

Verzeichnisse (Ordner) wechseln		
unter DOS	– Befehl: `CD verzeichnis`	
	`CD SPIELE` — Wechsel zum Unterordner SPIELE `CD\` — Wechsel ins Wurzelverzeichnis `CD\SPIELE` — Wechsel von einem beliebigen Verzeichnis über das Wurzelverzeichnis ins Verzeichnis SPIELE `CD..` — Wechsel ins nächsthöhere Verzeichnis	CD ist das Kürzel für „**c**hange **d**irectory" („wechsle Verzeichnis").
	– Das aktuelle Verzeichnis ist erkenntlich am **Prompt-Zeichen** (vor jeder Befehlszeile).	
unter Windows	Windows 3.x: Arbeit im Fenster „Programm-Manager"	
	Windows 95/98 und höhere Versionen: – Doppelklicken auf das Symbol Arbeitsplatz oder Windows-Explorer – Doppelklicken auf das Symbol für das entsprechende Laufwerk (Windows zeigt die Dateien und Verzeichnisse auf dem Laufwerk an. Verzeichnisse können Dateien und auch weitere Verzeichnisse – die unter Windows „Ordner" heißen – enthalten.) – Man kann einen Ordner öffnen, indem man darauf doppelklickt. (Man kann zum vorhergehenden Ordner wechseln, indem man auf in der Symbolleiste klickt oder die Rücktaste <⟵> drückt.)	

Grundbegriffe

TREE („Baum") ist ein externer (transienter) Befehl (es gibt eine gesonderte Datei TREE.COM im DOS-Verzeichnis), während alle anderen Befehle zur Verzeichnisarbeit resident sind.

	Anzeigen aller Verzeichnisse (Ordner) auf einem Datenträger
unter DOS	– Befehl: TREE (Zusätze) TREE — zeigt alle Verzeichnisse auf aktuellem Datenträger an TREE B: — zeigt alle Verzeichnisse im Laufwerk B: TREE C: /F — zeigt alle Verzeichnisse und zusätzlich alle Dateien auf der Festplatte an; mit <Pause> unterbrechbar
unter Windows	Windows 3.x: Arbeit im Fenster „Programm-Manager" Windows 95/98/ME: Die Hierarchie aller Verzeichnisse wird nur im **Windows-Explorer** angezeigt: – M Start M Programme B Windows-Explorer. – auf ein Verzeichnis auf der linken Seite des Fensters klicken, um dessen Inhalt auf der rechten Seite anzuzeigen (Man kann die Größe von beiden Fensterseiten ändern, indem man die Trennleiste entsprechend zieht. Man kann ein Verzeichnis schnell öffnen und dessen Unterverzeichnisse anzeigen, indem man auf das Verzeichnis auf der linken Seite des Fensters doppelklickt.) – auf das Pluszeichen (+) klicken, um Unterverzeichnisse anzuzeigen

MD ist das Kürzel für „**m**ake **d**irectory" („erstelle ein Verzeichnis").

	Verzeichnis (Ordner) anlegen
unter DOS	– Befehl: MD verzeichnis MD TEXTE (ein Verzeichnis „Texte" wird angelegt)
unter Windows	Windows 3.x: – F Programm-Manager F Hauptgruppe F Datei-Manager – Datenträger und/oder Verzeichnis auswählen, in dem ein neues Verzeichnis angelegt werden soll – M Datei B Verzeichnis erstellen – Namen eingeben; OK Windows 95/98 und höhere Versionen: – im Arbeitsplatz oder Windows-Explorer den Datenträger oder das Verzeichnis öffnen, in dem ein neues Verzeichnis erstellt werden soll – M Datei M Neu B Ordner (Das neue Verzeichnis erscheint mit einem temporären Namen.) – Namen für das neue Verzeichnis eingeben; <Enter>

| Informationsverarbeitende Technik | **73** |

Verzeichnis (Ordner) umbenennen

unter DOS	Dies ist unter älteren DOS-Versionen eigentlich nur möglich, in dem man ein neues Verzeichnis anlegt, alle Unterverzeichnisse und Dateien des alten Verzeichnisses hineinkopiert und das alte Verzeichnis dann löscht.
unter Windows	Windows 3.x: – **F** Programm-Manager **F** Hauptgruppe **F** Datei-Manager – Verzeichnis (links) auswählen, welches umbenannt werden soll – **M** Datei **B** Umbenennen Windows 95/98 und höhere Versionen: – im Arbeitsplatz oder Windows-Explorer das Verzeichnis anklicken, welches umbenannt werden soll – Klicken auf das Verzeichnis; Namen ändern (Es ist als ein zweimaliges Klicken – kein Doppelklick – notwendig.)

Verzeichnis (Ordner) löschen

unter DOS	– Befehl: `RD verzeichnis` `RD TEXTE` (das Verzeichnis „Texte" wird gelöscht) – Ein Verzeichnis kann nur vom übergeordneten Verzeichnis aus gelöscht werden. Es muss leer sein, darf also selbst keine Verzeichnisse oder Dateien enthalten (es sei denn, der Befehl `DELTREE` steht zur Verfügung).	RD ist das Kürzel für „remove directory" („beseitige Verzeichnis").
unter Windows	Windows 3.x: – **F** Programm-Manager **F** Hauptgruppe **F** Datei-Manager – Verzeichnis auswählen, das gelöscht werden soll – <Entf> oder **M** Datei **B** Löschen Windows 95/98 und höhere Versionen: – im Arbeitsplatz oder Windows-Explorer Verzeichnis auswählen, das gelöscht werden soll – <Entf> oder **M** Datei **B** Löschen	

Joker

Wichtig für die Arbeit mit Dateien sind **Jokerzeichen.** Mit ihnen können gezielt bestimmte Gruppen von Dateien und Verzeichnissen „herausgefiltert" werden. Auch für die Suche im Internet sind sie von Interesse. Dort nennt man sie aber im Allgemeinen **Wildcards.** Joker sind **Platzhalter** für ein oder mehrere Zeichen in Dateibezeichnungen bzw. Verzeichnisnamen. Der Joker „?" steht für *ein* beliebiges Zeichen, der Joker „*" für mehrere Zeichen.

`do?ument.doc`	Es wird nach einer Datei gesucht, die sowohl do**k**ument.doc als auch do**c**ument.doc heißen könnte bzw. in der ein beliebiger Buchstabe an der 3. Position vorkommen kann.
`*.txt`	Es wird nach allen Dateien gesucht, die die Endung `txt` besitzen.
`tmp*.*`	Es wird nach allen Dateien gesucht, die mit `tmp` beginnen.
`a*`	Es wird nach allen Dateien und Verzeichnissen gesucht, die mit `a` beginnen.
`do?ument.*`	Es wird nach allen Dateien gesucht, deren Name z.B. do**k**ument oder do**c**ument oder ähnlich sein könnte. Die Endung ist beliebig.
`*.*`	Es werden alle Dateien angezeigt.

Auch in den verschiedenen Anwendungsprogrammen werden beim Öffnen oder Speichern von Dateien Jokerzeichen benutzt, um bestimmte Dateitypen, mit denen das jeweilige Anwendungsprogramm arbeiten kann, vorzugeben, wobei die Anzeige vom Nutzer meist geändert werden kann.

WordPad

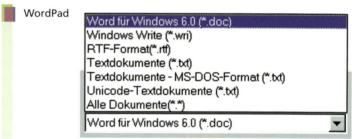

Arbeit mit Dateien

In den letzten Abschnitten wurden Datenträger zur Dateiaufnahme vorbereitet – Disketten formatiert (Aktenschränke bereitgestellt) und Verzeichnisse erzeugt (Aktenordner in den Schrank gestellt, beschriftet und Registerkarten eingelegt). Nun können auch Dateien erzeugt und in die „Aktenordner" gestellt werden.

Dateien können auf verschiedene Art und Weise erzeugt werden:

– Mit den Befehlen `COPY CON`, `EDIT` und `EDLIN` stellt DOS Editoren („Texterzeuger") bereit, mit denen man kleine ausführbare Dateien (z.B. Programme mit der Endung „`.BAT`") selbst herstellen kann.

– Mit Programmierumgebungen kann man Dateien (Programme) erzeugen (Endungen: „`.BAS`" für BASIC-Programme, „`.PAS`" für Turbo-Pascal-Programme)

Endungen kann der Nutzer auch selbst vergeben. Sie müssen aber vom Programm erkannt werden können.

– Anwendungsprogramme erzeugen Dateien.
Zum Beispiel erzeugt Works für Windows Textdateien (Endung „`.WPS`"), Kalkulationstabellen und Diagramme (Endung „`.WKS`"), Datenbank-Dateien (Endung „`.WDB`") und Datenfernübertragungs-Dateien (Endung „`.WCM`").

Informationsverarbeitende Technik 75

Natürlich können auch fertige Dateien in die angelegten Verzeichnisse kopiert werden.

Dateien in einem Verzeichnis (Ordner) anzeigen			
unter DOS	– Befehl: `DIR Pfadname (Zusätze)`		
	`DIR`	zeigt den Inhalt des aktuellen Verzeichnisses an	`DIR` ist das Kürzel für „**dir**ectory" (Verzeichnis).
	`DIR C:\DOS`	zeigt den Inhalt des DOS-Verzeichnisses der Festplatte an	
	`DIR BR_1.DOC`	zeigt nur Informationen zur Datei `BR_1.DOC` an, z. B. Größe, Erstellungsdatum	
	`DIR *.COM`	zeigt alle Dateien im aktuellen Verzeichnis mit der Endung `COM` an	
	`DIR TMP*.*`	zeigt alle mit `TMP` beginnenden Dateien an	
	`DIR /w`	Anzeige in 5 Spalten; Angaben zur Größe usw. entfallen	
	`DIR /p`	seitenweise Auflistung der Dateien im aktuellen Verzeichnis	
	`DIR ¦ more`	wie `DIR /p`; „¦" ist das Pipe-Symbol, mit <AltGr> + < abrufbar	
	`DIR A:\ORG /w`	alle Dateien im Verzeichnis `ORG` werden in 5 Spalten aufgelistet	
unter Windows	Windows 3.x: Arbeit im Fenster „Programm-Manager"		
	Windows 95/98 und höhere Versionen:		
	– Doppelklicken auf das Symbol Arbeitsplatz oder auf das Symbol für den Windows-Explorer		
	– Doppelklicken auf das Symbol für das entsprechende Laufwerk (Windows zeigt die Dateien und Verzeichnisse auf dem Laufwerk an.)		
Dateien kopieren			
unter DOS	– Der wichtigste Befehl ist der Kopier-Befehl zum Anlegen von Sicherungskopien oder zur Weitergabe von Dateien an andere Nutzer. Die allgemeine Syntax lautet: `COPY lw:\pfad\quelldatei lw:\pfad\zield.`		
	`COPY C:\TEXTE\BRIEF.DOC A:\BRIEF1.DOC`		
	– Befindet man sich gerade im Quellverzeichnis, kann dieses weggelassen werden. Befindet man sich im Zielverzeichnis kann der gesamte „Zielblock" wegfallen.		

Kopieren von Dateien mit der Maus:
Man kann Dateien mit der Maus aus einem Verzeichnis in ein anderes Verzeichnis ziehen. Dazu müssen Quell- und Zielverzeichnis in geöffneten Fenstern sichtbar sein. Befinden sich Quell- und Zielverzeichnis auf demselben Laufwerk, wird die Datei verschoben, befinden sich Quell- und Zielverzeichnis auf verschiedenen Laufwerken, wird die Datei kopiert. Man kann Windows zum Kopieren – auch auf dem gleichen Laufwerk – zwingen, indem man die <Strg>-Taste gedrückt hält.

unter Windows	– Bei grafischen Benutzeroberflächen vereinfacht sich die Arbeit. Es ist nicht mehr notwendig, entsprechende Befehle einzugeben. Windows 95/98 und höhere Versionen: – im Arbeitsplatz oder Windows-Explorer auf die Datei klicken, die kopiert werden soll – **M** Bearbeiten **B** Kopieren. – Ordner oder Laufwerk öffnen, wo Kopie abgelegt werden soll – **M** Bearbeiten **B** Einfügen. Man kann mehrere Dateien und Ordner zum Kopieren auswählen, indem man bei gedrückter <Strg>-Taste alle gewünschten Elemente anklickt.

Dateien löschen

unter DOS	– Befehl: `DEL dateibezeichnung`
	
	`DEL OTTO.TXT` löscht Datei `OTTO.TXT` im aktuellen Verzeichnis
	`DEL A:\BUCH\OTTO.TXT` löscht Datei `OTTO.TXT` in `A:\BUCH`
	`DEL *.SIK` löscht alle Dateien mit der Endung `.SIK`
	`DEL *.*` löscht alle Dateien im aktuellen Verzeichnis; Sicherheitsabfrage ist mit „J" zu beantworten

unter Windows	Windows 3.x: – **F** Programm-Manager **F** Hauptgruppe **F** Datei-Manager – Dateien auswählen, die gelöscht werden sollen – <Entf> oder **M** Datei **B** Löschen Windows 95/98 und höhere Versionen: – im Arbeitsplatz oder Windows-Explorer Dateien auswählen, die gelöscht werden sollen – <Entf> oder **M** Datei **B** Löschen Man kann mehrere Dateien und Ordner zum Löschen auswählen, indem man bei gedrückter <Strg>-Taste alle gewünschten Elemente anklickt. Dateien, die *hintereinander* aufgelistet sind, kann man markieren und auswählen, in dem man die <⇧>-Taste gedrückt hält. Die ausgewählten Dateien werden standardmäßig nicht gelöscht, sondern im Papierkorb abgelegt. Endgültiges Löschen kann man dadurch erzwingen, dass beim Löschen die <⇧>-Taste gedrückt gehalten wird.

Dateien aus dem Papierkorb zurückholen:
M Datei
B Wiederherstellen.

Informationsverarbeitende Technik

Dateien umbenennen

Hinweise	– Mit Umbenennungen sollte man vorsichtig sein. Oft sind Dateien miteinander verknüpft und mit der Bezeichnungsänderung gehen meist auch die Verknüpfungen verloren. – Bei Dateibezeichnungen sollte man nicht die Endung umbenennen, damit das Programm, mit dem die Datei erstellt wurde, sie wieder erkennt. Durch Umbenennung der Endung erreicht man auch keine Änderung des Dateiformats, dies können nur spezielle Konvertierungsprogramme.	
unter DOS	– Befehl: `REN (lw:pfad)alteDateibezbezeichnung neueDateibezeichnung` `REN UMSATZ2.WKS VERLUST.WKS` (Umbenennung im aktuellen Verzeichnis)	`REN` ist das Kürzel für „**ren**ame" (umbenennen).
unter Windows	Windows 3.x: – **F** Programm-Manager **F** Hauptgruppe **F** Datei-Manager – Datei auswählen, welche umbenannt werden soll – **M** Datei **B** Umbenennen Windows 95/98 und höhere Versionen: – im Arbeitsplatz oder Windows-Explorer die Datei anklicken, welche umbenannt werden soll – Klicken auf die Dateibezeichnung; Bezeichnung ändern (Es ist also ein *zweimaliges* Klicken notwendig.)	

Datei-Inhalt drucken

unter DOS	– Befehl: `PRINT dateibez.` oder `TYPE dateibez. >PRN`
	`PRINT AUTOEXEC.BAT`
	`TYPE C:\AUTOEXEC.BAT >PRN`
	– Auch der COPY-Befehl lässt sich zum Drucken von Dateien nutzen. Dann muss allerdings statt >PRN die genaue Druckerschnittstelle – LPT1 oder LPT2 – angegeben werden.	

unter Windows	Windows 3.x: – **F** Programm-Manager **F** Hauptgruppe **F** Datei-Manager – Datei auswählen, welche gedruckt werden soll – **M** Datei **B** Drucken... **S** OK Windows 95/98 und höhere Versionen: – im Arbeitsplatz oder Windows-Explorer entsprechende Datei anklicken – **M** Datei **B** Drucken... Es wird der Menüpunkt „Drucken" nur angezeigt, wenn Drucken überhaupt möglich ist.	Drucken sollte man immer von den Anwendungsprogrammen aus, die die entsprechenden Dateiformate verarbeiten können.

78 Grundbegriffe

Dateien, die mit Anwendungsprogrammen erstellt wurden, sollte man sich im entsprechenden Programm anzeigen lassen (wenn man es zur Verfügung hat), da unter MS-DOS und auch in Windows-Viewern oder -Editoren die Dateien durch Formatierungs- und Steuerzeichen unleserlich werden können.

Datei-Inhalt auf dem Monitor anschauen	
unter DOS	– Befehl: `TYPE dateibezeichnung` `TYPE CONFIG.SYS` (zeigt Inhalt der Datei `CONFIG.SYS` des aktuellen Verzeichnisses an) `TYPE C:\TEXTE\BRIEF.WPS` (zeigt Inhalt der Datei `BRIEF.WPS` aus `C:\TEXTE` an) – Längere Dateien können mit \<Pause\> „stückchenweise" angezeigt werden. Es besteht auch die Möglichkeit, den Befehl durch ¦`more` zu ergänzen.
unter Windows	– Unter Windows 3.x kann der Inhalt einer Datei nicht angezeigt werden, es sei denn, auf dem Computer ist über Windows eine weitere Oberfläche gelegt worden, das Norton Desktop für Windows. Norton Desktop für Windows: – Laufwerkssymbol anklicken (es erscheint ein Fenster mit Verzeichnissen und Dateien) – Datei auswählen, deren Inhalt angezeigt werden soll – **S** Anzeige (am unteren Fensterrand) Windows 98: – im Arbeitsplatz oder Windows-Explorer die Datei anklicken, deren Voransicht angezeigt werden soll – **M** Datei **B** Schnellansicht (Wenn der Befehl „Schnellansicht" nicht im Menü „Datei" angezeigt wird, gibt es für den Dateityp keinen Datei-Viewer oder die Schnellansicht ist nicht installiert.) Das Arbeitsplatzfenster von Windows 98 hält in der rechten Spalte einen besonderen Service für Bild-Dateien bereit: Wenn Windows das Dateiformat erkennt, wird automatisch eine Bild-Vorschau gegeben.

1.4.8 Arbeitsschutz

Im Zusammenhang mit der Arbeit am Computer fällt oft der Begriff „Ergonomie", der aber eine umfassendere Bedeutung besitzt:

> **Ergonomie:** Wissenschaftliche Disziplin, die sich mit der Anpassung von Arbeitsmitteln und Arbeitsumgebungen an Eigenschaften und Bedürfnisse der Menschen beschäftigt, um deren Gesundheit zu schützen und ihre Leistungsfähigkeit zu erhöhen.

In der Informatik unterscheidet man oft zwischen Software- und Hardware-Ergonomie.

Informationsverarbeitende Technik

> Die **Software-Ergonomie** befasst sich mit der Gestaltung dialogorientierter Programmsysteme und Benutzeroberflächen, die den geistigen, körperlichen und sozialen Bedürfnissen der Menschen entgegenkommen.

So fordert man heute auch in Bewertungskriterien für den Einsatz des Computers in der Schule leistungsstarke Benutzeroberflächen, die die Schüler mit möglichst wenig Details des Betriebssystems und der Hardware konfrontieren, damit sie sich in der informationstechnischen Grundbildung und bei der Verwendung des Computers in anderen Unterrichtsfächern auf wesentlichere Inhalte konzentrieren können.

> Die **Hardware-Ergonomie** beschäftigt sich mit der Anpassung der Arbeitsgeräte (Monitor, Tastatur, Maus, ...) und der Arbeitsumgebung (Stuhl, Tisch, Beleuchtung, ...) an die körperlichen und psychologischen Eigenschaften der am Computer arbeitenden Menschen.

Es geht letztlich um die Gesundheit: Schlechtes Licht kann zu Kopfschmerzen und Augenbeschwerden führen; ein zu hoher Bildschirm oder Tisch begünstigt einen gekrümmten Rücken, einen verspannten Nacken oder ebenfalls Kopfschmerzen und Augenprobleme.

Auch für die *Schule* gelten Vorschriften und technische Regelwerke hinsichtlich ergonomischer Anforderungen, die einzuhalten sind. Dazu gehören:

– staatliche Regelungen wie die Bildschirmarbeitsverordnung (BildSchArbV) als Umsetzung der EU-Richtlinie 90/270EWG vom 29.5.1990 sowie das Gesetz über technische Arbeitsmittel;
– Regelungen von Unfallversicherungsträgern wie GUV 17.7 (Sicherheitsregeln für Büroarbeitsplätze von 1979), GUV 17.8 und 23.3 sowie 50.12 (Sicherheitsregeln für Bildschirmarbeitsplätze im Bürobereich von 1980, 1994 bzw. 1997);
– unzählige Normen des Deutschen Instituts für Normung e. V. (DIN), die ca. alle 5 Jahre überarbeitet werden, sowie europäische und internationale Normen (ISO).

Im Folgenden sind **ergonomische Anforderungen an Computerarbeitsplätze** aufgeführt, die bei der Einrichtung von Computerkabinetten und bei der Arbeit am Computer zu beachten sind:

• Gesundheitliche Probleme können vor allem durch die Arbeit am Monitor auftreten.
  – Die auf dem Bildschirm dargestellten Zeichen müssen scharf, deutlich und ausreichend groß sein sowie einen angemessenen Zeichen- und Zeilenabstand haben.
  – Das Bild muss stabil und frei von Flimmern sein und darf keine Verzerrungen aufweisen. Der Monitor sollte strahlungsarm sein.
  – Die Helligkeit der Bildschirmanzeige und der Kontrast müssen einfach einstellbar sein und den Verhältnissen der Arbeitsumgebung angepasst werden können.

↗ auch Kenngrößen von Monitoren, S. 56, 57

- Bei längerer Arbeit am Computer sollten grelle Farben bei den Bildschirmeinstellungen vermieden werden, Schwarz-Weiß-Einstellungen sind für die Augen gut.
- Der Bildschirm muss frei von Reflexionen und Blendungen sein. Es ist also immer auf den Einfallswinkel von Sonnenstrahlen oder elektrischer Beleuchtung zu achten.
- Der Bildschirm sollte immer sauber sein. Man sollte ihn nicht berühren bzw. z. B. Fingerabdrücke entfernen.
- Der Monitor muss frei drehbar und neigbar sein.

• Die Tastatur muss vom Monitor getrennt und neigbar sein. Sie muss eine reflexionsarme Oberfläche besitzen. Die Beschriftung der Tasten muss bei normaler Arbeitshaltung gut lesbar sein.
Die Arbeitsfläche vor der Tastatur muss ein Auflegen der Handballen ermöglichen.

• Alle Eingabegeräte (Tastatur, Maus) müssen auf dem Arbeitstisch variabel angeordnet werden können.
Der Arbeitstisch muss eine ausreichend große und reflexionsarme Oberfläche besitzen.
Der Arbeitsstuhl muss ergonomisch gestaltet und standsicher sein. Wenn eine ergonomisch günstige Arbeitshaltung ohne Fußstütze nicht erreicht werden kann, muss diese zur Verfügung gestellt werden.
Ein Beispiel für eine günstige Anordnung von Arbeitsmitteln und ergonomische Sitzhaltung wird im folgenden Bild gegeben.

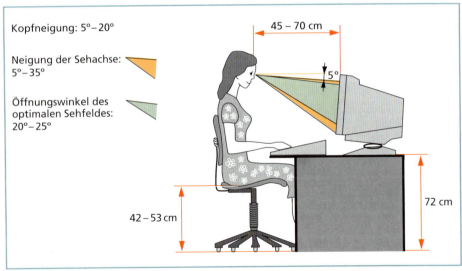

• Am Arbeitsplatz muss ausreichender Raum für wechselnde Arbeitshaltungen und -bewegungen vorhanden sein.
Wenn eine Stunde am Computer gearbeitet wurde, sollte eine Pause von 10 Minuten eingelegt werden.

Datenschutz und Datensicherheit, Software-Rechte **81**

1.5 Datenschutz und Datensicherheit, Software-Rechte

Aus der schnellen Verfügbarkeit von Daten und deren Konzentration in vernetzbaren Datenbanken, durch die relativ einfachen Vervielfältigungsmöglichkeiten aber auch Zerstörungsmöglichkeiten von Daten und Programmen ergeben sich eine Reihe von Problemen, auf die sich die Begriffe „Datenschutz", „Datensicherheit" und „Software-Rechte" beziehen.

Datenschutz:
Schutz des Bürgers vor Beeinträchtigungen seiner Privatsphäre durch unbefugte Erhebung, Speicherung und Weitergabe von Daten, die seine Person betreffen.

Datensicherheit:
Vermeidung von Datenverlusten oder -verfälschungen, die durch unsachgemäße Ablage oder durch Zerstörung entstehen können.

Software-Rechte:
Gesamtheit der staatlich festgelegten oder allgemein anerkannten Normen des Umgangs mit fremden oder selbst erstellten Programmen, elektronischen Texten, Bildern oder sonstiger Software.

1.5.1 Datenschutz

Grundrecht auf Datenschutz

Als im Zusammenhang mit der Einführung eines maschinenlesbaren Personalausweises in der Bundesrepublik Deutschland 1983 eine Volkszählung durchgeführt werden sollte, weigerten sich viele Bürger, die entsprechenden, umfangreichen Formulare auszufüllen.

Gegen den Widerstand der Bundestagsmehrheit, der meisten Bundesländer und vieler Experten, gegen den Druck des Bundesinnenministeriums wurde das Problem des Datenmissbrauchs einer breiten Öffentlichkeit bekanntgemacht und ein richtungsweisendes gerichtliches Urteil (Urteil des Ersten Senats des Bundesverfassungsgerichts vom 15. Dezember 1983) erstritten. In diesem Urteil heißt es u. a.:

> „Wer damit rechnet, daß etwa die Teilnahme an einer Versammlung oder einer Bürgerinitiative behördlich registriert wird und daß ihm dadurch Risiken entstehen können, wird möglicherweise auf die Ausübung seiner entsprechenden Grundrechte verzichten. Dies würde nicht nur die individuellen Entfaltungschancen des einzelnen beeinträchtigen, sondern auch das Gemeinwohl, weil Selbstbestimmung eine elementare Funktionsbedingung eines auf Handlungs- und Mitwirkungsfähigkeit seiner Bürger begründeten freiheitlichen demokratischen Gemeinwesens ist."

82 Grundbegriffe

Die geplante Volkszählung der Deutschen von 1983 wurde als teilweise verfassungswidrig erklärt. Weitaus wichtiger ist allerdings, dass das Bundesverfassungsgericht ein Grundrecht auf Datenschutz festgelegt hat.
Dieses Grundrecht auf Datenschutz beinhaltet verschiedene Komponenten, die man mit den Begriffen **informationelles Selbstbestimmungsrecht,** **Zweckentfremdungsverbot** und **informationelle Gewaltenteilung** fassen kann. Diese Komponenten sind in der folgenden Tabelle dargestellt.

Komponenten des Grundrechts auf Datenschutz	
informationelles Selbstbestimmungsrecht	– Schutz des Einzelnen gegen unbegrenzte Erhebung, Speicherung, Verwendung und Weitergabe persönlicher Daten – Jeder Bürger kann grundsätzlich selbst über die Preisgabe und Verwendung seiner persönlichen Daten bestimmen. – Dieser Schutz basiert auf der Auslegung des Art. 2 Abs. 1 (freie Entfaltung der Persönlichkeit) in Verbindung mit Art. 1 Abs. 1 (Menschenwürde) der Verfassung.

Zweckentfremdungsverbot	– Werden personenbezogene Daten gesammelt, muss der Gesetzgeber den Verwendungszweck bereichsspezifisch und präzise bestimmen.
	Es ist außerdem ein Nachweis erforderlich, dass die gesammelten Daten für den verwendeten Zweck geeignet sind.
	– Die Sammlung personenbezogener Daten auf Vorrat ist unzulässig.
	– Vorkehrungen zur Durchsetzung des Zweckentfremdungsverbots:
	  • Aufklärungs-, Auskunfts- und Löschungspflichten
	  • Weitergabe- und Verwertungsgebote
	  • Kontrolle durch „unabhängige Datenschutzbeauftragte"

informationelle Gewaltenteilung	– Innerhalb einer Verwaltung oder Behörde darf nicht jede Stelle im Interesse des Schutzes des Einzelnen und der gegenseitigen Machtkontrolle alles über jeden wissen.

Neben dem Grundgesetz (der Verfassung) der BRD regelt das **Bundesdatenschutzgesetz** (BDSG) vom 20.12.1990 und eine entsprechende **Europarichtlinie zum Datenschutz** vom 24.10.1995 den Umgang mit personenbezogenen Daten.

Datenschutz ist eine gesellschaftliche Aufgabe und muss mit rechtlichen Mitteln durchgesetzt werden.

Das Problem möglichen Datenmissbrauchs wurde seit Anfang der 80er Jahre insbesondere dadurch akut, dass umfangreiche Datenbanken in verschiedenen gesellschaftlichen Bereichen entstanden.
Im Folgenden sind sowohl für den staatlichen als auch für den privatwirtschaftlichen Bereich wichtige Datenbanken aufgeführt.

Datenschutz und Datensicherheit, Software-Rechte

Datenbanken im staatlichen Bereich	
Sozialdatenbank	Datenbank mit Angaben zur sozialen Sicherung von Bürgern beim Bundesministerium für Arbeit und Sozialordnung
Ausländerregister	Datenbank mit Wohnsitzen und Personendaten in Deutschland lebender Ausländer
Verkehrszentralregister	Datenbank beim Kraftfahrtbundesamt mit Angaben über Fahrzeuge, Halter und Verkehrsverstöße
Datenbanken der Polizei	■ ZPI (Zentraler-Personen-Index) mit Angaben über Personalien sowie Fundstellen von Akten im Polizeibereich ■ PIOS (Personen, Institutionen, Objekte, Sachen) mit Angaben zu Rauschgifthandel und Terrorismus ■ SSD (Straftaten-/Staftäterdatei) mit Angaben über Staftaten, Tatumstände, Täter und Zeugen ■ SIS (Schengener Informationssystem), länderübergreifendes computergestütztes Fahndungssystem mit Zentralcomputer in Strasbourg
Datenbanken im privatwirtschaftlichen Bereich	
Schufa	Datenbank der Schutzgemeinschaft zur allgemeinen Kreditsicherung In ihr sind Daten über alle Kontenbesitzer von Banken und Sparkassen gespeichert. Banken und Sparkassen erhalten von der Schufa Auskünfte über die Kreditwürdigkeit ihrer Kunden.
Reisebüro	In solchen Datenbanken sind alle Flüge mit zugehörigen Daten abgespeichert – einschließlich der Information, ob ein gewünschter Flug ausgebucht ist oder nicht.
Versicherungen	– Alle Kfz-Besitzer sind in einer zentralen Datenbank aller Kfz-Versicherer gespeichert. Allein das Kfz-Kennzeichen reicht aus, um die Besitzer von Kraftfahrzeugen, deren Versicherung und Versicherungsnummer zu ermitteln. – Seit 1984 existiert in der BRD auch eine Datenbank über Kfz-Besitzer, die in einen Schadensfall verwickelt sind.
Personalinformationssysteme	In einigen Großbetrieben der Bundesrepublik existieren Datenbanken, in denen umfangreiche Daten über alle Betriebsangehörigen gespeichert sind.

Das **Schengener Informationssystem** trat am 26.3.1995 in Kraft und ist das *erste* länderübergreifende computergestützte Fahndungssystem.

Es ist heute leicht möglich, Datenbanksysteme „zusammenzuschalten". Die Auswirkungen eines solchen Zusammenschlusses können sein:

– Durch die Verknüpfung verschiedener Datensammlungen entsteht ein Persönlichkeitsbild jedes Bürgers (der so genannte „gläserne Mensch"). Der Einzelne weiß dabei nicht, welche Informationen über seine Person wem zur Verfügung stehen.
– Völlig nebensächliche Daten können das Persönlichkeitsbild verfälschen.
– Die Informationen können von dem, der darüber verfügt, missbraucht werden.

Bei der Weitergabe von personenbezogenen Daten im privatwirtschaftlichen Bereich, z.B. an Versicherungen oder Versandhäuser, sollte Folgendes beachtet werden:

Eine Versicherung ist zwar an Informationen über die Krankheitsanfälligkeit eines Kunden interessiert, diese Daten sollten aber verweigert werden.
Das Alter des Kunden muss ein Versandhaus nicht wissen.

> Jeder hat das Recht, solche Daten zurückzuhalten, die zum Missbrauch führen können, oder die für den eigentlichen Zweck der Datenerhebung *nicht* notwendig sind.

Im **Bundesdatenschutzgesetz,** welches sowohl für private Unternehmen als auch für Bundesbehörden gilt, sind eine Reihe von weiteren Rechten der Bürger bezüglich ihrer Personen-Daten niedergelegt.
Die **Landesdatenschutzgesetze,** die für die entsprechenden Landesbehörden gelten, untermauern diese Rechte.

> **Rechte der Bürger nach den Datenschutzgesetzen**
>
> Jeder Bürger hat das Recht auf
>
> – Auskunft darüber, *welche Daten* von ihm gespeichert sind, über den *Zweck der Speicherung* und über die *Herkunft der Daten;*
> – Berichtigung falsch gespeicherter Daten;
> – Löschung unzulässig gespeicherter Daten;
> – Sperrung von Daten (wenn die Richtigkeit der Daten nicht feststellbar ist);
> – Schadenersatz, wenn dem Betroffenen ein Schaden durch die unzulässige oder falsche Speicherung der Daten entstanden ist.

Internet und Datenschutz

Für eine Weitergabe personenbezogener oder personenbeziehbarer Daten ist nach dem Bundesdatenschutzgesetz und der Landesdatenschutzgesetze die schriftliche Einwilligung des Betroffenen erforderlich.
Gibt jemand solche Daten von sich selbst oder auch von anderen auf einer Web-Site oder in einer E-Mail weiter, muss ihm bewusst sein, dass die Datenweitergabe nicht auf einen klar abgegrenzten Personenkreis zielt, sondern sie macht die betreffenden Daten allen zugänglich, die einen Internetanschluss besitzen. Die maschinelle Verarbeitung und Speicherung dieser personenbezogenen Daten ist jedem sehr leicht möglich. Nach und nach kann auf diese Weise ein umfangreiches Dossier über jeden Bürger angelegt werden.

Diese Möglichkeiten werden heute auch schon für kommerzielle Zwecke benutzt. So gibt es (vor allem in den USA) Firmen, die Online-Bestellungen bzw. Einkäufe über das Internet von bestimmten Personen analysieren, Persönlichkeitsprofile zusammenstellen und die gesammelten Daten an Versandhäuser verkaufen, da diese dann ganz gezielt personenbezogene Werbung betreiben können.

Bei der Weitergabe von personenbezogenen Daten sollte man also auch im Internet das Folgende bedenken:

- Es ist zu entscheiden, ob die Daten für die betreffende Person mehr oder weniger sensibel sind. Daten, die man auch in einem Telefonbuch finden kann (z. B. Name, Vorname, evtl. Privatadresse) sind offensichtlich nicht geschützt. Handelt es sich um weitergehende Informationen (Bild, evtl. Telefonnummer, beruflicher Werdegang, Interessen), können diese durchaus zweckentfremdet verwendet werden.

- Einmal weitergegebene Daten kann man später nicht wieder zurücknehmen. Deshalb sollte man in Zweifelsfall möglichst wenige Daten auf einer Web-Site veröffentlichen oder zur Veröffentlichung freigeben.

- Bei einigen Internetdiensten wie Telnet (Zugriff auf fremde Computer) wird ganz bewusst die Festplatte des eigenen Computers für fremde Nutzer freigegeben. Hier kann Datenschutz nur durch klar festgelegte und eingegrenzte Zugriffsrechte und -möglichkeiten gewährleistet werden.Personenbezogene Daten sollte man möglichst überhaupt nicht auf der Festplatte seines Computers speichern, sondern auf externen Datenträgern.

- Insbesondere für E-Mails gilt, dass eine Information nur den Adressaten erreicht und sonst niemanden.
Eine E-Mail findet ihr Ziel erst, nachdem sie über viele Rechner gelaufen ist. Der Versand gleicht somit dem Verschicken von Informationen per Postkarte. Auf jedem dieser Computer kann der Text vom Systemverwalter gelesen werden. Dieser hat bestimmt andere Sorgen, als alle E-Mails zu lesen. Trotzdem: Man sollte dort, wo es notwendig erscheint, im Internet Daten so versenden, dass die Inhalte von Dritten nicht mitgelesen werden können. Hierzu gibt es Verschlüsselungs- und Entschlüsselungsprogramme (z. B. „Pretty Good Privacy").
Pretty Good Privacy: ↗ S. 88

- Für das eigene E-Mail-Postfach sollten keine naheliegenden Passwörter und für verschiedene Zugänge verschiedene Passwörter verwendet werden (s. folgenden Abschnitt „Datenverschlüsselung").

Datenverschlüsselung

Die meisten Anwendungsprogramme erlauben es, eine Datei mit einem **Passwort (Kennwort)** zur Überprüfung der Identität des berechtigten Nutzers zu versehen. Dabei kann der Zugriff oft auf eine Kombination von Lesen, Schreiben und Ausführen beschränkt werden.

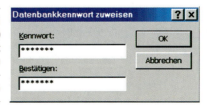

Grundbegriffe

Bei der Vergabe von Passwörtern sollte man einige Regeln beachten:

– Keine Namen oder häufig vorkommende Begriffe verwenden!
  Wenn ein unberechtigter Nutzer beispielsweise die Vornamen aus der Familie des Anwenders kennt, kann er das Passwort recht schnell finden.

– Mindestanzahl von Zeichen verwenden!
  Hierdurch wird die Anzahl der Kombinatsmöglichkeiten größer.

– Einprägsame Passwörter verwenden!
  Leicht kann es passieren, dass man sein Passwort vergisst. Das Ausprobieren der häufigsten eigenen Passwörter bringt selten Erfolg, weil viele Softwaresysteme den Zugang nach mehrmaligem erfolglosen Zugriff sperren.

– Möglichst auch Ziffern und Sonderzeichen verwenden!
  Auch wenn sich solche Passwörter meist nicht gut merken lassen, für den unberechtigten Nutzer (den **Hacker**) wird es schwieriger, dass Passwort zu „knacken".

– Niemandem das eigene Passwort verraten!

Die Passwort-Methode hat jedoch einige Nachteile:

– Nicht in jedem Softwaresystem ist es möglich, Passwörter zu vergeben.

– Personen, die mit Computern vertraut sind (Wartungs- und Bedienungspersonal), können diesen Schutz leicht umgehen.

– Wurde das Passwort über das Betriebssystem des Computers vergeben, unterliegen extern (z. B. auf Disketten) gespeicherte Dateien nicht mehr der Zugriffskontrolle durch den Computer.

Sicherer für die Speicherung und Übertragung von Daten, die nur bestimmten Nutzern zugänglich sein sollen, ist die Methode der Verschlüsselung.

> Bei der **Verschlüsselung (Chiffrierung)** werden im Allgemeinen Zeichen und Zeichengruppen durch andere Zeichen nach einem bestimmten **Schlüssel (Chiffre)** ersetzt. Sollen die Daten vom Empfänger gelesen werden, läuft der Vorgang umgekehrt ab **(Entschlüsselung, Dechiffrierung)**.

Datenschutz ist eine Methode, die in der Geschichte der Menschheit schon immer eine Rolle gespielt hat. Oft mussten vertrauliche Botschaften zwischen Königen und Kriegsherren, Kaufleuten und anderen Personen übermittelt werden, wobei selbst der Bote, der Überbringer der Nachricht, deren Inhalt nicht kennen durfte.

Die Spartaner schrieben vor 2500 Jahren ihre Nachrichten auf schmale Pergamentstreifen, die sie in vielen Windungen um einen zylindrischen Stab gewickelt hatten. Die Botschaft wurde am Stab entlang (von oben nach unten) geschrieben, der Rest der Pergamentrolle wurde mit sinnlosen Buchstaben gefüllt. Der Empfänger besaß einen Stab gleicher Form und Größe, auf den er das Pergamentband aufwickelte und so die Botschaft entschlüsseln konnte. Der Schlüssel war hier also der Stab.

In den Jahren 1986 und 1987 sind deutsche Hacker in über 100 Computer der amerikanischen Raumfahrtbehörde NASA eingedrungen. Sie veränderten Betriebssysteme so, dass sie sich mit einem eigenen Passwort offiziell anmelden konnten.

Datenschutz und Datensicherheit, Software-Rechte

- Der römische Kaiser JULIUS CÄSAR ersetzte für vertrauliche Nachrichten einfach jeden Buchstaben des Textes durch jenes Zeichen, das im Alphabet 3 Plätze weiter steht. Heraus kam ein unleserlicher Text. Der Empfänger kannte den Schlüssel, er musste jeden Buchstaben jeweils durch den Buchstaben ersetzen, der im Alphabet 3 Plätze vorher steht.

- Im Zweiten Weltkrieg benutzten die Deutschen zur Verschlüsselung von militärischen Botschaften eine mechanische Chiffriermaschine mit dem Namen „Enigma". Der englische Geheimdienst stellte zum Zwecke der Dechiffrierung eine große Gruppe von Spezialisten (unter ihnen ALAN MATHISON TURING, dem eine mathematisch exakte Definition des Begriffs „Algorithmus" gelang) zusammen. Schließlich gelang es, den Code zu entschlüsseln und den Kriegsverlauf zu Gunsten Englands erheblich zu beeinflussen.

Nach dem Zweiten Weltkrieg entwickelte sich eine eigenständige Disziplin der Mathematik, die **Kryptographie (Kryptologie),** die sich mit Verschlüsselungsverfahren beschäftigte. Ins Bewusstsein einer breiten Öffentlichkeit trat die Kryptographie allerdings erst im Zusammenhang mit dem Internet.

Es gibt unterschiedliche **Verschlüsselungsverfahren** für Daten, über die im Folgenden ein Überblick gegeben wird:

Anfang der 70er Jahre wurde **DES** von der Firma IBM entwickelt und 1974 von der US-Regierung veröffentlicht. DES wird oft heute noch benutzt. Es basiert auf dem System der Chiffriermaschine Enigma (s. 2. Beispiel auf dieser Seite) und vertauscht Zeichengruppen eines Textes und ersetzt sie dann durch andere Buchstaben.

 DES ist die Abkürzung für **D**ata **E**ncryption Standard.

Ab 1990 entwickelten XUEIJA LAI und JAMES MASSEY das weitaus sichere Verfahren **IDEA.** IDEA verwendet einen 128 Bit langen Schlüssel, aus dem 52 Teilschlüssel erzeugt werden. Der Quelltext wird in Datenblöcke der Länge 64 Bit zerlegt, die Teilblöcke wiederum in vier 16 Bit lange Blöcke. Der IDEA-Algorithmus ersetzt nun in jedem Verschlüsselungsschritt jeden 16-Bit-Block durch ein vollkommen anderes Bitmuster gleicher Länge – und dies insgesamt acht mal. Zum Schluss wird aus den Teilblöcken wieder eine 64 Bit lange (nun verschlüsselte) Zeichenkette erzeugt.

 IDEA ist die Abkürzung für **I**nternational **D**ata **E**ncryption **A**lgorithmus.

Sowohl DES als auch IDEA beruhen auf einem **symmetrischen Verschlüsselungsprinzip,** d.h., die Zeichenvertauschung wird vom Empfänger der verschlüsselten Nachricht Schritt für Schritt rückgängig gemacht, der Empfänger muss den Schlüssel kennen. Im Internet mit Millionen von Teilnehmern, die sich oft persönlich nicht kennen, ist es fast unmöglich jedem berechtigten Nachrichtenempfänger den passenden Schlüssel zukommen zu lassen, ohne dass diese Schüssel gelegentlich in falsche Hände gelangen.

WHITFIELD DIFFIE und MARTIN HELMAN entwickelten bereits 1976 ein Chiffrierverfahren, welches man als **asymmetrisches Verschlüsselungsverfahren** bezeichnet: Es gibt zwei Schlüssel, den einen benutzt man zum Chiffrieren, den anderen zum Dechiffrieren. Einen der beiden Schlüssel kann man öffentlich zugänglich machen **(Public-Key-Verfahren)**. Die Schlüssel entstehen durch Multiplikation zweier sehr großer Primzahlen. Große Zahlen kann man zurzeit (und wohl auch zukünftig) nur durch systematisches Probieren in Primfaktoren zerlegen. Dies ist auch mit Computern sehr zeitaufwändig und deshalb sind asymmetrische Verfahren außerordentlich sicher.

RSA steht für die Nachnamen der Entwickler RON RIVEST, ADI SHAMIR und LEONARD ADLEMAN.

Im Jahre 1977 wurde das asymmetrische Verschlüsselungsverfahren **RSA** vorgestellt. Das Verfahren ist sehr sicher, wird aber meist nur für sehr kurze Nachrichten benutzt, da die Verschlüsselung ca. tausendmal länger als mit DES oder IDEA dauert.

Zur Verschlüsselung sensibler Daten für das Internet wird heute meist das von PHILIP ZIMMERMANN entwickelte **Pretty Good Privacy** (PGP) benutzt. Dieses Programm kombiniert symmetrische und asymmetrische Verfahren: Die Nachricht wird mit IDEA verschlüsselt, es werden also Zeichengruppen vertauscht und durch andere Zeichen ersetzt. Für jede Nachricht gibt einen eigenen IDEA-Schlüssel. Der für den Empfänger bestimmte öffentliche Schlüssel wird mit RSA erzeugt und mit der chiffrierte Nachricht versandt.

In der Bundesrepublik gibt es *keine* gesetzlichen Einschränkungen hinsichtlich der Nutzung von Verschlüsselungsverfahren, weil aus allen Teilen der Gesellschaft hiergegen protestiert wird. In den USA und in Frankreich ist die Verschlüsselung von Nachrichten nur erlaubt, wenn der Staat einen „Nachschlüssel" besitzt. Es wird befürchtet, dass Polizei und Geheimdienst ihre Aufgaben nicht wahrnehmen können. Die Europäische Union hat dazu in einer Mitteilung vom 8.10.1997 festgestellt:

> „Eine Einschränkung der Verwendung von Verschlüsselungstechnologien könnte gesetzestreue Unternehmen und Bürger daran hindern, sich selbst gegen kriminelle Angriffe zu schützen, aber sie würde nicht bewirken, Kriminelle von deren Verwendung abzuhalten."

1.5.2 Datensicherheit

Bei der Arbeit an informationsverarbeitender Technik, im Umgang mit Anwendungsprogrammen und insbesondere mit Datenbanksystemen hat *Datenschutz* auch eine technische Bedeutung im Sinne von *Datensicherheit*: Wie können gesammelte Daten vor Verlust oder unsachgemäße Veränderung durch andere Nutzer geschützt werden? Wie sollten umfangreiche Datenmengen strukturiert und abgelegt werden, damit sie jederzeit leicht wiedergefunden werden können?

Datenverwaltung

Mit der Zeit sammelt sich bei der Arbeit am Computer ein riesiger Berg von Daten an. Ein Beispiel: Auf einer Festplatte, auf der 2 GByte Speicherplatz belegt waren, fanden sich 13000 Programmdateien und noch einmal soviel Textdateien, Grafik-Dateien usw.

Es ist unumgänglich, dass diese Daten geordnet werden, z.B. wie in einem Aktenschrank (Datenträger), in dem in einzelnen Fächern (Partitionen) Aktenordner (Verzeichnisse) stehen, in denen gebündelt (Unterverzeichnisse) Schriftstücke (Dateien) abgelegt sind.
Durch eine sinnvoll strukturierte Datenablage auf den Speichermedien kann also die Wiederauffindbarkeit von Dateien und damit die Datensicherheit erhöht werden. Das bedeutet im Einzelnen:
- Benennung von Festplatten, Festplattenpartitionen, Disketten, CD-Rs und anderen Datenträgern (Label-Vergabe, ↗ S. 69);
- Anlegen von Verzeichnisbäumen mit ausdrucksstarken Bezeichnungen (↗ S. 71 ff.);
- Vergabe von Dateinamen in Anwendungsprogrammen, die auf den Inhalt schließen lassen.

Unter dem Betriebssystem MS-DOS kann man sich Verzeichnisbäume mit dem Befehl TREE anzeigen lassen, unter Windows hat man einen besonders guten Überblick über die Struktur der Dateiablage im Explorer (**M** Start **M** Programme **B** Windows-Explorer).

Datensicherung

Daten, die für den Nutzer wichtig sind, müssen gespeichert werden. Dies kann auf der Festplatte, aber auch auf externen Speichermedien geschehen. Dabei ist Folgendes zu beachten:
- Sobald man beispielsweise mit einem Anwendungsprogramm einen Brief begonnen oder eine Kalkulations-Datei eingerichtet hat, sollte man der Datei einen Namen geben und sie speichern. Stürzt der Computer ab, weil der Strom ausgefallen ist, sind alle nicht gespeicherten Daten unwiederbringlich verloren, die Arbeit war umsonst. Die Speicherung sollte in regelmäßigen Abständen erfolgen.
Die meisten Anwendungsprogramme erlauben eine automatische Speicherung nach einem vom Nutzer einzustellenden Zeitrhythmus. Dies kann aber oft als störend empfunden werden, da man während der Speicherung größerer Dateien nicht an der Datei arbeiten kann.
- Fast alle Programmiersysteme und Anwendungsprogramme erlauben es, Sicherungskopien von Dateien anzulegen: Mit dem aktuellen Speichern wird gleichzeitig die zuletzt gespeicherte Version in eine Sicherungsdatei umgewandelt (oft an der Endung .BAK zu erkennen). Stürzt das Programm durch einen Eingabefehler oder durch andere Probleme ab, wird manchmal auch die gerade geöffnete Datei zerstört. Die Sicherungskopie aber, mit der nicht gearbeitet wird, ist noch vorhanden und kann wieder in eine „normale" Datei umgewandelt werden.
- Jede wichtige Datei sollte neben der Speicherung auf der Festplatte auch auf externen Datenträgern (Disketten, Zip-Disketten, ...) gespeichert werden. Solche „Backups" von Sicherungskopien sollten regelmäßig (z. B. am Ende eines Arbeitstages) vorgenommen werden.
- In regelmäßigen Abständen bzw. nach der Beendigung von größeren Projekten sollte die Festplatte von nicht mehr benötigten, aber schon auf externen Speichermedien gesicherten Dateien befreit werden. Dabei ist zu beachten, dass man nicht aus Versehen eine falsche Datei löscht (z. B. durch die Verwendung von Jokern).

Zum Umgang mit Disketten ↗ auch S. 60.

– Beim **Anlegen von Sicherungskopien auf Disketten** sind die Hinweise zum Umgang mit diesen Speichermedien zu beachten:
  • Disketten dürfen nicht in die Nähe von elektrischen Geräten, die Magnetfelder aufbauen (Monitor, Computergrundgerät), gebracht werden.
  • Disketten sind in staubfreier Umgebung stehend aufzubewahren. Die Öffnung für den Schreib-/Lesekopf darf nicht berührt werden.
  • Der hardwaremäßige Schreibschutz verhindert versehentliches Zerstören von Dateien und die Übertragung von Computerviren.
  • Der Schreib-/Lesekopf des Diskettenlaufwerks liegt beim Zugriff auf die Diskette auf ihrer Oberfläche. Insbesondere an der FAT, wo das Verzeichnis aufgetragen ist, führt die Reibung zur Minderung der Magnetisierung. Nach einiger Zeit wird die Diskette unbrauchbar. Eine Sicherungskopie der Sicherungskopie wird unvermeidlich.

Erschreckend ist das Phänomen, dass mit jeder Höherentwicklung der Speichertechnik auch Information massenhaft verlorengeht, weil die Träger der Information einem größeren Verschleiß unterliegen und auch die Speicherungstechnik schneller veraltert:

Mehr als 3000 Jahre alte Tontafeln kann man heute noch entziffern, weil die Keilschrift „dechiffriert" ist. In einer von JOHANN GUTENBERG im 16. Jahrhundert gedruckte Bibel aus säurefreiem Papier kann man heute noch blättern und lesen.

Eine vor 70 Jahren gepresste Schelllack-Schallplatte kann man heute noch hören, wenn man einen entsprechenden Phonographen besitzt.

Zumindest ist dies in einigen Jahren genau so leicht oder schwierig, wie sich an einer vor 20 Jahren hergestellten Schallplatte zu erfreuen.

Die elektronisch gespeicherten Daten der US-Volkszählung von 1960 sind heute unlesbar.

Textdateien, mit *Wordstar* geschrieben und auf einer 5,25-Zoll-Diskette gespeichert, sind nicht mehr lesbar, weil man Wordstar evtl. nicht mehr besitzt, die Konvertierung in ein anderes Textverarbeitungsprogramm kaum möglich ist und 5,25-Zoll-Diskettenlaufwerke gar nicht mehr hergestellt werden.

Die Hersteller von CD-ROMs bescheinigen diesem Speichermedium bei entsprechend sorgsamem Umgang eine Nutzungsdauer von 100 Jahren.

Nur – gibt es in 100 Jahren CD-ROM-Laufwerke und die zur Speicherung genutzten Datei-Formate überhaupt noch?

Aus diesen Gründen sollte man bezüglich dem Anlegen von Sicherungskopien außerdem bedenken:
- Sicherungskopien von Dateien sollten mit dem Fortschreiten der Speichertechnik auf die jeweils neuen Speichermedien übertragen werden.
- Es ist sinnvoll, wichtige Dateien zusätzlich in einem universellen Datenaustauschformat zu speichern (Textdateien beispielsweise im einfachen ASCII-Format `.TXT` oder im Rich-Text-Format `.RTF`).
- Ein Ausdruck auf Papier ist immer noch die sicherste Methode, dass wichtige Informationen auf Dauer nicht verlorengehen.

Schutz vor Computer-Viren

> Ein **Virus (Computervirus)** ist ein Programmteil, meist im Maschinencode, welches sich in andere Programme **(Wirtsprogramme)** hineinkopieren und somit vervielfachen und gleichzeitig meist schädliche Funktionen in einem Computersystem auslösen kann.

Fast alle Viren besitzen den gleichen Aufbau:
1. *Erkennungsteil:* Mit diesem Programmstück wird festgestellt, ob das Programm, welches infiziert werden soll, schon vom gleichen Virus befallen ist. Eine entsprechende Kennung ist oft im Programmkopf des Wirtsprogramms abgelegt.
2. *Infektionsteil:* Dieses Programmstück bewirkt das Einlesen des zu infizierenden Programms in den Arbeitsspeicher, das Hinzufügen des gesamten Virusprogramms und das Zurückschreiben des Wirtsprogramms auf das Speichermedium.
3. *Funktionsteil:* Mit diesem Programmstück löst der Virus gut- oder bösartige Funktionen im infizierten Programm bzw. im gesamten Computersystem aus.

Die Beschreibung lässt erahnen, dass der Vergleich mit „echten" Viren durchaus gerechtfertigt ist. Die unausgelasteten Programmierer, die Viren erzeugen, sind oft recht phantasiebegabt. So lässt der Virus „Herbstlaub" (BlackJack-Virus) in Textverarbeitungsprogrammen die Zeichen von oben auf die letzte Zeile purzeln, wo sie liegen bleiben. „Columbus" formatiert am oder nach dem 13. Oktober eines jeden Jahres die Festplatte und zerstört somit alle Daten (CHRISTOPH COLUMBUS landete am 12. 10. 1492 in Amerika).

Man unterscheidet **Bootsektorviren,** die sich im Bootblock einer Diskette einnisten und beim Booten der Diskette in den Arbeitsspeicher des Computers gelangen, **File-Viren,** die in einem Wirtsprogramm eine Programmzeile einfügen, welche relativ leicht zu entfernen ist, und **Link-Viren,** welche sich an andere Programme anhängen.
Besonders gefährlich sind **Trojanische Pferde.** Das sind Viren von mehreren Hunderttausend Zeilen Länge in oft käuflich erworbener umfangreicher Software oder im Betriebssystem eines Computers, wo sie schwer zu entdecken sind. Sie können über Jahre „schlafen" und stellen dem Nutzer aufgrund eines Passwortes Funktionen zur Verfügung, die meist katastrophale Auswirkungen haben.

92 Grundbegriffe

Nicht unbedingt zu den Viren rechnet man **Würmer,** da sie kein Wirtsprogramm benötigen, sondern eigenständige Programme sind. Würmer wurden ursprünglich erstellt, um in Rechnernetzen Kontrollfunktionen zu übernehmen und die Funktionsfähigkeit einzelner Computer zu überprüfen. Die Würmer verteilen sich nun willkürlich über das Internet.

Die meisten Viren (mehr als 44000 Arten) sind bekannt. Mit dem Auftreten der ersten Viren wurden **Antivirenprogramme (Virenscanner,** Durchsuchungsprogramme) entwickelt, die Dateien, Bootsektoren und Arbeitsspeicher auf Virenkennungen (den Bytefolgen im Programmkopf des Wirts) hin durchsuchen. Bei Feststellung einer Infektion versucht der Virenscanner, die schädlichen Programmzeilen zu entfernen. Besser ist es, dass gesamte Wirtsprogramm zu löschen.

Die meisten Virenscanner besitzen auch eine Immunisierungsfunktion: Alle Kennungen bekannter Viren werden in den Programmkopf des jeweiligen Programms geschrieben. Ein angreifender Virus „glaubt" nun, das immunisierte Programm wäre bereits von ihm infiziert worden.

Vorsicht bei der Immunisierung von Programmen: Wenn man beispielsweise bestimmte Systemdateien wie die `COMMAND.COM` *immunisiert, kann der Computer nicht mehr gestartet werden.*

Folgende **Maßnahmen** sollte man **als Schutz vor oder bei Befall von Viren** ergreifen:

- Es sollte immer nur Originalsoftware verwendet werden.
  Jede Originaldiskette sollte mit einem Schreibschutz versehen werden. Erst dann wird eine Arbeitskopie erstellt, die zur Installation des Programms genutzt wird.
- Alle Software, die aus unsicheren Quellen stammt, wird vor dem ersten Einsatz mit der neuesten Version eines Virenscanners geprüft.
- Virenscanner sollten regelmäßig zum Einsatz kommen. Der Scanner kann in das Betriebssystem eingebunden und beim Starten des Computers automatisch aktiviert werden.
- Stellt man Virenbefall fest, werden die entsprechenden Programme gelöscht und neu installiert. Disketten sind neu zu formatieren. Am besten sollte man dies auch mit der Festplatte tun.

1.5.3 Software-Rechte

Urheberrecht

> Das **Urheberrecht,** also die Gesetze und Verordnungen zum Schutz geistigen Eigentums in den unterschiedlichen Gebieten des menschlichen Schaffens, gilt auch für Software.
>
> Mit einem **Copyright,** einem urheberrechtlichen, gesetzlich verankerten Schutz von kreativer Arbeit, welches ursprünglich für Texte, Musik, Zeichnungen und Designs galt, können auch Computerprogramme geschützt werden.

Die unberechtigte Vervielfältigung und das unerlaubte Vertreiben von Kopien der geschützten Software kann mit hohen Strafen geahndet werden, selbst dann, wenn die Kopien der eigenen Nutzung dienen und man sich keine geschäftlichen Vorteile verschaffen wollte.

Datenschutz und Datensicherheit, Software-Rechte

Während noch vor 20 Jahren die Hardwarekonstruktion die wichtigste Komponente war, die den Preis von informationsverarbeitender Technik bestimmte, ist es heute die Softwareentwicklung. An der Programmierung von Betriebssystemen, grafischen Benutzeroberflächen oder komplexer Anwendungsprogramme sind oftmals mehrere hundert Personen über einen Zeitraum von Jahren beteiligt. Dies können sich nur große Softwareentwicklungsfirmen leisten, die dann auch die Rechte am fertigen Produkt besitzen.

Softwarenutzer und Softwarehersteller schließen einen **Lizenzvertrag** ab, worin Rechte des Benutzers genau festgelegt sind, der Nutzer der Software erhält eine **Lizenz** zur Nutzung. Meist gilt der Vertrag ab dem Moment der Öffnung des verschlossenen Softwarepaketes.

Es ist sinnvoll, dem Softwarehersteller die Vertragsannahme mitzuteilen. Dem Lizenznehmer werden dafür besondere Rechte zum Erwerb von verbesserten oder erweiterten Programmversionen eingeräumt, er kann preiswert ein **Update** erhalten.

Mit CD-ROMs in Computerzeitschriften oder in Büchern sowie aus dem Internet erhält man oft kleinere Programme kostenlos oder zu einem geringen Entgeld. Man fasst diese Programme auch unter dem Namen **Public Domain** zusammen. Die Rechtslage bei dieser Software wird mit bestimmten Begriffen gekennzeichnet:

Public Domain bedeutet „für den öffentlichen Gebrauch".

> **Public Domain-Software**
>
> **Freeware:** Diese Software ist urheberrechtlich geschützt, darf aber privat kopiert und weitergegeben werden.
>
> **Shareware:** Dies sind zumeist „Schnupper"- oder Demo-Versionen von Programmen, die man beliebig austesten und auch weitergeben kann. Gegen eine (meist geringe) Gebühr kann man sich beim Softwareentwickler registrieren lassen und erhält die Vollversion des entsprechenden Programms.

Internet und Recht

Im Internet kann man wie nie zuvor massenhaft Ideen, Bilder, Musik verbreiten. Solche Informationen werden mitunter recht bedenkenlos auf eigene Web-Sites übertragen oder in anderen Publikationen (z. B. Printmedien) veröffentlicht und somit gewollt oder unbewusst unter dem eigenen Namen weiterverbreitet.

Eigentlich ist aber jede Grafik, jedes Foto, jeder Text mit der Veröffentlichung auf einer Web-Site urheberrechtlich geschützt, meist sogar mit einem Copyright-Zeichen versehen.

Auch im Internet sollte man sorgsam mit dem geistigen Eigentum anderer umgehen. Selbst wenn es bezüglich Internet-Veröffentlichungen noch rechtliche Unsicherheiten gibt, die durch neue Gesetze beseitigt werden müssen, beschäftigen sich mit Fällen von Verletzung des Urheberrechts zunehmend die Gerichte.

Netiquette ist abgeleitet aus „Netzetikette".

In gewisser Hinsicht legen die **Netiquette** schon Verhaltensregeln im Internet (Knigge im Netz) auch in Bezug auf Rechtsprobleme auf freiwilliger Basis fest. So verlangt die Netiquette die Quellenangabe für Inhalte, die nicht vom Ersteller einer Web-Site selbst kommen, und verbietet persönliche Beleidigungen, Verletzungen religiöser, ethischer und weltanschaulicher Empfindungen anderer Netzteilnehmer, rassistische oder faschistische Äußerungen und Aufforderungen zu Gewalttaten.

Solche Inhalte sind in frei zugänglichen Medien, wie z. B. auf einer Web-Site, nicht nur aus moralischen, sondern auch aus strafrechlichen Gründen auszuschließen. Bei bestimmten extremen Inhalten ist sogar das Herunterladen oder der Besitz unter Strafe gestellt.
Streng genommen dürfte man noch nicht einmal zu Beweiszwecken entsprechende Web-Sites auf seine Festplatte laden. Die Landeskriminalämter verzichten aber auf eine Strafverfolgung, wenn der Datenträger mit z. B. rassistischen Inhalten innerhalb von 48 Stunden bei der Polizei abgegeben wird.
Es ist gegenwärtig nicht möglich, ohne einschneidende Eingriffe in die persönliche Freiheit des Einzelnen, verbotene Inhalte generell aus dem Internet zu entfernen – auch deshalb nicht, weil im Internet auf ausländische Angebote zugegriffen werden kann.
Auch ist es fraglich, wer für das gesamte Internet politische, moralische oder sexuelle Inhalte bewerten soll. Hier kommt den Providern (den Anbietern eines Internetzugangs) eine besondere Verantwortung zu.

Für die Schule regelt neben dem Strafgesetzbuch und dem Multimedia-Gesetz das Jugendschutzgesetz, welche Inhalte zugänglich sein dürfen – in keinem Fall rassistische, pornografische und gewaltverherrlichende Inhalte.

ANWENDUNGEN DER INFORMATIK | 2

2.1 Textverarbeitung

Unter **Textverarbeitung** versteht man die computerunterstützte Erstellung, Bearbeitung und Speicherung von Texten.

Mit der Entwicklung der Rechentechnik (Erhöhung der Speicherkapazität, Entwicklung grafischer Benutzeroberflächen, Vernetzung) wurden und werden weitere Funktionen in Textverarbeitungsprogramme integriert:

- Einbindung von Grafiken und weiterer multimedialer Objekte (z. B. Geräusche);
- Möglichkeit von Querverweisen zwischen Textteilen eines Dokuments und verschiedenen Dokumenten (Hypertextsysteme);
- gemeinsame Texterstellung durch mehrere Autoren mit Textverarbeitungsprogrammen, die in Rechnernetzen verteilt sind;
- systemunabhängige Erstellung von Texten durch normierte Schnittstellen nach außen;
- Verschicken von Texten per E-Mail.

2.1.1 Aufbau und Funktion von Textverarbeitungsprogrammen

Herkömmliche Textverarbeitung und Textverarbeitung am Computer

Schreibmaschine	Vergleich	Textverarbeitungsprogramm
– äußere Form festlegen	Zeitersparnis →	– Texteingabe, Schreibfehler beseitigen, vorhandene Textteile nutzen
– Text eingeben, Schreibfehler beseitigen	Zeitersparnis →	– Formatieren (äußere Form festlegen)
– Schriftstück sofort vorhanden	← Zeitersparnis	– Text auf Datenträger – Schriftstück drucken
Änderungen werden erforderlich: – Text erneut eingeben – Fehlerkorrektur	Zeitersparnis →	Änderungen werden erforderlich: – Text vom Datenträger lesen – Fehlerkorrektur, Neuformatierung
– Original und Durchschläge versenden	Qualität →	– beliebig viele Originale drucken
– Durchschlag für Ablage; Aktenordner (20000 Seiten sind 100 Aktenordner bzw. 2 Aktenschränke)	Zeitersparnis →	– Datei auf Datenträger; Dateiverzeichnis (20000 Seiten sind 60 Disketten bzw. 1 Zip-Diskette)

Man arbeitet also mit Textverarbeitungsprogrammen am Computer weitaus effektiver als mit herkömmlichen Verfahren – auch durch folgende Möglichkeiten:
- Nutzung vorhandener Texte (ähnliche Briefe, Textbausteine);
- gleichzeitiges Arbeiten mit mehreren Texten;
- schnelle und einfache Fehlerkorrektur, problemloses Kopieren;
- erweiterte Gestaltungsmöglichkeiten (viele Schriftarten und -größen, Spalten, Rahmen, Tabellen, ...);
- integrierte Trenn- und Rechtschreibhilfe, Synonymwörterbuch;
- einfaches Erstellen von Rundschreiben (Serienbriefe, Etiketten);
- Übermitteln von Texten auf große Entfernungen (Netzwerke).

Stapel- und dialogorientierte Textverarbeitungsprogramme

	stapelorientierte Programme	**dialogorientierte Programme**
Beschreibung	Bei der Texterstellung werden mithilfe von Sonderzeichen Formatierungsbefehle eingegeben, die z. B. die Schriftgröße, den Schriftstil oder die Zeilenlänge festlegen. Das endgültige Aussehen des Dokuments kann man entweder am Ausdruck erkennen oder es wird ein Formatierungsprogramm aufgerufen, welches die Formatierungsbefehle interpretiert und den formatierten Text auf dem Monitor ausgibt.	Der Nutzer steht mit dem Programm in ständiger Verbindung. Texte werden im Dialog mit dem Computer eingegeben und korrigiert. Formatiert wird mithilfe der Maus über Menüs, Icons und Werkzeugleisten. Das Dokument, welches teilweise auf dem Bildschirm zu sehen ist, entspricht in seiner Form der gedruckten Version (WYSIWYG).
Vergleich (Vor- und Nachteile)	– geringer Speicherbedarf – nutzerunfreundlich (Formatierungsfehler werden nicht sofort erkannt; der Bearbeiter muss sich eine Unmenge von Tastenkombinationen zur Formatierung merken)	– hoher Speicherbedarf – nutzerfreundlich (alle Formatierungen sofort ersichtlich; Formatierungen über aussagekräftige Icons und Menüfolgen; Tastenkombinationen zur schnelleren Formatierung sind möglich)
Beispiele	HTML, Formatierungsprogramm ist der Browser (↗ Abschnitt 2.6.2)	Microsoft Word (↗ Abschnitt 2.1.2 und 2.1.3)

WYSIWYG ist die Abkürzung für „**w**hat **y**ou **s**ee **i**s **w**hat **y**ou **g**et" (Was du siehst, ist das, was du bekommen wirst.)

HTML ist die Abkürzung für „**h**ypertext **m**arkup **l**anguage". HTML ist die Dokumentbeschreibungssprache, die sich im Internet durchgesetzt hat.

Oberfläche dialogorientierter Textverarbeitungsprogramme

Nachdem man beispielsweise auf das Symbol des entsprechenden Textverarbeitungsprogramms einen Doppelklick ausgeführt hat, erscheint ein Fenster mit der Oberfläche des Programms. Meist wird auch sofort ein leeres Dokument, also eine Textdatei, in die noch nichts geschrieben wurde, geöffnet.

Im folgenden Bild ist die Oberfläche von *Word* dargestellt, wobei ein Dokument mit der Bezeichnung `2_2_1_4.DOC` geöffnet ist.

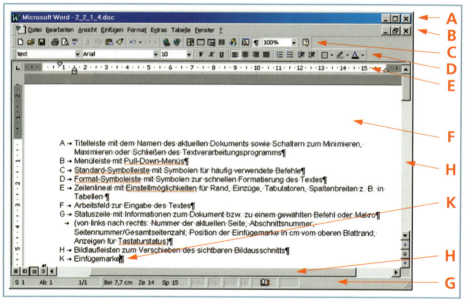

- A **Titelleiste** mit dem Namen des aktuellen Dokuments sowie Schaltern zum Minimieren, Maximieren oder Schließen des Textverarbeitungsprogramms
- B **Menüleiste** mit Pull-Down-Menüs
- C **Standard-Symbolleiste (QuickAccess-Leiste)** mit Symbolen für häufig verwendete Befehle
- D **Format-Symbolleiste** mit Symbolen zur schnellen Formatierung des Textes
- E **Zeilenlineal** mit Einstellmöglichkeiten für Rand, Einzüge, Tabstopps, Spaltenbreiten z. B. in Tabellen
- F **Arbeitsfeld** zur Eingabe des Textes
- G **Statuszeile** mit Informationen zum Dokument bzw. zu einem gewählten Befehl oder Makro(von links nach rechts: Nummer der aktuellen Seite; Abschnittsnummer; Seitennummer/Gesamtseitenzahl; Position der Einfügemarke in Zentimeter vom oberen Blattrand; Anzeigen für Tastaturstatus)
- H **Bildlaufleisten** zum Verschieben des sichtbaren Bildausschnitts
- K **Einfügemarke** (senkrechter Strich)

Textverarbeitung

Dokumente neu schreiben, bearbeiten und drucken

Nach dem Starten des Textverarbeitungsprogramms kann sofort mit der Texteingabe begonnen werden, sofern alle Einstellungen in Ordnung sind. Standardmäßig wird ein einspaltiges DIN-A4-Dokument geöffnet. Will man andere Seitenformate benutzen oder die Seitenränder ändern, kann man dies tun (↗ hierzu Abschnitt 2.1.4, S. 116).

Die Einfügemarke (der Cursor), der kleine blinkende Strich, kennzeichnet die Stelle, an der der nächste Buchstabe eingesetzt wird. Die Position der Einfügemarke lässt sich mit den Tasten auf dem Bewegungsblock der Tastatur (<↑>, <←>, <↓>, <→>, <Pos1>, <Ende>, <Bild↑>, <Bild↓>; ↗ S. 53) oder mit der Maus innerhalb des vorhandenen Textes verändern.

Ein Textverarbeitungsprogramm ist keine Schreibmaschine: Zeilenumbrüche erfolgen automatisch.
Einige Sondertasten sind für die Texteingabe wichtig:

Sondertaste	Wirkung
<Enter>	• Die <Enter>-Taste bewirkt eine „harte Zeilenschaltung", es erscheint das nicht druckbare Zeichen ¶.
<⇧>	• Die Shift-Taste ruft Großbuchstaben ab (Zweitbelegung der Tastatur).
<⇩>	• Die Shift-Lock-Taste bewirkt, dass durchgängig in Großbuchstaben geschrieben wird. Durch Drücken der Shift-Taste wird dieser Modus wieder ausgeschaltet.
<←>	• Die Löschtaste (Rücktaste) löscht das Zeichen links vor der Einfügemarke.
<Entf>	• Die Entferntaste löscht das Zeichen, das rechts neben der Einfügemarke steht.

Auf den automatischen Zeilenumbruch kann man sich verlassen. Nur wenn man einen Absatz beenden oder eine Leerzeile einfügen will, drückt man auf die <Enter>-Taste.

Beim Schreiben unterscheidet man **Einfügemodus** und **Überschreibmodus**:

Modus	Wirkung
Einfügemodus	Im Einfügemodus werden an der Position der Einfügemarke Zeichen zwischen den schon vorhandenen Text eingefügt.
Überschreibmodus	Im Überschreibmodus werden bei der Eingabe die nachfolgenden Zeichen gelöscht („überschrieben"). Zwischen beiden Modi kann umgeschaltet werden: ▸ Umschalten vom Einfügemodus in den Überschreibmodus unter *Word*: – **M** Extras – **B** Optionen – **R**egisterkarte Bearbeiten – **O**ption Überschreibmodus (mit Häkchen versehen)

Standardmäßig sollte man den Einfügemodus verwenden.

Ein schneller Wechsel zwischen Überschreib- und Einfügemodus ist auch mit der <Einfg>-Taste möglich.

Sobald man mit dem Schreiben des Textes begonnen hat, sollte man dem Dokument einen Namen geben und es speichern. Den Befehl „Speichern unter..." findet man immer ganz links in der Menüleiste im Menü „Datei".

▎ Erstmaliges Speichern eines Dokuments unter *Word*:
– **M** Datei – **B** Speichern unter...

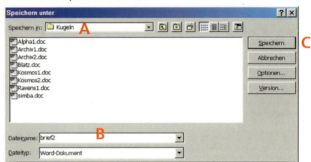

– Evtl. ist nun der Zielordner zu wechseln (A), danach wird der Dateiname eingetippt (B) und der Schalter „Speichern" (C) angeklickt.

Ist ein Name vergeben, kann die Speicherung mit **M** Datei – **B** Speichern oder einem Klick auf den entsprechenden Schalter in der Standard-Symbolleiste ( ) erfolgen.

Will man ein vorhandenes Dokument weiter bearbeiten, so kann man mit **M** Datei – **B** Öffnen... oder dem Schalter die entsprechende Datei auf dem Datenträger suchen und öffnen.

Auch das Drucken eines Dokuments erfolgt über eine ähnliche Menüfolge (**M** Datei – **B** Drucken...) bzw. über den Schalter . Danach sind einige Einstellungen vorzunehmen.

Die Speicherung sollte auch während der Dokumentbearbeitung in regelmäßigen Abständen erfolgen, damit bei einem „Rechnerabsturz" möglichst wenig Arbeit verlorengeht.

▎ Drucken eines Dokument unter *Word*:
– **M** Datei – **B** Drucken…

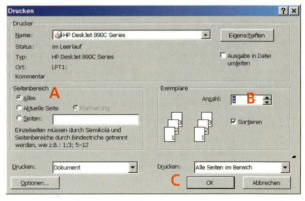

Der Drucker muss natürlich angeschaltet und mit dem Computer verbunden sein.

– Nun wird der Druckbereich ausgewählt (A), die Anzahl der zu druckenden Exemplare bestimmt und auf den Schalter „OK" geklickt.

Markieren

Hat man einen schon geschriebenen Text vor sich und möchte ihn korrigieren oder weiter bearbeiten, sind Kenntnisse über Markierungsmöglichkeiten notwendig. Oder anders ausgedrückt: Voraussetzung für das Durchführen verschiedener Operationen ist das Markieren.

Man kann dabei folgendermaßen vorgehen:

Markieren mit Tasten
- Cursor an den Beginn des zu markierenden Textteils setzen
- <Shift> festhalten
- Cursor an das Ende des zu markierenden Textteils setzen (Der markierte Textteil ist invers – z. B. weiße Schrift auf dunklem Grund – dargestellt.)

Markieren mit der Maus
- Cursor an den Beginn des zu markierenden Textteils setzen (Klicken)
- den zu markierenden Textteil mit gedrückter linker Maustaste überstreichen (Ziehen)
- Maustaste loslassen

In Textverarbeitungsprogrammen von Microsoft wie *Word* oder dem Textverarbeitungsteil von *Works* gibt es darüber hinaus folgende Markierungsmöglichkeiten:

Aktion	mithilfe von Tasten	mithilfe der Maus
Wort markieren	zweimal <F8>	Doppelklicken auf das Wort
Zeile markieren	Cursor an den Zeilenanfang setzen, dann <Shift> + <Ende>	in den linken Fensterrand neben die Zeile klicken
Satz markieren	dreimal <F8>	bei gedrückter <Strg>-Taste in den Satz klicken
Absatz markieren	viermal <F8>	Doppelklicken in den linken Fensterrand neben den Absatz
Dokument markieren	fünfmal <F8>	bei gedrückter <Strg>-Taste in den linken Fensterrand klicken

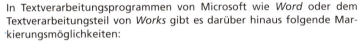

Grundfunktionen Löschen, Verschieben und Kopieren

Textverarbeitungsprogramme erleichtern das Erstellen von Texten durch Bereitstellung solcher Funktionen wie *Kopieren*, *Verschieben* und *Löschen* von Textteilen. Bevor ein Textteil gelöscht, verschoben oder kopiert werden kann, muss er markiert werden.

Nach dem **Löschen** ist ein Textteil physisch nicht mehr vorhanden, zumindest nicht mehr in der Textdatei.

Allerdings ist der zuletzt gelöschte Text in der Zwischenablage von Windows zu finden. Dadurch ist es möglich, diesen Text durch *Einfügen* oder (wenn seit dem Löschen keine weiteren Manipulationen vorgenommen worden sind) durch **M** Bearbeiten – **B** Rückgängig zurückzuholen. Daher kann man Löschen auch als **Ausschneiden** auffassen.

Nach dem **Kopieren** ist ein Textteil physisch zweimal vorhanden, nach dem **Verschieben** an eine andere Stelle innerhalb eines Dokuments nur einmal.

Verschoben bzw. kopiert wird ein Textteil ebenfalls über die Zwischenablage von Windows. In diesem Zwischenspeicher ist stets der zuletzt kopierte Text abgelegt.

Aktion	mithilfe von Tasten	mithilfe der Maus	Icon
Textteil löschen	– Textteil markieren – <Entf> oder <←> (Löschtaste) oder <Strg> + x	– Textteil markieren (überstreichen) – <Entf> oder Icon „Ausschneiden"	✂
Textteil verschieben	– Textteil markieren – <Strg> + x – Cursor an die Stelle setzen, wo der Text eingefügt werden soll – <Strg> + v	– Textteil markieren – in die Auswahl klicken – Textteil an die Stelle ziehen, wohin er verschoben werden soll; Maustaste loslassen Dieses Vorgehen ist zumindest in allen Textverarbeitungsprogrammen von Microsoft möglich.	✂ und 📋
Textteil kopieren	– Textteil markieren – <Strg> + c – Cursor an die Stelle setzen, wo der Text eingefügt werden soll – <Strg> + v	– Textteil markieren – in die Auswahl klicken – mit gedrückter <Strg>-Taste Text an die Einfügestelle ziehen – Maustaste loslassen	📑 und 📋

Grundlegende Datenstrukturen in einer Textdatei

Für den Computer ist eine Textdatei eine Datenstruktur *(File)*, eine Sammlung von Zeichenfolgen, die Strukturierungszeichen (z. B. Zeilenendezeichen) enthält. Auch in der Textdatei selbst lassen sich bestimmte „Datenstrukturen" erkennen: Zeichen setzen sich zu Wörtern zusammen, Wörter zu Sätzen oder Zeilen, diese wiederum zu Absätzen und Seiten. In den meisten Textverarbeitungsprogrammen können auch Tabellen erzeugt werden.

Es ist sinnvoll, die Datenstrukturen (Objekte) **Zeichen, Absatz** und **Seite** und eventuell Tabelle zu unterscheiden. Jede dieser Strukturen ist eindeutig erkennbar, für jede Struktur gibt es spezielle Gestaltungsmöglichkeiten (Formatierungen).

Textverarbeitung 103

Struktur	Erzeugung / Erkennung / Hinweise

Zeichen	– Zeichen, die auf der Tastatur dargestellt sind, erhält man durch Drücken der entsprechenden Taste.
	– Sonderzeichen, die nicht auf der Tastatur dargestellt sind, erzeugt man durch <Alt> + <Dezimalwert des ANSI auf dem Numerikblock der Tastatur>. (↗ S. 22)
	– Steuerzeichen wie „bedingter Trennstrich", „geschützter Trennstrich", „geschützter Wortzwischenraum" erhält man durch
	  – **M** Einfügen
	    – **B** Sonderzeichen
	    – entsprechendes Zeichen auswählen
	    – **S** OK

Absatz	– Ein Absatzende wird durch <Enter> erzeugt. – Jeder Absatz ist durch das folgende Zeichen (am Ende des Absatzes) markiert: ¶ Der gesamte Text, der vor diesem Zeichen bis zum nächsten ¶ steht, gehört zum Absatz. – Innerhalb eines Absatzes erfolgt ein automatischer Zeilenumbruch. Man kann einen Zeilenumbruch **(„weiche Zeilenschaltung")** mit <Shift> + <Enter> erzwingen. Eine weiche Zeilenschaltung kann man an dem Zeichen ↵, manchmal auch an ⟨ erkennen.

Seite	– Ein Dokument wird automatisch in Seiten eingeteilt (Standard DIN A4; Seitenränder unten, links und rechts jeweils 2 cm).
	Ist eine Seite vollgeschrieben, wechselt das Textverarbeitungsprogramm automatisch zur nächsten. Einen Seitenwechsel erkennt man auf dem Bildschirm im Allgemeinen an einer gepunkteten Linie:
	
	....
	
	– Einen erzwungenen (manuellen) Seitenumbruch erreicht man meist mit <Strg> + <Enter> oder
	  – **M** Einfügen
	    – **B** Seitenwechsel bzw. **B** Manueller Wechsel.
	– Hinweis: In den meisten Textverarbeitungsprogrammen kann man ein Dokument in **Bereiche** oder **Abschnitte** untergliedern. Diese sind nicht mit der Struktur „Seite" identisch, sondern können sich auf das gesamte Dokument, mehrere Seiten oder auch nur Teile von Seiten beziehen. So können unterschiedliche Seitenränder festgelegt werden, oder es kann z. B. auf einer Seite sowohl zwei- als auch dreispaltiger Text erzeugt werden.

Sonderzeichen zur Darstellung von Absatzendemarken, weichen Zeilenschaltungen, Tabulatoren und Leerzeichen sollten auf dem Bildschirm immer zu sehen sein. Ist dies nicht der Fall, kann man deren Ansicht z. B. unter *Word* durch Klicken auf den Schalter in der QuickAccess-Leiste (Symbolleiste Standard) erreichen.
Diese Sonderzeichen werden *nicht* mitgedruckt, sie sind nur auf dem Bildschirm zu sehen.

104 Anwendungen der Informatik

Wie wichtig es ist, ein Textverarbeitungsprogramm nicht wie eine Schreibmaschine zu nutzen, sondern Strukturen wie Absatz oder Seite zu beachten, zeigt folgendes Beispiel:

Bild 1:

Ausschnitt eines Textes, der in der Schriftart Courier auf DIN A5 geschrieben wurde

```
Ein·Tabstopp·ist·eine·auf·einer·Zeile·festste-¶
hende·Position,·die·von·Works·als·Vorgabe¶
(Standard-Tabstopp)·übernommen·oder·selbst·einge-¶
stellt·werden·kann.·Wird·die·Tabulatortaste·ge-¶
drückt,·springt·der·Cursor·an·die·eingestellte¶
Tabstopp-Position.·Mit·Tabstopps·können·Texte¶
(insbesondere·Tabellen)·schneller·und·genauer¶
ausgerichtet·werden·als·z.B.·mit·der·Leertaste.¶
¶
Tabstopp·setzen¶
¶
1.·Markieren·Sie·den·Absatz,·in·dem·der·Tabstopp¶
···gesetzt·werden·soll.¶
¶
2.·Wählen·Sie·den·Befehl·Tabulatoren·aus·dem·Menü¶
···Format·(ALT,T,T)¶
```

Bild 2:

Ausschnitt des gleichen Textes nach Umformatierung (Schriftart Times und zweispaltig)

```
Ein·Tabstopp·ist·eine·auf·einer          ausgerichtet·werden·als·z.B.·mit
Zeile·festste-¶                           der·Leertaste¶
hende·Position,·die·von·Works·als         ¶
Vorgabe¶                                  Tabstopp·setzen¶
(Standard-Tabstopp)·übernom-             ¶
men·oder·selbst·einge-¶                   1.·Markieren·Sie·den·Absatz,
stellt·werden·kann.·Wird·die·Tabu-        in·dem·der·Tabstopp¶
latortaste·ge-¶                           ···gesetzt·werden·soll.¶
drückt,·springt·der·Cursor·an·die         ¶
eingestellte¶                             2.·Wählen·Sie·den·Befehl·Ta-
Tabstopp-Position.·Mit·Tab-               bulatoren·aus·dem·Menü¶
stopps·können·Texte¶                      ···Format·(ALT,T,T).¶
(insbesondere·Tabellen)·schnel-
ler·und·genauer¶
```

In DesktopPublishing-Programmen ist meist eine Leerzeichenkontrolle vorhanden, die man aktivieren kann. Es wird dann automatisch nur ein Leerzeichen gesetzt.

Damit beim Umformatieren der Text nicht so „durcheinandergewürfelt" wird, wie oben dargestellt, ist beim Schreiben mit einem Textverarbeitungsprogramm Folgendes zu beachten:

– Zeilenschaltungen werden nicht durch <Enter> erzwungen, der Zeilenumbruch erfolgt automatisch.

– Man sollte nicht mehr als ein Leerzeichen hintereinander setzen. Die Textausrichtung erfolgt durch Tabulatoren.

2.1.2 Zeichenformatierung

Das Objekt Zeichen und seine Attribute

Folgende Formatierungen für Zeichen sind möglich:
- Schriftart
- Schriftgröße
- Schriftstil (Schriftschnitt)
- Effekte (Farbe, Position, Unterstreichung usw.)

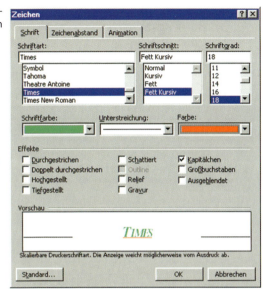

 Man sollte immer erst den gesamten Text schreiben, bevor bestimmten Textteilen (Wörter, Überschriften, ...) Zeichenformatierungen zugewiesen werden.

 Text, der formatiert werden soll, ist vorher immer zu markie-

Das Bild zeigt das Zeichenformatierungsfenster von *Word 2000*.

WYSIWYG-Textverarbeitungsprogramme stellen unterschiedliche Möglichkeiten der Zeichenformatierung bereit:

Menü	M Format B Zeichen (auch „Schriftart und Schriftstil" oder „Zeichen – Gestaltung"): Es erscheint ein Fenster (Beispiel s. oben), in dem man die entsprechenden Einstellungen vornehmen kann.
Quick-Access-Leiste	Die Symbolleiste (QuickAccess-Leiste, Formatierungsleiste) der Textverarbeitung stellt Mausbenutzern Abkürzungsverfahren für Schriftarten, Schriftgröße und Schriftstile (Fett, Kursiv, Unterstrichen) zur Verfügung.
	Beispiel *Word*
	Beispiel *FrameMaker*
Tastenkombinationen	Mithilfe von Tastenkombinationen kann man das Erscheinungsbild von markiertem Text in einem Dokument ändern.
	Works und *Word*
	Text fett formatieren <Strg> + <Shift> + f
	Text kursiv formatieren <Strg> + <Shift> + k
	Text unterstreichen <Strg> + <Shift> + u

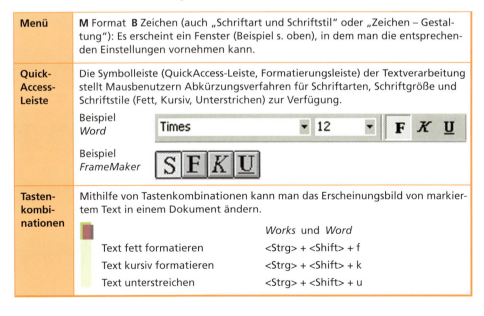

106 Anwendungen der Informatik

Schriftarten

> Eine **Schriftart** besteht im Allgemeinen aus allen Zeichen des Alphabets, jeweils als Groß- und Kleinbuchstaben sowie Ziffern, Interpunktions- und Sonderzeichen. Alle Zeichen haben das gleiche Design (die gleiche Gestalt).

Oft gibt es für alle diese Elemente noch jeweils eine Ausführung in Kursivschrift und Fettschrift (s. Schriftstil).

 Beispiele für verschiedene Schriftarten:

Man benutzt Helvetica vor allem für wissenschaftlich-technische Texte.

> Dieser Text ist in der Schriftart **Helvetica** (unter Windows auch **Arial**) formatiert. Helvetica ist eine **proportionale Schriftart**, die Zeichen sind unterschiedlich breit. Sie gehört zur Gruppe der **serifenlosen Schriften**.

Man benutzt Times vor allem für schöngeistige Texte.

> Dieser Text ist in der Schriftart **Times** formatiert. Times ist eine **proportionale Schriftart,** die Zeichen sind unterschiedlich breit. Times ist eine **Serifen-Schrift,** beim genauen Hinschauen erkennt man an den Zeichenenden Häkchen (Serifen), was zur leichteren Lesbarkeit beiträgt.

Man benutzt Courier heute nur noch zum Darstellen von z.B. Pascal-Programmen.

```
Dieser Text ist in der Schriftart Courier forma-
tiert. Courier ist eine nichtproportionale
Schriftart, alle Zeichen sind gleich breit, ein
"i" benötigt den gleichen Platz wie ein "m".
```

Schriftgrößen

> Mit **Schriftgröße** wird die senkrechte Ausdehnung der Zeichen ausgedrückt, also die Entfernung von der Unterkante eines Buchstabens mit Unterlänge wie g oder q bis zur Oberkante eines Buchstabens mit Oberlänge wie t oder h.

Die Schriftgröße 12 (pt, Points) wird in den meisten Textverarbeitungsprogrammen standardmäßig vorgegeben. Dies ist die Größe der Typen auf einer Schreibmaschine.

Für Schriftgrößen verwendet man zwei Maßeinheiten, den **Punkt** und die Pica. Ein Punkt entspricht 0,376 mm (in den USA:
1 Point = 0,351 mm).
Eine **Pica** entspricht zwölf Points.

 Der Haupttext dieses Buches ist in der Schriftgröße 8 geschrieben.

 Schriftarten und Größen:

Times 6

Times 7

Times 8

Helvetica 8

Times 10

Helvetica 10

Times 12

Frutiger 14

Script MT 14

Script MT 16

Letter Gothic 18

Schriftstil

Zur übersichtlichen Gestaltung von Texten nutzt man folgende **Schriftstile**:

Schriftstil	Erkennung/Hinweise
fett	Zeichen, die **fett** (in manchen Programmen auch **Bold** genannt) gesetzt sind, wirken breiter.
kursiv	*Kursive Zeichen* haben eine leichte Neigung nach rechts (von unten nach oben gesehen). Man bezeichnet diesen Schriftstil auch oft mit *Italic*.
unterstrichen	Oft wird <u>normale Unterstreichung</u> (Buchstaben wie g oder q werden geschnitten) und <u>numerische Unterstreichung</u> (kein Buchstabe wird geschnitten, insbesondere auch nicht das Dezimalkomma in Zahlen wie <u>31,1234</u>) unterschieden.
Kapitälchen Versalien	Mit KAPITÄLCHEN werden Kleinbuchstaben in etwas kleinere Großbuchstaben umgewandelt. Normale Großbuchstaben werden als VERSALIEN bezeichnet.
hochgestellt	Hochgestellte Zeichen (Fußnotenzeichen, Potenzen wie in m^3 usw.) werden verkleinert.
tiefgestellt	Tiefgestellte Zeichen (beispielsweise Indizes wie A$_1$) werden ebenfalls verkleinert.
unterschnitten	U̶n̶t̶e̶r̶s̶c̶h̶n̶e̶i̶d̶e̶n̶ bedeutet, dass der Buchstabenabstand verringert wird.

Fett sollte man Überschriften und wichtige Begriffe im Fließtext hervorheben.

Kursiv werden Betonungen gesetzt.

<u>Unterstreichen</u> kann man Wesentliches im Text. Überschriften sollte man nie unterstreichen.

Kapitälchen nutzt man oft zur Hervorhebung von Personennamen.

Sonderzeichen

Auch mit der korrekten Nutzung von bestimmten Leerzeichen und Trennstrichen (unter *Word*: **M** Einfügen **B** Sonderzeichen) kann man ein ästhetischeres Textbild erreichen:

Sonderzeichen	Erkennung/Hinweise
wahlweiser (bedingter) Trennstrich	Die Silbentrennung ist zwar auf dem Bildschirm zu sehen, wird aber nur am Zeilenende gedruckt. Die Trennhilfe setzt automatisch wahlweise Trennstriche.
Gedankenstrich	Der Gedankenstrich lässt sich als ASCII-Zeichen mit <Alt> + 0150 (auf dem Numerikblock) abrufen.
geschütztes Leerzeichen	Das Leerzeichen wird zur Worttrennung benutzt. Dies kann man verhindern.
verschiedene Leerzeichen	Es sind größere Leerzeichen möglich: doppeltes (En-Abstand), vierfaches Leerzeichen (Em-Abstand).

Der Gedankenstrich sollte für gedankliche Trennungen und Absatzanstriche genutzt werden.

Abkürzungen wie „u. U." oder Titel und Name wie „Dr. Müller" gehören zusammen, auch wenn ein Zeilenumbruch erfolgt. Der Wortzwischenraum sollte geschützt werden.

2.1.3 Absatzformatierung

Das Objekt Absatz und seine Attribute

Folgende Formatierungen für Absätze sind möglich:

- Ausrichtung
- tabellarische Gestaltung durch Tabulatoren und Tabstopps
- Einzüge
- Zeilenabstand und Abstand vor und nach dem Absatz
- Effekte (Rahmen, Umbruch, ...)

Das Bild zeigt das Absatzformatierungsfenster von *Word 2000*

WYSIWYG-Textverarbeitungsprogramme stellen unterschiedliche Möglichkeiten der Absatzformatierung bereit:

Text, der formatiert werden soll, ist vorher immer zu markieren. Hierzu wird der Cursor einfach in den Absatz gestellt.

Menü	**M** Format **B** Absatz... (auch „Absätze – Gestaltung"): Es erscheint ein Fenster (Beispiel s. oben), in dem man die entsprechenden Einstellungen vornehmen kann.
Quick-Access-Leiste	Die Symbolleiste (QuickAccess-Leiste, Formatierungsleiste) der Textverarbeitung stellt Mausbenutzern Schalter zumindest für die Absatzausrichtung zur Verfügung. Beispiel *Word*: 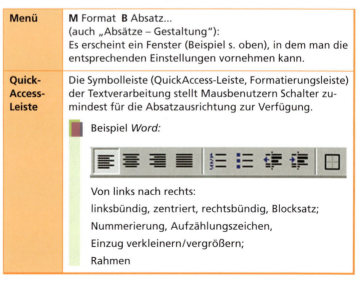 Von links nach rechts: linksbündig, zentriert, rechtsbündig, Blocksatz; Nummerierung, Aufzählungszeichen, Einzug verkleinern/vergrößern; Rahmen

Lineal	Im Zeilenlineal oberhalb eines Textdokuments sind Absatzeinzüge und Tabstopps erkennbar und auch veränderbar. Zeilenlineal von *Word*: Erkennbar sind hier ein negativer Erstzeileneinzug, das Absatzende bei 6 cm sowie 2 Tabstopps mit linker Ausrichtung. Zeilenlineal des DTP-Programms *FrameMaker*: Erkennbar sind hier ein linker und ein rechter Absatzeinzug sowie ein Tabstopp mit linker und ein Tabstopp mit rechter Ausrichtung. 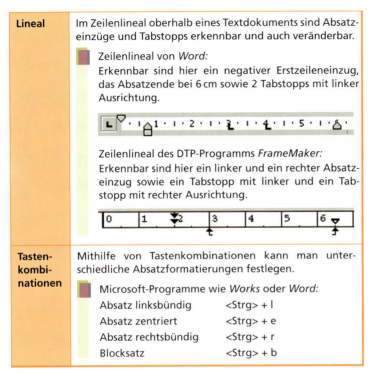
Tastenkombinationen	Mithilfe von Tastenkombinationen kann man unterschiedliche Absatzformatierungen festlegen. Microsoft-Programme wie *Works* oder *Word*: Absatz linksbündig \<Strg\> + l Absatz zentriert \<Strg\> + e Absatz rechtsbündig \<Strg\> + r Blocksatz \<Strg\> + b

Absatzeinzüge und Tabstopps lassen sich im Zeilenlineal sehr einfach mit der Maus verschieben (Ziehen), Entfernen (aus dem Lineal herausziehen) oder Setzen (Anklicken).

Ausrichtung

In allen komfortablen Textverarbeitungsprogrammen gibt es Möglichkeiten, Absätze zueinander bzw. zu den Seitenrändern auszurichten:

Ausrichtung	Erzeugung (s. auch oben)	Ansicht
linksbündig	– am schnellsten über Anklicken des entsprechenden Schalters der QuickAccess-Leiste	
rechtsbündig	– schnell über Schalter	
zentriert	– schnell über Schalter	
Blocksatz	– schnell über Schalter	

Linksbündig sollte man Standard-Text ausrichten, insbesondere dann, wenn schmale Spalten vorhanden sind.

Rechtsbündig werden oft Datumsangaben in Briefen ausgerichtet.

Zentrieren kann man Überschriften oder Gedichte.

Blocksatz ist für Standard-Text geeignet.

Der Begriff **Tabulator** (Kolonnensteller) ist von der Schreibmaschine übernommen worden. Auch dort gibt es eine Einrichtung zum sprunghaften Bewegen und Anhalten des Wagens, um Textkolonnen untereinander zu schreiben.

Tabulator und Tabstopp

Für eine tabellarische Übersicht (z. B. ein nach DIN-Norm geschriebener zweispaltiger Lebenslauf) werden mit der Tabulatortaste <→|> Steuerzeichen – **Tabulatoren** – in den Text eingefügt. Es muss allerdings festgelegt werden, wie weit jeweils ein Tabulator (ein solcher Schritt) reicht. Hierzu benutzt man Tabstopps.

> Der **Tabstopp** ist ein Absatzattribut zum Ausrichten von Text in tabellarischer Form. Mit dem Tabstopp wird die Position angegeben, bis wohin ein Sprung mit der Tabulatortaste erfolgen soll.
>
> Man unterscheidet vier Arten von Tabstopps:
>
> - Linksbündig   Der Text steht nach dem Tabstopp.
> - Zentriert   Der Text wird am Tabstopp mittig ausgerichtet.
> - Rechtsbündig   Der Text steht vor dem Tabstopp.
> - Dezimal   Der Text (z. B. eine Dezimalzahl) ist am Komma ausgerichtet.

Will man *einen* Absatz markieren, wird mit dem Mauszeiger einfach in den Absatz geklickt.
Mehrere Absätze muss man mit gedrückter Maustaste überstreichen.

Tabstopps lassen sich am einfachsten über das Zeichenlineal setzen:
- Es werden die Absätze markiert, denen ein Tabstopp zugewiesen werden soll.
- Danach wird auf den linken Rand des Zeilenlineals so lange geklickt, bis die gewünschte Tabstoppart angezeigt wird.
- Es wird auf die Stelle im Lineal geklickt, an der ein Tabstopp gesetzt werden soll.

Zeilenlineal von *Word:*

Die Tabstopps können jederzeit verschoben werden, indem man sie mit der Maus „anfasst" und an die gewünschte Position zieht.
Tabstopps werden gelöscht, indem man sie aus dem Zeilenlineal „herauszieht".

Um für die Position eines Tabstopps genaue Maße festzulegen, nutzt man besser das **M**enü Format – **B** Absatz..., da Tabstopps Attribute des Objekts *Absatz* sind. In Microsoft-Textverarbeitungsprogrammen wie *Word* oder *Works* gibt es auch ein gesondertes **M**enü Format – **B** Tabstopp...

Setzen von Tabstopps mithilfe des Menüs in *Word*:
– **M** Format – **B** Tabstopp...
  Es erscheint folgendes Dialogfeld:

1. Tabstoppposition eingeben
2. Ausrichtung auswählen
3. Füllzeichen auswählen
4. Tabstopp setzen

Die vier Schritte werden so lange wiederholt, bis alle Tabstopps gesetzt sind, danach **S**chalter „OK".

Der Kopf einer tabellarischen Übersicht (die erste Zeile) wird meist mit anderen Tabstoppositionen versehen.
Man muss darauf achten, dass dies ein gesonderter Absatz ist.

Im Listenfeld, in der die Tabstoppposition eingetragen wird, lassen sich auch falsch gesetzte Tabstopps markieren und dann löschen.

Tabstopps kann man **Füllzeichen** zuweisen. Diese werden immer automatisch *vor* den Tabstopp eingesetzt. Dies ist insbesondere dann sinnvoll, wenn Gliederungen oder Inhaltsverzeichnisse gestaltet werden sollen, in denen die Textelemente so weit auseinander liegen, dass eine eindeutige Zuordnung nicht möglich ist.

```
Grundbegriffe
1.1    Die Informatik als junge Wissenschaft .................. 7
1.1.1    Grundlagen und Gegenstandsbereiche ............ 8
1.1.2    Anwendungsbereiche ................................... 12
1.2    Daten ........................................................... 19
1.2.1    Informationen und Daten ............................. 19
1.2.2    Datentypen ................................................ 28
1.2.3    Datenstrukturen ......................................... 29
1.3    Algorithmen und Programme ............................ 31
1.3.1    Algorithmen ................................................ 31
1.3.2    Algorithmenstrukturen und Darstellungsformen .......... 33
1.3.3    Programme und Programmiersprachen ........... 39
1.3.4    Arbeitsschritte bei der Programmentwicklung ..... 42
1.4    Informationsverarbeitende Technik ................... 45
1.4.1    Zur Geschichte der Rechentechnik .................. 45
1.4.2    Der Computer und sein Betriebssystem ........... 49
1.4.3    Eingabegeräte ............................................. 54
1.4.4    Ausgabegeräte ............................................ 58
1.4.5    Externe Speicher ......................................... 61
1.4.6    Benutzeroberflächen .................................... 64
1.4.7    Arbeit mit Dateien (Dateihandling) ................. 69
1.4.8    Arbeitsschutz ............................................. 80
1.5    Datenschutz und Datensicherheit; Software-Rechte ...... 83
1.5.1    Datenschutz ............................................... 83
1.5.2    Datensicherheit ........................................... 90
1.5.3    Software-Rechte ......................................... 94
```

Tabellarische Übersichten können in den meisten Textverarbeitungsprogrammen auch über das Menü „Tabellen" erzeugt werden (↗ Abschnitt 2.1.4, S. 122).

Einzüge

Während die Abstände zwischen Text und Text, die größer als ein Leerzeichen sein sollen, durch Tabstopps gesetzt werden, erreicht man die Abstände zwischen Text und Seitenrändern durch die Formatierung von linken und rechten Einzügen.

Einzug	Erzeugung	Ansicht
links	Format-Symbolleiste unter *Word:* Es wird der entsprechende Schalter angeklickt. Die Einzugsmarke springt in Standardschritten (z. B. 1,25 cm) oder bis zum nächsten schon erstellten Tabstopp.	Dieser Absatz hat einen linken Einzug von 2 cm, das heißt, der linke Rand des Absatzes ist 2 cm vom linken Seitenrand (nicht Blattrand) entfernt. Einzug (2 cm) Seitenränder
rechts	Menü unter *Word:* – **M** Format **B** Absatz **R**egisterkarte „Einzüge und Abstände" – unter der Dialogfeldoption „Einzug" bei „Rechts" gewünschte Maße eintragen; **S** OK	Dieser Absatz hat einen rechten Einzug von 4 cm. Der rechte Rand des Absatzes ist 4 cm vom rechten Seitenrand entfernt. Einzug (4 cm) Seitenränder
erste Zeile	Zeilenlineal unter *Works:* Auf dem Lineal sind für den markierten Absatz Einzugsmarken angegeben: – erste Zeile ▲; – linker Absatzrand ▼. Durch Ziehen dieser Marken können Einzüge mit der Maus festgelegt werden.	Dieser Absatz hat in der ersten Zeile einen Einzug von 4 cm, so dass nur in der ersten Zeile ein Einzug vorhanden ist. Alle anderen Zeilen des Absatzes beginnen unmittelbar am linken Seitenrand Seitenränder
negativer Erstzeileneinzug	Menü unter *Word:* – **M** Format **B** Absatz **R**egisterkarte „Einzüge und Abstände" – im Dialogfeld „Extra" „Hängend" und die gewünschte Maße unter „um" eintragen (Achtung, hier muss ein positives Maß eingetragen werden!)	Dieser Absatz hat einen hängenden Einzug. Der Absatz hat einen linken Einzug von 2,5 cm. Die erste Zeile beginnt direkt am linken Seitenrand und ragt deshalb um 2,5 cm links aus dem Absatz heraus (Einzug gegenüber dem linken Rand des Absatzes: –2,5 cm).

Linke und rechte Einzüge kann man zur Hervorhebung von Textpassagen (z. B. längeren Zitaten) nutzen.

Erstzeileneinzüge nutzt man zur Hervorhebung des Absatzbeginns (z. B. in schöngeistiger Literatur).

Negative Erstzeileneinzüge helfen bei Aufzählungen und Gliederungen.

Textverarbeitung 113

Zeilen- und Absatzabstand

Der **Zeilenabstand (Durchschuss)** richtet sich nach der Standard-Zeichengröße im Absatz. Beträgt beispielsweise die Größe der Standardschrift 8 pt, so wird in Textverarbeitungsprogrammen der Zeilenabstand automatisch mit 10 pt festgelegt und mit „Einzeilig" oder „Einfach" bezeichnet. Er kann aber auch genau auf ein bestimmtes Maß eingestellt werden (1,5 Zeilen oder 15 pt usw.).

Der **Abstand vor** bzw. **nach einem Absatz** wird ebenfalls in Punkten (pt) oder Zeilen (z. B. 0,5 ze) angegeben. In das entsprechende Textfeld können aber auch Zentimeterangaben eingegeben werden (z. B. 0,25 cm).

Der Ausdruck „Durchschuss" stammt aus der Zeit, als man dünne Metallstreifen aus Blei zwischen die Zeilen der Schriftzeichen zur Vergrößerung der Zeilenabstände einsetzte.

Zeilen- und Absatzabstände festlegen in *Word*:
- **M** Format
  B Absatz…
- **R** Einzüge und Abstände
- unter „Abstand" bei „Vor:", „Nach:" und „Zeilenabstand" gewünschte Maße eintragen
- **S** OK

Normaler Fließtext sollte einzeilig und mit geringem Abstand vor- und nach einem Absatz (z. B. 3 pt) formatiert werden.
Bei mehrzeiligen *Überschriften* ist der Zeilenabstand zu verringern.

Viele Textverarbeitungsprogramme lassen auch Tastenkombinationen zu.

Zeilen- und Absatzabstände mit Tastenkombinationen festlegen in *Works*:
- einzeilig: \<Strg\> + 1
- zweizeilig: \<Strg\> + 2
- eineinhalbzeilig: \<Strg\> + 5
- Leerraum vor Absatz hinzufügen: \<Strg\> + 0 (Null)
- Leerraum vor Absatz entfernen: \<Strg\> + O (Buchstabe)

Effekte

Absätze kann man in den meisten Textverarbeitungsprogrammen auch mit einem **Rahmen** und einer **Hintergrundschattierung** versehen.

Dies ist ein Absatz mit einfachem Rahmen und einer gelben Hintergrundschattierung.

Manchmal findet man entsprechende Formatierungsbefehle unter **M** Format **B** Absatz..., oft aber auch als gesonderten Befehl „Rahmen und Schattierung" unter **M** Format, da auch Tabellen mit Rahmen und Schattierung versehen werden können.

Rahmen und Schattierung festlegen in *Word*:
- **M** Format **B** Rahmen und Schattierung...
- in **R** „Rahmen" entsprechende Einstellungen vornehmen (↗ Bild)
- in **R** „Schattierung" entsprechende Einstellungen vornehmen
- **S** OK

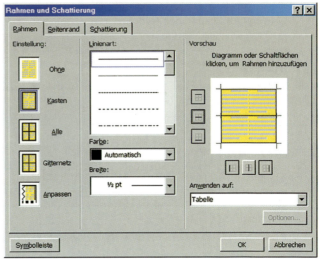

Die **Absatzkontrolle** sollte immer eingeschaltet sein, **Schusterjungen** und **Hurenkinder** sehen unschön aus.

Insbesondere sollten Überschriften mit dem folgenden Absatz verbunden werden.

Absätze können oft recht lang sein und werden gelegentlich mit einer neuen Seite umgebrochen. Textverarbeitungsprogramme stellen zum **Umbruch** von Absätzen etliche sinnvolle Kontrollfunktionen bereit:

- Die „**Absatzkontrolle**" verhindert allein stehende Absatzzeilen, also dass die letzte Zeile eines Absatzes zu Beginn einer neuen Seite (**Hurenkind**) oder die erste Zeile eines Absatzes am Ende der Seite (**Schusterjunge**) steht.
- Man kann das Textverarbeitungsprogramm dazu zwingen, dass der Absatz geschlossen umgebrochen wird oder generell auf die nächste Seite gebracht wird.
- Es ist möglich, Absätze zu verbinden, so dass sie nur gemeinsam umgebrochen werden.

Umbruchoptionen festlegen in *Word 2000*:
- **M** Format **B** Absatz...
- **R** Zeilen- und Spaltenwechsel
- unter „Seitenumbruch" entsprechende Einstellungen vornehmen: „Absatzkontrolle", „Zeilen nicht trennen", „Seitenwechsel oberhalb" und „Absätze nicht trennen" sind möglich
- **S** OK

Absatzformate zuweisen und kopieren

In fast allen Textverarbeitungsprogrammen ist es möglich, für Absätze **Formatvorlagen** zu erstellen, diese unter einem Namen abzuspeichern und sie den jeweiligen Absätzen bei Bedarf zuzuweisen. Der Formatvorlagenname des jeweils markierten Absatzes ist meist in der QuickAccess-Leiste ganz links zu sehen.

Insbesondere die Möglichkeiten zur schnellen, professionellen Formatierung über Formatvorlagen sollte man nutzen. (↗ dazu Abschnitt 2.1.5, S. 128)

Man muss nur den Absatz markieren und einen entsprechenden Formatvorlagennamen in der QuickAccess-Leiste auswählen.

Oft sind schon für bestimmte, häufig benötigte Absatztypen (Haupttext, Überschriften, Einzüge, Fußnoten, ...) Formatvorlagen vorgegeben, die man seinen Bedürfnissen anpassen kann.

Absatzformate kann man auch **kopieren** und damit anderen Absätzen zuweisen. Dies wird in den einzelnen Textverarbeitungsprogrammen unterschiedlich realisiert:

- *Word:*
  - **M** Bearbeiten **B** Suchen... oder Ersetzen...
  - **S** Erweitern **S** Format – Absatz

  Den Schalter in der Standard-Symbolleiste kann man ebenfalls zum Kopieren nutzen.

↗ auch S. 129

- *FrameMaker:*
  - **M** Bearbeiten **B** Kopieren Spezial – Absatzformat

Für das Kopieren von Absatzformaten ist auch das folgende Modell sehr praktikabel: Alle Absatzformatierungen sind in der Absatzendemarke „gespeichert". Dies kann man sich zunutze machen: Will man ein Absatzformat auf einen anderen Absatz übertragen, kopiert man die „Quell"-Absatzendemarke mit <Strg> + c in die Zwischenablage und fügt sie mit <Strg> + v auf die „Ziel"-Absatzendemarke ein.

Auch durch einfaches Löschen der Absatzendemarke werden Absatzformatierungen übertragen. Dies ist aber in den einzelnen Programmen unterschiedlich gelöst und sollte deshalb vorher überprüft werden.

- In *Word* und *FrameMaker* bleibt beim Löschen der Absatzendemarke das Absatzformat erhalten. Mit einem anschließenden <Enter> ist somit das aktuelle Format auf den nachfolgenden Absatz kopiert worden.

- In *Write* oder *Works* sind mit dem Löschen der Absatzendemarke auch alle aktuellen Formatierungen verschwunden, es wurde das Format des nachfolgenden Absatzes übernommen. Das Format des nachfolgenden Absatzes wurde also auf den aktuellen Absatz kopiert.

2.1.4 Seitenformatierung

> Ein Dokument besteht aus **Seiten** mit bestimmten Eigenschaften wie
> - Seitenlänge und -breite;
> - Seitenränder, Kopf- und Fußzeilenränder, Seitennummerierung;
> - Spaltenanzahl.
>
> Hierfür existieren in Textverarbeitungsprogrammen Standardvorgaben **(Voreinstellungen)**, die man verändern kann.
>
> Eine Seite ist zusammengesetzt aus elementaren Objekten wie Zeichen, Absätzen, Tabellen und Grafiken, die ebenfalls bestimmte Eigenschaften (Formate) besitzen.

Seitengröße

Bevor Text eingegeben wird, sollte erst die „Seite eingerichtet" werden. Allerdings wird mit dem Öffnen eines neuen Dokuments (**M** Datei **B** Neu...) fast immer vom Textverarbeitungsprogramm ein fertig eingerichtetes Dokument vorgegeben – standardmäßig DIN A4.

Folgende **Papierformate** werden vorrangig genutzt:

Format	Breite	Höhe
DIN A3	297 mm = 29,7 cm	420 mm = 42,0 cm
DIN A4	210 mm = 21,0 cm	297 mm = 29,7 cm
DIN A5	148 mm = 14,8 cm	210 mm = 21,0 cm

Die einzelnen Formate lassen sich jeweils durch Halbieren eines Blattes herstellen:
Aus einem DIN-A4-Blatt entstehen so zwei DIN-A5-Blätter.

Es gibt weitere Papierformate für Briefe, Umschläge usw. und man kann auch meist selbst Papierformate definieren.

Das Ganze ist abhängig vom zur Verfügung stehenden Drucker:
Die meisten Drucker verwenden DIN-A4-Papier.
Manche ältere Drucker nutzen Endlospapier. Bei **Endlospapier** werden die Seiten von einem Falz zusammengehalten.

In Büros oder in Schulen werden oft mehrere Drucker über ein Netzwerk genutzt. Dann muss ein entsprechender **Druckertreiber** unter Windows installiert sein und im Textverarbeitungsprogramm zum Druck zugewiesen werden (meist unter **M** Datei **B** Drucken... oder **B** Druckereinrichtung...

Die Seiten sind etwas länger als DIN-A4-Seiten und man muss einen „Vorschub" am Seitenende einstellen, damit der Falz und der Rand nicht mit bedruckt werden.

Auch die **Ausrichtung der Seite** – **Hochformat** oder **Querformat** – ist auswählbar.

> Größe und Ausrichtung der Seiten unter *Works:*
> - **M** Datei **B** Seite einrichten... **R** Zufuhr, Größe und Ausrichtung
> - im Listenfeld „Papiergröße" A4, A5 oder ein anderes gewünschtes Format einstellen
> - unter „Ausrichtung" z. B. **O** Hochformat einstellen
> - **S** OK
>
> Im gleichen Menü können auf anderen Registerkarten Seitenränder und Seitennummerierung festgelegt werden, bevor „OK" erfolgt.

Einige Drucker besitzen einen Einzug zum Bedrucken von Briefkuverts. Auch wenn der zur Verfügung stehende Drucker mehrere „normale" Papierschächte besitzt, ist die **Papierzufuhr** einzustellen:

Papierzufuhr einstellen unter *Word*:
- **M** Datei **B** Seite einrichten... **R** Papierzufuhr
- Beispielsweise kann die erste Seite aus dem oberen Schacht eingezogen werden, weil möglicherweise dafür eine andere Papierart benutzt wird, und die übrigen Seiten aus dem unteren Schacht.
- **S** OK

Seitenrand, Kopf- und Fußzeilen

Folgende Seitenformatierungen sind im Allgemeinen möglich:

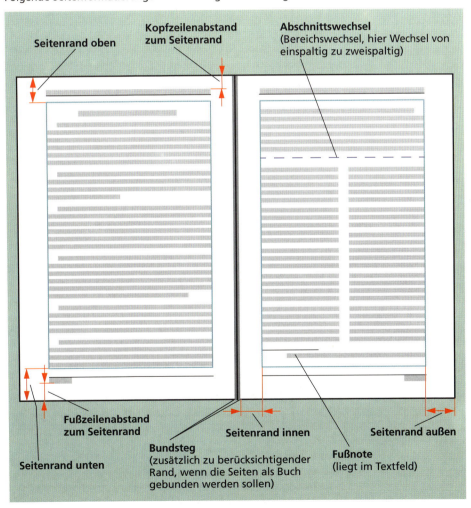

Anwendungen der Informatik

Seitenränder festlegen unter *Word:*
- **M** Datei **B** Seite einrichten... **R** Seitenränder
- entsprechende Einstellungen (↗ Abbildung) vornehmen
- **S** OK

Seitenränder lassen sich oft auch mit dem Lineal einstellen:

Bei Dokumenten, bei denen nur jeweils die Vorderseite eines Papierblattes bedruckt wird, ist es sinnvoll, zwischen „linkem" und „rechtem" Seitenrand zu unterscheiden.

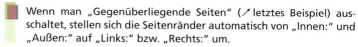
Wenn man „Gegenüberliegende Seiten" (↗ letztes Beispiel) ausschaltet, stellen sich die Seitenränder automatisch von „Innen:" und „Außen:" auf „Links:" bzw. „Rechts:" um.

Seitenränder festlegen unter *Works:*
- **M** Datei **B** Seite einrichten... **R** Seitenränder
- Rand oben, unten, links, rechts; Kopfzeilen- und Fußzeilenrand eintragen
- **S** OK

In *Works* ist es *nicht* möglich, Seitenränder für linke bzw. rechte Seiten festzulegen, also zu „spiegeln".

Kopfzeilen und **Fußzeilen** sind Bereiche im oberen bzw. unteren Seitenrand, in denen gleiche Textelemente für das gesamte Dokument auftreten.
Solche Textelemente können sein:

- Wiederholungen von Überschriften,
- Seitennummer,
- Datum und Uhrzeit der Dokumenterstellung,
- Firmeninformationen wie Anschriften und Bankverbindungen.

Textverarbeitung

Der Inhalt der Kopf- und Fußzeilen wird nur einmal geschrieben. Die Kopf- und Fußzeilen für gerade (linke) bzw. ungerade (rechte) Seiten oder für die erste Seite eines Dokuments können gesondert definiert werden.

Kopf- bzw. Fußzeilen erstellen unter *Word*:
- Eine günstige Dokumentansicht für das Erstellen von Kopf- und Fußzeilen lässt sich mit **M** Ansicht **B** Seiten-Layout erreichen.
- **M** Ansicht **B** Kopf- und Fußzeile

  Es erscheinen
  - ein Bearbeitungskasten zum Schreiben der Kopfzeile und
  - eine neue Symbolleiste:

Seitenzahlen einfügen und formatieren — Datum und Uhrzeit einfügen — Seite einrichten — Umschalten zum Bearbeitungskasten für die Fußzeile

- Wenn die Kopf- und Fußzeilen für gerade und ungerade oder die erste Seite verschieden sein sollen, wird dies im Dialogfeld „Seite einrichten" eingestellt.
- Aus dem Kopf- oder Fußzeilenkasten kommt man über den Schalter „Schließen" oder mit einem Doppelklick in den normalen Text.

Seitennummerierung unter *Works*:
- **M** Datei **B** Seite einrichten... **R** Weitere Optionen
- Nummer der ersten Seite (z. B. 121) eintragen
- **S** OK (die Seitennummer wird automatisch in die Fußzeile gesetzt, kann aber gelöscht werden)
- Cursor an die Stelle setzen, wo Seitennummer erscheinen soll (z. B. Kopfzeile)
- **M** Einfügen **B** Sonderzeichen **O** Seitenzahl drucken
- **S** OK

Seitennummern sollten immer außen erscheinen. Wiederholungen von Überschriften setzt man in die Kopfzeile, Firmeninformationen (z. B. Bankverbindungen) in die Fußzeile.

Die Seitennummer wird arabisch gedruckt. Andere Einstellungen (z. B. römisch, Buchstaben) sind unter *Works* nicht möglich.

Fußnoten

In wissenschaftlichen Texten werden oft **Fußnotenzeichen** an Begriffe oder Zitate angefügt. Die entsprechenden Erläuterungen bzw. Quellenangaben werden am Ende der Seite als **Fußnoten** oder am Ende des Textes (Endnoten) angefügt.
Textverarbeitungsprogramme reservieren automatisch den entsprechenden Platz für den Fußnotentext und richten den Text auf jeder Seite so ein, dass sich das Fußnotenzeichen und der Fußnotentext auf der gleichen Seite befinden.

Anwendungen der Informatik

Fußnotenzeichen lassen sich nur im „normalen" Text löschen. Aber Vorsicht: Dabei wird auch der Fußnotentext mit gelöscht. Die folgenden Fußnotenzeichen passen sich automatisch in der Nummerierung an.

Fußnoten erstellen unter *Word*:
- Cursor an die Stelle setzen, wo das Fußnotenzeichen erscheinen soll
- **M** Einfügen **B** Fußnote...

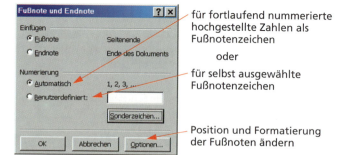

für fortlaufend nummerierte hochgestellte Zahlen als Fußnotenzeichen

oder

für selbst ausgewählte Fußnotenzeichen

Position und Formatierung der Fußnoten ändern

- **S** OK (Fußnotenzeichen wird eingesetzt und auf der Seite unten wiederholt)
- Fußnotentext eingeben
- Durch einen Doppelklick auf das Fußnotenzeichen vor dem Fußnotentext gelangt man in den „normalen" Text zurück.
- Fußnotenzeichen und Fußnotentext lassen sich beliebig bearbeiten und formatieren. Durch Doppelklick auf das Fußnotenzeichen gelangt man zum entsprechenden Fußnotentext.

Seitenumbruch, Dokumentabschnitte

> Der Beginn einer neuen Seite heißt **Seitenumbruch.** In Textverarbeitungsprogrammen erfolgt er automatisch.
>
> Seitenumbrüche kann man erzwingen **(manueller Seitenumbruch).**

Manueller Seitenumbruch unter *Works*:
- **M** Extras **B** Seitenumbruch   oder   <Strg> + <Enter>
- Um einen manuellen Seitenumbruch zu löschen, reicht es aus, das Umbruchzeichen (..............) zu markieren und <Entf> zu drücken.

Manueller Seitenumbruch unter *Word*:
- **M** Einfügen **B** Manueller Wechsel... **O** Seitenwechsel   oder   <Strg> + <Enter>

In professionellen DTP-Programmen (Beispiel *FrameMaker*) wird *nicht* mit Abschnitten gearbeitet, um ein unterschiedliches Seitenlayout zu erreichen, sondern es werden den Textseiten verschieden formatierte „Vorgabeseiten" zugewiesen.

In Textverarbeitungsprogrammen wie *Word* ist es möglich, ein Dokument in verschiedene Abschnitte zu untergliedern.

> Ein **Abschnitt** eines Dokuments ist ein Bereich, der eine einheitliche Seitenformatierung (Seitenränder, Spaltenanzahl, Ausrichtung, Seitennummerierung, Kopf- und Fußzeilen) aufweist.
>
> Eine Seite kann aber auch aus verschiedenen Abschnitten bestehen.

Verschiedene Abschnitte eines Dokuments können also unterschiedlich formatiert sein. So kann ein Teil im Hochformat, ein anderer im Querformat und ein dritter Teil mehrspaltig angelegt sein. Dazu muss ein **Abschnittswechsel** die Bereiche voneinander trennen.

 Abschnittswechsel unter *Word*:

- **M** Einfügen
  B Manueller Wechsel...
- unter „Abschnittswechsel" Option auswählen, wo neuer Abschnitt beginnen soll (im Bild auf der gleichen Seite)
- **S** OK

Spalten

Abschnitte und Seiten sind im Normalfall einspaltig angelegt. Es ist meist möglich, mehrere Spalten festzulegen.

 Spalten einrichten unter *Word*:
- **M** Format **B** Spalten...

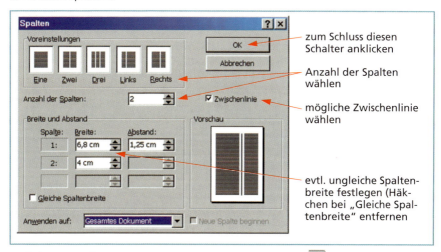

zum Schluss diesen Schalter anklicken

Anzahl der Spalten wählen

mögliche Zwischenlinie wählen

evtl. ungleiche Spaltenbreite festlegen (Häkchen bei „Gleiche Spaltenbreite" entfernen

- Einfache Spaltenformatierungen sind auch über den Schalter in der Standard-Symbolleiste möglich.
- Soll ein begrenzter Abschnitt in Spalten formatiert werden, muss er exakt markiert werden (die Markierung kann unabhängig von Absatzendemarken sein). Damit die Spaltenlänge der einzelnen Spalten automatisch ausgeglichen wird, muss nach dem markierten Abschnitt mindestens ein weiteres unmarkiertes Zeichen existieren.
- Die Abschnittswechsel, die einen mehrspaltigen Abschnitt von anderen Abschnitten trennen, werden von *Word* automatisch eingefügt.

Tabellen

In Textverarbeitungsprogrammen lassen sich Tabellen nicht nur mittels Tabulatoren und Tabstopps erzeugen (S. 112), sondern sie können auch als gesonderte Objekte eingefügt werden.

> In **Tabellen** lassen sich Informationen nebeneinander (in **Spalten**) und untereinander (in **Zeilen, Reihen**) anordnen. Tabellen bestehen aus **Zellen,** die durch die Zeilen und Spalten erzeugt werden. In jeder einzelnen Zelle sind alle Zeichen- und Absatzformatierungen möglich.
>
> Die erste (obere) Zeile und/oder die erste (linke) Spalte einer Tabelle heißt **Tabellenkopf** und dient zum Eintragen von Spalten- bzw. Zeilenüberschriften.

Die Informationen bleiben stets übersichtlich angeordnet, auch wenn durch die Eingabe von viel Text die Zeilen innerhalb einer Zelle umgebrochen werden. Tabellen eignen sich auch zum Anordnen von Text *und* Grafik, die Linien der Tabelle können nämlich ausgeblendet werden, ohne dass das Tabellengerüst „zusammenfällt".

Zum Einfügen und Vorformatieren von Tabellen existiert meist ein gesonderter Menüpunkt:

Tabelle einfügen *unter Word 2000:*
- Cursor an die Stelle setzen, wo die Tabelle eingefügt werden soll
- **M** Tabelle **B** Tabelle zeichnen...
  oder
  M Ansicht **M** Symbolleisten **B** Tabellen und Rahmen
- in der nun geöffneten Tabellen-Leiste den Schalter für „Tabelle einfügen" anklicken, es öffnet sich ein Fenster zum Einstellen der gewünschten Attribute der Tabelle
- Spaltenanzahl, Zeilenanzahl und Spaltenbreite festlegen
- „Autoformat" bietet vorformatierte Mustertabellen an
- **S** OK

Alle Spalten erhalten beim Einfügen die gleiche Breite, die Zeilen die gleiche Höhe. Es existieren verschiedene Möglichkeiten – mithilfe der Lineale und der Maus oder über Menüs –, Spaltenbreite und Zeilenhöhe individuell anzupassen. Die entsprechenden Zeilen, Spalten oder auch Zellen müssen dabei markiert werden.

In professionellen Desktop-Publishing-Programmen wie *FrameMaker* lassen sich weitere Eigenschaften für Tabellen festlegen: Abstand vor und nach einer Tabelle, Tabellentitel, Standardränder für Zellen, ...

> Folgende **Formatierungen** kann man **für Tabellen** vornehmen:
> - Anzahl der Zeilen und der Spalten;
> - Zeilenhöhe, Spaltenbreite, manchmal auch die Breite einzelner Zellen;
> - Ausrichtung der Tabelle zum Seitenrand (rechtsbündig, linksbündig, zentriert, rechter oder linker Einzug);
> - Rahmen von Zellen;
> - Hintergrundschattierung von Zellen.

Nach dem Einfügen findet man für die genaue Anordnung der Tabelle im Text Möglichkeiten unter dem Menüpunkt „Tabelle".

Ausrichtung einer Tabelle unter *Word 2000*:
- Tabelle markieren (Cursor in irgendeine Zelle zu setzen)
- **M** Tabelle
  B Tabelleneigenschaften
  R Tabelle
  (es erscheint nebenstehendes Fenster)
- Ausrichtung und Textfluss einstellen
- unter **R** Zeile und **R** Spalte lassen sich Zeilenhöhe bzw. Spaltenbreite festlegen

Zeilen und Spalten lassen sich nachträglich einfügen oder auch löschen.

Zeilen oder Spalten einfügen unter *Word 2000*:
- Zeilen bzw. Spalten genau dort markieren, wo sie eingefügt werden sollen
- **M** Tabelle **M** Zellen einfügen **B** Spalten nach links/rechts bzw. **B** Zeilen oberhalb/unterhalb

Zeilen oder Spalten löschen unter *Word 2000*:
- zu löschende Zeilen bzw. Spalten markieren (beispielsweise vor die Zeilen bzw. über die Spalten klicken)
- **M** Tabelle **M** Löschen **B** Zeilen bzw. **B** Spalten

Zellen lassen sich verbinden und oft auch teilen.

Zellen verbinden bzw. teilen unter *Word 2000*:
- Zellen markieren
- **M** Tabelle **B** Zellen verbinden bzw. **B** Zellen teilen...

Die Tabelle ist nach dem Einfügen meist mit einem einfachen Rahmen versehen. Diesen Rahmen kann man ausblenden. Selbst wenn nichts in die Tabelle eingetragen wurde, ist immer noch die Tabellenstruktur *auf dem Bildschirm* erkennbar, da diese durch **Gitternetzlinien** verdeutlicht wird.

Rahmen und **Hintergrundschattierung** von Tabellenzellen lassen sich individuell einstellen.

Rahmen und Hintergrundschattierung unter *Word 2000*:
- über **M** Format **B** Rahmen und Schattierung... oder
- mithilfe des Symbols „Rahmenlinie" in der QuickAccess-Leiste,
- mithilfe der Symbolleiste „Tabellen und Rahmen".

Um beispielsweise eine Überschrift über zwei Spalten anzuordnen, kann man zwei Zellen im Tabellenkopf verbinden.

Unter *Word* wird der Rahmen von Tabellen wie der von Absätzen behandelt, deshalb S. 114 oben.

124 Anwendungen der Informatik

> Beim **Schreiben in Tabellen** ist Folgendes zu beachten:
> - Die Einfügemarke lässt sich in jede beliebige Zelle klicken. Möglich ist auch das Springen von Zelle zu Zelle mit der Tabulatortaste <→|>. Rückwärtsspringen erfolgt mit <⇧> + <→|>.
> - Überschreitet ein Text bei der Eingabe die Zellenbreite, wird innerhalb der Zelle umgebrochen. Innerhalb einer Zelle sind wie auf einer Seite alle Zeichen- und Absatzformatierungen erlaubt. Der Text lässt sich auch senkrecht ausrichten.
> - In die Zellen lassen sich Grafiken einbinden.
> - Tabellarisch geschriebener Text, bei dem Tabulatoren (oder andere Zeichen wie Semikolons) zur Trennung vorhanden sind, lässt sich nachträglich in die Form einer Tabelle bringen.
> Meist ist hierzu ein Befehl „Text in Tabelle umwandeln..." oder „Zu Tabelle konvertieren..." im Menü „Tabelle" vorhanden.
> - Umgekehrt lässt sich eine Tabelle in Text mit Tabulatoren oder Absatzendemarken als Trennzeichen umwandeln.

Voraussetzung für eine fehlerfreie Umwandlung von Text in eine Tabelle ist die richtige Formatierung von Absätzen, die Nutzung von Tabulatoren und Tabstopps (↗ S. 110).

Man kann oft auch **in Tabellen sortieren**. So lassen sich beispielsweise Adressenlisten, die in Tabellenform geschrieben sind, nach dem Alphabet sortieren. Es kann in mehreren Abstufungen sortiert werden, das heißt, wenn z. B. ein Nachname mehrfach vorkommt, dann wird innerhalb der „Gleichnamigen" in der zweiten Abstufung nach Vornamen sortiert. Es werden immer komplette Zeilen in der Reihenfolge verändert. Alle Angaben zu einer Person stehen also auch nach dem Sortiervorgang in einer Zeile.

Sortieren in Tabellen unter *Word*:
- Einfügemarke in die Tabelle stellen (die Markierung wird automatisch auf die gesamte Tabelle erweitert)
- **M** Tabelle
  B Sortieren...
- **O** Überschrift, wenn ein Spalten-Tabellenkopf existiert
- Reihenfolge der Sortierschlüssel festlegen
- **S** OK

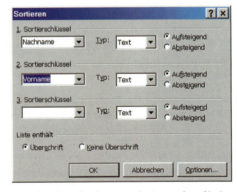

Es ist möglich, dass nur einzelne Spalten sortiert werden (**S** Optionen... **O** Nur Spalte sortieren).

Man kann auch meist in Tabellen rechnen, wenn in den Zellen ausschließlich Zahlen stehen. Allerdings sollte man für solche Funktionen besser Tabellenkalkulationsprogramme nutzen.

Textverarbeitung 125

Grafikeinbindung und Desktop-Publishing

In Dokumente lassen sich Grafiken und grafikähnliche Objekte wie Diagramme und Formeln einfügen.

> **Möglichkeiten des Imports von Grafiken**
>
> – Über die Zwischenablage von Windows (oder einer anderen Benutzeroberfläche) können Grafiken aus anderen Windows-Anwendungen eingefügt werden.
> – Es lassen sich Grafiken von der Festplatte oder externen Speichermedien einlesen. Zum Lieferumfang von Textverarbeitungsprogrammen gehören Grafikfilter, die die gängigsten Grafikformate lesen können. Meist werden auch vorgefertigte Grafiken mitgeliefert.
> – Textverarbeitungsprogramme besitzen meist selbst integrierte Mittel zur Erstellung und Nachbearbeitung von Grafiken.

Wenn Grafiken aus anderen Windows-Anwendungen eingefügt werden sollen, müssen die Grafikobjekte dort nur markiert (ausgewählt), mit <Strg> + c in die Zwischenablage kopiert und mit <Strg> + v in das Dokument eingefügt werden. Die Grafik erscheint in einem (unsichtbaren) Rahmen an der Stelle, wo die Einfügemarke steht, und kann dann genauer positioniert und manipuliert werden.
Diese Methode nennt man auch **Einbetten von Objekten** (Abschnitt 2.5.1, S. 231): Die Grafik wird zum Bestandteil des Textes, eine Bearbeitung der Grafik im Textverarbeitungsprogramm wirkt sich nicht auf das Original aus. Umgekehrt werden Änderungen am Original nicht an die Kopie im Text weitergegeben.

Eine sehr interessante Möglichkeit der Einbindung von Grafiken über die *Zwischenablage* ist der **Bildschirmschuss**: Markierte Fenster werden unter Windows mit der Tastenkombination <Alt> + <Druck> in die Zwischenablage kopiert und können mit <Strg> + v in jedes beliebige Windowsprogramm eingefügt werden.

 Einbetten von Grafiken unter *WordPad*:
 – Zeichnen oder Bearbeiten eines Bildes in einem Malprogramm (Beispiel Paint: **M** Start **M** Programme **M** Zubehör **B** Paint)
 – Grafik auswählen (Auswahlkasten in der Werkzeugleiste)
 – <Strg> + c oder **M** Bearbeiten **B** Kopieren
 – Öffnen von *Wordpad* (**M** Start **M** Programme **M** Zubehör **B** WordPad) oder Wechseln zu diesem Programm
 – Cursor an die Stelle setzen, wo die Grafik eingefügt werden soll
 – <Strg> + v
 – Die Grafik kann vergrößert, verkleinert oder verzerrt werden, wenn man an den Griffmarken des Rahmens zieht.
 – Beim Doppelklick auf die Grafik wird das zugehörige Programm (hier Paint) geöffnet und die Grafik kann weiter bearbeitet werden.
 – Mit einem Klick neben den Grafikrahmen wird das Objekt wieder eingebettet und es kann weiter geschrieben werden.

Die eingefügte Grafik ist Bestandteil des Dokuments und keine eigene Datei. Oft will man die Grafik aber auch anderen Dokumenten zur Verfügung stellen, dann muss man sie im entsprechenden Anwendungsprogramm speichern. Grafiken und Bilder, die als Datei mit einem für das Textverarbeitungsprogramm lesbaren Format zur Verfügung stehen,

126 Anwendungen der Informatik

In Programmen, die *nicht* in erster Linie als Windows-Anwendungen programmiert wurden (Beispiel *FrameMaker*) kann eine Verknüpfung auch über
M Datei
M Importieren...
M Objekt...
erfolgen.

können auch mit einer **Verknüpfung** (mit einem **Link**) in das Dokument eingebettet werden: Im Textverarbeitungsprogramm wird mit **M** Einfügen **B** Objekt... **R** Aus Datei erstellen **O** Verknüpfen (Link) die gewünschte Datei gesucht, ausgewählt und ihr Inhalt eingebettet. Änderungen in der Quelldatei wirken sich nun sofort auch auf das im Dokument eingebettete Objekt aus.

 Verknüpfen mit einer Bilddatei unter *WordPad:*
– Cursor an die Stelle im Dokument setzen, wo die Grafik eingefügt werden soll
– **M** Einfügen **B** Objekt... **O** Aus Datei erstellen
– **S** Durchsuchen (zum Auffinden der Grafikdatei, beispielsweise einer Datei mit der Endung `BMP`)
– **O** Verknüpfen (Link)
– **S** OK (Die Grafik erscheint im Text.)

Eingefügte Grafikobjekte und mit Textverarbeitungsprogrammen gelieferte Cliparts können oft in diesen selbst bearbeitet werden.

Einfügen und Bearbeiten einer Bilddatei unter *Word:*
– Cursor an die Stelle im Dokument setzen, wo die Grafik eingefügt werden soll
– **M** Einfügen **B** Grafik **B** Aus Datei...

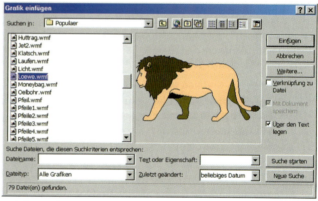

– **S** Einfügen (Die Grafik erscheint im Text.)
– Die Grafik kann vergrößert, verkleinert oder verzerrt werden, wenn man an den Ziehpunkten (□) zieht. Befindet sich die Maus *über* der Grafik, ist die Grafik durch Ziehen frei positionierbar.
– Mithilfe der Grafik-Symbolleiste (**M** Ansicht **M** Symbolleisten **B** Grafik) kann das Objekt mit einem Rahmen versehen oder beschnitten werden. Man kann den Text um das Bild fließen lassen oder Farbe, Helligkeit und Kontrast des Bildes nachträglich beeinflussen.
– Mithilfe der Werkzeuge in der Zeichnen-Symbolleiste (**M** Ansicht **M** Symbolleisten **B** Zeichnen) können der Grafik noch Elemente hinzugefügt werden. Zur Bearbeitung der Gesamtgrafik müssen alle Objekte markiert und gruppiert werden (**M** Zeichnen **B** Gruppierung).

Über
M Einfügen
B Grafik...
B ClipArt...
können auch kleine vorgefertigte Grafiken aus einer wordeigenen Grafiksammlung eingefügt und bearbeitet werden.

In Dokumente können auch grafikähnlich Objekte wie Formeln oder Diagramme eingebettet werden.

Einbetten von grafikähnlichen Objekten unter *Word*:
- Zum Lieferumfang von *Word* gehört eine Formelfunktion (**M** Einfügen **B** Feld... – Kategorie „Formeln und Ausdrücke") und ein Formeleditor (**M** Einfügen **B** Objekt... **R** Neu erstellen – Objekttyp „Microsoft Formeleditor 3.0").
- Ein Zusatz von *Word* zur künstlerischen Gestaltung von Textteilen – beispielsweise Überschriften – ist WordArt. Der zu gestaltende Text wird markiert und dann zu einem WordArt-Objekt verarbeitet (**M** Einfügen **M** Grafik **B** WordArt...).
- Zu Zahlen, die in einer Tabelle zusammengefasst sind, können mithilfe der Diagramm-Funktion (**M** Einfügen **M** Grafik **B** Diagramm) Diagramme erstellt und bearbeitet werden.

Mit Möglichkeiten wie Mehrspaltigkeit, Tabellen- und Grafikeinbindung haben Textverarbeitungsprogramme heute schon solche Funktionen, dass sie als einfache DTP-Programme genutzt werden können.

> Unter **DTP** (Desktop-Publishing) versteht man das Erstellen und Gestalten grafischer Drucksachen wie Plakate oder andere Werbematerialien und Zeitschriften.

Desktop-Publishing heißt „Publizieren (Veröffentlichen) vom Schreibtisch aus".

Durch das Einbinden von Kopf- und Fußzeilen, durch die Generierung von Fußnoten, Inhaltsverzeichnis und Register und durch DTP-Funktionen (Mehrspaltigkeit, Rahmenpositionierung, ...) ist es möglich, mit Textverarbeitungsprogrammen auch Bücher und andere Drucksachen herzustellen. Bevor dies geschieht, muss das Layout dafür festgelegt werden.

> Unter **Layout** versteht man das generelle Erscheinungsbild eines Druckwerkes – angefangen vom Einband mit Titelbild über das Format (Seitengröße) und die Seitenaufteilung mit eingebundenen Tabellen und Grafiken bis hin zu den genutzten Schriftarten und -größen.

Schritte beim Erstellen von längeren Dokumenten

1. Festlegen des Layouts:
   - Seitengröße, Seitenränder, Kopf- und Fußzeilenränder definieren
   - Spaltenanzahl- und -breite definieren
   - Druckformate für Absatz- und evtl. Zeichentypen festlegen
2. Text eingeben oder aus anderen Dokumenten „einfließen" lassen
3. Text korrigieren und prüfen
4. Text formatieren, Tabellen und Grafiken einbinden
5. Dokument speichern (auch schon zwischendurch)
6. Dokument drucken

2.1.5 Sonderfunktionen in Textverarbeitungsprogrammen

Folgende leistungsfähige Sonderfunktionen können Textverarbeitungsprogramme zur Verfügung stellen:
- *Druckformate* (Absatzformate können gespeichert und anderen Absätzen jederzeit zugewiesen werden);
- *Dokumentvorlagen*;
- *Rechtschreibhilfe* durch integrierten „Duden";
- *automatische Silbentrennung* zur ästhetischeren Ansicht von Texten;
- *Thesaurus* (Synonymwörterbuch) zum Bereitstellen sinnverwandter Begriffe;
- *Textbausteine* für ständig sich wiederholende Floskeln;
- *Suchen und ersetzen* von Text (und von Formaten);
- *Gliederung* automatisch erstellen;
- *Inhaltsverzeichnis* und *Register* automatisch erstellen;
- *Serienbriefe*.

Formatvorlagen (Druckformate)

Dokumente machen vor allem dann einen geschlossenen, ästhetischen Eindruck, wenn sich die Formatierungen von Überschriften, Fließtext oder Absätzen mit Einzügen wie ein roter Faden durch das gesamte Schriftstück ziehen. Einmal vorgenommene Formatierungen können gespeichert und immer wieder neuen Absätzen (manchmal auch Zeichen und Tabellen) zugewiesen werden.

In professionellen DTP-Programmen (Beispiel *FrameMaker*) kann der Nutzer Formatvorlagen für Absätze, Zeichen und Tabellen getrennt erstellen. Dadurch ist es beispielsweise möglich, einem Absatz das Format „Einzug" zuzuweisen und bestimmten Wörtern im Absatz das Zeichenformat „Kapitälchen". Bei Zuweisung eines neuen Absatzformats bleibt die Eigenschaft

> Unter einem Namen gespeicherte Formatierungen – insbesondere für Absätze – heißen **Formatvorlagen (Druckformate)**.
> Wenn die Eigenschaften einer Formatvorlage geändert werden, dann ändern sich automatisch alle entsprechenden Formatierungen im Dokument. Formatvorlagen können auch in andere Dokumente übernommen werden.

Formatvorlagen helfen, Zeit zu sparen, sorgen für ein einheitliches Layout, erleichtern Layoutänderungen in einem Dokument und sind auch relativ einfach zu erstellen.

Formatvorlagen erstellen unter *Word 2000*:
- Absatz mit gewünschten Eigenschaften (z. B. Standard-Schriftart, Ausrichtung, Einzüge, Tabstopps, Rahmen) versehen und markieren
- neuen Formatnamen in das Listenfeld für Formatvorlagen (ganz links in der QuickAccess-Leiste) eintippen
- <Enter>

Soll außerdem ein Shortcut – eine Tastenkombination zur schnelleren Formatierung – erstellt werden, so nutzt man besser Menüs: **M** Format **B** Formatvorlage... **S** Bearbeiten... (Formatnamen eingeben) **S** Tastenkombination.

Die erstellte Formatvorlage kann jederzeit anderen Absätzen zugewiesen werden, indem man den zu formatierenden Absatz markiert und die

Absatzformate können auf unterschiedliche Art von einem auf andere Absätze übertragen werden – vgl. hierzu S.115.

Textverarbeitung **129**

entsprechende Formatvorlage aus dem Listenfeld in der QuickAccess-Leiste auswählt.

Nicht benötigte Formatvorlagen können gelöscht werden. *Vordefinierte Vorlagen sollten nicht gelöscht werden*, da sich dies oft auf andere Formatvorlagen auswirkt, z. B. bauen Formatvorlagen von Inhaltsverzeichnissen auf Überschriftsvorlagen auf. Formatvorlagen können auch geändert werden.

 Formatvorlagen löschen oder bearbeiten unter *Word*:
– **M** Format **B** Formatvorlage...
– Formatnamen auswählen
– **S** Bearbeiten... bzw. **S** Löschen
– **S** Schließen

Wird ein umfangreiches Schriftwerk erstellt, ist es ratsam, den Text auf mehrere Dokumente zu verteilen. Die Formatvorlagen, die im ersten Dokument erstellt wurden, sollen natürlich auch in den weiteren Dokumenten verfügbar sein.

Formatvorlagen in andere Dokumente übernehmen unter *Word*:

Die Formatvorlagen können kopiert werden in weitere Dokumente, in eine spezielle Dokumentvorlage, die für das konkrete Dokument erstellt wurde oder in die globale Dokumentvorlage `Normal.dot`.

– **M** Format **B** Formatvorlage... **S** Organisieren...

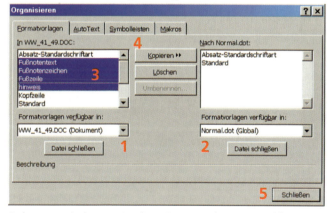

– Dokument mit den gewünschten Formatvorlagen auswählen (1)
– **S** Datei schließen und danach **S** Datei öffnen
– Dokument oder Dokumentvorlage auswählen, wohinein die Formatvorlagen kopiert werden sollen (2)
(Im Beispiel ist es die `Normal.dot` – das heißt, die Formatvorlagen werden in Zukunft immer zur Verfügung stehen.)
– **S** Datei schließen und danach **S** Datei öffnen
– gewünschte Formatvorlagen des Quelldokuments markieren (3)
– **S** Kopieren (4)
(Die kopierten Formatvorlagen erscheinen im rechten Listenfeld.)
– **S** Schließen (5)

Dokumentvorlagen

In manchen Textverarbeitungsprogrammen ist es möglich, Dokumentvorlagen (beispielsweise für Rechnungen oder Briefe, die den gleichen Briefkopf haben) zu erstellen.

Ein **Makro** ist eine häufig genutzte Befehlsfolge, die unter einem Namen gespeichert und aufgerufen werden kann.

> Eine **Dokumentvorlage** ist ein spezielles Dokument, welches als Muster für andere Dokumente derselben Art genutzt werden kann.
>
> Auf einer Vorlage basierende Dokumente übernehmen i. Allg. aus dieser folgende Elemente:
>
> – Formatierungen für Seiten, Absätze, Zeichen und Tabellen und die zugehörigen Druckformate;
>
> – feststehender Text (z. B. Absender);
>
> – Textbausteine und Makros;
>
> – individuelle Einstellungen der Menü-, Funktionsleisten- und Tastaturbelegung des genutzten Textverarbeitungsprogramms.

Arbeiten mit Dokumentvorlagen unter *Word*:

Erstellen von Dokumentvorlagen:
– Muster ganz normal mit allgemein gültigen Textteilen und Formatierungen erstellen
– **M** Datei **B** Speichern unter...
– Dateinamen eingeben
– Dateityp auswählen: Dokumentvorlage (`*.dot`)
– **S** Speichern

Zum *Bearbeiten* von Dokumentvorlagen können diese mit **M** Datei **B** Öffnen... ausgewählt werden.

Die *Zuweisung* einer bestimmten Dokumentvorlage zu einem neuen Dokument erfolgt über **M** Datei **B** Neu... – Dokumentvorlage auswählen – **S** OK.

Beim Starten von *Word* oder beim Benutzen des Symbols wird die Standard-Dokumentvorlage `Normal.dot` geladen.

Rechtschreibhilfe, Trennhilfe, Thesaurus

Ist ein Text vollständig erfasst, sollte man die Rechtschreibung überprüfen. Die meisten Textverarbeitungsprogramme bieten dabei Hilfe an, da sie ein Wörterbuch – oftmals mit 150 000 bis 300 000 Wörtern – besitzen.

Achtung! Die meisten genutzten Textverarbeitungsprogramme besitzen noch keine integrierte Rechtschreibhilfe, die der reformierten Rechtschreibung entspricht.

> Die **Rechtschreibhilfe** in Textverarbeitungsprogrammen vergleicht die Wörter in einem Dokument mit denen im integrierten elektronischen Wörterbuch. Findet die Hilfe ein Wort, welches nicht im Wörterbuch enthalten ist, bietet sie ähnliche Wörter zum verbessern an. Ist ein korrektes Wort nicht im Wörterbuch enthalten, kann der Nutzer es aufnehmen lassen.
>
> Die Überprüfung der Rechtschreibung sollte immer am Anfang des Textes beginnen. Der Cursor ist also an den Anfang des Dokuments zu setzen, bevor die Rechtschreibhilfe aufgerufen wird.

Textverarbeitung **131**

 Rechtschreibprüfung unter *Works*:
- Cursor an den Anfang des Dokuments setzen
- **M** Extras **B** Rechtschreibprüfung... oder Symbol in der Symbolleiste anklicken
- angezeigtes fehlerhaftes Wort unter „Ändern in" korrigieren
- wenn ein korrektes Wort angezeigt wird, welches nicht im Wörterbuch gefunden wurde, **S** Hinzufügen wählen
- **S** OK, wenn Rechtschreibprüfung abgeschlossen werden soll

> Die **automatische Silbentrennung (Trennhilfe)** trennt Wörter am Ende von Zeilen nach den gültigen Trennungsregeln. Im Allgemeinen kann man sich auf die automatische Trennhilfe verlassen. Es ist aber auch die manuelle Steuerung der Silbentrennung möglich.
> Die Trennhilfe setzt **bedingte Trennstriche.** Diese werden, wenn sie durch Umformatieren innerhalb einer Zeile stehen, nicht mit ausgedruckt.

 Die Trennhilfe dient auch der ästhetischern Gestaltung von Texten: Absätze im Blocksatz haben ohne Silbentrennung oft unschöne Lücken zwischen den einzelnen Wörtern.

Trennhilfe unter *Works*:
- Cursor an die Stelle setzen, wo die Trennhilfe starten soll
- **M** Extras **B** Silbentrennung...
- **O** Bestätigen ausschalten, wenn *Works* den gesamten Text automatisch trennen soll
- wenn **O** Bestätigen gewählt wurde, zeigt *Works* das erste zu trennende Wort an
- **S** Ja, wenn Trennvorschlag bestätigt werden soll, **S** Nein, wenn nicht
- **S** Nein, wenn Silbentrennung abgeschlossen werden soll

Es sieht nicht schön aus, wenn Silben mit weniger als 3 Zeichen von Wörtern abgetrennt, z. B. wenn „Oma" getrennt wird. Auch die Aufeinanderfolge von mehr als 3 Zeilen mit einem Trennzeichen am Ende wirkt unschön. In professionellen Textverarbeitungsprogrammen (nicht in *Works*) kann man die Trennhilfe so einstellen, dass dies alles verhindert wird.

Jeder Mensch hat seine Lieblingswörter, die er oft – manchmal zu oft (z.B. „machen") – benutzt. Auch kann es vorkommen, dass ihm beim Schreiben nicht das richtige Wort einfallen will. Dann hilft der in Textverarbeitungsprogrammen integrierte Thesaurus, den Schreibstil aufzulockern.

> Der **Thesaurus** ist ein **Synonymwörterbuch** zum Bereitstellen sinnverwandter Begriffe bei ständigen Wiederholungen von bestimmten Wörtern. Der Cursor wird in das entsprechende Wort gestellt und der Thesaurus aufgerufen. Dieser bietet dann ähnliche Wörter und Begriffe zum Ersetzen an.

Durch den Wortaustausch können grammatikalische Fehler ins Dokument gelangen (Beispiel aus „ein kompliziertes *Theorem*" wird „ein kompliziertes *Lehrsatz*"), die anschließend beseitigt werden müssen.

Thesaurus unter *Works*:
- zu veränderndes Wort markieren
- **M** Extras **B** Thesaurus
- unter „Bedeutung" oder „Synonyme" gewünschtes Wort auswählen
- **S** OK

Textbausteine

Die Nutzung von Textbausteinen ist eine effektive Möglichkeit, oft gebrauchte Textpassagen in ein Dokument einzufügen.

Beispiele für häufig genutzte Textpassagen:
- „Mit freundlichen Grüßen"
- „Bei der Durchsicht unserer Unterlagen mussten wir feststellen, …"
- komplette Adressen
- unter *Word* auch Grafiken, beispielsweise ein Firmenlogo

> Ein **Textbaustein** ist ein häufig genutzter Textteil.
> Der Textbaustein wird einmal erstellt (einschließlich aller Formatierungen), erhält einen kurzen, prägnanten Namen und lässt sich mithilfe dieses Namens in das Dokument einfügen.

Erstellen eines Textbausteins unter *Word*:
- Textbaustein schreiben und formatieren (Grafiken und Tabellen können dazugehören)
- Markieren
- **M** Einfügen **M** AutoText **B** Neu… oder <Alt> + <F3>
- kurzen, prägnanten Namen eingeben
- **S** OK

Einfügen eines Textbausteins unter *Word*:
- **M** Einfügen **M** AutoText **B** AutoText… **R** AutoText
- Textbaustein auswählen
- **S** Einfügen

Es ist auch möglich, den Namen des Textbausteins in den Text einzugeben. Mit <F3> wird dann der komplette Textbaustein eingefügt.

Suchen und Ersetzen

Nach der neuen Rechtschreibung wird „daß" mit „ss" geschrieben. Es ist nun einfach, mithilfe der Ersetzungsfunktion „daß" durch „dass" zu ersetzen.
Oft kann dies automatisch erfolgen (**S** Alle ersetzen). Wenn man sich aber nicht sicher ist, sollte man jeden Vorgang überprüfen.

> Fast jedes Textverarbeitungsprogramm besitzt eine Funktion zum **Suchen** bestimmter Wörter und Textpassagen und eine Funktion zum **Ersetzen** von Begriffen und Textteilen durch andere. Beide Funktionen sind oft miteinander gekoppelt.
> Meist ist es möglich, zwischen Groß- und Kleinschreibung beim Suchen zu unterscheiden oder auch Wort*teile* zu suchen.
> In professionellen Textverarbeitungsprogrammen ist auch das Suchen und Ersetzen von Formatierungen möglich.

Ersetzen von Text unter *Word*:
- **M** Bearbeiten **B** Ersetzen (Die entsprechende Registerkarte erscheint.)
- Such- und Ersetzungstext eingeben, gewünschte Schalter anklicken
- **S** Abbrechen (zum Beenden der Aktionen)

Gliederung

> Eine **Gliederung** strukturiert ein Dokument beispielsweise durch Überschriften für Kapitel (Gliederungsebene 1), Abschnitte (Ebene 2), Unterabschnitte (Ebene 3) und in Fließtext, dem Inhalt der einzelnen Kapitel, Abschnitte und Unterabschnitte.

Erstellen einer Gliederung unter *Word*:
- **M** Format **B** Nummerierung und Aufzählungen... **R** Gliederung
- Gliederungsart auswählen
- **S** Anpassen (zur weiteren Formatierung der Gliederung, wenn notwendig)
- **S** OK
- Text eingeben (Jeder Gliederungspunkt muss ein Absatz sein. Untergeordnete Gliederungsebenen

lassen sich durch Tabulatorzeichen zu Beginn des Absatzes oder über den Schalter in der QuickAccess-Leiste erreichen und können mit rückgängig gemacht werden.)

Word hat eigens zum Erstellen und Bearbeiten von Gliederungen eine Gliederungsansicht (**M** Ansicht **B** Gliederung), in der man Gliederungsebenen ein- und ausblenden und die Gliederung bearbeiten kann.

Inhaltsverzeichnis und Register

> Ein **Inhaltsverzeichnis** eines Dokuments basiert auf seiner Gliederung. Wurde die Gliederung korrekt erstellt, lässt sich das Inhaltsverzeichnis mit den Seitenzahlen für die einzelnen Gliederungspunkte automatisch anlegen. Bei Änderung der Gliederung und Verschiebung von Seitenzahlen durch Einfügen oder Löschen von Text kann man das Inhaltsverzeichnis (oft schon per Tastendruck) aktualisieren.

Soll das Inhaltsverzeichnis am Anfang des Dokuments stehen, muss man dort durch Einfügen eines Seitenumbruchs *vor* dem Anlegen des Inhaltsverzeichnisses Platz schaffen, damit die Seitennummerierung nach dem Einfügen des Inhaltsverzeichnisses noch stimmt.

Einfügen eines Inhaltsverzeichnisses unter *Word*:
- Cursor an die Stelle setzen, wo das Inhaltsverzeichnis erscheinen soll
- **M** Einfügen **B** Index und Verzeichnisse... **R** Inhaltsverzeichnis
- Format der Gliederung auswählen; Gliederungstiefe festlegen
- **O** Seitenzahlen anzeigen; **O** Seitenzahlen rechtsbündig; Füllzeichen zwischen Text und Seitenzahlen festlegen; **S** OK

Das Inhaltsverzeichnis wird mit <F9> aktualisiert (Cursor im Verzeichnis).

Anwendungen der Informatik

> Das **Register** (der **Index**) ist ein **Stichwortverzeichnis,** welches meist am Ende eines längeren Dokuments – eines Buches – steht und in dem wichtige Begriffe alphabetisch geordnet aufgelistet sind. Dabei werden jeweils alle Seitennummern angegeben, wo die Begriffe zu finden sind.
>
> Das Register wird in zwei Schritten angelegt:
> - Es müssen alle Begriffe festgelegt werden, die im Register erscheinen sollen.
> - Das automatische Erstellen des Registers muss eingeleitet werden.

In Registern kann man zwischen Haupt- und Untereinträgen von Begriffen unterscheiden:

```
Haupteintrag:     Absatz  105, 110
Untereintrag:     Ausrichtung  111
Untereintrag:     Schusterjunge  116
Untereintrag:     Zeilenabstand  115
```

Anlegen eines Registers unter *Word 2000:*

Manuelles Festlegen der Registereinträge:
- Wort markieren
- **M** Einfügen **B** Index und Verzeichnisse... **R** Index **S** Eintrag festlegen...
- evtl. Haupt- und Untereintrag unterscheiden
- **O** Aktuelle Seite
- **S** Festlegen (Fenster bleibt für mögliche weitere Einträge geöffnet)

Erstellen des Registers:
- Cursor an das Ende des Dokuments setzen
- **M** Einfügen **B** Index und Verzeichnisse... **R** Index
- Formatierungseigenschaften für das Register festlegen, **S** OK

In *Word* sind die Befehlsworte für den Registereintrag in geschweiften Klammern auf dem Bildschirm mitten im Text zu sehen. Mit ¶ lassen sich diese Steuerzeichen ausblenden.

Serienbriefe

> Ein **Serienbrief** ist ein Brief, der mit gleichem Hauptinhalt, aber individuellen Angaben für den Adressaten an verschiedene Personen verschickt wird. Für die Anrede oder die Anschrift werden Variablen verwendet, die beim Druck mit konkreten Angaben gefüllt werden.
>
> Es müssen zwei Dateien erstellt werden:
> - Die **Steuerdatei (Datenquelle)** enthält Variablen (Feldnamen im ersten Absatz oder im Tabellenkopf) und den zugehörigen Wechseltext.
> - Die **Serientextdatei** (das **Hauptdokument**) enthält den Textinhalt, der gleichbleibend in allen Briefen gedruckt wird, sowie die Variablen, die als Platzhalter für den Wechseltext fungieren.
>
> Beim **Seriendruck** werden diese beiden Dateien automatisch zusammengefügt. Es wird eine festgelegte Anzahl von Serienbriefen erzeugt.

Textverarbeitung 135

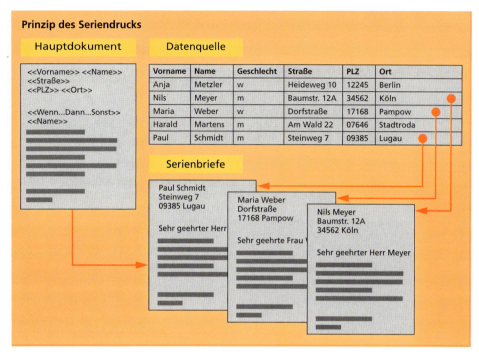

Professionelle Textverarbeitungsprogramme besitzen meist eine komfortable Menüführung zum Erstellen und Drucken von Serienbriefen.

 Seriendruck unter *Word*:

Erstellen des Hauptdokuments:

- **M** Extras **B** Seriendruck…
- 1. Hauptdokument: **S** Erstellen **B** Serienbriefe… **S** Aktives Fenster
- 2. Datenquelle: **S** Datenquelle importieren
  B Datenquelle öffnen… oder erstellen…
- **S** Hauptdokument bearbeiten

Drucken:

- **M** Extras **B** Seriendruck…
- 3. Daten mit Dokument verbinden: **S** Ausführen…

Die Datenquelle kann in vielen Textverarbeitungsprogrammen auch extern – z. B. in einem Tabellenkalkulations- oder Datenbankprogramm – erstellt werden.

Beim Seriendruck läuft im Prinzip ein Programm ab, welches man selbst erstellt hat. Im Programm sind Variablen vorhanden. Die Werte werden aus der Datenquelle beim Druck eingegeben. *Algorithmenstrukturen* sind erkennbar: Man kann Entscheidungsstrukturen mit logischen Operatoren einbauen. Beispielsweise kann die Anrede in Abhängigkeit vom Geschlecht mit einem „Wenn…Dann…Sonst-Feld" erfolgen. Beim Druck selbst laufen Schleifen ab.

Ein häufig auftretender Fehler ist, dass man versucht, von der Datenquelle aus zu drucken und nicht vom Hauptdokument.
Beim Programmieren eines Serienbriefes können auch logische Fehler auftreten. Es ist daher sinnvoll, die Serienbriefe nicht direkt, sondern zuerst in eine Datei zu drucken und sich diese Datei anzuschauen.

Zu **Algorithmenstrukturen** vgl. Abschnitt 1.3.2, S. 31–37.

2.2 Tabellenkalkulation

2.2.1 Funktion und Aufbau eines Tabellenkalkulationsprogramms

Unterschied zwischen herkömmlicher Kalkulation und Kalkulation am Computer

Die modernen Tabellenkalkulationsprogramme haben Taschenrechner und sonstige Rechenmaschinen überholt und weit hinter sich gelassen – durch die vielen mathematischen, finanzmathematischen, statistischen und anderen Funktionen, die Fähigkeiten der Präsentation der Ergebnisse und die Möglichkeit des Speicherns und des Datenaustauschs.

Im Gegensatz zu einem Taschenrechner, bei dem eingegebene Zahlen miteinander durch Rechenoperationen verknüpft werden, werden beim Tabellenkalkulationsprogramm Zellen miteinander verknüpft. Dabei spielt es keine Rolle, ob in den Zellen schon Zahlen stehen, oder ob die Zahlen später eingetragen oder verändert werden.

Das Rechenergebnis passt sich nach jeder Eingabe bzw. nach Ändern von Zahlen immer der neuen Situation an.

Eine Tabelle mit einer Monatsabrechnung für Februar wird nicht noch einmal neu erstellt, wenn die „Januar-Tabelle" schon existiert. In der Kopie der „Januar-Tabelle" werden nur die aktuellen „Februar-Zahlen" aktualisiert und schon ist die neue Tabelle für Februar fertig. Sogar Diagramme passen sich sofort an die neue Situation an.

Einsatzbereiche eines Kalkulationsprogramms

Die gängigen Tabellenkalkulationsprogramme (wie z. B. *MS Excel, Lotus 1-2-3, MS Works* oder *StarOffice*) unterscheiden sich im Angebot der wichtigsten Funktionen nur wenig.

Kalkulationsprogramme kommen zum Einsatz für
- die mathematische Aufarbeitung von großen Mengen an Zahlenmaterial bis hin zu komplexen Formeln und Funktionen;
- die Vereinfachung von Arbeitsaufgaben mit sich wiederholenden Berechnungen;
- Rechnungswesen, Lagerhaltung, Buchhaltung;
- das Erfassen von Erscheinungen, die mathematisch beschrieben werden können (wie z.B. die Belastung einer Brücke, Kursschwankungen an der Börse, demografische Entwicklungen, Klimaentwicklungen in einem Territorium) und Ableiten von Entscheidungen;
- anschauliche Darstellung von Ergebnissen mathematischer Berechnungen in Zahlen und Grafiken.

Viele Aufgabenstellungen in Wissenschaft und Technik, in Ökonomie und Politik sind das Ergebnis der Analyse mathematischer Zusammenhänge von Erscheinungen.
Solche oft sehr komplexen Zusammenhänge lassen sich vorteilhaft gliedern und analysieren, wenn sie übersichtlich in Tabellen und Diagrammen dargestellt werden können.

Tabellenkalkulation **137**

Oberfläche eines Tabellenkalkulationsprogramms

Nach dem Starten eines Kalkulationsprogramms erscheint ein Fenster mit der Oberfläche. Den zentralen Platz nimmt die Kalkulationstabelle ein, die beim Neustart leer ist.

In der Abbildung ist es die Oberfläche von *Excel*, in einige Zellen wurde schon Text oder Zahlen eingegeben.

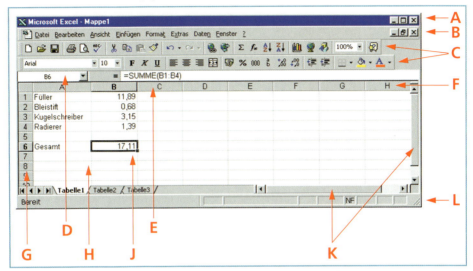

A **Titelleiste** mit dem Namen des aktuellen Dokuments (hier: „Mappe1") sowie den Schaltern zum Minimieren, Maximieren und Schließen des Fensters

B **Menüleiste** mit Pull-Down-Menüs (enthält Befehle zum Speichern, Drucken, Formatieren, Erstellen von Formeln usw.); durch Anklicken der Menü-Worte werden Menüs geöffnet, die weitere Befehle enthalten

C **Symbolleisten** mit Schaltern für häufig verwendete Befehle

D **Namenfeld** (enthält die Bezeichnung der aktuellen Zelle, im Bild ist es die Zelle „B6", da diese Zelle markiert ist)

E **Bearbeitungsleiste** zum Eingeben bzw. Bearbeiten von Formeln oder anderen Zelleninhalten (im Bild wird die Formel angezeigt, die sich in der Zelle B6 befindet und das in der Zelle B6 angezeigte Ergebnis erzeugt)

F **Spaltenkopf** zur Bezeichnung der einzelnen Spalten

G **Zeilenkopf** zur Bezeichnung der einzelnen Zeilen

H **Tabelle** zur Eingabe von Zahlen, Text, Formeln, …

J **Markierungsumrandung** zur Markierung von Zellen oder Bereichen

K Horizontale und vertikale **Bildlaufleisten** zum Verschieben des sichtbaren Bildausschnitts

L **Statuszeile** mit Informationen zu einem gewählten Befehl oder zum „Arbeitszustand" des Programms

Anwendungen der Informatik

Objekte in einer Tabellenkalkulationsdatei

Objekt	Eigenschaften
Zeile	– Jede Zeile hat ihre eigene eindeutige Nummer (es gibt meist bis zu 65536 Zeilen) – Die **Zeilenhöhe** bestimmt die Höhe aller Zellen in einer Zeile. Die Zeilenhöhe passt sich automatisch an die Zelle mit der größten Schrift bzw. an Zellen mit Zeilenumbrüchen an, kann aber auch unabhängig davon verändert werden (Zelleninhalte werden dabei evtl. beschnitten).
Spalte	– Jede Spalte hat ihre eigene eindeutige Bezeichnung, im Allgemeinen sind es Buchstaben: A, ... , Z, AA, AB, ... – Die **Spaltenbreite** bestimmt die Breite aller Zellen in einer Spalte. Die Spaltenbreite passt sich nicht automatisch an die Zellinhalte an (Text wird evtl. abgeschnitten). Wenn in Zellen die Spaltenbreite für die Zahlendarstellung nicht ausreicht, wird dies durch „######" signalisiert.

Zelle	– Jede Zelle hat ihre eindeutige Bezeichnung, die sich aus Spaltenbezeichnung und Zeilennummer ergibt (z.B. Zelle B6). Bei Kalkulationsprogrammen, die die Spalte auch mit Zahlen bezeichnen, steht ein „Z" für Zeile und ein „S" für Spalte, z.B. Z2S6.
	– **Zellinhalte:**
	  • Zahlen mit denen gerechnet werden kann (einschließlich Dezimalkomma, Tausenderpunkt, gültige Maßeinheiten, Datum- und Uhrzeitangaben);
	  • Formeln mit mathematischen Operationszeichen, Funktionen und Zellbezügen;
	  • Text (alphanumerische und Sonderzeichen).
	– **Zellattribute:**
	  • Zeichenformatierungseigenschaften, wie Schriftart, -größe, -stil, Farbe, die meistens nur für alle Zeichen einer Zelle gleichzeitig verändert werden können;
	  • Ausrichtung in einer Zelle, wie links, zentriert, rechts, oben, mittig, unten (in *Excel* z.B. auch schräg);
	  • Rahmen, Hintergrundfarben und -muster.

weitere Objekte	Unabhängig von dem Zellenraster können auf dem Tabellenblatt weitere Objekte eingefügt sein: – Objekte, die zum Tabellenkalkulationsprogramm dazugehören, wie z.B. Diagramme, Textfelder, Zeichnungselemente; – Objekte, die nicht zum Tabellenkalkulationsprogramm gehören, wie z.B. Multimedia-Objekte.

In manchen Kalkulationsprogrammen werden auch Spalten mit Zahlen bezeichnet.

Tabellenkalkulation 139

Markieren von Objekten

Bevor Eigenschaften oder Inhalte von Objekten neu zugewiesen bzw. geändert werden können, müssen die Objekte markiert werden.

Allgemeingültige Möglichkeiten zum Markieren von Zellen (gelten in allen modernen Tabellenkalkulationsprogrannen) mithilfe der Maus:

eine Zeile	Zelle mit der linken Maustaste anklicken (die Zelle erhält dadurch eine Markierungsumrandung)
mehrere Zeilen	mit gedrückter linker Maustaste über die Zellen ziehen (die erste Zelle erhält eine Markierungsumrandung, alle weiteren Zellen sind schwarz)
ganze Spalte	im Spaltenkopf eine Spalte oder auch mehrere Spalten anklicken
ganze Zeile	im Zeilenkopf eine Zeile oder auch mehrere Zeilen anklicken
ganze Tabelle	linke obere Ecke der Tabelle anklicken
nicht zusammenhängende Bereiche	1. markieren 2. <Strg> festhalten 3. weitere Bereiche mit Maus markieren
andere Objekte	Diagramme, Zeichnungs-Objekte, Multimedia-Objekte lassen sich mit einem Klick auf den Rand des Objekts markieren. Es erscheinen um das Objekt herum kleine Quadrate (**„Ziehpunkte"**).

Zellen lassen sich auch mithilfe der Tastatur markieren.

Eine Zelle: Die Markierungsumrandung kann mit den Cursortasten von Zelle zu Zelle bewegt werden.

Mehrere Zellen: Erste Zelle markieren, dann <⇧> festhalten und die Markierung mit den Cursortasten erweitern.

Verändern von Zeilenhöhe und Spaltenbreite

- Zeilen bzw. Spalten markieren
- Zeilenhöhe und Spaltenbreite über Menüs ändern:

Excel	*Lotus 1-2-3*	*Works*
M Format	**M** Bereich	**M** Format
B Zeile bzw. Spalte	**B** Eigenschaften	**B** Zeilenhöhe bzw. Spaltenbreite
B Höhe… bzw. Breite…	**R** Allgemein	

- Zeilenhöhe bzw. Spaltenbreite mit der Maus ändern:

Spaltenbreite ändern   *Zeilenhöhe ändern*

mit gedrückter Maustaste ziehen   mit gedrückter Maustaste ziehen

Optimale Spaltenbreite: Durch einen Doppelklick auf die im Bild gezeigte Stelle zwischen zwei Spaltenbuchstaben passt sich die Spaltenbreite automatisch an den breitesten Eintrag in der Spalte an.

Texteingabe und Textkorrektur

> Alle Zeicheneingaben, die nicht nur Ziffern, Operationszeichen, Dezimalkomma, Tausenderpunkt bzw. Funktionsnamen enthalten, sind **Texteingaben**.
>
> Die Texteingabe wird durch die Eingabetaste oder durch Cursorbewegung oder durch Anklicken einer anderen Zelle mit der Maus abgeschlossen.
>
> Der Text ist standardmäßig linksbündig in der Zelle ausgerichtet, kann aber auch zentriert oder rechtsbündig formatiert werden.

Es kann mehr Text in eine Zelle eingegeben werden, als die Zellenbreite zulässt – der Text macht sich nach rechts Platz, aber wenn in der rechten Nachbarzelle etwas eingegeben wird, dann wird der Text „abgeschnitten".

Nach dem erneuten Anklicken einer Zelle wird der vorhandene Inhalt durch eine Neueingabe sofort ersetzt.

> Die **Korrektur** von vorhandenem Text ist in der Bearbeitungsleiste möglich. Dort ist auch der Inhalt einer markierten Zelle noch einmal angezeigt.
>
> In den meisten Tabellenkalkulationsprogrammen kann der Inhalt einer Zelle nur in der Bearbeitungsleiste korrigiert werden.

Zahleneingabe und Zahlenkorrektur

Wenn die Zeilenbreite für die Zahlendarstellung nicht ausreicht, wird dies durch ###### oder ***** in der Zelle signalisiert.

> Die **Zahleneingabe** erfolgt wie die Texteingabe in der markierten Zelle und wird durch Eingabetaste oder Cursorbewegung oder Mausklick in eine andere Zelle abgeschlossen.
>
> Die Standard-Ausrichtung von Zahlen ist rechtsbündig. Lange Zahlen werden nach Abschluss der Eingabe in die exponentielle Darstellung umgewandelt.

11223344556677 wird in der Anzeige umgewandelt in
1,12233 E+13, das ist
$1{,}12233 \cdot 10^{13}$.

Das Tabellenkalkulationsprogramm rechnet nicht mit dem angezeigten (gerundeten) Wert $1{,}12233 \cdot 10^{13}$, sondern mit dem genauen Wert 11223344556677.

Durch eine Neueingabe wird der vorhandene Inhalt sofort ersetzt. Die entsprechende Zelle muss dazu vorher angeklickt werden.

> Die **Korrektur** von vorhandenen Zahlen ist wie bei Text in der Bearbeitungsleiste möglich.
>
> Wenn Zellen Formeln enthalten, dann wird in der Zelle das Ergebnis als Zahl angezeigt, in der Bearbeitungsleiste steht die Formel, die dort korrigiert werden kann.

2.2.2 Kalkulation

Zellinhalte

Folgende Datentypen sind für Zellinhalte in Tabellenkalkulationsprogrammen möglich:

Datentyp	Beschreibung
Zahl	Eine Zahl besteht aus Ziffern, Dezimalkomma, Tausenderpunkt und gültiger Maßeinheit.
Datum, Uhrzeit	Diese müssen entsprechend der Ländereinstellung in der Windows-Systemsteuerung bzw. in einem in der Tabellenkalkulation gültigen Format angegeben sein. Das Format TT.MM.JJJJ ist allgemein gültig.
Formeln/ Verweise	Gültige Formeln (solche, die zum Funktionsumfang des Tabellenkalkulationsprogramms gehören) bzw. Verweise haben einen Wert, der in der Zelle als Zahl angezeigt wird.
Wahrheitswerte	WAHR bzw. FALSCH

Zell- und Bereichsbezüge

Ein **Bezug** bezeichnet eine Zelle oder einen Zellenbereich in einer Tabelle, deren Inhalt in einer Formel Verwendung findet. Damit können Werte, Daten, teilweise auch Text aus unterschiedlichen Zellen bzw. Zellbereichen der Tabelle innerhalb einer Formel in Beziehung gebracht werden.

In den letzten Jahren hat sich immer mehr die *A1-Bezugsart* durchgesetzt. Aber auch die *Bezugsart Z1S1*, bei der sowohl Zeilen wie auch Spalten nummeriert sind, hat ihre Vorteile.

Bei *Excel* kann die Bezugsart umgeschaltet werden:
M Extras
B Optionen…
R Allgemein

Ein **Zellbereich** umfasst mehrere Zellen, also Zelle … bis Zelle …
Als Zeichen für das Wort „bis" wird der *Doppelpunkt* verwendet. Zum Aufzählen von einzelnen Zellen oder Zellbereichen dient das Semikolon.

Beispiele für Zellbereiche:
- B2:D3   A1;B3;D1:E3

(Eine der markierten Zellen wird nur stark umrandet, ist aber dennoch richtig markiert.)

- C:C   alle Zellen in Spalte C
- 2:2   alle Zellen in der 2. Zeile
- E:G   alle Zellen in den Spalten E bis G

Formeleingabe

> Jede **Formeleingabe** beginnt mit einem Gleichheitszeichen.
> Formeln dürfen nach dem Gleichheitszeichen enthalten:
> - Werte;
> - Rechenoperatoren;
> - Zell- bzw. Bereichsbezüge;
> - Funktionen.

Grundlegende Rechenoperatoren:

Addition (Plus)	Subtraktion (Minus)	Multiplikation (Mal)	Division (Geteilt)	Klammern	Prozent (Hundertstel)
+	–	*	/	( )	%

Formeleingabe mit der Tastatur:

	A	B	C
1		137,68	
2		15	
3			
4			

Für die Beispielaufgabe 137,68 · 15 wird hier eingegeben: =B1*B2

Die Formeleingabe mit Mausunterstützung hat gegenüber der Eingabe mit Tastatur den Vorteil, dass die Fehlerrate beim „Treffen" der richtigen Zellen gering ist.

Formeleingabe mit Mausunterstützung:

	A	B	C
1			
2		68,5	
3		27,6	
4			

Für die Beispielaufgabe 68,5 : 26,7 wird hier folgendermaßen verfahren:
1. =
2. Zelle B2 anklicken
3. Operationszeichen eingeben: /
4. Zelle B3 anklicken
5. <Enter>

Das Ergebnis 2,56554307 steht in der Zelle B4.
Die dazugehörige Formel =B2/B3 ist in der Bearbeitungsleiste (↗ S. 137) zu sehen.

Eine Formel kann Zellbezüge und Zahlen enthalten:

	A	B	C
1	Nettobetrag		123,89
2	Umsatzsteuer		19,8224
3	Rechnungsbetrag		143,7124
4			

=C1*16%
(Das %-Zeichen hat hier die Funktion eines Operationszeichens, d.h., 16% sind $\frac{16}{100}$.
=C1+C2

Besser ist es aber, 16% in eine extra Zelle zu schreiben, damit bei einer Umsatzsteuererhöhung (oder -senkung) die Tabelle leichter aktualisiert werden kann.

Tabellenkalkulation

	A	B	C
1	Nettobetrag		123,89
2	Umsatzsteuer	16%	19,8224 ← =C1*B2
3	Rechnungsbetrag		143,7124 ← =C1+C2
4			

Die Spaltenbreiten von A und B wurden verändert, damit das Wort „Umsatzsteuer" bei Eingabe von „16%" nicht abgeschnitten wird.

Relative und absolute Zellbezüge

Wenn nicht ausdrücklich etwas anderes angegeben wird, werden in Formeln **relative Zellbezüge** genutzt. Das heißt, in der Formel wird die örtliche Beziehung einer Zelle oder eines Bereiches in Bezug auf die Zelle angegeben, in der die Formel steht.

Beim Kopieren von Formeln bleiben die relativen Bezüge zu der Zelle mit der Formel erhalten, so dass sich Formeln beim Kopieren der neuen Situation anpassen.

Das Prinzip der relativen Bezüge in einer Zelle ist nur bei der Z1S1-Bezugsart erkennbar.

	1	2
1	137,68	
2		15
3		

=A1*B2

Bei der A1-Bezugsart sehen die Bezüge wie absolute Bezüge aus, es sind aber tatsächlich relative Bezüge.

	1	2
1	137,68	
2		15
3		
4		

← =Z(−2)S(−1)*Z(−1)S

In Bezug auf die Zelle mit der Formel steht der erste Zellbezug in der Zeile mit einer um 2 kleineren Zeilennummer und in einer Spalte mit einer um 1 kleineren Spaltennummer.	In Bezug auf die Zelle mit der Formel steht der zweite Zellbezug in der Zeile mit einer um 1 kleineren Zeilennummer und in der gleichen Spalte.

Um zu verhindern, dass sich Bezüge beim Kopieren von Formeln anpassen, müssen die Bezüge als absolut gekennzeichnet werden.

Absolute Zellbezüge beziehen sich immer auf die Zellen, die bei der Formeleingabe festgelegt wurden. Diese Bezüge verweisen auch nach dem Kopieren weiterhin zu dem ursprünglich angegebenen Ort. Zum Umwandeln von relativen in absolute Bezüge und umgekehrt muss sich der Cursor in der Bearbeitungsleiste innerhalb der Zellenbezeichnung oder direkt dahinter befinden.

Bei der Z1S1-Bezugsart werden absoluten Bezüge durch direkte Zellbezüge angegeben. Das Wechseln zwischen relativen und absoluten Bezügen geschieht mit <F4>.

Mehrmaliges Drücken von <F4> schaltet zwischen 4 Varianten um, im oben aufgeführten Beispiel wird aus dem ersten Bezug:

a) Z(−2)S(−1)   b) Z1S1   c) Z1S(−1)   d) Z(−2)S1

Die Varianten c) und d) spielen eine untergeordnete Rolle.

Bei der A1-Bezugsart werden absoluten Bezüge durch das $-Zeichen festgelegt. Das $-Zeichen kann eingegeben werden oder es wird zwischen relativen und absoluten Bezügen mit <F4> gewechselt. Das $-Zeichen steht dabei sowohl vor dem Spaltenbuchstaben, wie auch vor der Zeilennummer. Der absolute Bezug beispielsweise zur Zelle A1 ist also $A$1.

Mehrmaliges Drücken von <F4> schaltet zwischen 4 Varianten um:

a) A1 b) $A$1 c) A$1 d) $A1

Beim **Kopieren von Formeln** spielt das Wissen um relative oder absolute Bezüge eine wichtige Rolle. Das automatische Anpassen der Formel an die neue Situation ist oft genau das, was man braucht. Es gibt aber auch Situationen, bei denen die kopierte Formel durch das Kopieren sinnlos wird.

	A	B	C	D	E
1		Müller	Meyer	Schulze	Gesamt
2	Telefonkosten	87,50	65,70	118,20	241,40
3	Anteil an den Gesamtkosten	=B2/E2	=C2/F2	=B2/G2	

↑ richtig ↑ falsch ↑ falsch

Durch Kopieren der Formel aus der Zelle B3 in die Zellen C3 verändert sich die Formel zu =C2/F2. In der Zelle F2 steht aber nichts, also der Wert in F2 ist null und die Division durch null führt zu einem Fehler. Beim Kopieren soll sich in der Formel der Zellbezug vor dem Divisionszeichen an die neue Situation anpassen, der Zellbezug nach dem Divisionszeichen zu E2 soll aber unverändert bleiben.

Der absolute Bezug zu E2 muss schon beim Eingeben der Formel festgelegt werden, die richtige Formel in der Zelle B3 muss also lauten: =B2/$E$2. Diese Formel kann nach rechts kopiert werden:

Nach dem Kopieren steht in der Zelle C2 die richtige Formel =C2/$E$2.

Eine andere Möglichkeit, Bezüge zu Zellen absolut festzulegen ist die Verwendung von **Namen für Zellen**. Diese Möglichkeit bieten allerdings nicht alle Tabellenkalkulationsprogramme.

Dazu muss im ersten Schritt ein Name festgelegt werden und dann kann im zweiten Schritt innerhalb einer Formel mit dem Namen so gearbeitet werden wie mit einem absoluten Zellbezug.

Namen festlegen unter *Excel*

- Zelle/Zellen markieren
- **M** Einfügen **B** Namen **B** Festlegen...
- Namen eingeben; **S** OK

Namen in einer Formel verwenden unter *Excel*

- **M** Einfügen **B** Namen **B** Einfügen...
- Namen auswählen; **S** OK

Während der Formeleingabe wird anstelle des üblichen Zellbezuges der vorher festgelegte Name eingefügt. Auch wenn man die Zellen anklickt, wird automatisch der Name der Zelle in der Formel genutzt.

Mathematische Funktionen

Die Kalkulationen bleiben nicht auf die Grundrechenarten beschränkt. Selbst „einfache" Kalkulationsprogramme enthalten viele finanzmathematische, trigonometrische, logische, statistische und andere Funktionen.

> **Mathematische Funktionen** in Tabellenkalkulationsprogrammen bestehen immer aus dem Funktionswort und einem oder mehreren Argumenten, die in Klammern stehen. Die Argumente können mathematische Ausdrücke oder Zellbezüge sein.

 =WURZEL(B1) liefert die Quadratwurzel des Wertes aus Zelle B1.

 Für die Berechnung eines Winkels in einem allgemeinen Dreieck bei gegebenen Seiten braucht man nach dem Kosinussatz die Arkuskosinus-Funktion:

$$\cos\alpha = \frac{b^2 + c^2 - a^2}{2bc} \;\Rightarrow\; \alpha = \arccos\left(\frac{b^2 + c^2 - a^2}{2bc}\right)$$

Da in Tabellenkalkulationsprogrammen das Ergebnis der Arkuskosinusfunktion eine Winkelangabe im Bogenmaß ist, kann durch den Ausdruck (π · 180) dividiert werden.

Im Tabellenkalkulationsprogramm kann die Berechnung des Winkels α folgendermaßen aussehen:

	A	B
1	Seite a	12,5
2	Seite b	14,3
3	Seite c	17,8
4	Winkel α	44,181

Die Formel in Zelle B4 lautet:
=ARCCOS((B2^2+B3^2-B1^2)/(2*B2*B3))/PI()*180

Wenn die Summe einer langen Liste – z. B. mit 100 Einträgen – berechnet werden soll, würde eine Formel der Art
=B1+B2+B3+B4+...+B100
schwer einzugeben sein. Hier hilft die Summen-Funktion. Als Argument wird hier der Zellenbereich von B1 bis B100 angegeben.
Das Zeichen für „bis" ist der Doppelpunkt, also =SUMME(B1:B100).

Weitere **Funktionen, die sich auf Zellenbereiche beziehen** sind beispielsweise:

- MITTELWERT   (bzw. MITTELW) für das arithmetische Mittel
- MAX   sucht den größten Wert in einem Zellenbereich
- MIN   sucht den kleinsten Wert in einem Zellenbereich

Bei den oben genannten Funktionen werden Zellbereiche als Argumente angegeben. Damit beim Festlegen der Bereiche keine Fehler unterlaufen, ist es günstig während des Eingebens der Funktion den Zellenbereich mit der Maus festzulegen.

 Für die n-te Wurzel gibt es keine Funktion. Sie wird über Potenzen berechnet. Für die dritte Wurzel aus der Zelle B1 lautet die Formel beispielsweise:
=B1^(1/3)

 Die „Funktion" PI() fällt aus dem Rahmen. Sie hat zwar – wie es alle Funktionen haben müssen – „()", aber innerhalb der Klammern steht keine Argument.

Funktionseingabe mit der Maus am Beispiel der Summen-Funktion:
- eingeben: =SUMME(
- Zellenbereich mit Maus markieren
- eingeben:)
- <Enter>

Die Summenfunktion ist wohl die meistbenutzte Funktion. Darum gibt es zur schnelleren Nutzung der Summen-Funktion in der Symbolleiste ein entsprechendes Symbol (AutoSumme).

 Σ bei *Excel* bzw. *Works,* bei *Lotus 1-2-3* ist es .

Die beste Vorgehensweise zur Nutzung dieser Symbole ist folgendermaßen:
- Ergebniszelle anklicken (die, in der das Ergebnis stehen soll)
- entsprechendes Symbol anklicken
  (Die aufzusummierenden Zellen werden automatisch markiert.)
- <Enter>

Will man einen anderen Zellbereich auswählen als den, der vom Tabellenkalkulationsprogramm vorgeschlagen wird, kann man dies nachträglich mithilfe der Maus tun.

Auch der Funktionsassistent kann eine Hilfe bei der Funktionseingabe sein, wenn die Syntax einer Funktion oder die notwendigen Argumente nicht bekannt sind. Allgemein muss aber eingeschätzt werden, dass die Funktionsassistenten der einzelnen Tabellenkalkulationsprogramme unflexibel und schwerfällig in der Benutzung sind. Das Eingeben des Funktionswortes geht wesentlich schneller, setzt aber die genaue Kenntnis der Funktion voraus.

Problemlösung mit *Excel*

Problembeschreibung:

	A	B	C	D	E	F	G
1	23	geteilt durch	6	ist gleich	3	Rest	5

Hier wird in der Zelle E1 eine Funktion benötigt, die von dem Ergebnis (23 : 6 = 3,833...) den Vorkommawert abtrennt (Runden ist nicht möglich, da nach dem Runden das Ergebnis 4 wäre).
In E1 steht also die Funktion =GANZZAHL(A1/C1).
In der Zelle G1 wird die Rest-Funktion benötigt. Die allgemeine Form der Rest-Funktion lautet: =REST(Zähler;Nenner).
Diese Funktion verlangt zwei Argumente, die durch ein Semikolon getrennt sind.
Konkret steht in der Zelle G1: =REST(A1;C1).

Arbeitsschritte ohne Funktionsassistenten:

- Zelle G1 anklicken
- eingeben: =Rest(
- A1 anklicken
- eingeben: ;
- C1 anklicken
- eingeben:)
- <Enter>

Tabellenkalkulation **147**

Arbeitsschritte mit dem Funktionsassistenten:
- Zelle G1 anklicken
- Assistent aufrufen mit **M** Einfügen, **B** Funktion…

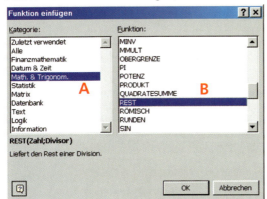

- Kategorie (A) und Funktion (B) auswählen; **S** OK

- mit Cursor in das Feld „Zahl" (C) klicken, dann Zelle A1 anklicken
- mit Cursor in das Feld „Divisor" (D) klicken, dann Zelle C1 anklicken
- **S** Ende

Daten- und Zahlenreihen

Laufende Nummern, Wochentage oder Jahreszahlen bzw. Spaltenüberschriften mit laufendem Datum sind in Tabellen oft anzutreffen. Dies lässt sich mit einem Kalkulationsprogramm schnell realisieren.

Es können unterschiedliche Arten von Zahlenreihen gebildet werden:
Bei einer **arithmetischen Reihe** ist der Abstand (das **Inkrement**) zwischen zwei Gliedern immer gleich, beispielsweise:
1999, 2000, 2001, 2002, …   −0,4; −0,2; 0; 0,2; 0,4; …
Bei einer **geometrischen Reihe** wird von einem Glied zum nächsten jeweils mit dem gleichen Faktor (Inkrement) multipliziert, beispielsweise:
2; 4; 8; 16; 32; 64; …

Nicht jedes Tabellenkalkulationsprogramm bietet geometrische Reihen an.

Inkrement kommt aus dem Lateinischen und bedeutet „Zuwachs" oder „Zunahme" einer Größe.

 31.03.99; 30.06.99; 30.09.99; 31.12.99; … ist eine arithmetische Datenreihe mit der Einheit Monat und dem Inkrement 3.

Datentyp	Beschreibung
Zahl	Jeder beliebige Startwert und jedes beliebige Inkrement sind möglich, es können arithmetische und geometrische Reihen gebildet werden.
Datum, Uhrzeit	In den meisten Tabellenkalkulationsprogrammen sind Startwerte im 20. bis ca. Mitte des 21. Jahrhunderts möglich, es können arithmetische Reihen mit beliebigem Inkrement gebildet werden. Die Zeitspanne kann die programmabhängigen Grenzen aber nicht überschreiten.
Tages-, Monatsnamen	In den meisten Tabellenkalkulationsprogrammen lassen sich Reihen von Wochentagen und Monatsnamen bilden.

Reihen ausfüllen über Menüs:
- in die „Startzelle" den Startwert eingeben
- Startzelle und alle auszufüllenden Zellen markieren
- Excel: M Bearbeiten B Ausfüllen O Reihe…
  Works: M Bearbeiten B Datenreihe ausfüllen…
- Inkrement und Art der Reihe auswählen

Reihen ausfüllen mit der Maus:
- Startwert in die „Startzelle", zweiten Wert in die 2. Zelle eingeben
- beide Zellen markieren
- untere rechte Ecke der Markierungsumrandung mit der Maus „anfassen" und ziehen

Vorteil: Datenreihen lassen sich nicht nur nach rechts bzw. unten ausfüllen, sondern in alle Richtungen.

Nachteil: Geometrische Reihen sind nicht möglich.

Logische Operationen

Nicht alle Programme können die Worte „WAHR" bzw. „FALSCH" ausgeben, dafür aber die Werte „1" (für „wahr") bzw. „0" (für „falsch").

Tabellenkalkulationsprogramme sind in der Lage, **Wahrheitswerte** zu unterscheiden.

Darüber hinaus können zwei Zellinhalte durch folgende **Operationen** miteinander **verglichen** werden:

gleich	ungleich	größer	größer oder gleich	kleiner	kleiner oder gleich
=	<>	>	>=	<	<=

Vergleichbar sind:
- Zahlen;
- Datum und Zeitangaben;
- Zeichen (alphanumerisch), wobei Zahlen vor Buchstaben kommen und Groß-/Kleinschreibung nicht unterschieden wird.

Tabellenkalkulation **149**

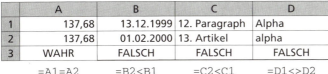

	A	B	C	D
1	137,68	13.12.1999	12. Paragraph	Alpha
2	137,68	01.02.2000	13. Artikel	alpha
3	WAHR	FALSCH	FALSCH	FALSCH
	=A1=A2	=B2<B1	=C2<C1	=D1<>D2

In etlichen Tabellenkalkulationsprogrammen sind zwei- oder auch mehrstellige Verknüpfungen von Wahrheitswerten mit den logischen Operatoren NICHT, ODER, UND möglich.

> Die **logischen Operatoren NICHT, ODER, UND** werden wie Funktionen behandelt, das heißt, vor dem Funktionswort steht das Gleichheitszeichen und nach dem Funktionswort folgen in Klammern die Zellbezüge durch Semikolons getrennt.
> Ineinanderschachtelungen von logischen Funktionen sind möglich, so dass alle bekannten logischen Verknüpfungen realisiert werden können.

 Beispiele für logische Verknüpfungen:

OR
(ODER)

	A	B	C
1	p	q	ODER
2	1	1	1
3	1	0	1
4	0	1	1
5	0	0	0

Die Verknüpfung OR wird oft als Disjunktion bezeichnet.

In Zelle C2 steht die Formel =ODER(A2;B2),
in Zelle C3 die Formel =ODER(A3;B3) usw.

NAND
(UND-NICHT)

	A	B	C
1	p	q	NAND
2	1	1	0
3	1	0	1
4	0	1	1
5	0	0	1

Für 1 kann in manchen Programmen auch WAHR stehen, für 0 FALSCH.

In Zelle C2 steht die Formel =NICHT(UND(A2;B2)).

XOR
(ENTWEDER-ODER)

	A	B	C
1	p	q	XOR
2	1	1	0
3	1	0	1
4	0	1	1
5	0	0	0

Die Verknüpfung XOR wird oft auch als Exklusiv-ODER oder als Alternative bezeichnet.

In Zelle C2 steht die Formel
=UND(ODER(A2;B2);ODER(NICHT(A2);NICHT(B2)))

Die Implikation (WENN-DANN) lässt sich in Tabellenkalkulationsprogrammen mit einer zweiseitigen Auswahl realisieren.

Algorithmenstrukturen

> Die **zweiseitige Auswahl** wird mithilfe der Wenn-Funktion, die in allen Tabellenkalkulationsprogrammen möglich ist, realisiert.
> Die **Wenn-Funktion** besteht aus drei Argumenten, die innerhalb einer Klammer stehen und durch Semikolons voneinander getrennt sind:
> 1. *Wahrheitsprüfung*   ist ein beliebiger Wert oder Ausdruck, der WAHR oder FALSCH sein kann (siehe oben).
> 2. *Dann_Wert*   ist das Resultat der Funktion, wenn die Wahrheitsprüfung WAHR ergibt. Der *Dann_Wert* kann ein Wert, eine andere Formel oder eine Textausgabe sein.
> 3. *Sonst_Wert*   ist das Resultat der Funktion, wenn die Wahrheitsprüfung FALSCH ergibt. Der *Sonst_Wert* kann ein Wert, eine andere Formel oder eine Textausgabe sein.
>
> Die Wenn-Funktion muss innerhalb der Klammern unbedingt die beiden Semikolons aufweisen, die die drei Argumente voneinander trennt, auch wenn der Dann_Wert oder der Sonst_Wert nicht angegeben werden. In diesem Fall werden die Werte null gesetzt. Textausgaben müssen in Anführungszeichen stehen.

Soll ein Ausgabewert ein leeres Textfeld sein, wird als Wert " " angegeben.

Auf die Kaufsumme soll ein Rabatt von 3% gewährt werden, wenn sie größer oder gleich 100,00 (DM) ist.

	A	B
1	Summe	125,00
2	Rabatt 3%	3,75 ← =WENN(B1>=100;B1*3%;0)
3	Betrag	121,25 ← =B1-B2

In Tabellenkalkulationsprogrammen lassen sich nur bis zu 7 Wenn-Funktionen ineinander schachteln.

> Die **mehrseitige Auswahl (Fallunterscheidung)** wird mithilfe von geschachtelten WENN-Funktionen realisiert.
> Mit der zweiseitigen Auswahl liefert die Prüfung der Bedingung zwei Anweisungen. Bei der geschachtelten WENN-Funktion kann mit n Bedingungen zwischen n + 1 Anweisungen unterschieden werden.

Wenn die Kaufsumme größer oder gleich 500,00 ist, gibt es einen Rabatt von 5%, ansonsten wird noch einmal untersucht, ob die Kaufsumme größer oder gleich 100,00 ist, dann gibt es einen Rabatt von 3%, ansonsten (also wenn sie kleiner als 100,00 ist) gibt es keinen Rabatt. Die Formel für die oben stehende Tabelle lautet für die geschachtelte WENN-Funktion:
=WENN(B1>=500;B1*5%;WENN(B1>=100;B1*3%;0))

In der Wahrheitsprüfung der Wenn-Funktion sind Verknüpfungen, wie Sie oben aufgeführt sind, möglich. Im folgenden Beispiel wird mit der Funktion ISTZAHL (nur bei *Excel* verfügbar) überprüft, ob in den Zellen A1 und A2 Zahlen stehen und es wird überprüft, ob der Wert in der Zelle A2 ungleich null ist. Nur wenn diese drei Bedingungen erfüllt sind, wird die Division A1/A2 ausgeführt, ansonsten wird der Text ausgegeben „Berechnung nicht möglich".
=WENN(UND(ISTZAHL(A1);ISTZAHL(A2);A2<>0);
A1/A2;"Berechnung nicht möglich")

Tabellenkalkulation 151

Bei sehr vielen Bedingungen ist die Wenn-Funktion nicht mehr anwendbar, dafür stehen Verweisfunktionen zur Verfügung. Es können sehr viele Bedingungen (theoretisch so viele Bedingungen, wie die Tabelle Zeilen hat) geprüft werden und Anweisungen zugeordnet werden. Allerdings setzt die Verweis-funktion die Gleichheit in der Bedingung voraus.

Für die Verweisfunktionen ist eine Zuordnungstabelle notwendig, die in der ersten Spalte die Bedingungen enthält und in der zweiten Spalte die dazugehörigen Anweisungen. Weitere Spalten können weitere Anweisungen enthalten. Die Bedingung und die Anweisungen in einer Zeile gehören zusammen.

Die Zuordnungstabelle kann eine separate Datei sein oder kann sich auf dem aktuellen Tabellenblatt befinden.

> Mit der **Verweisfunktion** lässt sich eine **Fallunterscheidung** realisieren.
>
> Zur Verweisfunktion gehören drei Argumente:
>
> 1. Das Suchkriterium ist eine Bedingung, die mit den Bedingungen, die in der Zuordnungstabelle in der ersten Spalte stehen, verglichen wird.
> 2. Die Matrix gibt an, wo sich die Zuordnungstabelle befindet.
> 3. Die Spaltenzahl gibt an, aus welcher Spalte die Anweisung zurückgegeben werden soll.

Die Verweisfunktion hat in den unterschiedlichen Tabellenkalkulationsprogrammen unterschiedliche Namen:

Excel:
SVERWEIS

Lotus 1-2-3:
VVERWEIS

Works:
VSUCHEN

Eine typische Anwendung der Verweisfunktionen ist das Ausgeben von Artikelbezeichnungen, Artikelpreisen und anderen Artikel bezogenen Daten aus umfangreichen Artikeldatentabellen anhand der Artikelnummer.

Im Beispiel wird davon ausgegangen, dass eine Tabelle „artikel.xls", mit 1000 Artikeln existiert. In der Spalte A stehen die Artikelnummern, in der Spalte B stehen die Artikelbezeichnungen und in der Spalte C stehen die Artikelpreise. Das aktuelle Arbeitsblatt ist eine Rechnung:

	A	B	C	D	E
1					
2	Art.-Nr.	Bezeichnung	Einzelpreis	Anzahl	Gesamt
3	0815	Mousepad	0,89	20	17,8

=SVERWEIS(A3;[artikel.xls]$A$1:$1000;2)

Nach der Artikelnummer, die in A3 steht, wird in der Artikeltabelle gesucht.

Die Artikeltabelle heißt „artikel.xls" und umfasst den Bereich A1: C1000.

Die Artikelbezeichnung steht in der 2. Spalte des angegebenen Bereichs.

In der Zelle C3 steht eine ähnliche Formel, nur als Spaltenzahl wird die 3 angegeben.

Zählschleife

In Tabellenkalkulationsprogrammen können auch Schleifenstrukturen realisiert werden.

Normalerweise kann eine Berechnung in einer Zelle nur durch Bezug zu anderen Zellen durchgeführt werden. Wenn in einer Formel ein Bezug zu der Zelle enthalten ist, in der sich die Formel selbst befindet, wird eine Fehlermeldung „Kann Zirkelbezüge nicht auflösen" ausgegeben.

Beispielsweise für Grenzwertberechnungen von konvergenten Reihen ist es aber notwendig, dass in sehr vielen Rechenschritten innerhalb einer Zelle immer wieder das Ergebnis des zurückliegenden Rechenschrittes benutzt wird.

Damit die automatische Berechnung die Formeleingabe nicht durcheinander bringt, sollte sie abgeschaltet werden:

Excel:	Lotus 1-2-3:	Works:
M Extras	**M** Datei	**M** Extras
B Optionen…	**B** Benutzervorgaben…	**B** Einstellungen…
R Berechnen	**B** 1-2-3	**R** Dateneingabe
S Manuell	**R** Neuberechnung	**S** Manuell berechnen
	S Manuell	

Bei *Lotus 1-2-3* und *Works* ist die **Iteration** ohne weitere Einstellung möglich.

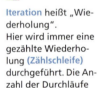

Iteration heißt „Wiederholung".
Hier wird immer eine gezählte Wiederholung **(Zählschleife)** durchgeführt. Die Anzahl der Durchläufe muss festgelegt werden.

Bei *Excel* muss die Iteration zugelassen werden:
M Extras **B** Optionen **R** Berechnen **S** Iteration.

Nach Abschluss einer Formeleingabe muss die Berechnung manuell mit der <F9>-Taste gestartet werden. Dabei erfolgt ein „Durchlauf".

Lotus 1-2-3 und *Excel* bieten die Möglichkeit, die Anzahl der Iterationsschritte bei einem Druck auf <F9> festzulegen:

Excel:	Lotus 1-2-3:
M Extras	**M** Datei
B Optionen…	**B** Benutzervorgaben
R Berechnen	**B** 1-2-3…
Maximale Iterationszahl	**R** Neuberechnung
	Anzahl der Iterationen

Berechnung von π:
Es wird folgende konvergente Reihe genutzt:

$$\frac{\pi}{4} = 1 - \frac{1}{3} + \frac{1}{5} - \frac{1}{7} + \frac{1}{9} - \ldots = \sum_{n=1}^{\infty} \frac{(-1)^{n-1}}{(2n-1)}$$

	A	B	C
1	=A1+1	=B1+(-1)^(A1-1)/(2*A1-1)	=B1*4

Zelle A1: Nach jedem Durchlauf wird der Inhalt der Zelle um 1 erhöht.

Zelle B1: Es wird $\frac{\pi}{4}$ berechnet.

Zelle C1: Es wird π berechnet. Nach ca. 600 Durchläufen ist das Ergebnis 3,14…, nach ca. 2500 Durchläufen ist das Ergebnis 3,141…

Tabellen und Zellen schützen

Wenn man anderen Benutzern eine Tabelle zur Verfügung stellt, damit sie beispielsweise Daten erfassen, besteht die Gefahr, dass die Struktur der Tabelle oder Formeln beschädigt werden. Um dem vorzubeugen kann das ganze Dokument geschützt werden, das heißt, jegliche Veränderung aber auch jegliche Eingabe von Daten ist unmöglich. Vor dem Schützen kann aber festgelegt werden, welche Zellen von dem Schutz ausgenommen sind.

Dokument (Tabelle) schützen:
- Zellen, die vom Schutz ausgenommen werden sollen, markieren
- Zellen vom Schutz ausnehmen

Excel:	Lotus 1-2-3:	Works:
M Format	**M** Bereich	**M** Format
B Zelle...	**B** Eigenschaften...	**B** Zellschutz...
R Schutz	**R**	**S** ☐ Gesperrt
S ☐ Gesperrt	**S** ☐ Zellinhalt schützen	

- Dokument schützen

Excel:	Lotus 1-2-3:	Works:
M Extras	**M** Datei	**M** Format
B Schutz	**B** Eigenschaften...	**B** Zellschutz...
S Blatt...	**R** Sicherheit	**S** ☑ Daten schützen
	S ☑ Arbeitsmappe sperren	

Sortieren in Tabellen

Tabellenkalkulationsprogramme können strukturierte Daten in der Tabelle mehrstufig (meist bis zu drei Stufen) sortieren. Strukturiert heißt, dass z. B. in einer Adressentabelle alle Namen untereinander, alle Vornamen untereinander usw. stehen. Mehrstufig bedeutet das Sortieren wie im Telefonbuch: In der ersten Stufe werden alle Nachnamen alphabetisch sortiert, dort wo gleiche Nachnamen zusammenstehen (z. B. „Müller") werden diese in der zweiten Stufe nach dem Vornamen sortiert.

Zeilen bleiben als eine Einheit immer in sich bestehen, es sei denn es wird ausdrücklich anders ausgewählt.

Der **Sortierschlüssel** gibt an, nach welcher Spalte zuerst sortiert wird, nach welcher Spalte als zweites sortiert wird, wenn die Einträge der ersten Spalte gleich sind usw.

Die Programme reagieren auf nicht vollständig markierte Bereiche, die sortiert werden sollen unterschiedlich. Darum sollte man den gesamten zu sortierenden Bereich markieren.

Sortieren in Tabellen:
- zu sortierende Bereiche markieren
- Bereiche sortieren

Excel:	Lotus 1-2-3:	Works:
M Daten	**M** Bereich	**M** Extras
B Sortieren...	**B** Sortieren...	**B** Sortieren...
		O Weitere Optionen

- In den Auswahlfenstern zum Sortieren wird angegeben:
  • die Reihenfolge der Spalten, nach der sortiert wird;
  • auf- oder absteigend (im Alphabet bzw. Rangfolge von Zahlen);
  • ob der markierte Bereich eine Überschrift enthält, die aus der Sortierung ausgeschlossen werden soll.

Kopieren von Formeln und anderen Zellinhalten

> **Kopieren in Tabellenkalkulationsprogrammen:**
> 1. Zellen markieren
> 2. Markiertes in die Zwischenablage kopieren
>
> | mit Tasten | über Menüs | mit Symbol |
> |---|---|---|
> | <Strg> + c | **M** Bearbeiten
B Kopieren | |
>
> 3. Einfügestelle markieren
> 4. Einfügen
>
> | mit Tasten | über Menüs | mit Symbol |
> |---|---|---|
> | <Strg> + v | **M** Bearbeiten
B Einfügen | |

Die Einfügestelle ist immer eine Zelle. Wenn mehrere Zellen kopiert wurden, dann ist die Einfügestelle die linke obere Ecke des Zielbereiches.

Normalerweise werden Zellen mit allen Inhalten kopiert, das heißt, es werden Text, Zahlen, Formeln und Formatierungen übertragen. In der Tabellenkalkulation können aber auch nur bestimmte Inhalte von Zellen eingefügt werden, so z. B. nur der Zahlenwert einer Formel, wobei die Formel selbst nicht kopiert wird.

Selektives Kopieren:
- Dazu wird wie oben (Punkte 1. bis 3.) verfahren.
- Das Einfügen wird anders realisiert, und zwar:

Excel / Works: *Lotus 1-2-3:*

M Bearbeiten   **M** Bearbeiten
B Inhalte einfügen…   **B** Selektiv einfügen…

> **Formeln kopieren:**
> Formeln passen sich beim Kopieren mit ihren Zellbezügen dem neuen Ort an.

Automatisches Ändern der Zellbezüge beim Kopieren:

	A	B
1	12,3	98,7
2	14,5	65,4
3	16,7	32,1
4	=SUMME(A1:A3)	=SUMME(B1:B3)

Man kann Formeln auch in mehrere Zellen kopieren.

Kopieren einer Formel in mehrere Zielzellen:
- Quellfeld und alle Zielfelder markieren
- *Excel:*   *Lotus 1-2-3:*   *Works:*

M Bearbeiten   **M** Bearbeiten   **M** Bearbeiten
B Ausfüllen   **B** Nach rechts kopieren bzw.   **B** Rechts ausfüllen bzw.
           Nach unten kopieren   Unten ausfüllen

Kopieren mit der Maus:
In den meisten Kalkulationsprogrammen lässt sich eine Zelle durch Ziehen mit der Maus in mehrere Zielzellen kopieren. Die markierte Quellzelle wird dazu ganz genau an der unteren rechten Ecke „angefasst" und dann mit der Maus in beliebig viele Nachbarzellen gezogen.

Beim Kopieren einer Formel in mehrere Zellen mit der Maus kann die Formel auch nach oben oder nach links kopiert werden.

2.2.3 Tabellengestaltung

Zahlenformatierung

Neben der Festlegung der Schriftart, der Größe oder des Schriftstils bietet die Formatierung von Zahlen noch weitere wichtige Möglichkeiten.

> **Angezeigte Genauigkeit von Zahlen:**
> Intern rechnen die Tabellenkalkulationsprogramme mit einer relativ hohen Genauigkeit, oft reichen aber z.B. zwei Stellen nach dem Komma aus. Es kann in der Zahlendarstellung die Anzahl der angezeigten Nachkommastellen eingestellt werden, ohne dass an der internen Genauigkeit etwas geändert wird. Bei einer Weiterberechnung wird mit der internen Genauigkeit gearbeitet, unabhängig von den angezeigten Stellen.
>
> **Darstellung mit abgetrennten Zehnerpotenzen:**
> Sehr große bzw. sehr kleine Zahlen werden automatisch in der Darstellung mit abgetrennter Zehnerpotenz dargestellt.
> Durch Formatierung kann die Anzahl der angezeigten Nachkommastellen eingestellt werden.
>
> **Maßeinheiten:**
> Eine wichtige Einheit ist die Währung. *Lotus 1-2-3* und *Excel* bieten fast alle existierenden Währungsformate an.
> Darüber hinaus kann bei *Excel* jede beliebige Maßeinheit selbst definiert werden.
>
> **Prozent:**
> Der Wert in der Zelle wird durch die Formatierung mit 100 multipliziert und es wird das %-Zeichen angehängt. Die Anzahl der Nachkommastellen kann eingestellt werden.
>
> **Datum/Zeit:**
> Es können verschiedene Datums- und Zeitformate ausgewählt werden. Die Eingabe von Datum oder Zeit muss in einem der angebotenen Formate geschehen, damit das Tabellenkalkulationsprogramm mit den Eingaben auch rechnen kann.

Zahlenformatierung mithilfe von Menüs:
– Zellen markieren
– *Excel:*   *Lotus 1-2-3:*   *Works:*
   M Format   M Bereich   M Format
   B Zellen…   B Eigenschaften…   B Zahlenformat…
   R Zahlen   R #

Die Symbolleisten enthalten standardmäßig nur wenige Symbole zur Zahlenformatierung.

Zahlenformatierung mithilfe von Symbolen:

Währung	Prozent	Dezimalstelle hinzufügen	Dezimalstelle entfernen
	%		

Einrichten von Formatierungssymbolen in der Symbolleiste:

Außer den Formatierungssymbolen, die in der Symbolleiste zu sehen sind, gibt es noch eine Reihe anderer Symbole, die zusätzlich aus dem „Verborgenen" in die Symbolleiste geholt werden können. Natürlich ist dabei der Platz in der Symbolleiste begrenzt, so dass man sich nur die Symbole holt, die man oft braucht.

Die Verfahren unterscheiden sich in den verschiedenen Tabellenkalkulationsprogrammen.

Excel: — **M** Ansicht **B** Symbolleisten **B** Anpassen… **R** Befehle

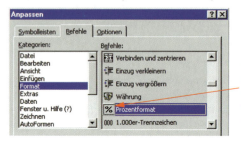

Symbol mit der Maus an die gewünschte Stelle in der Symbolleiste ziehen

Lotus: — **M** Datei **B** Benutzervorgaben **B** SmartIcons…

— Symbol mit der Maus in die Leiste innerhalb dieses Fensters ziehen, dann **S** Satz speichern

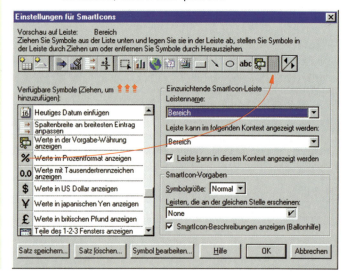

Tabellenkalkulation 157

Works: – **M** Extras **B** Symbolleisten bearbeiten

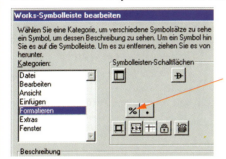

Symbol mit der Maus an die gewünschte Stelle in der Symbolleiste ziehen

Nicht alle Kalkulationsprogramme bieten die Möglichkeit, eigene Währungseinheiten zu definieren. So ist z.B. bei *Works* oder *Lotus 1-2-3* die Formatierung mit der Währung „EUR" oder „€" nur über die Windows-Systemsteuerung möglich.

Währungseinstellung in der Windows-Systemsteuerung:
- **M** Einstellungen **M** Systemsteuerung
- Doppelklick auf „Ländereinstellungen"
- In der **R**egisterkarte „Währung" wird die Währungseinheit auf „EUR" oder „€" umgestellt.

Wenn dann in der Tabellenkalkulation Zellen mit Währungssymbol formatiert werden, wird immer das in der Systemsteuerung eingestellte Währungssymbol durch das Kalkulationsprogramm verwendet.

 Das Eurosymbol „€" ist bei Windows 98 integriert – bei Windows 95 muss ein Update installiert werden.

Nachteil dieses Verfahrens:
Wenn eine auf diese Art und Weise mit „EUR" formatierte Tabelle auf einem anderen Rechner geöffnet wird, bei dem „EUR" nicht als Währung in der Systemsteuerung eingestellt ist, dann wird statt „EUR" wieder „DM" angezeigt.

Abhilfe:

	A	B	C
1			
2		50,67	EUR

Aber: Wenn aus dieser Tabelle ein Diagramm erstellt werden soll, bringt das verschiedene Probleme mit sich, die auf S. 164 erörtert werden.

Die **Prozent-Formatierung** ist nicht nur eine Frage des Formatierens, sondern es steckt ein mathematisches Problem dahinter, das an folgendem Beispiel illustriert wird:

 7 von 28 Schüler einer Klasse nehmen an der Schulspeisung teil.

An die Aussagen „Ein Viertel der Schüler oder 25% der Schüler nehmen an der Schulspeisung teil." sind wir gewöhnt. Aber die Aussage „Der Anteil ... beträgt 0,25." ist ungewöhnlich.

0,25 ist das Ergebnis der Rechnung 7:28. Auf dem Taschenrechner würde man dieses Ergebnis noch mit 100 multiplizieren um 25 (Prozent) zu erhalten.

In einer Tabellenkalkulation ist das aber ein großer Fehler, da dies durch die Prozentformatierung automatisch erfolgt (↗ auch S. 155). Aus den 0,25 wird durch Formatierung 25%:

	A	B	C
1	Schüler der Klasse	Teilnehmer an der Schulspeisung	Anteil
2	28	7	=B2/A2

Das angezeigte Ergebnis ist 0,25, nach der Formatierung in Prozent ist es 25,00%.

Zellenformatierung

Bei *Excel* können auch einzelne Zeichen in der Zelle oder in der Bearbeitungsleiste markiert und mit Zeichenformatierungen versehen werden.

Den Zelleninhalten können die üblichen **Zeichenformatierungen** wie Schriftart, Schriftgröße und Schriftstil zugewiesen werden. Bei den meisten Tabellenkalkulationsprogrammen gilt diese Zuweisung für den gesamten Inhalt einer Zelle.

Zeichenformatierung:
Zellen markieren

Excel: *Lotus 1-2-3:*   *Works:*

M Format   **M** Bereich   **M** Format
B Zellen… **B** Eigenschaften…   **B** Schriftart und Schriftschnitt…
R Schrift **R** 𝒵

Die Symbolleisten enthalten auch einige Symbole zur Zeichenformatierung.

Oft lässt sich der **Zellinhalt** sowohl horizontal als auch vertikal **ausrichten**.

horizontale Ausrichtung	vertikale Ausrichtung
links	oben
zentriert	
	Mitte
rechts	
	unten

Einige Tabellenkalkulationsprogramme bieten auch die Möglichkeit, Text innerhalb einer Zelle senkrecht oder schräg auszurichten.

Die Formatierung der Ausrichtung erfolgt über die gleichen Menüs wie bei der Zeichenformatierung, allerdings in den **R**egisterkarten „Ausrichtung".

Markierten Zellen können mit verschiedenen **Rahmenlinien** (wenn notwendig jede Seite gesondert und anders) versehen werden. Zellen können auch mit **Hintergrundfarben** und **Mustern** gefüllt werden.

Tabellenkalkulation 159

Die Formatierung von Rahmen und Schattierungen erfolgt über die gleichen Menüs wie bei der Zeichenformatierung, allerdings in den Registerkarten „Rahmen" bzw. „Schattierung".

Damit die formatierten Rahmenlinien beim Ausdrucken zur Geltung kommen und nur dort Rahmenlinien sind, wo sie auch sein sollen, müssen besonders bei älteren Versionen einiger Tabellenkalkulationsprogrammen die **Gitternetzlinien** vor dem Drucken ausgeblendet werden. Dies geschieht in den einzelnen Programmen unterschiedlich.

Ausblenden von Gitternetzlinien:

Excel:	*Lotus 1-2-3:*	*Works:*
M Datei	**M** Datei	**M** Datei
B Seite einrichten…	**B** Vorschau & Seite einrichten…	**B** Seite einrichten…
R Tabelle	**R** Einschließlich Anzeigen: Rasterlinien	**R** Weitere Optionen
S ☐ Gitternetzlinien drucken		**S** ☐ Gitternetzlinien

Spalten und Zeilen bearbeiten

Beim **Einfügen und Löschen von Spalten bzw. Zeilen** werden alle rechts bzw. darunter stehenden Spalten/Zeilen verschoben, wobei alle Bezüge an die neue Situation angepasst werden.

Spalten oder Zeilen einfügen:

– so viele Spalten/Zeilen markieren, wie an der markierten Stelle eingefügt werden sollen

– *Excel:*	*Lotus 1-2-3:*	*Works:*
M Einfügen	**M** Bereich	**M** Einfügen
B Spalten bzw. Zeilen	**B** Spalten einsetzen bzw. Zeilen einsetzen	**B** Spalte einfügen bzw. Zeile einfügen

Spalten oder Zeilen löschen:

– Spalten/Zeilen markieren

– *Excel:*	*Lotus 1-2-3:*	*Works:*
M Bearbeiten	**M** Bereich	**M** Einfügen
B Zellen löschen	**B** Spalte entfernen/ Zeile entfernen	**B** Spalte löschen/ Zeile löschen

Verbergen von Spalten/Zeilen:

Wenn sich in der Tabelle Zellen mit Zwischenrechnungen befinden, die nicht zu sehen sind oder nicht gedruckt werden sollen, dann können ganze Spalten oder Zeilen verborgen werden.

Einzelne Zellen lassen sich nicht verbergen.

Die einfachste Art Spalten oder Zeilen zu verbergen, ist das Ändern der Spaltenbreite bzw. Zeilenhöhe mithilfe der Maus auf null.

Das Wiedereinblenden von Spalten und Zeilen erfolgt unterschiedlich.

Verborgene Spalten oder Zeilen erkennt man an der Spalten- bzw. Zeilennummerierung im Kopf des Tabellenblattes.

160 Anwendungen der Informatik

Wiedereinblenden von verborgenen Spalten/Zeilen:

– die beiden von den verborgenen Spalten/Zeilen benachbarten Spalten/Zeilen markieren

– *Excel:*   *Lotus 1-2-3:*   *Works:*

M Format	**M** Bereich	**M** Format
B Spalte bzw. Zeile	**B** Eigenschaften	**B** Spaltenbreite…/
B Einblenden	**R** Allgemein	Zeilenhöhe…
	S ☐ Spalte verbergen/	**S** Standard
	☐ Zeile verbergen	

Fixieren von Tabellenköpfen:

Bei umfangreicheren Tabellen laufen die Spaltenüberschriften oder die Zeilenbeschriftungen durch das Scrollen aus dem sichtbaren Fensterbereich. Um dies zu verhindern können diese Tabellenköpfe fixiert werden. Das heißt, die Beschriftungen (Titel) werden vom Scrollen ausgeschlossen, bleiben also im Bildschirmfenster zu sehen.

Fixieren von Tabellenköpfen:

– Zeile so markieren, dass der zu fixierende Bereich oberhalb der markierten Zeile ist.
Bei Spalten muss der zu fixierende Bereich links von der markierten Spalte sein.

– *Excel:*   *Lotus 1-2-3:*   *Works:*

M Fenster	**M** Ansicht	**M** Format
B Fixieren	**B** Titel…	**B** Titel fixieren

Die Fixierung kann jeweils über die gleichen Menüfolgen aufgehoben werden.

Tabelle teilen:

Auch das Teilen von Tabellen ist eine Möglichkeit, Tabellenköpfe im sichtbaren Fensterbereich zu belassen, während in einem anderen Tabellenteil gescrollt wird. Beim Teilen von Tabellen ist das Scrollen in beiden Teilen der Tabelle unabhängig voneinander möglich.

Tabelle teilen:

– Zeile oder Spalte so markieren, dass der abzuteilende Bereich oberhalb der markierten Zeile bzw. links der markierten Spalte ist.

– *Excel:*   *Lotus 1-2-3:*   *Works:*

M Fenster	**M** Ansicht	**M** Fenster
B Teilen	**B** Teilen	**B** Teilen

Das Fixieren bzw. Teilen ist teilweise auch mit der Maus oberhalb bzw. am rechten Ende der Rollbalken möglich.

Die Teilung kann jeweils über ähnliche Menüfolgen (statt „Teilen" steht im Menü nun „Teilung aufheben") aufgehoben werden.

2.2.4 Datenaufbereitung durch Diagramme

Ein Bild sagt mehr als tausend Worte. Grafische Darstellungen von funktionalen Zusammenhängen sind Diagramme. Aus Diagrammen sind zwar meist die exakten Werte nicht direkt erkennbar, aber dafür gibt es immer noch die Tabelle, auf deren Grundlage das Diagramm erstellt wurde.

Die Stärken eines Diagramms liegen
- im schnellen Erfassen von Zusammenhängen und Verhältnissen der Zahlen zueinander;
- im Erkennen von Entwicklungen und Trends;
- in der übersichtlichen Vergleichbarkeit der Werte untereinander;
- in der Möglichkeit des Analysierens von Zahlenmaterial aus verschiedenen Blickwinkeln in unterschiedlichen Diagrammen auf Basis ein und desselben Zahlenmaterials.

Wichtige **Möglichkeiten der Datenaufbereitung,** die alle Tabellenkalkulationsprogramme zur Verfügung stellen:
- Es stehen verschiedene Diagrammtypen (Balken, Kreis, Linie, ...) zur Verfügung, die nach inhaltlichen Aspekten ausgewählt werden können.
- Es werden nicht nur die Zahlen selbst dargestellt, sondern auch Spalten- und Zeilentitel werden in Achsenbeschriftungen umgesetzt, Legenden werden erstellt und es kann eine Diagrammüberschrift eingefügt werden.
- Die Größe und Einteilung der Achsen passt sich automatisch an das Zahlenmaterial an.
- Zusammengehörende Zahlenreihen werden farblich gleich, unterschiedliche Zahlenreihen werden farblich verschieden dargestellt.
- Änderungen am Zahlenmaterial haben sofort und automatisch auch eine Änderung des Diagramms zur Folge.
- Verschiedene Diagrammtypen können ineinander umgewandelt werden (wenngleich das nicht immer sinnvoll ist), Größe, Farbe, Schrift, Beschriftung usw. können nachträglich bearbeitet werden.

Die grundlegende Möglichkeit, verschiedene Inhalte auch durch verschiedene Diagrammtypen darzustellen, bieten alle Tabellenkalkulationsprogramme, sie unterscheiden sich nur in den Gestaltungsmöglichkeiten.

Diagrammtypen

Es wird im Folgenden eine Einteilung der Diagramme vorgenommen, die sich nicht am Aussehen orientiert, sondern daran, welche Inhalte mit ihnen vorzugsweise dargestellt werden können:

Säulendiagramm:

Im Säulendiagramm wird jeder Zahl eine entsprechend hohe Säule zugeordnet. Die Säulen werden entsprechend den Reihen bzw. Spalten der Tabelle strukturiert dargestellt (in Gruppen mit verschiedenen Farben/Mustern). Das Säulendiagramm ist fast immer verwendbar. Allerdings werden im Säulendiagramm nicht alle Zusammenhänge sichtbar und bei sehr vielen Zahlen wird dieses schnell unübersichtlich.

Säulendiagramm

Vertreter	Januar	Februar	März
Schulze	7.350	6.940	8.210
Meyer	15.280	14.280	13.240
Müller	13.680	14.179	15.319
Lehmann	11.890	10.627	11.047

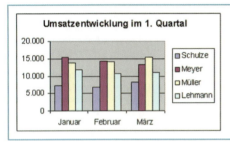
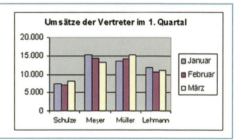

Die beiden Diagramme stammen aus demselben Zahlenmaterial, treffen aber inhaltlich unterschiedliche Aussagen. Im linken Diagramm liegt der Schwerpunkt auf der Darstellung der Umsätze in den Monaten. Das rechte Diagramm stellt die Umsätze der einzelnen Vertreter stärker heraus.

Eine optische Variante zu den oben dargestellten Säulen sind **Streifendiagramme**, die sich inhaltlich nicht von den Säulen unterscheiden, bei denen die Balken nur waagerecht angeordnet sind.

Auch die **3D-Darstellung der Säulen** (s. nebenstehendes Bild) bietet inhaltlich nichts anderes. Neben der verbesserten Optik und weiteren Gestaltungsmöglichkeiten besteht aber die Gefahr, dass nicht alle Säulen zu sehen sind.

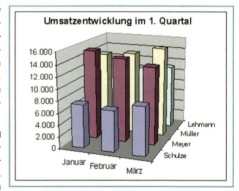

> **Stapeldiagramm:**
>
> In einem Stapeldiagramm werden Säulen (oder auch Flächen) übereinander gesetzt, so dass neben den Anteilen, die durch jeden Säulenteil dargestellt sind, auch die Summe der Anteile erkennbar ist.
>
> Varianten des **gestapelten Säulendiagramms** sind das **gestapelte Flächendiagramm** und das **gestapelte Liniendiagramm**. Die Auswahl ist vom Inhalt unabhängig, hier sind nur gestalterische Gründe ausschlaggebend.

Tabellenkalkulation **163**

Verschiedene Varianten von Stapeldiagrammen für den gleichen Inhalt:

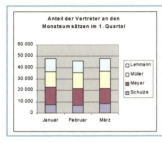 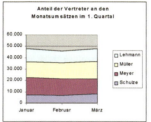 

Kreisdiagramm:

Wenn es um den anschaulichen Vergleich verschiedener Teile von einem Ganzen geht, dann sind dazu das **Kreisdiagramm** oder das **3D-Kreisdiagramm (Kuchendiagramm)** bestens geeignet.

Grundsätzlich können mit einem Kreisdiagramm nur Zahlen aus einer Reihe bzw. aus einer Spalte dargestellt werden.

Für das Beispiel sind 3 bzw. 4 Kreisdiagramme notwendig.

  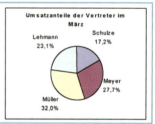

Eine Variante zu den drei einzelnen Kreisdiagrammen ist das **100%-Balkendiagramm.** Hier werden die drei Einzelaussagen in einem Diagramm mit einem Arbeitsschritt erstellt und sind so besser miteinander vergleichbar.

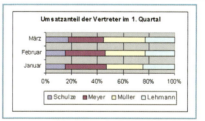

Liniendiagramm:

Liniendiagramme werden vorzugsweise zur Darstellung von wenigen Datenreihen mit jeweils sehr vielen Daten benutzt. Anwendungsbeispiele können Geld- oder Wert- oder Zinsentwicklungen über einen bestimmten Zeitraum sein.

Liniendiagramme eignen sich auch zum Darstellen großer Zahlenmengen, die aus naturwissenschaftlichen Experimenten stammen und eine (meist zeitliche) Entwicklung darstellen.

> Die Liniendiagramme können mit oder ohne Datenpunkte dargestellt werden. Es können aber auch *nur* die Datenpunkte erscheinen. Die dreidimensionale Variante von Liniendiagrammen existiert ebenfalls.

Im untenstehenden Beispiel, das aus einem realen Experiment mit einem Fadenpendel stammt (aufgezeichnet mit einem Vector-Scope), gibt es in der Tabelle drei Datenreihen zu je ca. 300 Messwerten: Zeit, Geschwindigkeit und Beschleunigung.

Das Diagramm wurde mit *MS Excel 3.0* erstellt. Es wurde der benutzerdefinierte Diagrammtyp „Linien auf zwei Achsen" verwendet.

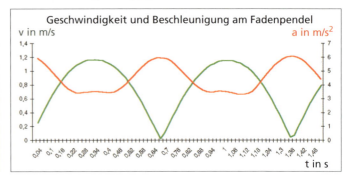

Erstellen von Diagrammen aus Tabellen

Die wichtigste Voraussetzung für das Erstellen eines Diagramms ist das richtige *Markieren*. Am Besten ist es, wenn die Zahlen und Beschriftungen kompakt zusammenstehen, das heißt, es gibt keine Leerzeilen bzw. Leerspalten.

Wenn es doch Leerzeilen/-spalten gibt, oder wenn die Tabelle Zahlen enthält, die nicht im Diagramm dargestellt werden sollen, muss die Tabelle in mehreren Teilen markiert werden (mithilfe von <Strg>). Ganz wichtig ist, dass sich um den markierten Teil ein Rechteck legen lässt, das keine Stufen hat.

Bei *Works* und *Excel* können Leerspalten bzw. -zeilen auf Nullbreite bzw. Nullhöhe zusammengeschoben werden.

In *Works* können nicht mehrere Teile mit <Strg> markiert werden.

Richtige und falsche Markierung beim Erstellen von Diagrammen:

richtig   falsch

	A	B	C	D	E	F	G	H	I
1	■		■			■		■	
2	■		■			■		■	
3	■		■			■		■	■
4	■		■			■		■	■
5	■		■			■	■	■	■

Hier sind zwei Fehler:
1. Die Spalte G muss durchgehend frei bleiben.
2. Es lässt sich kein Rechteck um den Bereich F1:I5 legen; die Zelle I1 muss auch markiert sein.

In diesem Beispiel muss die Zelle A1 mit markiert werden, da sonst die Markierung kein stufenloses Rechteck ergibt. Mithilfe von <Strg> muss so markiert werden, dass die Spalte B ohne Markierung bleibt.

		A	B	C	D
1		Januar		Februar	
2	Meier	5.320	EUR	4.376	EUR
3	Schulz	6.280	EUR	5.730	EUR

In allen Tabellenkalkulationsprogrammen steht ein **Diagrammassistent** zur Verfügung, den man nach dem Markieren aufruft.

Diagrammassistent in *Excel:*

Der Diagrammassistent wird über

M Einfügen **B** Diagramm… gestartet

oder das entsprechende Symbol in der Symbolleiste ▨ wird angeklickt:

1. Auswahl des Diagrammtyps und des entsprechenden Untertyps

2. Hier ist der Datenbereich auszuwählen. Wenn die Tabelle richtig markiert war, ist nur festzulegen, ob die Reihen oder Spalten der Tabelle in der waagerechten Achse im Diagramm dargestellt werden. Die beiden Beispieldiagramme zum Säulendiagramm unterscheiden sich dadurch (╱ S. 162).

3. Im dritten Schritt werden die Beschriftungen wie Diagrammtitel, Achsenbeschriftungen, Legende und Datenbeschriftung festgelegt.

4. Im letzten Schritt wird nur noch bestimmt, ob das Diagramm ein extra Fenster bekommen oder auf dem Tabellenblatt erscheinen soll.

Das Diagramm kann nach der Erstellung noch bearbeitet werden. Wenn der Diagrammtyp oder die Beschriftung geändert werden soll, wird das Diagramm markiert und dann der Diagramm-Assistent aufgerufen. Für Änderungen der Farbe von Diagrammteilen oder der Schriftart von Beschriftungen reicht ein Doppelklick auf das entsprechende Diagrammelement und ein Fenster zum Ändern der Eigenschaften geht auf. So lassen sich auch Skaleneinteilungen oder Gitternetzlinien ein- bzw. ausblenden.

Diagrammassistent in *Lotus 1-2-3:*

Der Diagrammassistent wird über

M Erstellen **B** Diagramm gestartet

oder das entsprechende Symbol in der Symbolleiste ▨ wird angeklickt:

Der Cursor wird auf dem Tabellenblatt zum Fadenkreuz mit angehängtem Diagramm-Symbol. Damit wird ein Rechteck auf dem Tabellenblatt für das Diagramm aufgezogen. Es erscheint dann sofort ein Standard-Säulendiagramm. Das markierte Diagramm kann verschoben oder in der Größe verändert werden.

166 Anwendungen der Informatik

Vielfältige Veränderungsmöglichkeiten stehen zur Verfügung. Mit einem Doppelklick auf das entsprechende Diagrammelement öffnet sich ein kleines Menüfenster, in dem alle Möglichkeiten für das entsprechende Diagrammelement aufgeführt sind. Das Bild zeigt beispielsweise das Menü zur Auswahl des Diagrammtyps. Dieses Menü öffnet sich bei Doppelklick auf den Diagrammrand.

Diagrammassistent in *Works*:

Der Diagrammassistent wird über

M Extras **B** Neues Diagramm erstellen… gestartet

oder das entsprechende Symbol in der Symbolleiste [Symbol] wird angeklickt:

Es öffnet sich der Diagramm-Assistent. Auch in *Works* stehen die wichtigsten Diagramm-Typen zur Auswahl.

In der **R**egisterkarte „Grundfunktionen" können nur die abgebildeten Diagrammtypen gewählt werden. Weitere Varianten können in der Nachbearbeitung des Diagramms bestimmt werden. In dieser Registerkarte muss auch der Diagrammtitel festgelegt werden. In der Registerkarte „Weitere Optionen" lässt sich unter anderem auswählen, ob die Datenreihen horizontal oder vertikal ausgerichtet sind. Es wird bestimmt, ob die Reihen oder Spalten der Tabelle in der waagerechten Achse im Diagramm dargestellt werden.

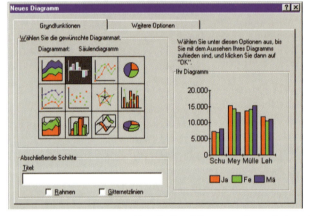

Im Unterschied zu *Excel* oder *Lotus 1-2-3* erscheint das Diagramm auf einem gesonderten Blatt. Zwischen dem Diagramm und der Tabelle kann in dem Menü „Fenster" umgeschaltet werden.

Das fertige Diagramm kann jederzeit nachbearbeitet werden:

Varianten der Diagrammtypen können jetzt über

M Format **B** Diagrammart…

ausgewählt werden.

Das Menü „Format" bietet noch weitere Befehle zur Gestaltung von Farben, Schrift, Rahmen usw. Für viele Formatierungen lassen sich einzelne Diagrammelemente doppelt anklicken, damit ein entsprechendes Menüfenster sichtbar wird.

Drucken von Diagrammen

Diagramme lassen sich auch losgelöst von den Tabellenblättern, in denen sie eingebettet sind, auf einem Blatt drucken. Dazu reicht es, das Diagramm zu markieren und dann über das Menü „Datei" wie gewohnt zu drucken.

2.3 Datenbanken

Dieser Abschnitt behandelt Grundbegriffe, spezifische Methoden und Denkweisen im Umgang mit Datenbanksystemen. Die Veranschaulichung erfolgt an Beispielen, umgesetzt mit *Microsoft Access*. Die Beispiele können aber auch für andere Datenbankprogramme adaptiert werden.

Andere Datenbanksysteme sind **dBASE für Windows**, **Lotus Approach**, **Star Base** oder **MS Works**.

2.3.1 Aufbau und Funktionen eines Datenbanksystems

Bedeutung von Datenbanksystemen und Datenbanken

Datenbanksysteme erlangen immer größere Bedeutung in einer Zeit, in der die Flut von Informationen stetig wächst. Sie ermöglichen es, beliebige Mengen an Daten zu speichern, zu systematisieren, wiederaufzufinden und verschiedene Daten untereinander zu verknüpfen (Datenverwaltung).

> Bei **Datenbanksystemen** handelt es sich um Software, die den Zugriff auf und die Verwaltung von Daten erlaubt.

Daten als passive Objekte werden in ein Datenbanksystem eingegeben, dort verarbeitet, mit ihnen wird mittels festgelegter Algorithmen manipuliert, und die Daten werden in vordefinierten Auswahlen und Sortierungen ausgegeben. Dabei können die Eingabe und die Ausgabe der Daten in einer vom Nutzer gewünschten Art und Weise gestaltet werden.

Die **Datennutzung** ist bei modernen Betriebssystemen nicht nur auf das Datenbanksystem beschränkt. Import- und Exportfunktionen erlauben auch den Austausch von Daten. So können Daten aus anderen Anwendungsprogrammen übernommen werden oder Daten aus einem Datenbanksystem in anderen Anwendungsprogrammen weiterverarbeitet werden.

Beispielsweise ist es möglich, dass Daten aus dem Datenbanksystem in einem Textverarbeitungsprogramm als Bestandteil von Serienbriefen Verwendung finden. Ein in *Winword* geschriebener Serienbrief könnte die benötigten Adressen aus einer in *Access* erstellten Adressen-Datenbank beziehen (↗ auch Abschnitt 2.1.5, S. 134, 135).

Office-Programme wie etwa *Star Office* oder *Lotus Smart Suite* sind in besonderem Maße geeignet, Daten zwischen verschiedenen Anwendungsprogrammen auszutauschen, da diese in der Office-Software gemeinsam integriert sind.

> Eine **Datenbank** ist eine systematisch strukturierte, langfristig verfügbare Sammlung von Daten. Sie umfasst auch die zur Eingabe, Verwaltung und Ausgabe dieser Daten erforderliche Software.
>
> Die **Datenbasis** bildet den Kern der Datenbank. Es ist die Gesamtmenge der abgespeicherten Daten mit ihren Beziehungen und Beschreibungen. Gewonnen wird die Datenbasis durch Modellierung von Daten aus einem definierten Ausschnitt der Realität.
>
> Die Eingabe, Verwaltung (Speicherung, Verknüpfung, Sortierung, Auswahl) und Ausgabe der Daten erfolgt über ein **Datenbanksystem**.

Gegenüber einer einfachen Auflistung der aus der Realität durch Modellbildung gewonnenen Daten bietet eine Datenbank mannigfaltige Vorteile in verschiedenen Nutzungsebenen.

Datenbanksysteme werden manchmal auch als **Datenbankmanagementsysteme** bezeichnet.

Vorteile einer Datenbank

- Die Datenbasis steht verschiedenen Nutzern für eine gemeinsame Verwendung zur Verfügung.
- Die Nutzung der Daten kann im Nutzerdialog oder durch andere Programme erfolgen.
- Die Datenbasis erlaubt verschiedenen Anwendern der Datenbank eine unterschiedliche Sicht auf die Daten.
- Die realen Daten sind unabhängig vom Programm und damit von der Verarbeitung oder Nutzung.
- Die zentrale Verwaltung einer Datenbank über den Datenbank-Administrator sichert die inhaltliche Vollständigkeit (Integrität), die logische Korrektheit (Konsistenz) und die Vergabe sowie Überwachung der Zugriffsrechte (Datenschutz).

Datenbanken begegnet man beispielsweise in Bibliotheken in Form von Bücherdatenbanken, bei Versicherungen und vielen anderen Unternehmen in Form von Kundendatenbanken, in Fotoagenturen in Form von Bilddatenbanken oder beim Kraftfahrbundesamt in Form des Verkehrszentralregisters.

Architektur einer Datenbank

Eine Datenbank ist ein äußerst komplexes Gebilde. Das nachfolgende Schema kann daher die Bestandteile nur grob veranschaulichen und ließe sich noch weiter verzweigen.

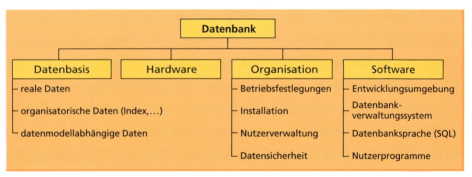

Der Nutzer kommuniziert direkt oder indirekt über eine Datenbanksprache mit dem Datenbanksystem. Standardsprache dafür ist **SQL** (**S**tructured **Q**uery **L**anguage).

Bevor man an die programmtechnische Umsetzung einer Datenbank geht, ist eine umfangreiche Vorarbeit zu leisten. Die frühen Phasen der Softwareentwicklung entscheiden in hohem Maße über die Effektivität der Programmierung, die Qualität des Programms und die Effizienz der Nutzung. Tätigkeiten in diesem Zusammenhang sind u. a.:

- die Analyse des zu modellierenden Ausschnittes aus der Realität;
- die Definition der Anforderungen an Informationsbeschaffung und -ausgabe;
- die Festlegung der Struktur der Datenbank mit allen logischen Verknüpfungen und Relationen;

- die Festlegung der Nutzerverwaltung und Anforderungen an die Datensicherheit;
- die Auswahl des Datenbank-Managementsystems;
- der Entwurf des Programmcodes.

Objekte in einer Datenbank

In einer Datenbank können unterschiedliche Daten gespeichert sein, gemeinsam ist den Daten aber eine grundlegende Struktur. Eine Datei mit einer Menge gleichartig strukturierter Daten ist dann eine **Datenbankdatei**.

Einfache Datenbanken, die nicht elektronisch gespeichert werden, sind beispielsweise Karteikästen, die viele einzelne Karteikarten enthalten. So erhält man eine gute Vorstellung vom Aufbau einer Datenbank.
Die Strukturierung von Daten erkennt man schon auf einer Karteikarte deutlich. In Abhängigkeit vom Zweck der Daten sind auf der Karteikarte Daten ganz unterschiedlicher Art, wie der Vorname, der Name, das Geburtsdatum, die Kundennummer oder der Wohnort festgehalten.

Elektronisch bereitet man solche Art Daten oft in Tabellenform auf. Sehr viele moderne Datenbanksysteme beruhen auf der Basis von Tabellen.

Tabellarisch könnten die Daten von der Karteikarte folgendes Aussehen haben:

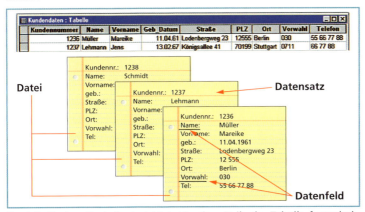

Der Begriff „Datum" darf nicht nur – wie in der Umgangssprache oft üblich – als Angabe des Tages verstanden werden. Vielmehr handelt es sich dabei z. B. um die Kundennummer, den Namen oder die Ortsangabe. Jede dieser Angaben ist ein Datum.

Der Inhalt einer Karteikarte ist jetzt in einer Zeile der Tabelle festgehalten. Eine solche Zeile bezeichnet man auch als einen **Datensatz**. Ein Datensatz enthält in dem Beispiel jeweils für einen Kunden die gleiche Art von Daten. Ein Datensatz besteht aus mehreren **Datenfeldern**. Datenfelder haben jeweils einen **Feldnamen**. In der Beispieltabelle steht der jeweilige Feldname im Kopf der Tabelle als Spaltenüberschrift. Auf der

Karteikarte ist es jeweils der Begriff am linken Rand. Eine einzelne Angabe bezeichnet man als **Datum** (Mehrzahl: Daten).

Neben den Objekten Datenbankdatei, Datensatz und Datenfeld kann man auch Objekte im Bereich der Verwaltung einer Datenbank ausgliedern (↗ S. 176).

> Eine **Datenbankdatei** ist eine Menge von Informationen, die in Form von gleichartig strukturierten Datensätzen zusammengefasst und auf elektronischem Wege auf Speichermedien abgespeichert sind.
>
> Eine Datenbankdatei ist grundlegendes Objekt der Datenbasis einer Datenbank. Sie setzt sich aus Datensätzen, diese wiederum setzen sich aus Datenfeldern zusammen.

Arten von Datenbanken

Es gibt verschiedene grundlegende Konzepte der Art der Organisation von Daten in Datenbanksystemen:

– relationale,
– hierarchische und
– Netzwerk-Datenbanken.

Die elektronische Aufbereitung von Daten bietet viele Vorteile gegenüber herkömmlichen Methoden wie Karteikarten oder auf Papier geführten Tabellen. Diese Vorteile sind unter anderem:

Die technische Möglichkeit, Datenbanken untereinander zu verknüpfen birgt auch große Gefahren bezüglich des Schutzes der Persönlichkeit. In verschiedenen Datenbanken abgelegte Informationen über eine Person können kombiniert und ein umfassendes Persönlichkeitsbild (der „gläserne Mensch") erstellt werden (↗ S. 81–84).

– das Verknüpfen von Informationen aus mehreren Tabellen;
– die Auswahl bestimmter Felder;
– die schnelle Sortierung des gesamten Datenbestandes nach einem bestimmten Feld;
– die Auswahl von Datensätzen, die bestimmte Kriterien erfüllen;
– die vielfältigen Möglichkeiten der Auswertung und Darstellung der Daten;
– die Möglichkeit, Daten oder die Struktur der Daten schnell ändern zu können.

> In einer **relationalen Datenbank** ist es möglich, Verknüpfungen (Relationen) zwischen den einzelnen Dateien herzustellen. Durch das Verknüpfen der Daten besteht die Möglichkeit, völlig neue Informationen zu erhalten und die Speicherung der Daten wird effektiviert.

Im Folgenden wird eine mit *MS Access* erstellte Beispieldatenbank, die zur praktischen Illustrierung theoretischer Erläuterungen dienen soll, verwendet. Diese Beispieldatenbank enthalte neben der Tabelle mit den Kundenangaben noch eine Tabelle mit den Aufträgen, den Auftragsdetails und eine mit Produkten. Diese Tabellen enthalten die im Schema dargestellten Datenfelder.

Zur eindeutigen Zuordnung der Datensätze eignen sich häufig Nummern besser als Texte. Daher ist es üblich, mit Kundennummern, Bestellnummern, Rechnungsnummern usw. zu operieren.

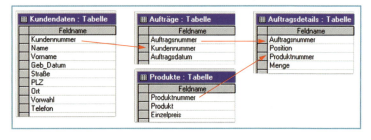

Durch das Verknüpfen der Daten untereinander müssen in jeder Tabelle nur die zur eindeutigen Zuordnung notwendigen Daten festgehalten werden. Alle zusätzlichen Informationen werden bei Bedarf durch die Verknüpfung aus den anderen Tabellen gewonnen.

> Die Beziehungen zwischen den verschiedenen Tabellen sind in dem Schema auf Seite 170 durch Pfeile hervorgehoben. Das Feld „Kundennummer" stellt eine Verknüpfung zwischen den Tabellen „Kundendaten" und „Aufträge" her. Über das Feld „Produktnummer" sind die Tabellen „Produkte" und „Auftragsdetails" miteinander verknüpft.
> Die Tabelle mit den Aufträgen muss z. B. nur wenige Daten enthalten. Alle anderen Informationen lassen sich leicht erschließen. Die Kundennummer in den Aufträgen erlaubt es, diesen Auftrag eindeutig einem Kunden (und damit beispielsweise die Lieferanschrift) zuzuordnen. Analog werden die einzelnen Positionen des Auftrags in der Tabelle „Auftragsdetails" gespeichert und von dort besteht über die Produktnummer eine Beziehung zur Tabelle mit den Produktangaben. Es besteht auf diese Art z. B. die Möglichkeit vor dem Ausdrucken des Auftrages aus der bestellten Menge und dem gegebenen Einzelpreis den für ein Produkt und den gesamten Auftrag zu zahlenden Endpreis zu berechnen.

Die Art der Beziehungen kann dabei verschieden sein.

- Einem Element der Menge A wird genau ein Element der Menge B zugeordnet (1:1-Beziehung)
- Einem Element der Menge A werden n verschiedene Elemente der Menge B zugeordnet (1:n-Beziehung).
- m Elementen der Menge A werden n Elemente der Menge B zugeordnet (m:n-Beziehung).

Beziehung (engl. relationship):
Daher kommt auch der Name „relationale Datenbank", da Relationen, Beziehungen zwischen den Objekten, den Datenbankdateien, bestehen.

- Zu einem Auftrag gehört genau ein Kunde.

1 : 1

- Ein Kunde kann mehrere Aufträge erteilen.

1 : n

- In m Fabriken werden die gleichen n Produkte hergestellt.

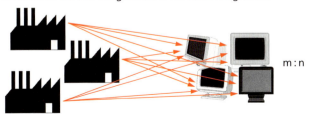

m : n

Schlüsselfelder

Jedes Objekt der Realität verfügt über verschieden Eigenschaften. Eine Menge von Objekten wird oft nach einem oder mehreren Kriterien zusammengefasst. Jedes einzelne Element aus einer Objektmenge muss für die effektive elektronische Verarbeitung in einer Datenbank genau identifizierbar sein.

> Jeder Mensch zählt zu bestimmten Gruppen (Männer oder Frauen; Europäer oder Australier; Bahnfahrer oder Autofahrer). Innerhalb einer Gruppe mit bestimmten Gemeinsamkeiten lässt sich aber jedes Element auf der Grundlage individueller Unterschiede auch herausfiltern, identifizieren. Grundlage dafür können Eigenschaften sein, die mit den Gruppeneigenschaften direkt nichts zu tun haben. So lässt sich z. B. jeder Mensch auf Grund seiner Fingerabdrücke aus einer dieser Gruppen herausfinden.

zählen (engl. count)

Existiert bei Objektgruppen kein zur eindeutigen Identifikation geeignetes Merkmal, so wird oftmals ein solches Merkmal zusätzlich definiert. Vielfach sind das Nummern, die einem bestimmten Schema unterliegen oder die die Objekte durchzählen, so genannte *Counter*.

> In der Praxis sind das etwa Kundennummer, Artikelnummer, Bestellnummer, Versicherungsnummer oder Rechnungsnummer.

In Datenbanken ist es von elementarer Wichtigkeit, Felder zur eindeutigen Identifizierung von Datensätzen möglichst in jede Tabelle zu integrieren. Diese Felder werden auch als **Primärschlüsselfelder** bezeichnet.

> Ein **Primärschlüssel** ist die Eigenschaft eines Datenfeldes, auf Grund derer jeder Datensatz der Datenbank eindeutig identifiziert werden kann. Ein Primärschlüssel kann auch aus mehreren Eigenschaften zusammengesetzt sein oder als neue Eigenschaft (z. B. Nummer) definiert werden.

> Es ist z. B. möglich, Kunden nach den Nachnamen zu identifizieren. Die Wahrscheinlichkeit dafür, dass z. B. zwei Kunden den Nachnamen Müller tragen, ist aber relativ hoch. Auch die Identifizierung der Kunden mittels Nachname und Vorname ist problematisch, es gibt z. B. mehrere Menschen, die Müller, Volker heißen. Die Vergabe von eindeutigen Kundennummern ist deswegen die sicherste und verbreitetste Methode, jeden Kunden in der Datenbank eindeutig zu identifizieren.

⋮	⋮	⋮
Lehmann	Lehmann, Jörg	10132 Lehmann, Jörg
Müller	Müller, Monika	11112 Müller, Monika
Müller	Müller, Volker	10148 Müller, Volker
Müller	Müller, Volker	12352 Müller, Volker
Neumann	Neumann, Beate	10036 Neumann, Beate
Neumann	Neumann, Bianca	11637 Neumann, Bianca
Opolka	Opolka, Gerald	13382 Opolka, Gerald
⋮	⋮	⋮

Funktionen eines Datenbanksystems

Die grundlegenden Funktionen einer Datenbank lassen sich in die drei Bereiche Eingabe – Verarbeitung – Ausgabe unterteilen. In den verschie-

Datenbanken 173

denen Datenbankprogrammen sind die diesen grundlegenden Funktionen zugeordneten Datenbankobjekte oft recht leicht über Menüpunkte, Schalter oder ein Karteisystem mit Reitern erreichbar.

Das Datenbankfenster in *Microsoft Access für Windows* enthält beispielsweise eine Reihe von Optionen zum Anzeigen von und Arbeiten mit Datenbankobjekten. Durch das Klicken auf den entsprechenden Menüpunkt kann schnell zwischen unterschiedlichen Objekten gewechselt werden.

In ähnlicher Weise ist das Regiezentrum des Programms *dBASE für Windows* aufgebaut. Auch hier sind die verschiedenen Datenbankobjekte geordnet und schnell verfügbar.
In der Menüleiste existiert ein eigener Menüpunkt „Regiezentrum".

Das Regiezentrum in *dBASE für Windows* ist schnell über das entsprechende Icon erreichbar.

Neben grundlegenden Objekten der Datenbasis einer Datenbank wie Datenfeld, Datensatz und Datenbankdatei gibt es auch Objekte wie Tabellen, Abfragen, Formulare, Berichte, Makros und Modulen. Diese Objekte stehen für die verschiedenen möglichen Funktionen des Datenbankmanagementsystems.

Funktion	Datenbankobjekte
Erstellen der Datensatzstruktur	Tabellen
Eingabe von Daten	Tabellen; Formulare
Suchen/Ausfiltern von Daten	Abfragen
Ausgabe von Daten	Berichte
Berechnen von Daten	Formulare; Abfragen; Berichte
Steuern von Programmabläufen	Makros; Modulen

2.3.2 Erstellen einer Datenbank / Datensatzstruktur

Oberfläche von Datenbanksystemen

Nach dem Doppelklick auf das Programmsymbol für ein Datenbanksystem erscheint neben dem Programmfenster oftmals noch ein zweites Fenster, in dem der Nutzer die Wahl hat, eine bestehende Datenbank zu öffnen oder eine neue anzulegen. Für die Oberfläche eines Datenbanksystems soll an dieser Stelle stellvertretend die Oberfläche von *MS Access* erläutert werden. In anderen Datenbanksystemen ist der prinzipielle Aufbau ähnlich, sodass ein Umlernen schnell möglich ist.

A **Titelleiste des Datenbanksystems** mit dem Namen des Anwendungsprogramms sowie Schaltern zum Minimieren, Maximieren bzw. Schließen des Datenbanksystems

B **Menüleiste** mit Pull-Down-Menüs; die Menüs und deren Befehle wechseln in Abhängigkeit davon, mit welchem Objekt der Anwender momentan arbeitet

C **Symbolleiste** mit Symbolen für häufig verwendete Befehle; die Symbolleiste ist individuell vom Anwender konfigurierbar; die Symbolleiste wechselt in Abhängigkeit davon, mit welchem Objekt der Anwender momentan arbeitet

D **Arbeitsfläche** mit dem Datenbankfenster als Zentrale der Datenbank

E **Titelleiste des Datenbankfensters** mit dem Namen der Datenbank sowie Schaltern zum Minimieren, Maximieren bzw. Schließen des Datenbankfensters

F **Menüleiste** für die verschiedenen Objektklassen des Datenbanksystems; durch Klicken auf die entsprechende Registerkarte am oberen Rand des Datenbankfensters kann schnell zwischen unterschiedlichen Objekten gewechselt werden

G **Schalter** zum Öffnen bzw. Bearbeiten eines ausgewählten Objekts oder zur Neuanlage eines Objekts der gewählten Objektklasse

H **Liste** mit den Namen der Objekte einer aktuell gewählten Objektklasse

J **Statuszeile** mit Informationen und Hilfetexten

Programmsymbole verschiedener Datenbanksysteme

Datenbanken 175

Erstellen einer Datenbank

> Der erste Schritt bei der Neuanlage einer Datenbank ist das **Erstellen der Datensatzstruktur** der erforderlichen Datenbankdateien, meist in Form von Tabellen. Dazu müssen Datenfelder festgelegt und alle Eigenschaften dieser Felder definiert werden.

Viele Eigenschaften der Datenfelder verfügen über Standardeinstellungen, wodurch der Aufwand für die Erstellung einer Datenbank erheblich reduziert wird. In die neu angelegte Datenbankdatei (Tabelle) können dann Daten eingegeben werden, die im Folgenden die Grundlage für alle weiteren Datenbankfunktionen, wie z. B. das Auswählen von Daten oder das Ausgeben von Listen, bilden.

Kunden-Datenbank:
Die Tabelle „Kundendaten" soll alle Angaben zu den Kunden enthalten.
- **M** Tabellen **S** Neu
- „Entwurfsansicht" auswählen
- **S** OK (Es öffnet sich ein Fenster zum Entwerfen der Struktur der Tabelle „Kundendaten".)

Das Umschalten zwischen dem Entwurfsmodus und der Datenblattansicht erfolgt entweder über das **M**enü Ansicht und den **B**efehl Tabellenentwurf bzw. Datenblatt oder mittels der entsprechenden Schalter in der Symbolleiste:

 Die Datenblattansicht einer Tabelle ist die „normale" Ansicht einer Tabelle mit allen Reihen und Spalten, wie man sie aus Textverarbeitungs- oder Tabellenkalkulationsprogrammen bzw. von handgeschriebenen Tabellen auf Papier kennt.

 Innerhalb einer Tabelle müssen sich die Feldnamen unterscheiden. In verschiedenen Tabellen können auch gleiche Feldnamen verwendet werden. Von dieser Möglichkeit sollte man aber nur Gebrauch machen, wenn gleiche Inhalte gemeint werden. Sinnvoll ist es, in der Tabelle „Kunden" ein Feld „Kundennummer" anzulegen und auch in der Tabelle „Aufträge" mit dem Feld „Kundennummer" eine Verknüpfungsmöglichkeit zu schaffen.

> Für jedes Datenfeld in einer neu erstellten Datenbankdatei müssen drei Eigenschaften festgelegt werden:
> **Feldname, Felddatentyp** und **Feldgröße**.

Der **Feldname** gibt den Namen eines Feldes in der Tabelle an. Der Name sollte aussagekräftig sein und muss sich von anderen Feldnamen unterscheiden.
In vielen Programmen gibt es Einschränkungen bezüglich der Länge des Feldnamens. Er kann dann z. B. maximal 64 Zeichen lang *(MS Access)* oder nur 15 Zeichen lang *(MS Works)* sein.

176 Anwendungen der Informatik

Ein **Datentyp** besteht aus einem oder mehreren Wertebereichen mit den jeweils zulässigen Operatoren. Daten sind Elemente eines dieser Wertebereiche. Es gibt elementare Datentypen, aus denen mithilfe von „Konstruktoren" Datenstrukturen zusammengesetzt werden. (↗ S. 26–28)

Die Eigenschaft **Felddatentyp** dient dazu, den Typ – den Wertebereich, aus dem die Daten entnommen werden können – der in einem Tabellenfeld gespeicherten Daten anzugeben. Jedes Feld kann nur Daten eines einzelnen Datentyps speichern.

Die Eigenschaft **Feldgröße** ist nur für Felder, die den Datentyp „Text" oder „Zahl" enthalten von Bedeutung. Mit dieser Eigenschaft kann die maximale Datenmenge festgelegt werden, die in einem Feld gespeichert werden kann.

Die nachfolgende Tabelle listet am Beispiel von *MS Access* verschiedene Datentypen auf.

Die genaue Bezeichnung der Datentypen, deren Größe und die Anzahl der dem Nutzer zur Verfügung stehenden Datentypen ist in den verschiedenen Datenbankprogrammen nicht einheitlich.

Datentyp	Erläuterung	Größe
Text oder Alphanumerisch	Text oder Kombinationen aus Text und Zahlen, die keine Berechnungen erfordern (z. B. Namen oder Telefonnummern)	max. 255 Zeichen
Memo	langer Text oder Kombinationen aus Text und Zahlen	max. 64 000 Zeichen
Zahl oder Numerisch	numerische Daten, die in mathematischen Berechnungen verwendet werden	1, 2, 4, 8 oder 16 Bytes
Datum/ Zeit	Datum- und Zeit-Werte für die Jahre 100 bis 9999	8 Bytes
Währung	Währungswerte und numerische Daten, die in mathematischen Berechnungen verwendet werden und eine bis vier Dezimalstellen enthalten	8 Bytes
AutoWert oder Zähler	eine eindeutige, fortlaufende Zahl (jeweils um 1 hochgezählt) oder eine Zufallszahl; wird beim Anlegen eines neuen Datensatzes in eine Tabelle automatisch eingetragen	4 oder 16 Bytes
Ja/Nein oder Logisch	der Wertebereich besteht nur aus 2 Werten (Ja/Nein; True/False, Wahr/Falsch, Ein/Aus)	1 Bit
OLE-Objekt	ein eingebettetes Objekt, welches mit einem anderen Programm erstellt worden ist (Kalkulationstabelle, Textdokument, Grafik oder Klang)	bis zu 1 Gigabyte

OLE ist die Abkürzung für **O**bject **L**inking and **E**mbedding (Objekt Verknüpfen und Einbetten; s. Abschnitt 2.5.1).

Zum Vergleich enthält die folgende Tabelle eine Auflistung der Datentypen, die in anderen Datenbankprogrammen implementiert sind.

Datenbanken

dBase für Windows	Lotus Approach	Starbase	Microsoft Works
Alphanumerisch	Text	Text	Text
Numerisch	Numerisch	Zahl	Zahl
Währung		Währung	
Datum	Datum	Datum	Datum
Uhrzeit	Zeit	Zeit	Uhrzeit
Zähler			Seriell (Autowert)
Logisch	Logisch		Wahrheitswert
Integer (kurz) Memo Binär Formatiertes Memo OLE Grafik Datum/Uhrzeit Integer (lang) Binär (intern) BCD (binärcodierte Dezimalzahlen)	Berechnen Memo Picture Plus (z. B. für OLE-Objekte)	Bruch	Bruch Prozent Wissenschaft Benutzerdefiniert

Zu den Datentypen in *dBASE*: *Binärfelder* nehmen Binärdaten auf. Häufig dienen sie zum Speichern von Tonfolgen (Sounds). Felder des Typs *Binär (intern)* nehmen Daten auf, die vom Benutzer weder gelesen noch interpretiert werden müssen (z. B. Informationen vom Auslesen eines Barcodes oder Magnetstreifens).

Der Datentyp „Zahl" bzw. „Alphanumerisch" wird oftmals in verschiedenen Größen unterschieden. Manche Datenbankprogramme führen diese Unterteilungen des Typs „Zahl" auch als eigenständige Datentypen auf.

Wird die Einstellung der Eigenschaft Feldgröße von einer großen Zahl in eine kleinere geändert und das zu ändernde Feld enthält bereits Daten, gehen möglicherweise Daten in diesem Feld verloren. Verändert man z. B. die Einstellung der Eigenschaft Feldgröße für ein Feld vom Datentyp Text von 255 auf 50, so gehen die Daten ab dem 51. Zeichen alle verloren.

Einstellung	Erläuterung	dezimale Genauigkeit	Speichergröße
Byte	Zahlen von 0 bis 255	keine	1 Byte
Integer	Zahlen von −32 768 bis 32 767	keine	2 Bytes
Longinteger	Zahlen von −2 147 483 648 bis 2 147 483 647	keine	4 Bytes
Single	Zahlen von $-3{,}402823 \cdot 10^{38}$ bis $3{,}402823 \cdot 10^{38}$	7	4 Bytes

Einstellung	Erläuterung	dezimale Genauigkeit	Speichergröße
Double	Zahlen von –1,79769313486232 E308 bis 1,79769313486232 E308	15	8 Bytes
Replication ID	eine eindeutige, fortlaufende Zahl		16 Bytes

Zum Nachvollziehen des Beispiels in diesem Buch sollten vier Tabellen angelegt werden. Die Struktur der Tabelle „Kundendaten" ist weiter oben der Abbildung zu entnehmen. Dem Feld „Kundennummer" wurde die Feldgröße „Long Integer" zugewiesen, das Feld „PLZ" wurde als „Integer" definiert. Für alle Textfeldern in dieser und den folgenden Tabellen wurden die Feldgröße 50 gewählt, für alle Zahlenfelder die Feldgröße „Long Integer". Die Struktur der drei Tabellen „Aufträge", „Auftragsdetails" und „Produkte" ist aus der nachfolgenden Abbildung ersichtlich.

Bei *MS Access* werden Datenfelder, die als Primärschlüsselfelder festgelegt wurden, mit dem Schlüsselsymbol gekennzeichnet.

Aufträge : Tabelle	
Feldname	Felddatentyp
🗝 Auftragsnummer	Zahl
Kundennummer	Zahl
Auftragsdatum	Datum/Zeit

Auftragsdetails : Tabelle	
Feldname	Felddatentyp
🗝 Auftragsnummer	Zahl
🗝 Position	Zahl
Produktnummer	Zahl
Menge	Zahl

Produkte : Tabelle	
Feldname	Felddatentyp
🗝 Produktnummer	Zahl
Produkt	Text
Einzelpreis	Währung

Gültigkeitsprüfung

Es sollte nur einer geringen Anzahl von Personen gestattet sein, die Datenbasis zu pflegen. Die Auswertung/Nutzung der Datenbestände führt in der Regel nicht zur Manipulation der Daten und ist daher nicht so sensibel.

Im Zuge der Datenbankadministration ist genau festgelegt, welche Nutzer Rechte innerhalb der Datenbank haben. In der Praxis ist es häufig der Fall, dass mehrere Anwender zur Eingabe von Daten berechtigt sind. Die interne technische Steuerung der Koordination des Zugriffs auf die Daten regelt das Datenbankmanagementsystem. Die Überprüfung der externen Dateneingaben unter inhaltlich logischen Aspekten gestaltet sich schwierig. Daher verfügen moderne Datenbankprogramme über die Möglichkeit, Eingaben von Nutzern zu überprüfen und nur solche Eingaben zu akzeptieren, die vorgegebene Grenzen nicht überschreiten. Das stellt sicher, dass weniger falsche Eingaben in ein Datenfeld erfolgen können. Festlegungen zum Gültigkeitsbereich sowie zu eventuellen Hilfestellungen für den Nutzer bzw. zur Ausgabe von Fehlermeldungen erfolgen bei der Erstellung der jeweiligen Datenfelder oder können durch Implementation eigens erstellter Überprüfungsroutinen realisiert werden.

In *MS Access* kann im Entwurfsmodus der Tabelle festgelegt werden, welche Gültigkeitsregeln für ein konkretes Feld einzuhalten sind und welche Gültigkeitsmeldung im Falle einer unkorrekten Dateneingabe an den Nutzer ausgegeben wird. Diese Festlegungen können auch später geändert werden. Die Gül-

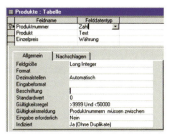

tigkeitsüberprüfung erfolgt nur für neu eingegebene Daten, nicht für bereits bis zu diesem Zeitpunkt eingegebene Daten. In dem Beispiel sind nur Produktnummern von 10000 bis 49999 erlaubt.

Ein Beispiel für eine Prozedur zur Gültigkeitsprüfung ist der Event-Handler „Valid" in *dBASE für Windows*. Er legt eine Bedingung fest, deren Auswertung .T. (true, wahr) ergeben muss, bevor ein anderes Objekt zum aktiven Objekt werden kann (den Fokus erhält). Eine Anwendung kann z. B. durch den Event-Handler „Valid" eines Eingabefeldes die Eingabe ungültiger Produktnummern verhindern. Hat ein Anwender eine ungültige Produktnummer eingegeben, kann er das Eingabefeld nicht verlassen, bis die Eingabe entsprechend korrigiert wurde. Zusätzlich existieren die Eigenschaften „RangeMax" und „RangeMin". Beide legen jedoch nur Ober- und Untergrenzen fest, während „Valid" sehr unterschiedliche Gültigkeitsprüfungen vornehmen kann.

Vorgabewert und Format

Bereits bei der Definition von Datenfeldern können die Eigenschaften „Vorgabewert" (oder „Standardwert") und „Format" definiert werden. Die Nutzung dieser Eigenschaften hat zwei Vorteile:
- Verminderung des Aufwands bei der Dateneingabe,
- Verminderung der Wahrscheinlichkeit von Fehleingaben.

In der Tabelle „Aufträge" ist es sinnvoll, für das Feld „Auftragsdatum" festzulegen, dass automatisch bei jedem neuen Datensatz das aktuelle Tagesdatum als Auftragsdatum eingetragen wird. Bei *MS Access* erfolgt das über den Standardwert „Jetzt()". Dieses Datum kann auch in einer bestimmten Art angezeigt werden.

Im Beispiel ist es das Format „Datum, mittel", welches die Ausgabeform „28. Apr. 90" erzeugt. In *Lotus Approach* steht z. B. eine Vielzahl von Datumsformaten in einer Auswahlliste zur Verfügung. Aus dieser Liste kann das gewünschte Eingabeformat ausgewählt und für das Datenfeld festgelegt werden.

In *Lotus Approach* kann bei der Definition der Felder als Vorgabewert der Wert aus dem vorhergehenden Datensatz übernommen werden. Das ist sinnvoll, wenn nacheinander viele Datensätze mit ähnlichem Inhalt eingegeben werden sollen (z. B. Kunden, von denen viele jeweils aus dem gleichen Ort stammen).

Sortierschlüssel

Bei der Datenverwaltung (z. B. dem Hinzufügen, Ändern, Löschen von Daten) müssen unter Umständen riesige Datenmengen neu sortiert oder beim Suchen von Daten ein gewaltiger Datenbestand durchsucht werden. In Datenbanksystemen kann man Datenfelder angeben, nach denen die Datensätze sortiert werden sollen.

Es ist zu bedenken, dass Indizes bestimmte Aktionsabfragen, wie z. B. Anfügeabfragen, auch verlangsamen können, wenn bei diesen Operationen zu viele Indizes aktualisiert werden müssen.

> Datenfelder können durch einen **Sortierschlüssel (Index)** gekennzeichnet werden. Im Index wird die Position der Datensätze gespeichert.
>
> Die Anlage eines Sortierschlüssels ist sinnvoll für Datenfelder, in denen häufig gesucht wird, nach denen die Datensätze sortiert werden sollen oder die mit Feldern anderer Tabellen verknüpft werden sollen. Das Primärschlüsselfeld (↗ S. 172) einer Tabelle wird automatisch indiziert.

Bei der Arbeit mit *MS Access* wird unter der Registerkarte „Allgemein" bei „Indiziert" ein „Ja" eingetragen.

Arbeitet man mit Indizes, so muss nach Änderungen am Datenbestand nur der Index aktualisiert oder bei einer Suchanfrage durchsucht werden.

Es ist möglich, Indizes auf ein einzelnes Feld oder auf mehrere Felder zu legen. Zusammengesetzte Indizes erlauben das Unterscheiden zwischen Datensätzen, deren Inhalt im ersten Feld möglicherweise identisch ist.

Mehrfachindexdateien werden unter *dBASE* in einer Datei mit der Erweiterung .MDX gespeichert. Jeder Index erhält einen Namen (den so genannten Indexeintrag), mit dessen Hilfe er sich eindeutig identifizieren lässt.

Wenn häufig in einer Abfrage Kriterien für die Felder „Nachname" und „Vorname" erstellt werden, empfiehlt es sich, einen zusammengesetzten Index über diese beiden Felder zu erstellen. Bei einer Sortierung unter Verwendung eines zusammengesetzten Index, wird zuerst nach dem ersten für diesen Index definierten Feld sortiert, z. B. nach „Nachname". Sobald Datensätze mit Duplikatwerten im ersten Feld gefunden werden, erfolgt die Sortierung nach dem zweiten für den Index definierten Feld „Vorname" (↗ Beispiel S. 172).

Die verschiedenen Datenbankmanagementsysteme haben unterschiedliche Arten und Methoden der Speicherung von Indizes. Sie werden entweder *intern (MS Access)* oder in *externen* Index-Dateien gespeichert *(dBASE für Windows)*.

Es ist nicht möglich, einen Index für ein Feld vom Datentyp Memo oder OLE-Objekt zu definieren.

Datensätze lassen sich in steigender Reihenfolge, vom niedrigsten zum höchsten Wert (Standardeinstellung), oder in fallender Reihenfolge, vom höchsten zum niedrigsten Wert des Sortiermerkmals, anordnen.
Numerische Felder werden nach dem Wert geordnet, bei Feldern des Datentyps „Zeichen" wird die Reihenfolge der jeweiligen ASCII-Zeichen von links beginnend zur Sortierung herangezogen.

Sortierung bei verschiedenen Feldtypen:

numerische Felder	alphanumerische Felder
24	113
39	24
113	39

Datenbanken **181**

Optimieren der allgemeinen Leistung von Datenbanken

Optimale Leistungen der Datenbank lassen sich unter Beachtung folgender Richtlinien für den Entwurf der Datenbank erreichen:

A Tabellen sollten keine redundanten (unnötigen) Datenfelder enthalten. Ein guter Datenbankentwurf ist eine Grundvoraussetzung für schnelles Abrufen und Aktualisieren von Daten. Wenn trotzdem für bestimmte andere Zwecke entsprechende Daten benötigt werden, sollten verbundene Detailtabellen erstellt werden, damit die Daten effizienter gespeichert werden. Dieser Vorgang wird als **Normalisierung** bezeichnet.

B Für die Felder sollte jeweils der geeignete Datentyp und die kleinste Feldgröße festgelegt werden. Damit kann in der Datenbank Speicherplatz eingespart und Verknüpfungsoperationen können verbessert werden.

C Für Felder, die sortiert, verknüpft oder für die häufig Kriterien festgelegt werden sollen, sind Indizes (Sortierschlüssel) vorteilhaft. Dadurch lassen sich wesentliche Verbesserungen in der Geschwindigkeit von Abfragen erzielen. Das Suchen von Datensätzen über das Dialogfeld „Suchen" ist ebenfalls wesentlich schneller, wenn ein indiziertes Feld durchsucht wird. In einem zusammengesetzten Index sollten nur so viele Felder im Index verwendet werden, wie unbedingt notwendig.

D Indizes benötigen Plattenspeicher und verlangsamen das Hinzufügen, das Löschen und das Aktualisieren von Datensätzen. In den meisten Fällen überwiegen aber die Vorteile der Geschwindigkeit von Indizes beim Datenabruf gegenüber diesen Nachteilen.

2.3.3 Dateneingabe

Markieren von Daten und Objekten in Tabellen

Das Markieren von Daten bzw. Objekten der Datenbank ist eine Voraussetzung, um mit den Daten und Objekten zu manipulieren. Vier verschiedene Bereiche werden innerhalb einer Tabelle oft markiert:

1. Markieren eines Datums (einer Zelle)
   - Doppelklick mit der Maus auf das entsprechende Datum, in die entsprechende Zelle
   - mit der Tabulator-Taste bewegt man sich von einem Datum zum nächsten; dabei wird das neu erreichte Datum vollständig markiert

2. Markieren eines Datensatzes (einer Zeile)
   - den Cursor in die entsprechenden Zeile links neben den Datensatz bewegen; der Cursor ändert seine Form zu einem dicken schwarzen Pfeil, der nach rechts zeigt; ein Mausklick markiert nun den gesamten Datensatz (die ganze Zeile)
   - mit der Maus an eine beliebige Stelle innerhalb des Datensatzes klicken; **M** Bearbeiten **B** Datensatz markieren

3. Markieren eines Datenfeldes (einer Spalte)
   - den Cursor in den Kopf (zum Namen) des Datenfeldes bewegen (er ändert seine Form in einen schwarzen Pfeil, der nach unten zeigt); ein Mausklick markiert die Spalte

4. Markieren aller Datensätze
   - ein Klick mit der Maus auf den Schalter ganz links oben im Tabellenkopf führt zum Markieren aller Datensätze der aktuellen Datenbank

   - mit der Maus an eine beliebige Stelle innerhalb der Datenbank klicken; **M** Bearbeiten **B** Alle Datensätze auswählen

Zum *Ändern der Spaltenbreite eines Datenfeldes* gibt es zwei Vorgehensweisen:

In *MS-Access* kann, wenn die Maus sich zum Doppelpfeil gewandelt hat, ein Doppelklick ausgeführt werden. Dann wird automatisch die optimale Spaltenbreite eingestellt. In *dBASE für Windows* funktioniert dieser Trick leider nicht.

- den Cursor im entsprechenden Datenfeldkopf auf den rechten Rand führen (er ändert seine Form in einen Doppelpfeil); durch Ziehen mit der Maus wird die Spaltenbreite angepasst

- mit der Maus an eine beliebige Stelle innerhalb des Datenfeldes (der Spalte) klicken; **M** Format **B** Spaltenbreite ...;
  im nun erscheinenden Fenster kann die Breite der Spalte eingegeben werden; wahlweise kann die Breite auch automatisch angepasst oder auf die Standardbreite eingestellt werden

Navigation in Tabellen

Nachdem man im Datenbankfenster oder Regiezentrum die Tabellenobjekte angewählt und die gewünschte Tabelle gewählt hat, kann die Tabelle durch einen Doppelklick auf den entsprechenden Namen oder Betätigen des Schalters „Öffnen" geöffnet werden.

Bei der Eingabe von Daten in eine Tabelle empfiehlt es sich, die Funktionsweise einiger Tasten der Tastatur zu kennen.

Taste	Funktionsweise
<→|>	bewegt den Cursor zum nächsten Datenfeld nach rechts
<⇧> + <→|>	bewegt den Cursor zum nächsten Datenfeld nach links
<Pos1>	bewegt den Cursor zum ersten Datenfeld des aktuellen Datensatzes
<Ende>	bewegt den Cursor zum letzten Datenfeld des aktuellen Datensatzes
<Bild ↑>	bewegt den Cursor innerhalb des aktuellen Datenfeldes einen Bildschirm weiter nach oben
<Bild ↓>	bewegt den Cursor innerhalb des aktuellen Datenfeldes einen Bildschirm weiter nach unten
<Einfg>	schaltet den Überschreibmodus ein bzw. aus

Datenbanken 183

Eine leichte Navigation ist auch mittels der vier Cursor-Tasten möglich. In vielen Datenbankprogrammen stehen **Navigationsleisten** zur Verfügung. Die Handhabung ist immer ähnlich.

Navigationsleiste in *MS Access*:

einen Datensatz zurück — einen Datensatz vorwärts — einen neuen Datensatz erstellen
zum ersten Datensatz — zum letzten Datensatz

Durch Eingabe der Datensatznummer in das weiße Feld der Navigationsleiste kann man bei *MS Access* schnell zu jedem beliebigen Datensatz gelangen.

Navigationsleiste in *dBASE für Windows*:

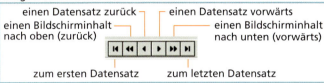

einen Datensatz zurück — einen Datensatz vorwärts
einen Bildschirminhalt nach oben (zurück) — einen Bildschirminhalt nach unten (vorwärts)
zum ersten Datensatz — zum letzten Datensatz

Navigationsleiste in *Lotus Approach*:

Es gibt zwei kleine Navigationsleisten, eine in der Symbolleiste, eine in der Statuszeile. Die erstere hat Schalter, um einen Datensatz vorwärts, rückwärts oder zum ersten bzw. letzten Datensatz zu gelangen. Die zweite Leiste hat nur Schalter, um einen Datensatz vorwärts, rückwärts oder zu einem frei gewählten Datensatz zu gelangen. Dazu klickt man auf den Schalter „Datensatz x" und erhält ein Fenster, in dem man die Nummer des gewünschten Datensatzes angibt.

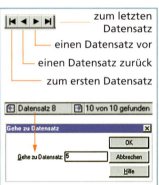

zum letzten Datensatz
einen Datensatz vor
einen Datensatz zurück
zum ersten Datensatz

Dateneingabe in Tabellen / Listen

In Tabellen lassen sich die Daten *direkt* in Text-, Zeichen-, Datums-, Zahlen-, Währungs-, numerische oder logische Felder eingeben.
Vielfach existieren in den Datenbankprogrammen Tastencodes oder Menübefehle, um den gesamten Inhalt eines Memo-, Binär- oder OLE-Feldes anzuzeigen. Es wird dafür ein gesondertes Fenster geöffnet.

In *dBASE für Windows* markiert man das entsprechende Memo-, Binär- oder OLE-Feld und wählt **M** Ansicht **B** Feldinhalt bearbeiten oder man drückt die Taste <F9>. Der Inhalt von Memofeldern lässt sich in *dBASE* im Texteditor, der Inhalt von OLE-Feldern im OLE-Fenster anzeigen. Zur Anzeige bzw. Ausführung von Binärfeldern dienen die dem Datentyp entsprechenden Tools, z. B. das Grafik- oder das Sound-Fenster. Der Inhalt eines formatierten Memofelds kann nicht angezeigt werden.

In *MS Access* markiert man ein Feld und drückt die Tastenkombination <⇧> + <F2>. Es öffnet sich ein Zoom-Fenster, in dem bequem auch längere Textpassagen z. B. in ein Memo-Feld eingegeben werden können.

Um den Inhalt eines Feldes in Lotus Approach zu ändern, muss in das entsprechende Feld doppelt geklickt werden. Erst dann ist der Inhalt des Feldes markiert und editierbar.

184 Anwendungen der Informatik

Schaltflächen:

MS Access / MS Works

dBASE für Windows

Star Office

Lotus Approach

Kopieren von Feldinhalten

In Datenbankprogrammen unter Windows haben die üblichen Befehle und Tastenkombinationen zum Ausschneiden, Kopieren bzw. Einfügen von Daten ebenfalls Gültigkeit.

Vorgang	Menübefehl	Tastenkombination
Ausschneiden	M Bearbeiten B Ausschneiden	<Strg> + x
Kopieren	M Bearbeiten B Kopieren	<Strg> + c
Einfügen	M Bearbeiten B Einfügen	<Strg> + v

Datensätze und Datenfelder einfügen und löschen

Das Prinzip zum Löschen von Datensätzen und Datenfeldern ist in den meisten Datenbankprogrammen ähnlich. Die Unterschiede liegen in Details und dienen nur dem Vereinfachen von Arbeitsschritten.

Zum Löschen von Datensätzen und Datenfeldern wird in der Tabelle die entsprechende Zeile (bei Datensätzen) bzw. Spalte (bei Datenfeldern) markiert. Man kann einen Bereich von mehreren Datensätzen oder -feldern markieren, indem man die erste gewünschte Zeile bzw. Spalte markiert und bei gedrückter <⇧>-Taste die letzte Zeile bzw. Spalte des gewünschten Bereiches markiert.
Dann wird über einen der folgenden drei Wege gelöscht:

- **M** Bearbeiten **B** Löschen bzw. **B** Datensatz löschen
- <Entf>-Taste drücken oder
- Löschen-Symbol in der Symbolleiste anklicken.

Vielfach erfolgt in einem separaten Fenster die Nachfrage, ob der Anwender den markierten Datensatz wirklich löschen will. Erst nach der positiven Bestätigung durch den Nutzer wird dann der Löschvorgang wirklich ausgeführt.

Löschmarken in dBase lassen sich sehr einfach in der dafür vorgesehenen Spalte „LM" durch Anklicken setzen bzw. wieder löschen.

dBASE für Windows arbeitet beim Löschen nach einem abweichenden Konzept. Dabei erfolgt das Löschen von Datensätzen in zwei Schritten:

– Zunächst werden die betreffenden Datensätze mit einer Löschmarke versehen (**M** Tabelle **B** Löschmarke setzen oder <Strg> + u).
Die Löschmarken lassen sich über **M** Tabelle **B** Tabellenoperationen… Löschmarken aufheben… wieder entfernen.

– Erst im zweiten Schritt werden die Datensätze aus der Tabelle entfernt:
M Tabelle **B** Tabellenoperationen… **B** Löschen   bzw.
M Tabelle **B** Tabellenoperationen… **B** Inhalte Löschen.
Dieser zweite Schritt lässt sich *nicht* rückgängig machen.

Zum Einfügen von Datensätzen existiert in den verschiedenen Programmen vielfach ein Symbol in der Symbolleiste. Die Menüleisten sind – bezogen auf diesen Vorgang – nach unterschiedlichen Grundmustern aufgebaut. Das kann sein

- datensatzbezogen *(MS Works)*,
- tabellenbezogen *(dBASE; Lotus Approach)*,
- einfügebezogen *(MS Access)*.

Datenbanken **185**

Daher ist der Befehl zum Einfügen (Anhängen) eines neuen *Datensatzes* an die aktuelle Tabelle in jeweils verschiedenen Menüs zu finden.

dBASE für Windows:
- **M** Tabelle **B** Datensätze hinzufügen   oder
- <Strg> + a   oder
- Symbol Datensatz hinzufügen

MS Access:
- **M** Einfügen **B** Datensatz   oder
- Symbol Datensatz einfügen (links neben Datensatz löschen)

MS Works:
- **M** Datensatz **B** Datensatz einfügen   oder
- Symbol Datensatz einfügen

Lotus Approach:
- **M** Arbeitsblatt **B** Datensätze **B** Neu   oder
- <Strg> + n   oder
- und
  aktuellen Datensatz duplizieren bzw. Einfügen einer Spalte

Wenn man in *MS Access* Datensätze aus Tabelle A kopiert, um sie in Tabelle B einzufügen, so steht nach dem Kopiervorgang der Befehl **M** Bearbeiten **B** Am Ende anfügen zur Verfügung. Die zu kopierenden Datensätze werden dann an die Datensätze der Tabelle B hinten angefügt.

Ähnlich differenziert gestaltet sich das Einfügen von *Feldern* in bestehende Tabellen. Manche Datenbankprogramme lassen in der Tabellenansicht gar keine Änderungen an der Struktur der Tabelle zu. Dann ist das Umschalten in einen anderen *Ansichtenmodus* notwendig.

dBASE für Windows:
- **M** Ansicht
  B Datensätzen bearbeiten
  oder <F2>
- **M** Ansicht
  B Struktur bearbeiten
  oder <⇧> + <F2>

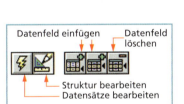

MS Access:
- **M** Einfügen
  B Spalte
  (fügt ein Textfeld ein)
- **M** Ansicht **B** Datenblatt
- **M** Ansicht **B** Tabellenentwurf
  (Im Tabellenentwurfsmodus können neue Datenfelder angelegt oder Änderungen an vorhandenen Datenfeldern vorgenommen werden.)

MS Works:
- **M** Datensatz **B** Feld einfügen

Lotus Approach:
- **M** Arbeitsblatt **B** Feld hinzufügen **S** Felddefinition…
- **M** Arbeitsblatt **B** Spalte hinzufügen

Der Entwurfs-Schalter in Lotus Approach führt aus einer Tabelle heraus *nicht* in den Entwurfsmodus der Tabellenstruktur. Er ist dafür gedacht, z. B. aus Formularen in den Formular-Entwurf zu schalten.

Daten schützen

Probleme des Datenschutzes spielen bei Datenbanken eine wichtige Rolle, da viele – in Datenbanken gespeicherte – Informationen der Unternehmen von großer Wichtigkeit und Brisanz sind. Der Verlust aller Firmendaten oder die Kenntnis all dieser Daten durch einen Mitbewerber hätte für viele Firmen den sofortigen Konkurs zur Folge. Daher muss auf administrativer Ebene grundsätzlich über den Umgang mit und den Zugang zu Daten in Datenbanken entschieden werden.

> Dem Programmierer und/oder Verwalter der Datenbank stehen neben grundsätzlichen Zugangsberechtigungen noch datenbankprogramminterne **Möglichkeiten zum Schutz der Daten** vor Verlust und Spionage zur Verfügung. Dies sind beispielsweise
> - Schutz der gesamten Datenbank mittels Passwort;
> - Anlage verschiedener Benutzergruppen mit unterschiedlichen Rechten zur Datenbankmanipulation;
> - Sperrung einzelner Daten in der Datenbank gegen unbeabsichtigtes Überschreiben.

Für eine Datenbank, die nur von einer kleinen Benutzergruppe gemeinsam oder auf einem Einzelcomputer genutzt wird, reicht es in der Regel aus, ein Kennwort festzulegen.

Sicherheitsmaßnahmen auf Benutzerebene sind die flexibelste und weitreichendste Methode zum Schützen einer Datenbank. Diese Form der Sicherheit ähnelt den in den meisten Netzwerken verwendeten Methoden. Beim Start des Datenbankprogramms muss sich der Nutzer identifizieren (ausweisen) und ein Kennwort eingeben. Dann kann er innerhalb der Datenbank nur die seiner Benutzergruppe eingeräumten Operationen ausführen. Die weitreichendsten Rechte hat der **Datenbank-Administrator**. Er richtet auch alle anderen Benutzergruppen ein und verwaltet deren Rechte.

In *MS Access* ist es möglich, über **M** Extras **B** Sicherheit vielfältige Einstellungen zum Schutz der Daten vorzunehmen.
Access unterstützt zwei Methoden zum Schützen einer Datenbank: das Festlegen eines Kennwortes

zum Öffnen einer Datenbank und Sicherheitsmaßnahmen auf Benutzerebene. Damit kann festgelegt werden, auf welche Teile der Datenbank eine Benutzergruppe zugreifen oder welche Teile sie ändern kann.

Denkbar wäre, dass die Benutzergruppe „Service" die Kundendaten einsehen und ändern darf, nicht aber Veränderungen an der Struktur der Tabelle „Kundendaten" vornehmen kann. Das bleibt dem Administrator vorbehalten. Weiterhin dürfte die Benutzergruppe „Service" z. B. in der Tabelle „Produkte" zwar Einsicht nehmen, aber keine Veränderung an den Daten vornehmen.

Datenbanken 187

▌ In *Lotus Approach* finden sich die Einstellmöglichkeiten für die Zugriffsrechte unter **M** Datei **B** TeamSicherheit...
Danach öffnet sich ein weiteres Fenster, in dem schrittweise für alle Benutzergruppen die entsprechenden Regularien festgelegt werden können.

In Formularen (↗ S. 188) ist es möglich, der Eigenschaft „Gesperrt" den Wert „Ja" (true) zuzuweisen. Damit ist ein Verändern der Daten dieses Feldes über die Eingabe im Formular nicht möglich. Realisierbar ist eine Änderung der Daten dieses Feldes aber über die Tabelle, die dem Formular zu Grunde liegt.

Daten sortieren

Eine wichtige Eigenschaft von Datenbanken ist, dass die Daten auf der Grundlage verschiedener Datenfelder sehr schnell sortiert werden können. Dieser Vorgang wird durch das Anlegen von Indizes für Felder, nach denen oft sortiert wird, noch beschleunigt (↗ S. 180).

Die meisten Datenbankprogramme bieten die Möglichkeit, die gesamte Tabelle nach einem Datenfeld schnell aufsteigend (von A...Z oder 0...9) bzw. absteigend (von Z...A oder 9...0) zu sortieren. Beim Sortieren muss beachtet werden, um welchen Datentyp es sich bei dem Sortierfeld handelt. Alphanumerische Felder werden – wenn sie Ziffern beinhalten – anders sortiert, als numerische Felder. Bei alphanumerischen Feldern wird der Inhalt zeichenweise verglichen und entsprechend sortiert. Bei numerischen Feldern richtet sich die Sortierreihenfolge nach dem Wert der Zahlen. (↗ Beispiel S. 180)

▌ In *MS Access* ist es z. B. möglich, über **M** Datensätze **B** Sortierung **B** Aufsteigend bzw. **B** Absteigend die Tabelle nach dem Feld, in dem z. Zt. der Cursor steht, zu sortieren.
Eine schnelle Sortierung erlauben auch die Schalter .

▌ In *dBASE für Windows* werden beim Sortieren einer Tabelle deren Datensätze in eine zweite Tabelle kopiert und dort in der angegebenen Reihenfolge sortiert. Die Tabelle mit den zu kopierenden Daten wird als Ausgangstabelle, die neue Tabelle mit den sortierten Daten als Zieltabelle bezeichnet. Die Reihenfolge der Daten der Ausgangstabelle wird durch den Sortiervorgang nicht verändert. Wenn eine Tabelle sortiert wird, erscheinen alle Felder der Ausgangstabelle auch wieder in der Zieltabelle.
Die Felder, nach denen die Datensätze sortiert werden, wählt der Nutzer aus. Es können auch nur bestimmte Datensätze in die Zieltabelle aufgenommen werden. Über die Menüleiste erreicht man diese Fenster mittels **M** Tabelle **B** Tabellenoperationen **B** Sortieren.

Im Regiezentrum-Fenster von *dBASE für Windows* lassen sich die angezeigten Dateien (Tabellen, Formulare, Berichte etc.) nach bestimmten Kriterien (Name, Datum, Typ, Größe) sortieren.
Dazu im **M** Ansicht **B** Sortieren wählen.

Lotus Approach kennt zusätzlich noch Zusammenfassungsfelder. Nur berechnete Felder können als Zusammenfassungsfeld definiert werden und gruppieren dann die Daten einer Tabelle (z. B. Kunden mit Jahresumsatz unter bzw. über 10 000 DM).

Lotus Approach vereint beide aufgeführte Methoden. Über die Symbolleiste ist eine schnelle Sortierung der Tabelle nach einem Datenfeld möglich. Über die Menüleiste **M** Arbeitsblatt **B** Sortieren **B** Definieren… ist aber auch ein umfangreiches Dialogfeld erreichbar, in dem die genauen Sortierbedingungen (ähnlich wie in dBASE) festgelegt werden können.

Einige Datenbankprogramme lassen nicht nur die Sortierung nach einem Datenfeld zu, sondern ermöglichen auch eine Mehrfachsortierung. Datenfelder vom Typ „Memo" oder „OLE" können nicht sortiert werden.

Formulare erstellen

Formulare in Datenbankprogrammen dienen unterschiedlichen Zwecken:
- Hauptzweck ist die Eingabe von Daten in Tabellen.
- Als Übersicht kann ein Formular dazu dienen, andere Formulare und Berichte zu öffnen.
- Als benutzerdefinierte Dialogfelder dienen Formulare dazu, bestimmte Aktionen abhängig von der Benutzereingabe auszulösen.

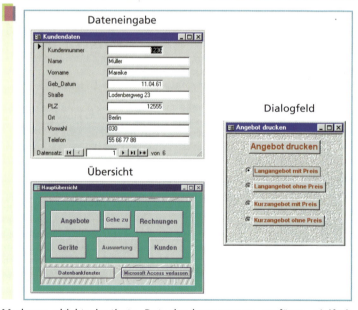

Moderne objektorientierte Datenbankprogramme verfügen vielfach über Assistenten zum Erstellen standardisierter Formulare auf der Grundlage existierender Tabellen. Anschließend ist es möglich, die Formulare individuellen Gegebenheiten anzupassen.

Die Vorgehensweise zum Erstellen neuer Formulare ist in den verschiedenen Programmen ähnlich, wenn sich auch die konkreten Menübefehle leicht unterscheiden.

Datenbanken 189

Datenbank-programm	Befehl zum Erstellen eines neuen Formulars
dBASE für Windows	im Regiezentrum die Objektgruppe Formulare anwählen M Regiezentrum B Neues Formular (<⇧>+<F2>)
MS Access	M Einfügen B Formular
Lotus Approach	M Erstellen B Formular…

In *MS Works* werden Standard-Formulare gleich automatisch mit der Anlage einer neuen Tabelle angelegt. Daher ist nur das Umschalten in einen neuen Ansichtenmodus notwendig.

Die meisten Programme verfügen über verschiedene Darstellungsmodi oder Layoutmodi zum Anzeigen und Bearbeiten der Datensätze einer Tabelle. Diese unterscheiden sich in ihrem Zweck sowie der Art und Anzahl der gleichzeitig dargestellten Daten. Meist sind diese Modi im M Ansicht zu finden.

In *MS Access* kann man zum Erstellen eines neuen Formulars auch den Reiter „Formulare" des Datenbankfensters und dann den Schalter „Neu" anklicken.

Bezeichnungen für diese Modi sind z.B.

| in *MS Access*: | Datenblattansicht | Formularansicht | Entwurfsansicht |
| in *dBASE*: | Tabellenlayout | Formularlayout | Maskenlayout |

Im Tabellenlayout (auch Tabellenmodus oder Datenblattansicht) werden mehrere Datensätze in tabellarischer Form angezeigt. Jede Zeile entspricht einem Datensatz, jede Spalte einem Feld. In diesem Modus stehen Funktionen zur Verfügung, die es in den anderen Modi nicht gibt. So lassen sich z.B. die Spalten verlagern, vergrößern oder verkleinern.

Im Formularlayout und im Maskenlayout wird jeweils nur ein Datensatz angezeigt. Die Felder jedes Datensatzes sind horizontal von links nach rechts bzw. zeilenweise untereinander angeordnet.

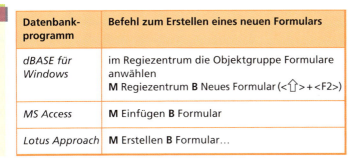

dBASE-Formular im Formularlayout

eingebundene Grafikfelder (z.B. für Fotos oder Unterschriften)

Icons der drei Layoutmodi in *dBASE für Windows*

Icons der drei Ansichtenmodi in *MS Access*

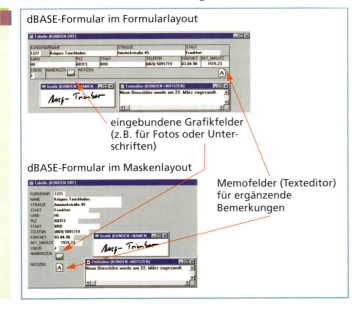

dBASE-Formular im Maskenlayout

Memofelder (Texteditor) für ergänzende Bemerkungen

In *dBASE für Windows* werden durch Drücken von <F2> die drei Layoutmodi nacheinander aufgerufen.
Beim Layout-Wechsel bleibt der in diesem Moment aktive Datensatz auch weiterhin der aktive Datensatz.

Assistentenfunktionen zum Erstellen von Formularen führen über verschiedene Dialoge zu vorgefertigten Formularformen. Dabei entscheidet der Nutzer, welche Felder aus der zugrunde liegenden Tabelle oder Abfrage in das Formular aufgenommen werden sollen und wie die Darstellung der Daten erfolgen soll.

 Formular-Assistent in *Lotus Approach*

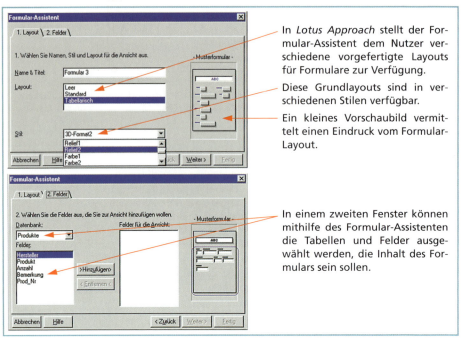

In *Lotus Approach* stellt der Formular-Assistent dem Nutzer verschiedene vorgefertigte Layouts für Formulare zur Verfügung.

Diese Grundlayouts sind in verschiedenen Stilen verfügbar.

Ein kleines Vorschaubild vermittelt einen Eindruck vom Formular-Layout.

In einem zweiten Fenster können mithilfe des Formular-Assistenten die Tabellen und Felder ausgewählt werden, die Inhalt des Formulars sein sollen.

Dateneingabe in Formularen

Vorteile der Eingabe/Darstellung von Daten in Formularen gegenüber Tabellen
- Übersichtlichkeit (alle Felder eines Datensatzes können für den Nutzer übersichtlich auf dem Bildschirm dargestellt werden)
- Einsparung von Arbeit (Vorgabe von Standardwerten, Listen oder Optionen zur Auswahl von Einträgen durch den Nutzer)
- Möglichkeit der Berechnung von Daten für Felder
- Möglichkeit der Steuerung von Ereignissen in Abhängigkeit von Nutzereingaben
- Möglichkeit zur Reduzierung der Zahl für den Nutzer sichtbarer Felder eines Datensatzes bzw. der Kombination von Feldern aus mehreren Tabellen in einem Formular
- Möglichkeit zum Sperren bestimmter Felder (Verhindern der Veränderung von Daten und Reduzieren von Fehleingaben des Nutzers)

Objekte in Formularen

Formulare enthalten verschiedenste Objekte, die über die bloßen Datenfelder weit hinaus gehen. Nach dem Hauptverwendungszweck kann man folgende Objekte unterscheiden, wobei auch andere Zuordnungen denkbar und zutreffend wären:

Zweck	Objekt
Eingeben/Anzeigen von Feldinhalten	Datenfelder, Listenfelder, Kombinationsfelder, Unterformulare, Objektfelder, gebundene Objektfelder
Steuern von Ereignissen/Aktionen	Optionsfelder, Optionsgruppen, Umschaltflächen, Kontrollkästchen, Befehlsschaltflächen
grafisches Gestalten des Formulars	Bezeichner, Linien, Rechtecke, Seitenumbrüche, Bilder
Berechnen von Feldinhalten (auch aus vorhandenen Datenfeldern)	neue Datenfelder (Berechnungsfelder)

Toolbox zum Formularentwurf in *MS Access*

Bezeichner		Felder
Optionsgruppe		Umschaltfläche
Optionsfeld		Kontrollkästchen
Kombinationsfeld		Listenfeld
Befehlsschaltfläche		Bild
Objektfeld		gebundenes Objektfeld
Seitenumbruch		Unterformular
Linie		Rechteck

Objekt	Erläuterung
Bezeichner	enthält beschreibenden Text z.B. für Überschriften, Anweisungen, …; ist eigenständig oder als Beschreibung (Feldname) an ein Datenfeld gebunden
Felder	zeigt Daten aus der dem Formular zugrunde liegenden Tabelle an (gebundenes Objekt); kann auch zum Anzeigen von Berechnungen oder für freie Benutzereingaben verwendet werden (ungebundenes Objekt)
Optionsgruppe	Gruppe von Umschaltflächen, Optionsfeldern oder Kontrollkästchen zum Anzeigen und Auswählen alternativer Werte

Objekt	Erläuterung
Umschaltfläche/ Optionsfeld/ Kontrollkästchen	an ein logisches Datenfeld gebundenes Objekt oder als ungebundenes Objekt für einen benutzer-definierten Dialog
Listenfeld	Objekt, das eine Liste von Werten enthält, aus denen der Nutzer auswählen kann; als gebundenes Objekt ist es mit einem Datenfeld verknüpft; oftmals sind nur Listeneinträge als Feldinhalte zugelassen
Kombinations-feld	verbindet die Eigenschaften eines Textfeldes mit denen eines Listenfeldes; als gebundenes Objekt ist es mit einem Datenfeld verknüpft; der Nutzer kann neben der Wahl eines Listenwertes auch eigene Eingaben in das Feld vornehmen
Befehlsschalt-fläche	Schaltfläche zum Ausführen einer Aktion/Starten eines Ereignisses; oftmals werden Makros oder Programmprozeduren durch das Betätigen der Schaltfläche ausgeführt
Bild	Rahmen zum Anzeigen eines statischen Bildes (kein OLE-Objekt und daher nicht mehr bearbeitbar)
Objektfeld	Rahmen zum Anzeigen eines ungebundenen OLE-Objekts (Kalkulationstabelle, Bitmapgrafik etc.); das Objekt bleibt für alle Datensätze im Formular gleich
gebundenes Objektfeld	Rahmen zum Anzeigen eines gebundenen OLE-Objekts (Kalkulationstabelle, Bitmapgrafik etc.); das Objekt wird in der dem Formular zugrunde liegen-den Tabelle gespeichert und ändert sich in Abhän-gigkeit des im Formular angezeigten Datensatzes
Seitenumbruch	Objekt, das festlegt, an welcher Stelle im Formular eine neue Bildschirmseite begonnen wird
Unterformular	Objekt zum Anzeigen einer weiteren Tabelle in-nerhalb des (Haupt-) Formulars; Haupt- und Unter-formular müssen über ein Schlüsselfeld miteinan-der verknüpft sein
Linie/Rechteck	Objekt zur grafischen Gestaltung des Formulars und zum optischen Abheben/Zusammenfassen von wichtigen Informationen innerhalb des Formulars

Arbeit mit Unterformularen

Ein Unterformular ist ein Formular innerhalb eines Formulars. Das Aus-gangsformular wird als *Hauptformular*, das Formular innerhalb des For-mulars als *Unterformular* bezeichnet. Eine Formular/Unterformular-Kom-bination wird oft auch als hierarchisches Formular oder als Kombination aus übergeordnetem und untergeordnetem Formular bezeichnet.

Datenbanken 193

Unterformulare eignen sich vor allem zum Anzeigen von Daten aus Tabellen oder Abfragen mit einer 1:n-Beziehung (↗ S. 171).

Das Hauptformular und das Unterformular sind so verknüpft, dass das Unterformular nur Datensätze anzeigt, die mit dem aktuellen Datensatz im Hauptformular verknüpft sind.

Ein Unterformular kann als Datenblatt, als Einzel- oder Endlosformular angezeigt werden.

Ein Hauptformular kann beliebig viele Unterformulare enthalten. Hauptformulare können auch Unterformulare enthalten, die auf bis zu zwei Ebenen verschachtelt sind (Unterformular im Unterformular).

Das Feld, über welches Haupt- und Unterformular miteinander verknüpft sind, muss zwar in beiden Formularen vorhanden, aber nicht zwingend sichtbar sein. So kann z.B. die Kundennummer im Hauptformular erscheinen, aber im Unterformular die Eigenschaft „Sichtbar" des Feldes Kundennummer auf „Nein" gestellt werden.

Ein Hauptformular kann z.B. die Kundendaten enthalten, das Unterformular zeigt die zum Kunden gehörigen Aufträge an (und ein Unterformular im Unterformular dann die Details zum jeweiligen Auftrag).

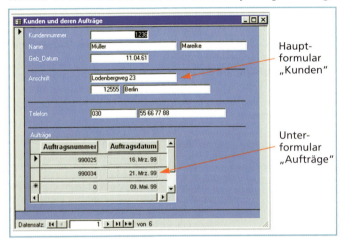

Hauptformular „Kunden"

Unterformular „Aufträge"

2.3.4 Abfragen

Der Zweck von **Abfragen** besteht darin:
- Daten auf verschiedene Arten anzuzeigen, zu analysieren oder zu verändern;
- Daten für Formulare und Berichte zur Verfügung zu stellen;
- neue Daten aus vorhandenen zu berechnen.

Erstellen von Abfragen

Das Konzept zum Erstellen von Tabellen, in denen nur Datensätze mit bestimmten Merkmalen enthalten sind, ist in verschiedenen Datenbanksystemen sehr unterschiedlich. Die Zugänge erfolgen über Menübefehle oder Schaltflächen mit den Befehlen „Abfrage", „Suche" oder „Filter". Die Möglichkeit über Menübefehle eine neue Abfrage zu erstellen (Filtereigenschaften festzulegen), ist aber in jedem Fall gegeben.

In *MS Access* kann man zum Erstellen einer neuen Abfrage auch den Reiter „Abfragen" des Datenbankfensters und dann den Schalter „Neu" anklicken.

Datenbank-programm	Befehl zum Erstellen eines neuen Formulars
dBASE für Windows	im Regiezentrum die Objektgruppe Abfragen anwählen M Regiezentrum B Neue Abfrage (<⇧> + <F2>)
MS Access	M Einfügen B Abfrage
Lotus Approach	M Erstellen B Benannte Suche/Sortierung
MS Works	M Extras B Filter

Assistenten erleichtern in objektorientierten Datenbankprogrammen dem Nutzer die Erstellung von Abfragen mit unterschiedlicher Funktion, wie der Erstellung

- von **Auswahlabfragen** (ein Auszug aus einer Tabelle mit vom Nutzer vorgegebenen Auswahlkriterien und ausgewählten Feldern),
- von **Kreuztabellenabfragen** (Daten werden kompakt, wie in einer Kalkulationstabelle dargestellt),
- von **Abfragen zur Duplikatsuche** (Auswählen von Datensätzen mit identischen Feldinhalten),
- von **Abfragen zur Inkonsistenzsuche** (Auswählen von Datensätzen, für die keine Detaildatensätze vorhanden sind).

Abfrage	Beispiel
Auswahlabfrage	Auswählen aller Kunden, die in München wohnen
Kreuztabellenabfrage	Übersicht der Tagesumsätze; in der ersten Spalte sind untereinander die Monate aufgelistet, in der ersten Zeile die Tage; jede Tabellenzelle enthält den Umsatz für den jeweiligen Tag vom 1.1. bis zum 31.12.
Abfragen zur Duplikatsuche	Anzeigen einer Übersicht, aus welchen Orten Kunden in der Tabelle enthalten sind; jeder Wohnort wird dabei nur einmal (beim ersten Auftreten in der Tabelle) angezeigt
Abfragen zur Inkonsistenzsuche	Auswählen aller Kunden, die in diesem Jahr noch keinen Auftrag erteilt haben

Auswahl von Daten mittels Abfragen

Der am häufigsten verwendete Typ von Abfragen ist die Auswahlabfrage.

> Bei einer **Auswahlabfrage** werden Daten aus einer (mehreren) Tabelle(n) nach Filterung mittels verschiedener Kriterien und in der angegebenen Sortierfolge in einer Tabelle ausgegeben.

Zum Erstellen einer Abfrage in der entsprechenden Abfrage-Entwurfsansicht des Datenbanksystems wählt man die Tabellen und Abfragen aus, die die benötigten Daten enthalten. Dann legt man die Datenfelder fest, die in die Abfrage integriert werden sollen. Für diese Felder können Kriterien der Auswahl, Berechnung und Sortierung formuliert werden.

Nicht alle Felder, die man zum Erstellen der Abfrage benötigt, müssen zwangsläufig auch angezeigt werden. Die Anzeige lässt sich unterdrücken, wenn diese Felder nur dem Zweck der Datensatzauswahl dienen.

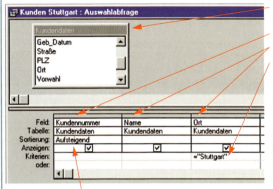

Aus der Tabelle „Kundendaten" wurden die Felder „Kundennummer", „Name" und „Ort" ausgewählt. Für das Feld „Ort" wurde festgelegt, dass nur Datensätze mit dem Inhalt „Stuttgart" ausgewählt werden sollen.

Die Anzeige der Daten soll sortiert nach aufsteigender Kundennummer erfolgen.

Das Ergebnis der Abfrage ist diese kleine Tabelle.

Zum Ausführen einer Abfrage in *MS Access* gibt es drei Möglichkeiten:
- **M** Abfrage **B** Ausführen
- **M** Ansicht **B** Datenblattansicht oder Anklicken des dazugehörigen Symbols in der Symbolleiste
- Anklicken des Symbols „Ausführen Abfrage" in der Symbolleiste

Vorteile relationaler Datenbanken

In relationalen Datenbanksystemen ist es möglich, Daten aus mehreren Tabellen oder bereits existierenden Abfragen miteinander zu verknüpfen. Wichtig hierfür ist das Vorhandensein eines gemeinsamen Schlüsselfeldes als Verknüpfung zwischen jeweils zwei Tabellen/Abfragen. Solche Abfragen auf der Basis mehrerer Tabellen/Abfragen liefern vielfach die Datengrundlage für Formulare oder Berichte.

Im Beispiel sind Felder aus den Tabellen „Kundendaten" und „Aufträge" in die Abfrage eingebunden. Die Verknüpfung beider Tabellen erfolgt über das Feld „Kundennummer".

Verknüpfungslinie zwischen den Feldern zweier Tabellen

Anwendungen der Informatik

Abfrageformeln / Jokerzeichen / Vergleichsformeln

Ein Kriterienausdruck (z.B. in einer Zelle der Zeile Kriterien) legt für das entsprechenden Feld fest, welche Datensätze ausgewählt werden. Alle Kriterien, die innerhalb einer Abfrage angegeben wurden, werden bei der Ausführung der Abfrage berücksichtigt. Das Format der Kriterienangaben hängt vom Feldtyp des Datenfeldes ab, für welches ein Kriterium eingegeben wird. In Kriterien sind die Verwendung von so genannten *Jokerzeichen* möglich. Jokerzeichen sind Ersetzungszeichen. Sie dienen der Ersetzung eines Zeichens oder einer Zeichenfolge.

Jokerzeichen	Ersetzung für
?	ein einzelnes Zeichen
*	eine Zeichenfolge

Ausdruck	Beschreibung / Beispiel
> 5000 DM	über das Feld „Umsatz" werden alle Kunden ausgewählt, deren Umsatz über 5000 DM lag
>= 80000	über das Feld „PLZ" werden alle Kunden ausgewählt, deren PLZ 80000 und höher ist
< „D"	über das Feld „Name" werden alle Kunden ausgewählt, deren Namen mit A... bis C... anfangen
<=4	über ein Feld, das die Anzahl der Bestellpositionen berechnet werden alle Aufträge ausgewählt, die maximal 4 Positionen enthalten
„München"	über das Feld „Ort" werden alle Kunden ausgewählt, die in München wohnen
Wie „D*"	über das Feld „Name" werden alle Kunden ausgewählt, deren Name mit D beginnt
Wie „*GmbH"	über das Feld „Firma" werden alle Kunden ausgewählt, deren Firmenname mit GmbH endet
Wie „M??er"	über das Feld „Name" werden alle Kunden ausgewählt, deren Name mit M beginnt und mit er endet (z.B. Meier, Mayer, Maier, Meyer, Maler, Moder, ...)
=#22.5.1999#	über das Feld „Auftragsdatum", werden alle Aufträge vom 22.5.1999 ausgewählt
zwischen #22.5.1960# und #28.5.1960#	über das Feld „Geburtsdatum", werden alle Kunden ausgewählt, die zwischen dem 22.5.1960 und 28.5.1960 geboren wurden

Ausdruck	Beschreibung / Beispiel
< Datum() – 10	über das Feld „Auftragsdatum", werden alle Aufträge ausgewählt, die älter als 10 Tage sind (vom aktuellen Tagesdatum an gerechnet)
Ist Null	über das Feld „Telefon" werden alle Kunden ausgewählt, von denen keine Telefonnummer bekannt ist
Ist Nicht Null	über das Feld „Geburtsdatum" werden alle Kunden ausgewählt, von denen das Geburtsdatum bekannt ist
Nicht „CH"	über das Feld „Land" werden alle Aufträge ausgewählt, die nicht aus der Schweiz (Länderkennung CH) stammen
=[Formulare]! [Auswahl]![Ort]	über das Feld „Ort" werden alle Kunden ausgewählt, die in dem Ort wohnen, der im Formular „Auswahl" gerade im Feld „Ort" angezeigt wird
Rechts([Auftragsnr];2) = „98"	über das Feld „Auftragsnr" werden alle Aufträge ausgewählt, deren Nummer mit 98 (z. B. Kennung für das Jahr der Bestellung) endet

Sortierung in Abfragen

Die Daten in der Tabelle, die das Ergebnis einer Abfrage anzeigt, können nach einem oder mehreren Feldern sortiert werden. Die Sortierung kann aufsteigend oder absteigend erfolgen. Alle im Abschnitt „Sortieren von Tabellen" (↗ S. 187) beschriebenen Kriterien und Vorgehensweisen treffen auch für die Sortierung in Abfragen zu. Die Anordnung der Felder, die Sortieranweisungen enthalten, von links nach rechts legt die Reihenfolge fest, nach der die Sortierung durchgeführt wird.

 In *MS Access* werden Sortieranweisungen in die Zeile „Sortierung" eingetragen. Im Ergebnis der Abfrage wird zunächst nach dem im Abfrageentwurf am weitesten links gelegenen Feld, das eine Sortieranweisung enthält, sortiert. Dann nach dem nächsten rechten Nachbarfeld mit Sortieranweisung usw.

Feld:	Ort	Kundennummer	Name	Geb_Datum
Tabelle:	Kundendaten	Kundendaten	Kundendaten	Kundendaten
Sortierung:	Aufsteigend		Aufsteigend	Absteigend
Anzeigen:	☑	☑	☑	☑
Kriterien:				
oder:				

Es werden die Kunden nach folgender Sortierreihenfolge angezeigt:
- aufsteigend nach Wohnort (von A bis Z),
- bei gleichem Wohnort aufsteigend nach Nachnamen (von A bis Z),
- bei gleichem Wohnort und Nachnamen absteigend nach Geburtsdatum (die jüngsten Kunden zuerst).

Logische Verknüpfungen und Umgangssprache stimmen manchmal nicht überein. So sagt man, man wählt Kunden aus, die in Berlin *und* Hamburg wohnen, meint aber im logischen Sinne Kunden, die in Berlin *oder* Hamburg wohnen. Dementsprechend muss auch die ODER-Verknüpfung in der Abfrage verwendet werden.

Logische Verknüpfungen

Eine logische Verknüpfung der Kriterienausdrücke mittels „UND", „ODER" bzw. „NICHT" erlaubt sehr vielfältige Kombinationsmöglichkeiten. Diese logischen Verknüpfungen werden entweder als Worte in die Kriterienausdrücke geschrieben oder ergeben sich aus der Anordnung der Kriterienausdrücke.

> Wenn sich die Ausdrücke in verschiedenen Zellen derselben Zeile befinden, verwendet *MS Access* die logische Verknüpfung „UND". Befinden sich die Ausdrücke in verschiedenen Zeilen des Entwurfsbereichs, wird die logische Verknüpfung „ODER" verwendet.

Feld:	Kundennummer	Name	Ort
Tabelle:	Kundendaten	Kundendaten	Kundendaten
Sortierung:			
Anzeigen:	☑	☑	☑
Kriterien:	>1300		"Stuttgart"
oder:			

Es werden Kunden ausgewählt, deren Kundennummer größer als 1300 ist, UND die in Stuttgart wohnen.

Feld:	Kundennummer	Name	Ort
Tabelle:	Kundendaten	Kundendaten	Kundendaten
Sortierung:			
Anzeigen:	☑	☑	☑
Kriterien:	>1250		
oder:			"München"

Es werden Kunden ausgewählt, deren Kundennummer größer als 1250 ist, ODER die in München wohnen.

Berechnungen in Abfragen

In Abfragen können eine Vielzahl von Berechnungen durchgeführt werden. Das Ergebnis einer Berechnung in einem Feld wird nicht in der zugrundeliegenden Tabelle gespeichert, sondern bei jedem Ausführen der Abfrage wird die Berechnung erneut ausgeführt. Damit ist sichergestellt, dass das Ergebnis immer auf den aktuellsten Daten der Datenbank beruht. Das berechnete Ergebnis kann nicht manuell aktualisiert werden.

Datenbanksysteme verfügen über bereitgestellte vordefinierte Berechnungen, es sind aber auch selbstdefinierte Berechnungen möglich.

Folgende Funktionen sind fast immer möglich:

Gruppierung	Anzahl
Min (Minimum)	Max (Maximum)
Summe	Mittelwert
erster Wert	letzter Wert
Varianz	Standardabweichung

Datenbanken **199**

In *MS Access* können im Abfrageentwurf die vordefinierten Funktionen eingeschaltet werden, indem man **M** Ansicht **B** Funktionen wählt oder in der Symbolleiste das Symbol für die Funktionen anklickt.

Es ist z.B. möglich die Summe oder den Mittelwert (Durchschnitt) der Werte aus dem Feld „Umsatz" zu berechnen, die Anzahl der Werte im Feld „Kundennummer" zu ermitteln oder die Aufträge nach Kunden zusammenzufassen (zu gruppieren).

Selbstdefinierte Berechnungen werden im Abfrageentwurf festgelegt. Die Berechnungen werden für jeden Datensatz neu angeführt und beziehen in der Regel mindestens ein Feld des Datensatzes mit ein. Ein berechnetes Feld erhält zunächst einen Feldnamen gefolgt von einem Doppelpunkt. Danach steht die Berechnungsformel. Feldnamen in der Berechnungsformel werden in eckige Klammern gesetzt. Man kann die üblichen mathematischen Operatoren (+, -, *, /) benutzen.

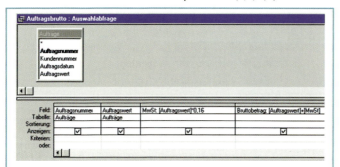

Aus dem Auftragswert (Nettobetrag) wird erst die Mehrwertsteuer (von zur Zeit 16%) und dann der Bruttobetrag aus der Summe von Auftragswert und Mehrwertsteuer berechnet.

Arbeit mit Parametern

Bei der **Parameterabfrage** wird vor der Ausführung ein Dialogfeld zum Eingeben von Werten anzeigt. Dies können Kriterien zum Abrufen von Datensätzen oder auch Werte sein, die in ein Feld eingefügt werden sollen. Innerhalb einer Parameterabfrage können auch mehrere Informationen abgefragt werden.

Parameterabfragen werden vielfach als Grundlage für Formulare oder Berichte verwendet, da der Nutzer vor der Ausgabe des Formulars/Berichts den auszugebenden Wertebereich einschränken kann.

> In *MS Access* werden in der Zeile „Kriterien" im Abfrageentwurf die Parameter eingefügt und über das **M** Abfrage **B** Parameter der Datentyp für die Parameterwerte definiert. Es ist z.B. möglich, einen bestimmten Bereich von Kundennummern auszuwählen.

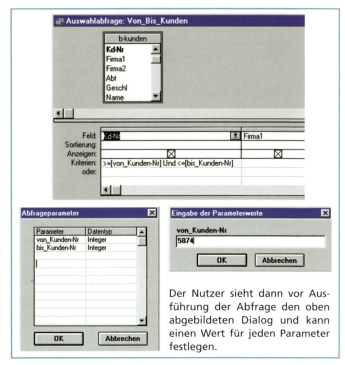

Der Nutzer sieht dann vor Ausführung der Abfrage den oben abgebildeten Dialog und kann einen Wert für jeden Parameter festlegen.

Arten von Abfragen

Abfrageart	Erläuterung
Auswahlabfrage	wählt Daten aus einer/mehreren Tabellen oder Abfragen aus, die bestimmte Kriterien erfüllen und gibt diese in einer festgelegten Sortierreihenfolge *temporär* in einer Tabelle aus
Tabellenerstellungsabfrage	wählt Daten aus einer/mehreren Tabellen oder Abfragen aus, die bestimmte Kriterien erfüllen und sortiert diese in einer festgelegten Sortierreihenfolge; das Ergebnis der Abfrage wird in einer neuen Tabelle statisch festgehalten
Aktualisierungsabfrage	wählt Daten aus einer/mehreren Tabellen oder Abfragen aus, die bestimmte Kriterien erfüllen und ersetzt bestimmte Feldinhalte durch andere Feldinhalte

Datenbanken

Abfrageart	Erläuterung
Löschabfrage	wählt Daten aus einer/mehreren Tabellen oder Abfragen aus und löscht diese Daten in den ursprünglichen Tabellen oder Abfragen; es werden immer vollständige Datensätze gelöscht, nicht nur die Felder aus der Abfrage
Anfügeabfrage	wählt Daten aus einer/mehreren Tabellen oder Abfragen aus und fügt eine Gruppe von Datensätzen am Ende einer oder mehrerer Tabellen an
Kreuztabellen	erstellt kompakte tabellarische Übersichten aus einer/mehreren Tabellen oder Abfragen; dazu werden aus diesen Tabellen oder Abfragen Daten ausgewählt, die bestimmte Kriterien erfüllen

Die verschiedenen Arten von Abfragen bieten dem Nutzer folgende Vorteile:

Auswahlabfragen
- zeigen den aktuellen Datenbestand entsprechend der Auswahlkriterien und Sortierung an

Tabellenerstellungsabfragen
- erhalten die Daten so, wie sie zum Zeitpunkt der Abfrageausführung vorlagen, indem sie diese in einer neuen Tabelle speichern
- optimieren der Leistung von Formularen und Berichten, die auf Abfragen auf der Basis mehrerer Tabellen basieren

Aktualisierungsabfragen
- führen globale Änderungen an Gruppen von Datensätzen in einer oder mehreren Tabellen gleichzeitig durch

Löschabfragen
- optimieren die Pflege des Datenbestandes und die Arbeitsgeschwindigkeit der Datenbank, indem Datensätze, die den Abfragebedingungen entsprechen, ausgefiltert und vollständig gelöscht werden

Anfügeabfrage
- optimieren die Pflege des Datenbestandes, indem Datensätze, die aus anderen Tabellen stammen, ohne manuellen Eingabeaufwand an bestehende Tabellen angefügt werden können
- hängen auch Datensätzen an, wenn einige der Felder einer Tabelle in einer anderen Tabelle nicht existieren (siehe nebenstehenden Tipp)

Kreuztabellen
- zeigen zusammengefasste Werte (Summen, Anzahl, Durchschnittswerte) für ein Feld einer Tabelle an und gruppieren diese nach einer Reihe von Kategorien, die untereinander auf der linken Seite der Tabelle erscheinen, und nach einer anderen Reihe von Kategorien, die am oberen Rand der Tabelle erscheinen

Anfügeabfragen in *MS Access* ordnen die Daten den entsprechenden Feldern auch dann richtig zu, wenn einige der Felder einer Tabelle in einer anderen Tabelle nicht existieren. Angenommen, die Tabelle Kunden enthält 9 Felder, und man möchte Datensätze aus einer anderen Tabelle anfügen, deren Felder mit 7 der 9 Felder der Tabelle Kunden identisch sind. Wird dazu eine Anfügeabfrage verwendet, werden die Daten in den identischen Feldern angefügt und die anderen Felder ignoriert.

202 Anwendungen der Informatik

2.3.5 Berichte

Erstellen von Berichten

> **Berichte** dienen der Ausgabe von Daten eines Datenbanksystems in gedruckter Form oder auf dem Bildschirm. Berichte können Datenfelder, Berechnungsfelder und Gestaltungsobjekte enthalten.

In Analogie zum Erstellen von Formularen verfügen viele Datenbanksysteme über Assistenten, die dem Nutzer bei der Datenauswahl und Gestaltung des Berichts behilflich sind. Die Datengrundlage für Berichte sind Tabellen oder Abfragen, die wiederum aus verschiedenen Tabellen und/oder Abfragen bestehen können.

Typische Berichte haben die folgenden Grundformen:

- einspaltige Darstellung (Datenfelder untereinander),
- tabellarische Darstellung (Datenfelder nebeneinander),
- Adressetiketten,
- Berichte mit integrierten Diagrammdarstellungen.

Beispiel für Adressetiketten auf Grundlage der Tabelle „Kundendaten".

```
 Etiketten Kundendaten : Bericht

    1236                              1237

    Mareike Müller                    Jens Lehmann
    Lodenbergweg 23                   Königsallee 41
    12555 Berlin                      70199 Stuttgart


    1365                              1368

    Lars Meyer                        Gerold Müller
    Mäderweg 19                       Werderstr. 25
    13456 Berlin                      80022 München
```

Die Vorgehensweise zum Erstellen neuer Berichte ist in den verschiedenen Datenbanksystemen unterschiedlich.

Datenbankprogramm	Befehl zum Erstellen eines neuen Berichts
dBASE für Windows	im Regiezentrum die Objektgruppe Reports bzw. Etiketten anwählen **M** Regiezentrum **B** Neuer Report bzw. **M** Regiezentrum **B** Neues Etikett jeweils auch (<⇧> + <F2>) möglich
MS Access	**M** Einfügen **B** Bericht
Lotus Approach	**M** Erstellen **B** Bericht …
MS Works	**M** Extras **B** AutoBericht

Anpassen / Verändern von Berichten

Individuelle Anpassungen der Berichte an Nutzervorgaben können im Berichtsentwurf vollzogen werden. Die Funktion Seitenvorschau (**M** Datei **B** Seitenansicht) bietet dem Nutzer eine Übersicht und Vorstellung vom fertigen Bericht, bevor dieser ausgedruckt wird.

Berichte sind in verschiedene Bereiche unterteilt.

Bereich	Erläuterung
Berichtskopf / Berichtsfuß	enthalten jeweils Angaben, die nur am Anfang bzw. Ende des Berichts erscheinen, wie Hauptüberschriften oder ein Logo bzw. Endsummen über den gesamten Bericht
Seitenkopf / Seitenfuß	enthalten jeweils Angaben, die nur am Anfang bzw. Ende der Druckseite eines Berichts erscheinen, wie Feldnamen bzw. Seitenzahlen
Detailbereich	enthält die eigentlichen Daten des Berichts; diese Daten können auch nach Kriterien zusammengefasst (gruppiert) werden oder es können Berechnungsfelder für Zwischen- und Endsummen eingefügt werden

Beispiel eines tabellarischen Berichts auf Grundlage der Tabelle „Kundendaten".

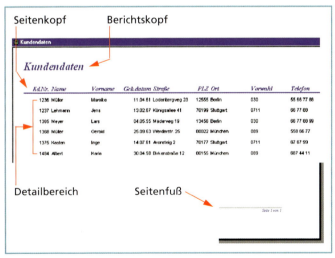

Die *Objekte* von Berichten und die Vorgehensweisen zur individuellen Anpassung des Erscheinungsbildes von Berichten entsprechen denen, die weiter oben zur Formularerstellung formuliert wurden.

Zur *Druckvorbereitung* des Berichts ist es notwendig, einen *Drucker* auszuwählen und die Einstellungen für das zu bedruckende Papier und die *Seitenränder* vorzunehmen. Dazu wählt man das **M** Datei **B** Seite einrichten ...

Berechnungen in Berichten

In Berichte können (ebenso, wie in Abfragen oder Formulare) Berechnungsfelder eingefügt werden, die Standardfunktionen (Summe, Mittelwert, Anzahl, Max, Min, Standardabweichung, Varianz, Datum, Seitennummer) verwenden oder benutzerdefinierte Berechnungsformeln enthalten.

Die Sortierung der Daten für einen Bericht kann in der dem Bericht zugrunde liegenden Tabelle/Abfrage erfolgen oder nachträglich im Berichtsentwurf festgelegt werden.

Häufig sollen die Daten unter bestimmten Gesichtspunkten zusammengefasst werden. Dabei kann es sich um Berechnungen (wie Zwischen- oder Endsummen) oder Gruppierungen (wie die Zusammenfassung von Aufträgen nach Bundesländern) handeln.

Gruppierungen lassen sich im Zuge der Berichterstellung mittels Assistenten oder im Berichtsentwurf manuell festlegen.

 **M** Ansicht **B** Sortieren und gruppieren

Im Beispiel werden die Kunden nach dem Wohnort gruppiert und innerhalb dieser Gruppe nach Kundennummer aufsteigend sortiert.

Gruppierte Berichte enthalten wahlweise zusätzlich zu den oben genannten Bereichen auch einen Gruppenkopf und einen Gruppenfuß.

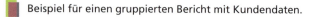 Beispiel für einen gruppierten Bericht mit Kundendaten.

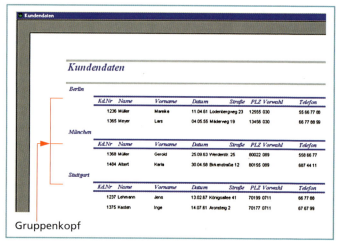

2.4 Grafikprogramme

2.4.1 Computergrafik

Bedeutung und Anwendung

Seit es Computer gibt, hat die Grafik besondere Konjunktur, ist die digitale Computergrafik zu einer eigenen Kunstgattung geworden. Grafik geht heute aber viel weiter. Sie hat die Gebrauchsgrafik hervorgebracht, die sich um die geschmackvolle Bemusterung unserer Kleidungsstücke, von Wohnungseinrichtungen und dergleichen mehr bemüht. In der Astronomie lassen sich anhand von Grafikanalysen das Entstehen und Vergehen ganzer Sternensysteme selbst nach vielen Millionen Lichtjahren rekonstruieren. Auch die Medizin bedient sich mittlerweile sehr vielfältig der Computergrafik. So scannt die Computertomographie beispielsweise den menschlichen Körper schichtweise, um Verletzungen und Krankheiten sichtbar zu machen.

Der Begriff Grafik kommt aus der bildenden Kunst. Der Künstler erstellt Vorlagen als Holzschnitte, Kupferstiche oder Lithographien, um seine Sicht der Welt in Linien, Mustern und Farben zu drucken. Auch die Freihandzeichnungen mit Bleistift oder Holzkohle werden als „Originalgrafiken" bezeichnet.

Computergrafiken gibt es zwei- und dreidimensional.

Die **zweidimensionale Computergrafik** befasst sich mit der Beschreibung, Menüfunktion und grafischen Darstellung von Objekten in der x-y-Ebene. Die z-Koordinate ist identisch null.

Die **dreidimensionale Computergrafik (3D-Grafik)** vermittelt durch die Darstellung in den x-y-z-Koordinaten einen räumlichen Eindruck der Objekte.

Die Grafiken begegnen uns überall, und immer mehr haben sie unmittelbar mit dem Computer zu tun.
Im Display des Autos können sie die optimale Reiseroute anzeigen. Die Statistiker illustrieren mit ihnen trockene Zahlen etwa als Torten- oder Säulendiagramme. Und die meisten Anwenderprogramme laufen heute auf Grafikoberflächen und werden durch Anklicken darin enthaltener kleiner Bildchen (Icons) mit der Maus bedient und gesteuert. Was wären schließlich die Computerspiele ohne die vielen Grafiken als Stand- oder Bewegtbilder. Fast schon erschreckend wirklichkeitsecht nachgestellt wird man Zeuge, wie sich vielleicht ein Mensch in ein Huhn verwandelt.

Für die Erstellung von Computergrafiken benötigt man
- Hilfsmittel zur Eingabe von Informationen (z. B. Scanner, Tastatur, Maus, Menütableau, Touchscreen, Rollkugel, Lichtstift),
- ein System zur Verwaltung und Verarbeitung dieser Informationen (Computer) und
- ein Gerät zur Ausgabe (Bildschirm, Plotter, Grafikdrucker).

206 Anwendungen der Informatik

Die Grafiken lassen sich in zwei Gruppen unterscheiden, in *Pixel-* und in *Vektorgrafiken*. Der Unterschied beider ist riesengroß, selbst wenn ihn je nach Anwendung nicht einmal der Fachmann bemerkt.

Pixelgrafik

> Bei der **Pixelgrafik** (auch **Bitmap** oder **Punktgrafik** genannt) werden die dargestellten Objekte aus einzelnen Bildpunkten (Pixeln) zusammengesetzt, für die Bildschirmposition, Farbwert und Helligkeit gespeichert sind.

Die Größe der Gesamtgrafik ergibt sich aus der Zahl von Bildpunkten. Die Grafikkarte bestimmt, wie viele Punkte jeweils dargestellt werden können (vgl. auch S. 56, 57). Einige Grafikformate haben sich zu Standards herausgebildet.

Grafikkarte	Pixel
EGA (Abk. für Enhanced Graphics Adapter)	640 × 350
VGA (Abk. für Video Graphics Array)	640 × 480
SuperVGA	800 × 600; 1024 × 768

Die englische Bezeichnung für „Punkte pro Zoll" ist „dots per inch", dpi (↗ S. 59), manchmal auch „points per inch", ppi.

Wie dicht die Punkte nun tatsächlich beieinander liegen, hängt von der Größe des Bildschirms ab. Die Dichte – in der Rechentechnik als Auflösungsvermögen bezeichnet – nimmt bei kleinerem Bild und gleicher Punktzahl zu. Die Grafiken werden von der Digitalkamera, dem Scanner oder dem Videorecorder in unterschiedlichen Auflösungen erzeugt, in unterschiedlichen Auflösungen ist der Drucker in der Lage, die Grafik als Punkte aufs Papier zu bringen. Je nach Druckertyp und Verwendungszweck kann das Auflösungsvermögen zwischen 100 und 1000 Punkten pro Zoll und höher liegen. Für Angaben zum **Auflösungsvermögen** sind verschiedene **Maßeinheiten** notwendig:

Maßeinheit	in Zoll	in cm
Zoll (")	1	2,54
Zentimeter (cm)	0,394	1
Punkt (Point, pt, in den USA)	0,014 (= $\frac{1}{72}$)	0,0351
Pica	0,167 (= $\frac{1}{6}$)	0,423

Jeder Punkt muss in seiner horizontalen und vertikalen Anordnung, Farbe und vielleicht auch noch in der Farbintensität gesondert beschrieben werden. Die einfachste Bitmapgrafik besteht aus zwei Farben, also hell und dunkel. Dieser geringe Informationsgehalt reicht aus, um Karikaturen oder technische Zeichnungen darzustellen. Meistens werden jedoch mehrere Farben benötigt.
Auf jedem Rechner ist üblicherweise die Darstellung von mindestens 256 Farben möglich. Der Trend bei den modernen Grafikkarten liegt jedoch

Grafikprogramme

in der Bereitstellung von 32 768 und mehr Farben. Bei hohen Auflösungen sind damit fotorealistische Bilder höchster Güte abbildbar.

Diese Bildverbesserungen sind mit erhöhtem Speicherbedarf verbunden. Ein Rechenbeispiel mag das verdeutlichen:

> Um eine zweifarbige Grafik (1 Bit = hell/dunkel) im VGA-Modus (640 × 480 = 307 200 Punkte) zu speichern, sind allein zur Farbsicherung 307 200 Bit : 1 024 = 300 KBit erforderlich. Bei einer Farbtiefe von 16,7 Millionen in einer Auflösung von 1 024 × 786 ergibt dies einen Platzbedarf von 25 755 648 Bit : 1024^2 = 24,6 MBit ≈ 3 MByte. Das sind für ein Bild allein schon mindestens 2 Disketten.

Für Grafiken gelten meistens folgende **Farbtiefen** (analog Graustufen):

Farbtiefe	Anzahl der Farben
1 Bit	2 Farben
4 Bit	16 Farben
8 Bit	256 Farben
16 Bit	32 767 Farben, wobei nur 15 Bit wirklich genutzt werden
24 Bit	16 777 216 Farben
32 Bit	4 294 967 296 Farben

Eine farbgetreue Wiedergabe hängt vom verwendeten Ausgabegerät ab. Bei gleichen Farben kann der Farbeindruck auf dem Bildschirm völlig anders sein als beim Ausdruck. Dies liegt am menschlichen Sehvermögen, vielmehr aber sind dafür physikalische Gründe verantwortlich.

Man muss die additiven und die subtraktiven Farbmischungen unterscheiden. Der Unterschied hat Folgen für die Farbdarstellung mit dem Computer.

> **Additive Farbmischung**
> Es werden die Grundfarben Rot, Grün und Blau verwendet. Die 24 Bit Gesamtfarbtiefe ergibt sich aus dem Produkt der Darstellungsstiefen jeder einzelnen Farbe: 256 · 256 · 256 = 16 777 216 Farben. Das **RGB-Farbmodell** addiert die leuchtenden Grundfarben und wird darum bevorzugt für den *Monitor* verwendet.
>
> **Subtraktive Farbmischung**
> Zyan, Magenta und Gelb bilden die Grundfarben. Zusätzlich wird mit verschiedenen Intensitäten von Schwarz der Farbton abgeglichen. Dies ergibt eine Auswahl von 256 · 256 · 256 = 4 294 967 296 Farben. Das **CMYK-Farbmodell** setzt sich wie selbstgemischte Farben zusammen und findet bei *Druckern* Anwendung.

additive Farbmischung

subtraktive Farbmischung

Die Dateigröße für Pixelgrafiken hängt zusätzlich vom verwendeten *Dateiformat* ab. Darin sind die Bilddaten sehr unterschiedlich abgelegt. Viele Formate verdichten (komprimieren) die Bildinformationen. Aber auch hier muss wieder unterschieden werden. Die Kompression kann verlustfrei oder verlustbehaftet sein. Im ersten Fall lässt sich die Originaldatei immer wieder erzeugen, im zweiten Fall gehen mit der Komprimierung auf Kosten sehr hoher Packungsdichten effektiv Bildinformationen verloren. Die Ursprungsdatei lässt sich nicht mehr exakt zurückgewinnen.

208 Anwendungen der Informatik

Im Beispiel besteht die Grafikdatei aus 2 109 · 1 936 Pixel und 16,7 Millionen Farben. Sie belegt im Arbeitsspeicher 12 481 KByte, auf dem Massespeicher weniger – in Abhängigkeit von der Komprimierung:

unkomprimierte BMP-Datei	11.964 KByte
verlustfrei komprimierte TIF-Datei	454 KByte
verlustbehaftete JPG-Datei (hohe Qualität)	344 KByte
verlustbehaftete JPG-Datei (niedrige Qualität)	37 KByte

Einige wichtige **Dateiformate von Pixelgrafiken:**

Format	Besonderheiten
BMP	das Bitmap-Dateiformat wird von Windows verwendet; speichert unkomprimiert Schwarzweißbilder und bis zu 24 Bit Farbbilder
CLP	internes Format der Zwischenablage von Windows; die Farbtiefe wird von der installierten Grafikkarte definiert, weshalb dieses Format auch nur für den Austausch auf dem eigenen Rechner geeignet ist
EPS	Encapsulated PostScript steht als Endung für PostScript-Datei mit einem „eingerollten" Pixelbild (TIFF, PICT); für Bildschirmdarstellung aller üblichen Farbtiefen
GIF	**G**raphics **I**nterchange **F**ormat ist ein Standard im Bereich der Datenfernübertragung; komprimiert und speichert bis zu 256 Farben
JPG	Bildformat nach dem verlustbehafteten Kompressionsstandard von JPEG (**J**oint **P**hotographic **E**xpert **G**roup); gewinnt in der Datenfernübertragung aufgrund der Farbtiefe von 24 Bit an Bedeutung
PCX	Klassiker der Pixelformate und Industriestandard zum Austausch zwischen verschiedenen Programmen für Schwarzweißbilder; Bilder bis 24 Bit Farbtiefe und Graustufen
PICT	Standardformat auf dem Macintosh; kann Vektor- und Pixelgrafik enthalten
RIFF	speziell für den Datentransfer zwischen inkompatiblen Systemen entwickelt, Farbtiefe ist nicht eingeschränkt
SGI	Standardformat auf den Rechnern von Silicon Graphics
TGA	findet Anwendung bis zu einer Farbtiefe von 32 Bit; ist bekannt und wird von den meisten Programmen akzeptiert.
TIFF TIF	**T**agged **I**mage **F**ile **F**ormat ist ein wichtiges Standardformat, wobei die bestehenden unterschiedlichen Versionen untereinander nicht unbedingt kompatibel sind; unterstützt 24 Bit Farbtiefe und erlaubt verschiedene Komprimierungsformen
WPG	einzig für die Nutzung des Programms *WordPerfect* gedacht, wird es jedoch auch von anderen Programmen erkannt; maximal 256 Farben

Für den **Umgang mit Pixelgrafiken** ist Folgendes zu beachten:
- Die Punkte sind die kleinsten Bestandteile, die sich nicht weiter auflösen lassen.
- Vergrößerungen von Pixelbildern führen zum so genannten Treppeneffekt.
- Verkleinerungen von Pixelbildern bedeuten in jedem Falle unwiederbringlichen Informationsverlust.
- Jede Bildmanipulation reduziert die Digitalinformationen eines Bildes und lässt sich nicht mehr rückgängig machen.
- Je mehr Farben verwendet werden, um so größer wird die Datei.
- Je höher die Auflösung ist, um so größer wird die Datei.
- Die Auflösung eines Bildes sollte im Einklang mit dem Darstellungsmedium stehen. Für die Bildschirmdarstellung liegt das Optimum gegenwärtig bei 72 dpi.
- Die Farbtiefe eines Bildes wird durch die Ausgabemedien definiert. Eine Grafik für den Schwarz-Weiß-Druck braucht nicht die Farbtiefe von 32 Bit.

Pixelgrafik – oben vergrößert (**Treppeneffekt**) und unten verkleinert (Informationsverlust)

Moderne Digitalbilderfassung geschieht heute mit dem Scanner, der Digitalkamera oder dem Camcorder. Die Bildvorlagen werden Punkt für Punkt abgetastet und als Pixelgrafik in Farbe und Auflösung gespeichert. Diese Entwicklung und der wachsende Austausch solcher Grafiken mit Massespeichern und über das Internet beschleunigte die Verbreitung gerade dieses Grafiktyps. Aber mit der erforderlichen Punkt-für-Punkt-Bearbeitung sind trotz komfortabler Programmwerkzeuge und schneller Rechner doch noch einige Mühen bis Unmöglichkeiten verbunden. Dies ist auch der Grund, warum pixelorientierte Programme einen Teil der Aufgaben objektorientiert erledigen. Die Objektorientierung ist ansonsten typisch für Vektorgrafiken.

Vektorgrafiken

Vektorgrafiken setzen sich aus einzelnen Linien zusammen. Auch das Zeichnen basiert auf Liniengebungen.

Verschiedene Linien bilden eigenständige Objekte. Solche Objekte können Geraden, Kurven, Kreise, Rechtecke, Dreiecke und vieles andere sein. Sie sind als so genannte **Vektoren** mindestens durch ihre Anfangs- und Endkoordinaten, gegebenenfalls noch durch die Koordinaten der dazwischen liegenden **Knotenpunkte** sowie durch den Linientyp, die Linienbreite und der Linienfarbe definiert.

Die Sinnnähe trug der Arbeit mit Vektorgrafiken das Verb „zeichnen" ein, entsprechende Programme werden oft **Zeichenprogramme** genannt.

- Um einen Kreis zu zeichnen, genügen die geometrischen Angaben zur Lage des Mittelpunkts, dem Radius und je nach Anforderung noch Angaben zu den Attributen.
- Das Rechteck wird in seiner Geometrie beispielsweise anhand der Koordinaten für die obere linke Ecke und die untere rechte Ecke völlig ausreichend beschrieben.

CAD steht für **c**omputer-**a**ided **d**esign (computerunterstütztes Entwerfen), ↗ S. 11.

In **CAD-Programmen** zum Entwickeln von Schaltplänen, zum Erstellen von Bau- und Montagezeichnungen, zum Anfertigen von Konstruktionszeichnungen der verschiedensten Art werden hauptsächlich Vektorgrafiken genutzt. Von den ansonsten üblichen Grafiken unterscheiden sie sich dadurch, dass sie auf technische Belange zugeschnitten sind, darum manche Funktionen nicht benötigen. Besonderer Wert wird bei CAD-Programmen wiederum auf das Vorhandensein einer Datenbank mit den standardisierten Symbolen, das maßstäbliche Zeichnen und das Bemaßen gelegt.

Vektorgrafiken beanspruchen wesentlich weniger Speicherbedarf, weil sie im Grunde nichts weiter als eine Aneinanderreihung platzsparender mathematischer Formeln sind. Sie bringen bezüglich ihrer Be- und Verarbeitung einige Vorteile:

– Die Objekte lassen sich einzeln in Größe und Position beliebig verändern oder entfernen, ohne dass dies irgendwelche Spuren hinterlässt.
– Sie können sehr exakt manipuliert werden, lassen sich drehen, spiegeln, klonen und vieles andere mehr.

Für **Vektorgrafiken** sind folgende **Dateiformate** verbreitet:

Format	Besonderheiten
CDR	bekanntes Grafikformat von *Corel Draw* unter Windows
CGM	international genormtes Grafikformat; gut geeignet für den Datenaustausch zwischen Computersystemen
DRW	wird von der Firma Micrografix verwendet
DXF	wird vom Konstruktionsprogramm *AutoCAD* erzeugt
GEM	wird gegenwärtig von wenigen Programmen erzeugt, aber von vielen unterstützt
WMF	wird von Microsoft Windows zum Datenaustausch genutzt

Vektorobjekt – oben vergrößert und unten verkleinert (gleiche Qualität)

Für den **Umgang mit Vektorgrafiken** ist Folgendes zu beachten:

– Die kleinste Bearbeitungsgröße ist das Objekt. Objekte lassen sich in Teilobjekte zerlegen und zu größeren Objekten zusammenfassen.
– Verkleinerungen und Vergrößerungen der Objekte bleiben ohne Auswirkung auf die Qualität der Darstellung.
– Jeder Knoten steht für eine Berechnungsformel. Viele Knoten bedeuten viele Formeln, sehr viele Formeln hohen Speicherbedarf.

Umwandlung von Vektorgrafiken in Pixelgrafiken und umgekehrt

Wenn die Voraussetzungen gegeben sind, ist es möglich, eine Vektorgrafik in eine Pixelgrafik oder umgekehrt eine Pixelgrafik in eine Vektorgrafik umzuwandeln. Für Präsentationen auf dem Bildschirm wird die Vektorgrafik meistens in eine Pixelgrafik umgewandelt. Für alle Fälle sollte man die Vektorgrafik als Urgrafik aufbewahren, um den Nachteilen eines Informationsverlustes bei Pixelgrafiken zu entgehen. Da diese Grafikdateien in der Regel viel kleiner sind, spart man mit ihnen auch wertvollen Speicherplatz.

> Beim **Umwandeln einer Vektorgrafik in eine Pixelgrafik** sind unter anderem folgende Entscheidungen zu treffen:
> - Welcher Grafiktyp wird gewählt?
>   Man wird dies vom Verwendungszweck abhängig machen. Für Internetübertragungen bevorzugt man vielleicht das GIF-Format, zur Textillustration das BMP-Format.
> - Wie groß soll das Bild sein?
>   Die Angabe erfolgt oft in Zentimeter oder Pixel. Die Größe muss im Zusammenhang mit der Auflösung gesehen werden.
> - Welche Auflösung soll verwendet werden?
>   Die Auflösung ist der beabsichtigten Nachbearbeitung, vor allem aber dem verwendeten Ausgabegerät anzupassen.
>   Für den hochauflösenden Druck sind 600 dpi oder gar mehr zweckmäßig.
> - Wie viel Farben sollen dargestellt werden?
>   Ohne besondere Nachbearbeitungsabsichten ist die Zahl der Farben nicht über die der Vektorgrafik zu wählen. Eine weitere Abhängigkeit ist mit dem Ausgabegerät vorgegeben.

Vektor-Pixel-Konvertierung

Pixelgrafik

Vektorgrafik

Zum Archivieren oder für besondere Bearbeitungsschritte kann es wünschenswert sein, Pixelgrafiken in Vektorgrafiken umzuwandeln. Das lohnt sich allerdings nur, wenn die Originalgrafik entsprechende Linienzüge erkennen lässt, die sich in eindeutige Objekte umwandeln lassen.

Die Qualität der Vektorisierung hängt aber nicht nur von der Grafikvorlage, sondern auch dem Leistungsumfang des Programms und den darin vorgenommenen Einstellungen ab.

Pixel-Vektor-Konvertierung

> Beim **Umwandeln einer Pixelgrafik in eine Vektorgrafik** sind unter anderem folgende Entscheidungen zu treffen:
> - Nach welchem Gesichtspunkt sollen die Vektoren bestimmt werden?
>   Eine gescannte Bleistiftzeichnung könnte nach der Mittellinie vektorisiert werden. Eine Mittellinie lässt sich nicht von jeder Pixelvorlage bilden. Andere Möglichkeiten der Vektorisierung sind z.B. nach dem Umriss, als Skizze oder als Holzschnitt möglich.
> - Wie viel Knoten werden zugelassen?
>   Komplizierte Kurven verlangen zur exakten Beschreibung zwischen dem Anfangs- und dem Endwert noch eine Menge weiterer Formeln. Die Anzahl der Formeln lässt sich als Knoten einstellen.
> - Wie viel Farben bzw. Graustufen soll die Vektorgrafik enthalten?
>   Wenn nicht irgendwelche Nachbearbeitungsabsichten besondere Einstellungen verlangen, ist diese Zahl nicht größer als bei der Pixelgrafik zu wählen.

Pixelgrafik

nach Umriss vektorisiert

nach Skizze vektorisiert

212　Anwendungen der Informatik

2.4.2 Pixelorientierte Grafikprogramme

Oft werden pixelorientierte Grafikprogramme auch als **Malprogramme** bezeichnet.

Der „Mercedes" unter den pixelorientierten Grafikprogrammen ist **Adobe Photoshop**

Es gibt eine große Anzahl von pixelorientierten Grafikprogrammen. Sie sind Bestandteil verschiedener Programmpakete, dienen der Er- und Bearbeitung ganz spezieller Grafikformate oder werden mit abgestimmten Funktionen zur Hardware einer Digitalkamera oder eines Scanners geliefert. Sie sind auf bestimmte Altersklassen zugeschnitten, oft nur für eingeschränkte Anwendungen geeignet und existieren in allen Preisklassen. Als *Paintbrush* bzw. *Paint* sind sie Zubehör von Windows. Dem Grafiker und Designer stehen derartige Programme in der High-End-Klasse zur Verfügung.

Was unterscheidet die Grafikprogramme voneinander? Die einen sind auf ganz spezielle Aufgaben zugeschnitten, die anderen lassen sich universell einsetzen. In vielen Werkzeugen und Hilfsmitteln sind sie identisch bis sehr ähnlich. Vornehmlich diese sollen nachstehend näher betrachtet werden.

Oberfläche

Zur Bedienung von Grafikprogrammen steht in der Regel das hinlänglich bekannte Pull-Down-Menü zur Verfügung. Darüber hinaus werden oft auch Symbole für die bequeme Mausbedienung angeboten. Die vielfältigen Funktionen sind übersichtlich in Fenstern oder zusätzlichen Menüleisten zusammengefasst. Moderne Programme bieten oft mit der rechten Maustaste Kontextmenüs an, die in der momentanen Anwendung die wichtigsten Befehle zusammenstellen.

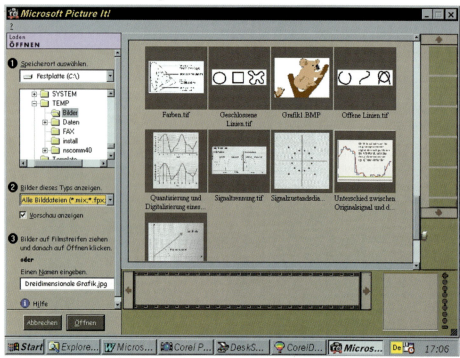

Oberfläche von *Microsoft Picture It*

Öffnet man eine vorhandene Pixelgrafik, dann steht sie in der gespeicherten Farbtiefe zur Verfügung. Ob sie allerdings auch in dieser bearbeitet werden kann, hängt von der Grafikkarte und der eingestellten Farbtiefe ab.

 Einfügen eines Bildteiles (Schwarzweiß in Farbe bzw. Farbe in Schwarzweiß)

Man kann die Auflösung und die Farbtiefe eines geladenen Bildes ändern. Das ist zum Beispiel dann sinnvoll, wenn bildfremde Teile in anderer Farbtiefe eingefügt werden sollen oder sich eine Veränderung aufgrund nachfolgender Bearbeitungsschritte erforderlich macht.

Lässt sich der Bildtyp nicht aus dem laufenden Programm heraus ändern, so gibt es immer noch die Variante, das Bild unter einem anderen Format abzuspeichern, zu konvertieren.

Datei unter einem anderen Format abspeichern in *Paint:*

- **M** Datei **B** Speichern unter...
- Dateinamen und Grafikformat angeben (hier 256-Farben-Bitmap)
- **S** Speichern

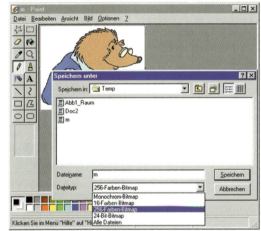

Für neu zu erstellende Grafiken sind die Größe des Bildes, die Auflösung und die Farbtiefe bereits bei der Einrichtung einer leeren Seite festzulegen. Manche Programme verwenden automatisch die Größe und Auflösung des Bildschirms sowie die eingestellten Systemfarben, andere lassen jede beliebige Einstellung zu.

Neue Seite einrichten mit *Paint Shop Pro:*

- **M** File **B** New Image

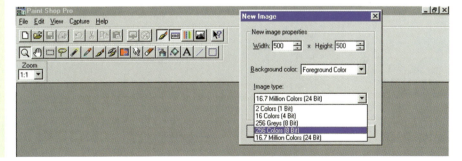

214 Anwendungen der Informatik

Wenn das Bild in Höhe und Breite den aktuellen Arbeitsbereich überschreitet, kann der Bildausschnitt anhand von Bildlaufleisten horizontal und vertikal verschoben werden. Dies ist auch bei der Arbeit mit Ausschnitten der Fall.

Pixelorientierte Grafiken lassen sich pixelgenau gestalten. Als Orientierungshilfe lässt sich meist eine Anzeige der aktuellen Cursorposition zuschalten. Sie zeigt an, in welchen Koordinaten sich der Cursor gerade befindet.

Das Verkleinern und Vergrößern von Bildern und einzelnen Bildausschnitten spielt bei der Arbeit mit Pixelgrafiken eine sehr große Rolle. Vergrößert ist es möglich, jeden Bildpunkt einzeln zu setzen und zu bearbeiten. Verkleinert lassen sich gleichzeitig mehrere bis viele Bildpunkte mit entsprechendem Werkzeug verändern.

Das Verhältnis des Bildes bzw. Ausschnittes zur Originalgröße wird oft als **Zoom-Faktor** angegeben. Die Originalanzeige entspricht 100 %. Bei einem Zoom-Faktor von 50 % wird das Bild halb und bei 200 % doppelt so groß angezeigt. Diese Werte können auch als Maßstab der Originalgröße zur Anzeigegröße angegeben werden.

Grafikdatei erstellen

Beim Malen werden die weißen oder andersfarbigen Bildhintergründe Punkt für Punkt durch die jeweils gewählte Farbe ersetzt. Zum Verändern stehen je nach Programm unterschiedliche **Grafikwerkzeuge** zur Verfügung, die in einer horizontalen oder vertikalen **Werkzeugleiste** zu finden sind. Die Werkzeuge lassen sich oft auch noch in spezielle Formen bringen und beliebigen Größen und Farben zuordnen.

Paint (früher Paintbrush) gehört zum Standard-Zubehör von Windows.

Unter der Werkzeugleiste können bei Paint die Eigenschaften des gerade aktiven Werkzeugs bestimmt werden. Im Beispiel ist es die Größe des Radierers.

Grafikwerkzeuge bei *Paint*:

Der **Pinsel** wird mit der Maus bei niedergedrückter linker Taste über die Arbeitsfläche geführt. Sie hinterlässt eine in Breite, Form und Farbe voreingestellte Linie.

Die Linienattribute lassen sich ändern. Zur Angabe der Linienbreite verwendet man die Angaben Millimeter, Zoll oder Pixel. Die eigentliche Grundlage bleibt in jedem Falle das Pixel.

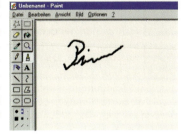

Für den Pinsel lassen sich auch unterschiedliche Formen einstellen, runde, eckige, flache in allen Winkeln, Pinsel mit nachlassender Intensität an den Rändern und andere mehr.

Auch die Farbe lässt sich definieren. Grafiksoftware bietet dafür zwei Varianten an. Entweder wird das Attribut als Zahlenwert, etwa als prozentuales Mischungsverhältnis der Grundfarben Rot, Grün und Blau angegeben, oder es stehen eigens dafür grafische Elemente bereit, die per Mausklick die Auswahl ermöglichen. Mit 256 Farben ist es kaum möglich, fotorealistische

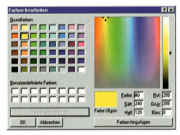

Bilder darzustellen. Der Farbeindruck kann aber bei gleicher Farbtiefe durch die Verwendung einer hohen Auflösung stark verbessert werden.

 Der **Stift (Buntstift)** dient zum „Freihandzeichnen". Wie beim Pinsel kann dabei die Farbe der gezeichneten Linien vorher festgelegt werden.

 Beim Lackieren entscheidet die Dauer des Besprühens mit Farbe, wie farbintensiv und dicht die Farbschicht aufgetragen wird. So funktioniert der **Sprayer (Airbrush)**. Je nach dem, wie schnell er über den Arbeitsbereich bewegt wird, so dicht erscheinen auch die gesetzten Farbpigmente. Eine Reihe zusätzlicher Attribute lässt sich einstellen.

 Wenn von gleicher Farbe lückenlos eine Fläche umschlossen wird, kann man mit dem **Farbfüller** eine beliebige Farbe sozusagen in das Feld hineingießen. Die Fläche wird in der gewählten Farbe vollständig ausgefüllt. Ist die Umgrenzung jedoch undicht, „läuft" die Farbe heraus.

 Unter Paint kann bei fast allen Werkzeugen zwischen Vordergrundfarbe (Ziehen mit der linken Maustaste) und Hintergrundfarbe (Ziehen mit der rechten maustaste) gewechselt werden.

 Das Radieren ist dem konventionellen Arbeiten mit Papier und Bleistift stark nachempfunden. Mit dem **Radierer** lassen sich je nach eingestellter Größe beliebige Teile des Bildes problemlos bis zur Hintergrundfarbe entfernen. Das farbselektive Radieren ist erst durch die Rechentechnik möglich geworden. Abhängig davon, welche Farbe ausgewählt ist, wird eben diese und nur diese entfernt.

Arbeiten mit Objekten

Malprogramme bieten auch fertige Objekte wie beispielsweise Strecken und andere Linien, Kreise und Ellipsen, Quadrate und Rechtecke oder Drei- und Vielecke an. Sie werden mit den erforderlichen Koordinaten bei gedrückter linker Maustaste in den Arbeitsbereich gezogen.

Einfachstes Objekt ist die Strecke (**Linie**). Oft wird nur Anfangs- und Endpunkt gesetzt. Die Verbindung wird automatisch berechnet und gezeichnet.

 Es lassen sich auch freigeformte Kurven (**Bézierkurven**) und Flächen (**Bézierflächen**) erzeugen. Es wird ein nach P. BÉZIER benanntes Verfahren zur Erzeugung von Linien benutzt, bei dem tangentiale Bedingungen mithilfe von Steuerpunkten vorgegeben werden. Zunächst werden wieder der Anfangs- und der Endpunkt gesetzt, um dann die Auslenkungen für die Krümmungen mit Mausklick festzulegen.

 Als **Flächen** werden meist Rechtecke, Vielecke und Ellipsen vorgegeben. Manche Flächen erscheinen bereits gefüllt, andere setzen nur den Rand. Sie können mit dem Füller gegebenenfalls im Nachhinein eingefärbt werden.

Die **Erzeugung regelmäßiger Figuren** oder Auswahlflächen erfolgt in sehr vielen Grafikprogrammen oder Grafik-Plug-Ins durch Ziehen mit der Maus und gedrückter <⇧>-Taste.

In vielen Programmen lassen sich die Funktionen der einzelnen Malwerkzeuge unter Zuhilfenahme von Tasten des Keyboards erweitern. Wird bei Paintbrush oder Paint zum Beispiel die Shifttaste niedergedrückt gehalten während man eines der Flächenobjekte mit der Maus in den Arbeitsbereich zieht, so ändern sie sich in Höhe und Breite identisch. Es entstehen statt der Ellipsen Kreise und statt der Rechtecke Quadrate. Andere Programme machen aus dem unregelmäßigen Vieleck ein regelmäßiges Vieleck.

Als eine besondere Art von Objekt mag man die **Schrift** betrachten. Jedes Zeichen füllt in der ihm eigenen Form die Punkte mit den gewählten Farben aus. Große Schrift kombiniert mehr Pixel zu einem Zeichen als kleine. Die Attribute fett, kursiv, unterstrichen oder solche Stile wie schattiert oder Kontur werden ebenfalls durch die Punkte in unterschiedlicher Zahl erzeugt. Sämtliche Schriftarten im weitesten Sinne, zu denen dann auch Symbole oder Windings oder die vielen Zeichensätze der Mathematik, der Geographie oder aus der Tierwelt zählen, werden mit dieser Funktion bereitgestellt.

Üblicherweise verschmelzen die Objekte nach Fertigstellung mit dem Bild. Sie verändern es durch die entsprechenden Objektpixel unwiederbringlich. Es gibt aber auch genügend Programme, die das nicht tun. Sie bewahren diese wenigstens für die Dauer einer Arbeitssitzung bzw. entsprechend der gewünschten Einstellung als eigenständige Objekte auf. So können diese auch im Nachhinein noch verändert, verschoben oder entfernt werden, ohne irgendwelche Spuren im Ursprungsbild zu hinterlassen.

> Figuren wie Linien, Rechtecke, Vielecke und Ellipsen sind nur *beim Zeichnen* Objekte im Sinne der Informatik. Sobald sie gezeichnet sind, gehören sie zur Grafik und lassen sich als Objekte nur mithilfe von Auswahlwerkzeugen ausgliedern.

Gestalten durch Auswählen

Will man einen einzelnen Bereich eines Bildes kopieren, herausschneiden, verschieben, spiegeln, drehen oder sonstwie manipulieren, ist eben dieser Teil auszuwählen. Man unterscheidet zunächst zwei Methoden des Markierens, das formgebundene und das formfreie Markieren.

Beim **formgebundenen Markieren (formgebundenen Auswählen)** stehen geometrische Flächen zur Auswahl. Im einfachsten Fall ist es das Rechteck, im Zusammenhang mit der entsprechenden Taste auf dem Keyboard vielleicht das Quadrat. Andere Programme bieten je nach Verwendungszweck weit mehr Verfahren zur Auswahl an.

Mit dem **formfreien Markieren (formfreien Auswählen)** ist es möglich, Bildausschnitte eigener Wahl zu verwirklichen. Figuren, Bäume und andere Motive lassen sich in ihrer Hülle nachzeichnen, um sie schließlich einer weiteren Bearbeitung zur Verfügung zu stellen.

Das Auswählen wird von anspruchsvolleren Programmen mit dem **Fangen** erweitert. Weitgehend selbständig werden hier die Schnittränder gesucht. Es sind lediglich einige Pixel einer Figur zur Orientierung auszuwählen. Die anderen Randpunkte werden vom Rechner bestimmt und am Bildschirm angezeigt. Damit lassen sich sehr exakt einzelne Objekte aus der Bildvorlage herauslösen.

Fangen-Werkzeuge gibt es beispielsweise in *Adobe Photoshop* oder in *Microsoft Picture It*.

Viele Programme bieten zur Auswahl auch noch den **Zauberstab** an. Eine Farbe wird durch Anklicken im Bild ausgewählt. Eben diese oder sehr ähnliche Farben sucht das Programm als zusammengehöriges Ganze und markiert schließlich den entsprechenden Bereich rein farborientiert. Je nach angebotenem Werkzeug ist es nun möglich, diesen mitunter sehr diffizilen Bereich zu löschen, mit anderen Farben zu belegen oder anderweitig zu manipulieren.

> Eine Auswahl kann beliebig kopiert, verschoben, ausgeschnitten und gelöscht werden.

Bereich löschen:
Ein ausgewählter Bereich lässt sich per Tastendruck (<Entf>) entfernen. Das Löschen ist nicht identisch dem Ausschneiden, auch wenn das Erscheinungsbild zunächst das gleiche ist.

Bereich verschieben:
Beim Ausschneiden (<Strg> + x) gelangt die Auswahl in die Zwischenablage des Rechners. Sie lässt sich mit Einfügen (<Strg> + v) wieder in das Ausgangsbild oder in ein anderes Bild holen.
Sind die Orte des Ausschneidens und des Einfügens nicht identisch, spricht man vom Verschieben.
Das Verschieben lässt sich in den meisten Programmen einfacher realisieren. Die Auswahl wird mit der Maus angeklickt und bei niedergedrückter Taste kann das Objekt an den gewünschten Ort verschoben werden.

Natürlich existiert auch in allen Grafikprogrammen das Menü „Bearbeiten" mit Befehlen zum Ausschneiden, Kopieren und Einfügen.

Bereich verschieben

Bereich vervielfachen (kopieren und einfügen):
Nicht nur über das Ausschneiden gelangt die Auswahl in die Zwischenablage. Auch das Kopieren (<Strg> + c) legt ein Duplikat des Markierten dort ab, ohne aber selbst aus dem Bild zu verschwinden. Durch <Strg> + v kann die Auswahl beliebig oft in das Bild eingefügt werden.

Bereich verschieben

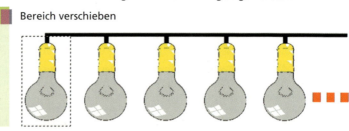

Eine Auswahl lässt sich je nach Leistungsumfang des Programms spiegeln, drehen, invertieren, verkleinern, vergrößern, strecken und verzerren.

Bereich spiegeln und drehen:
Hält man einen Spiegel gegen einen Körper, so erscheint er darauf seitenverkehrt. Dieser Effekt lässt sich mit der Funktion Spiegeln verwirklichen. Beim horizontalen Spiegeln dreht sich die Auswahl von rechts nach links, beim vertikalen von oben nach unten.
Auch Drehungen im Uhrzeigersinn sind möglich.

Bereich horizontal und vertikal spiegeln sowie im Winkel von 180° drehen

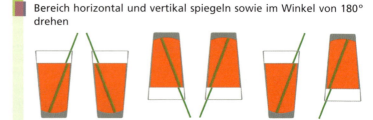

Bereich invertieren:
Mit dem Invertieren wird die Farbumkehrung bezeichnet. Aus Schwarz wird Weiß und umgekehrt. Bei Farben berechnet sich die Invertierung aus den Anteilen der Grundfarben. Reines Rot zum Beispiel das Gemisch aus reinem Blau und reinem Grün.

Bereich invertieren

Grafikprogramme 219

Bereich verkleinern oder vergrößern:
Die Auswahl kann in ihren Abmessungen verändert werden. Beim Vergrößern spielen die Punktreserven des Bildes eine wichtige Rolle. Schnell wird das Punktraster sichtbar.

 Bereich verkleinern (links) und vergrößern (rechts)

Bereich strecken oder verzerren:
Wurde die Auswahl getroffen, kann man an den Anfasspunkten ziehen und den Bereich horizontal und vertikal strecken oder stauchen. Meist gibt es Menüpunkte, über die man die genaue Prozentzahl der Streckung angeben kann. Dort kann man oft auch Winkel zur horizontalen und vertikalen Verzerrung angeben.

 Dehnen und Verzerren:

 Bereich verzerren

Ganzbildmanipulationen: Ins Bild lassen sich auch fremde Objekte (Bereiche) einfügen, Kontraste und Helligkeiten verändern, Licht- und Schattenspiele nachbilden, Deformationen aufprägen und vieles andere mehr. Ohne Auswahl wirken die meisten Änderungen auf das ganze Bild.

Pixelrauschen verändern:
Dem Rauschen im Fernsehbild ähnlich gibt es dies auch bei den Pixelbildern. Es meint die Existenz von Zufallspixeln im gesamten Bild. Dieses Rauschen lässt sich entfernen. Es kann aber auch gewollt sein. Blassen Bildern mit wenig Konturen setzt man sogar ein künstliches Rauschen auf, um eine gewisse Körnungsstruktur und Härte zu erreichen.

Farben verändern:

Da jeder Bildpunkt eindeutig durch Farben, also sie repräsentierende Zahlenwerte beschrieben wird, ist es im Grunde genommen recht einfach, auf die Farbgebung des Bildes Einfluss zu nehmen. Es werden die gewünschten Werte durch andere ersetzt, was dem Ersetzen von Farben gleichkommt. Solche einfachen Farbersetzungen sind von der Füllfunktion bekannt. Diese wirken jedoch nur auf einen abgegrenzten Bereich gleicher Farben. Mit etwas mehr Softwareaufwand lassen sich alle gemeinsamen Farben ermitteln und austauschen.

Licht- und Schattenspiele:

Licht- und Schattenspiele sind auch nichts anderes als Farbmanipulationen. In den Berechnungsformeln muss nur enthalten sein, wo die Lichtquelle liegen soll, um dann über Farben die Pixel zu unterscheiden, die im Schattenteil liegen. Das funktioniert natürlich nur so gut, wie das Programm mit vorgegebenen Algorithmen die Schattenseiten erkennt. Da ein räumliches Sehen der Software mit unseren Augen kaum zu erwarten ist, wird hier Nacharbeit erforderlich sein.

Licht- und Schattenspiele

Extrapolieren:

Die mathematische Erfassung und Verarbeitung von Farben können auch genutzt werden, um Ränder und Konturen im Bild zu erfassen. Entsprechende Verarbeitungsalgorithmen erlauben es so, in einem Digitalfoto die Linien zu finden und als Stiftzeichnung darzustellen. Dieses Verfahren kommt zur Anwendung, um Reliefs zu erstellen, ist aber auch eine notwendige Vorstufe, um Pixelgrafiken in Vektorgrafiken umzuwandeln.

Extrapolieren

Passepartouts und Rahmen:

Mit Passepartouts meint man ursprünglich das mit Pappe eingerahmte Bild hinter der Glasscheibe. Solche Formen können Schlüssellöcher, Sterne, Vielecke und anderes mehr sein. Das eigentliche Bildmotiv liegt hinter der Aussparung, was den Eindruck vermittelt, als schaue man durch die Öffnung. Einige Programme ha-

ben sich darauf spezialisiert, das Pixelbild auch in einen hübschen Rahmen zu setzen. Damit lassen sich Wandschmuck und Glückwunschkarten gleichermaßen ausdrucken oder gefällige Bilder am Monitor wiedergeben. Im Prinzip ist dies eine Montage fertiger Bilder. Die Rahmen werden als gestaltbare Grundmuster in einem Archiv verwaltet. Sie lassen sich auf oder um das Bild herumlegen.

Collagen:
Mit dem Anspruch der Willkürlichkeit lassen sich mit wenigen Griffen auch zwei oder mehrere Bilder in so genannten Collagen vereinigen. Grundsätzlich ist der Import von Bildern fast mit jedem Grafikprogramm gegeben, so dass diesem Gebaren nichts im Wege steht. Allein eine solche Funktion macht den Import von fremden Bildern bzw. Bildausschnitten einfacher.

 Collagen

Kacheln und Füllmuster:
Ob als Füllmuster für Bildobjekte, als Hintergründe oder sonstige Gestaltungsmuster lassen sich Kacheln von bestimmten Motiven erzeugen. Eine andere Funktion lässt das Bild sehr räumlich an einer Ecke sich aufrollen. Den Bildern können auch irgendwelche Muster aufgeprägt werden.

 Kacheln, Aufrollen und Mustern

Alle diese Bildveränderungen haben eines gemeinsam: Es werden die farbigen Pixel durch andere Farben ersetzt. Fast jedes Programm bietet die Möglichkeit, im Editiermodus Punkt für Punkt die Farbe aus den vielleicht 16 Millionen verfügbaren Farben eigenhändig zu wählen, um am Ende jeden dieser Effekte und beliebig viele darüber hinaus zu setzen. Allein der Zugriff auf vorgefertigte Funktionen macht diese Arbeit entschieden leichter.

2.4.3 Vektororientierte Grafikprogramme

Dem Anwender begegnen die Funktionen zum Zeichnen unterschiedlich. Für den Grafiker oder den Eigenbedarf gibt es sie als sehr komfortabel ausgestattete **Zeichenprogramme.** In modernen Programmen der Textverarbeitung und Tabellenkalkulation oder der Präsentation sind sie ergänzendes Werkzeug zur Illustration. Der Architekt, Konstrukteur, Elektroniker oder beispielsweise der Geograf verwendet sie in speziellen Ausführungen von CAD-Programmen.

Das wichtigste Erstellungs- und Bearbeitungswerkzeug ist die Maus. Die Tastatur erweitert oftmals den Funktionsumfang der Maus. Sie kann unter Umständen auch wichtigstes Eingabegerät sein, wenn es beispielsweise um Werteeintragungen oder punktgenaues Positionieren mit den Cursortasten geht. In besonderen Fällen wird auf Grafiktableaus, Lichtstifte oder andere Eingabegeräte zurückgegriffen.

Oberfläche

Die Zeichnung entsteht auf dem weißen oder farbigen Arbeitsblatt. Die Befehle zur Verwaltung von Dateien und zum Einrichten von Grundeinstellungen, Hilfsmittel und verschiedene Objektmanipulatoren sind übersichtlich in der **Menüleiste** angeordnet. In Grafikoberflächen lassen sie sich meistens auch als **Symbolleisten** zuschalten. Verschiedene Aufgaben sind darüber hinaus an den Rändern des Bildschirms oder als eigenständige Fenster gegeben.

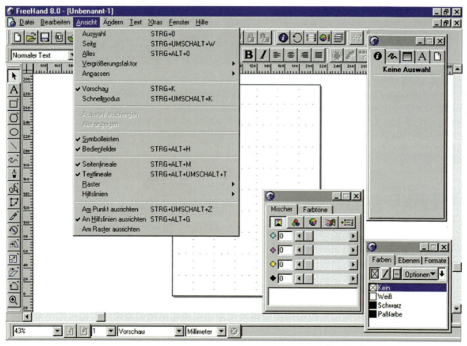

Oberfläche von *FreeHand 8.0*

Für das genaue Arbeiten steht in der Regel ein **Lineal** zur Verfügung, das bei der maßgenauen Erstellung und Positionierung der Zeichenobjekte hilft.

Zusätzliche Positionier- und Orientierungshilfen können als Raster und Hilfslinien gegeben sein.

Hilfslinien können horizontal und vertikal in den Arbeitsbereich an beliebige Stellen hineingezogen werden. Auch hier lässt sich oft die automatische Fangfunktion zuschalten. Objekte können an voreingestellte Orte exakt ausgerichtet werden.

Das **Raster** hinterlegt die Zeichenfläche. Es lässt sich auf gewünschte Gittermaße einstellen. Dieses Hilfsmittel bietet zum maßgenauen Zeichnen eine wertvolle Orientierung. Konstruktionsprogramme wie z.B. zum Entwerfen von Leiterplatten bieten das automatische Ausrichten an diesen Gitterlinien an. Dadurch ist es unkompliziert, für die Lötaugen die Rastermaße genau an den Industrienormen für elektronische Bauteile anzupassen.

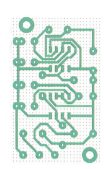

Eine **Zoomfunktion** zum Verkleinern oder Vergrößern gehört ebenfalls zu den üblichen Gegebenheiten. Das Zoomen kann sowohl über eine **Lupe** mit festen Einstellungen als auch über eine Eingabe- und Anzeigefeld in der Statuszeile erfolgen. Passt das Blatt vergrößert nicht in den Arbeitsbereich hinein, kann der Ausschnitt über Tasten oder Bildlaufleisten verschoben werden.

Die Objekte liegen gewissermaßen übereinander auf dem Zeichenblatt. Da passiert es, dass größere und gefüllte Objekte die kleineren Objekte bis zur Unkenntlichkeit überdecken. Die **Ebenen** lassen sich verändern. Einzelne Objekte oder Objektgruppen können nach vorn oder hinten gerückt werden.

 Überlappende Objekte in unterschiedlichen Ebenen

Üblicherweise wird bei den Zeichenprogrammen das Druckbild auf dem Monitor angezeigt. Das heißt, alle Zeichen- und Textobjekte sind nach dem WYSIWIG-Prinzip mit all ihren Attributen versehen, wie sie dann auch im Gedruckten erscheinen. Gerade bei komplexeren Bildern ist dann der Umriss-Anzeigemodus eine brauchbare Orientierungshilfe. Alle Objekte werden hierbei ohne Attribute nur in ihren Umrissen dargestellt. Viel einfacher lassen sich in dieser Darstellung Details auswählen. Schließlich ist die Arbeit im **Umrissmodus** gerade auch bei langsameren Rechnern zweckmäßig, weil der Neuaufbau des Bildschirms hier wesentlich schneller vonstatten geht.

 Druckbild und Umrissmodus

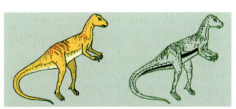

Die Arbeitsschritte für die Aktionen auf dem Arbeitsblatt sind bei allen Unterschieden in den Programmen doch recht ähnlich. Zu Beginn sind die aktuellen Einstellungen vorzunehmen: Stift- und Füllfarbe, Linienbreite und Linienart. Richtig ist, dass sich jedes Objekt auch im Nachhinein beliebig verändern lässt. Dazu wird die gewünschte Aktion über die Menüleiste oder per Mausklick auf dem entsprechende Icon aktiviert. Mit der getroffenen Auswahl kann nun gestaltet werden.

Anwendungen der Informatik

Grundlagen der Objekterstellung und -bearbeitung

Man wird bei den Programmen schon in den Versionen eine Reihe von Unterschieden bei der Bedienung von Grafikwerkzeugen antreffen. Voneinander abweichend sind die Bedienung der Maus und der anderen Eingabegeräte, der Erstellung und Bearbeitung liegen verschiedene Algorithmen der Handhabung zugrunde.

Um mit *Corel Draw* eine Linie zu zeichnen, werden die Enden durch jeweiliges Anklicken mit der linken Maustaste festgelegt. Das Verbinden der Punkte durch eine Linie erfolgt dann automatisch.
Bei der Grafik unter *Word* wird nur der Anfangspunkt durch Klicken der linken Maustaste gesetzt. Von hier aus wird die Linie bei niedergedrückter linker Taste zum Endpunkt gezogen und dann losgelassen.
Über die konkreten Lösungsmöglichkeiten der Aufgaben geben Handbücher, Lernprogramme, Hilfen und anderes Begleitmaterial Auskunft. Abgesehen also von den Abweichungen zum Erreichen gleicher Problemlösungen, sind die Funktionen selbst dann doch wieder sehr ähnlich. Auf diese Ähnlichkeiten sei im Folgenden hingewiesen.

> Grundlegende **Objekte in vektororientierten Grafikprogrammen** sind geometrische Figuren wie gerade und gekrümmte Linien, Linienzüge, Rechtecke und Quadrate, Vielecke, Ellipsen und Kreise.

Mit gedrückter <⇧>-Taste kann man in den meisten Zeichenprogrammen gerade Linien und Linienzüge im Winkel von 45°, 90° usw. zeichnen.

Zum Erstellen einer **geraden oder gekrümmten Linie** sind der Anfangs- und der Endpunkt zu setzen.
Mehrere dieser einfachen Linien aneinandergesetzt ergeben Linienzüge und Vielecke.

Ob diese **Linienzüge und Vielecke** dann allerdings auch ein gemeinsames Objekt sind oder mehrere Einzelobjekte bleiben, hängt wiederum vom gewählten Programm, den Einstellungen und verfügbaren Funktionen ab. Man kann das leicht an den Anfassern erkennen und ausprobieren. Durch einfaches Anklicken und Ziehen lässt sich das Objekt in der Regel verschieben. Sind die Linien zu einem Objekt verknüpft, verrückt das gesamte Gebilde. Im anderen Fall betrifft die Lageveränderung nur die eine ausgewählte Linie.

Zum Zeichnen von **Rechtecken** und **Ellipsen** stehen entsprechende Schalter zur Verfügung. Sie werden am gewünschten Ort ab gesetzten Anfangspunkt aufgezogen. Je nach Auswahl werden die Flächen farbig gefüllt oder bleiben transparent.
Wird beim Erstellen der Flächen die jeweils erforderliche Taste auf dem Keyboard niedergedrückt gehalten, stellen sich gleiche Längenänderungen in horizontaler und in vertikaler Richtung ein. Es entstehen **Quadrate** beziehungsweise **Kreise**, die ebenfalls wieder gefüllt oder transparent sind. Während des Ziehens Tasten des Keyboards niedergedrückt halten kann auch andere Effekte erbringen. Je nach Grundeinstellung lassen sich vielleicht bestimmte Linienwinkel zeichnen oder die Seitenlängen verändern sich ausgehend vom Anfangspunkt proportional nach links und rechts oder nach oben und unten.
Zur genauen Festlegung von Objekteigenschaften stehen neben den Werkzeugleisten auch Menüs und Dialogfenster zur Verfügung.

Dialogfenster zur Bearbeitung von Flächen und Linien unter Win-Word 97:

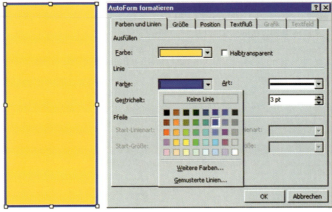

Für die Linien und Umrisse von Objekten stehen in der Regel unterschiedliche Linientypen zur Auswahl, Punktlinien, Strichlinien, Punkt-Strich-Linien und andere mehr. Variieren lässt sich auch die Linienbreite. Mit Einstellung der Stiftformen lassen sich noch zusätzliche Effekte erreichen. Schließlich bieten einige Programme eine große Zahl an Möglichkeiten, die Enden der Linien mit bestimmten Formen (z. B. Pfeilen) zu versehen.

Viele Grafikprogramme halten einen Stift oder einen Schalter für **Freihandlinien** bereit. Mit ihm lassen sich Linien in Beliebigkeit als Geraden und Kurven ziehen. Wie für Vektorzeichnungen typisch, wird die Freihandlinie dabei in einzelnen Abschnitten durch Berechnungsformeln, wie sie sich grafisch als Knoten zeigen, beschrieben.

 Diese Kurven heißen auch Bézierkurven (↗ S. 216).

Klar ist, dass der Berechnungsaufwand durch die Kompliziertheit der Linien bestimmt wird. Für komplizierte Kurven sind komplizierte und viele Formeln erforderlich. Die Dichte der Bearbeitungsknoten lässt sich eventuell festlegen. Liegen sie weit auseinander, so gehen feine Zeichnungen zugunsten eines verminderten Rechenaufwandes verloren. Umgekehrt sind feingliedrige Strukturen sehr rechenintensiv.

Freihandlinie mit unterschiedlicher Knotendichte

Objekte verändern

Soll ein Objekt in Farbe und Form verändert oder gelöscht werden, so muss es zunächst markiert, also ausgewählt werden.
Die Auswahl erkennt man an den sichtbar werdenden **Anfassern**.

Über den Anfassern ändert sich das Erscheinungsbild des Mauspfeils oft zum Doppelpfeil. Damit wird angezeigt, in welche Richtungen sich das Objekt nun verkleinern oder vergrößern lässt. Es kann horizontal oder vertikal gestreckt oder gestaucht werden, an den Ecken lassen sich Höhe und Breite gleichzeitig auf neue Maße ziehen.

Die Auswahl kann gelöscht, verschoben, kopiert und abhängig von der programmeigenen Angebotspalette in weiten Bereichen manipuliert werden.

Objekte löschen:
Mit der <Entf>-Taste oder mit **M** Bearbeiten **B** Löschen kann die Auswahl gelöscht werden. Sie ist dann definitiv weg, höchstens dass das Programm die Funktion „Rückgängig machen" integriert, mit der die letzten Aktionen einer Sitzung schrittweise rückgängig gemacht werden können.

Objekte verschieben:
In der Regel lässt sich das markierte Objekt nach Erscheinen des Verschiebekreuzes durch Anklicken und Festhalten mit der linken Maustaste an einen beliebigen Ort verschieben.

Objekte ausschneiden und einfügen:
Unter dem Menüpunkt „Bearbeiten" sind die Befehle „Ausschneiden" und „Einfügen" gegeben. Der erste lässt die Auswahl in die Zwischenablage verschwinden, der zweite holt sie wieder zurück. Ist der Zielort verschieden vom Ursprungsort, entspricht dies einem Verschieben.

Objekte kopieren, duplizieren und klonen:
Das Kopieren und, wenn als Funktion vorhanden, das Klonen sind vom Erscheinungsbild zunächst vollkommen identisch. Im Gegensatz zur Kopie übernimmt das Klon jedoch automatisch die meisten nachträglichen Veränderungen am Original. Das Duplikat ist eine Kopie, die etwas versetzt zum Original abgelegt wird.

Auswirkungen am duplizierten (links) und geklonten Objekt

Objekte spiegeln:
Das Spiegeln kann in horizontaler, vertikaler und kombiniert in beiden Richtungen erfolgen. Dabei bleiben die Abmessungen erhalten, das Spiegelbild erscheint als Kopie zentriert über dem Original. Beides lässt sich ändern. Der Spiegelpunkt kann außerhalb des Zentrums bestimmt werden und das Spiegelbild horizontal und vertikal gedehnt und gestaucht werden.

Objekte dehnen, stauchen und neigen (drehen):
Die Objektabmessungen lassen sich in komfortablen Programmen exakt über entsprechende Werteeinträge festlegen. Mit weniger Anspruch auf Maßhaltigkeit ist diese Manipulation ansonsten über die Anfasser intuitiv möglich. Diese Funktionen stehen wie andere ebenfalls oft als Schalter zur Verfügung. Sie lassen sich genauso gut aber über spezielle Anfasser realisieren. Die Doppelpfeile geben die Änderungsrichtungen an. Der Drehpunkt kann mit der Maus an beliebige Stelle gezogen werden.

Grafikprogramme 227

Objekte färben:
Um die Auswahl im Umriss und in der Füllung zu ändern, aktiviert man die jeweiligen Schalter. Die von der Grafikkarte definierten und eingestellten Farben können per Mausklick aus der Farbpalette auf das Objekt angewandt werden.

Farbe für Umriss und Füllung definieren

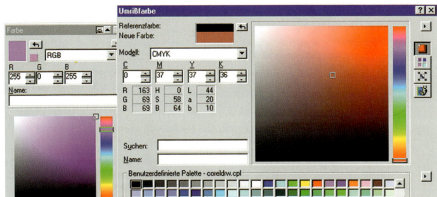

Gerade die Füllfunktionen von Objekten machen die optischen Unterschiede zwischen Vektor- und Pixelgrafiken immer geringfügiger. Die Füllungen können effektvolle Farbverläufe, aber auch Pixelgrafiken selbst sein:

Farbfüllung	Beschreibung
Einfarbfüllung	Die einfachste Füllung ist einfarbig. Das geschlossene Objekt bekommt eine einzige Farbe zugewiesen. Eine individuelle Farbzuweisung ist für jedes Objekt möglich.
Farbverläufe	Mit Farbverlauf bezeichnet man den allmählichen Übergang von einem Start- zu einem Zielbereich. In Ergänzung dazu kann der Verlauf *vertikal, radial, konisch oder quadratisch* erfolgen. Die Qualität der Übergänge definiert vordergründig die gewählte Farbpalette. Bei 16 Farben sind die weichen Übergänge eines Regenbogens nicht zu erwarten.
Füllmuster	Zur Objektfüllung stehen meist mehrere Muster schwarzweiß oder in Farbe zur Auswahl. Es sind dies hinterlegte Pixelgrafiken, die nach dem Kachelprinzip in festgelegter Größe die Fläche bemustern. Füllmuster lassen sich auch aus dem Import von fertigen oder selbst entworfenen Pixelgrafiken gewinnen. Entweder steht dafür ein kleines Hilfsprogramm zur Verfügung, oder man greift auf einschlägige Programme zur Bearbeitung von Pixelgrafiken zurück.

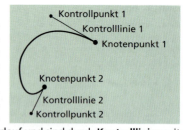

Knotenpunkte:

Formänderungen bei Linien, Kurven und Vielecken können durch Verschieben der Knotenpunkte vielfach bewirkt werden. Die Knotenpunkte einer Geraden werden von denen einer Kurve unterschieden. Knotenpunkte einer Kurve verfügen zusätzlich über so genannte **Kontrollpunkte**. Sie definieren den Kurvenverlauf und sind durch **Kontrolllinien** mit dem Knotenpunkt verbunden. Die Kontrollpunkte sind nur markiert sichtbar.

Knoten lassen sich löschen, hinzufügen, in Knotenpunkte für Geraden und Kurven wechseln. Über die Knoten kann der Linienverlauf geglättet, begradigt, angespitzt und vieles andere mehr werden.

Den Knoten kommt in anspruchsvolleren Grafikprogrammen eine außerordentliche Bedeutung für Nachbearbeitungen zu. Sie sind Hilfsmittel für sehr individuelle Formgestaltungen.

An die Knoten der Freihandlinie gelangt man unter *WinWord 97* in der Zeichnen-Symbolleiste mit **M** Zeichnen **B** Punkte bearbeiten. Auf der Linie nimmt der Cursor die Form eines kleinen Fadenkreuzes an, mit dem sich nun jeder einzelne Knoten frei setzen und verschieben lässt.

Bei *Corel Draw* eröffnen sich mit dem Werkzeug „Formen" 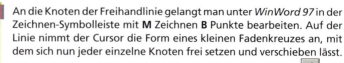 und dem einhergehenden Zugriff auf die Knoten sehr weitgehende Gestaltungsmöglichkeiten. Beim Rechteck lassen sich durch Ziehen eines Knotenpunktes die Ecken abrunden. Je nachdem, ob sich beim Ziehen eines Knotens der Mauszeiger innerhalb oder außerhalb der Ellipse befindet, entstehen Kreisausschnitte oder Kreisbögen.

Grafiktext

Ein Sonderfall der Grafik sind die Schriftzeichen. Sie gibt es vektor- und pixelorientiert. Mit den **True Type-Schriften** stehen heute in großer Zahl frei in ihrer Größe skalierbare (*vektororientierte*) Grafikschriften zur Auswahl. Dagegen sind die **Pixelschriften** in ihren Abmessungen durch Punkte festgelegt und lassen sich ursprünglich nur in der vordefinierten Auflösung verwenden. Verschiedene Grafikprogramme machen aber auch sie skalierbar, indem sie die Vergrößerungen und Verkleinerungen proportional berechnen.

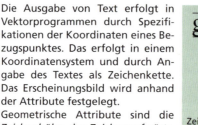

Die Ausgabe von Text erfolgt in Vektorprogrammen durch Spezifikationen der Koordinaten eines Bezugspunktes. Das erfolgt in einem Koordinatensystem und durch Angabe des Textes als Zeichenkette. Das Erscheinungsbild wird anhand der Attribute festgelegt.

Geometrische Attribute sind die *Zeichenhöhe*, der *Zeichenaufwärtsvektor*, die *Schreibrichtung*, die *Textausrichtung*, die *Zeichenbreite* und der *Zeichenbasisfaktor*.

Grafikprogramme

Nichtgeometrische Attribute sind die *Schriftart*, die *Schriftqualität*, der *Zeichenbreitenfaktor*, der *Zeichenabstand* und die *Textfarbe*.

Vektororientierte Grafikprogramme behandeln die Schriftzeichen unterschiedlich. Sie bleiben in einem eigenständigen Objekt zusammengefasst erhalten oder werden selbst zum Grafikobjekt:

Textfeld (Mengentext):
Im Objekt Textfeld und seinen Spielarten sind die Schriftzeichen als normaler Text eingebaut. In gleicher Weise lassen sie sich bearbeiten und formatieren. Lediglich das Feld selbst gehorcht den Grundsätzen der objektorientierten Grafik. Seine Auswahl macht die Anfasser sichtbar, mit denen das Objekt in erörterter Weise verändert werden kann.

Schriftzeichen als Grafikobjekte:
Schriftzeichen können selbst zu Grafikobjekten werden. Sie lassen sich nicht nur in Größe, Farbe und den installierten Schrifttypen und Attributen den individuellen Wünschen anpassen, sondern können auch nach den Grundsätzen verknüpfter Objekte in eine große Zahl von Hüllformen mit zusätzlichen Gestaltungsmöglichkeiten gebracht werden.
Einige Programme sind gar in der Lage, jeden einzelnen Buchstaben als Grafikobjekt zu definieren, dabei aber dennoch die Anwendung von Werkzeugen der Textverarbeitung wie zum Beispiel die Rechtschreibhilfe zulassen. Zusätzlich stehen alle Formen der Objektbearbeitung für jedes einzelne Schriftzeichen zur Verfügung.

Bearbeiten kombinierter und gruppierter Objekte

Grundsätzlich gilt, dass mehrere Objekte auch gleichzeitig bearbeitet werden können. Sie sind dazu lediglich gemeinsam zu markieren. Bei eigenständigen Zeichenprogrammen kann man die Objekte mit einem Markierungsrahmen einfangen oder durch Klicken bei gleichzeitiger Betätigung der entsprechenden Taste auf dem Keyboard nacheinander mehrere Objekte auswählen. Die Anfasser bilden dabei das imaginäre Rechteck, das alle markierten Objekte umrahmt. Alle dann getroffenen Änderungen werden jeweils für die aktuelle Auswahl insgesamt wirksam.

Winword 97:

WordArt:

Corel Draw:

> Markierte Objekte können in unterschiedlicher Weise zusammengeführt werden:
>
> **Objekte gruppieren:**
> Die Eigenständigkeit der Einzelobjekte bleibt erhalten. Mit dieser Maßnahme lassen sich die Objekte gleichzeitig bearbeiten. Die Gruppen können nach Belieben wieder aufgelöst werden.
>
> **Objekte kombinieren:**
> Alle eingeschlossenen Strecken werden zusammengefasst. Der Vorteil ist, dass sich so auch die Knotenpunkte bearbeiten lassen.
> In diesem Modus ist es durch entsprechende Knotenverarbeitung (Trennen, Verbinden und Löschen) leicht, einzelne Objekte zu einem einzigen Objekt zu verschmelzen. Oft steht dafür jedoch auch eine Extrafunktion zur Verfügung.
> Unter der Voraussetzung, dass die kombinierten Objekte noch als eigenständige Objekte existieren, lässt sich auch die Kombination wieder aufheben.

Besondere Effekte der Objektgestaltung

Die bislang besprochenen Veränderungen von Formen, Ausrichtungen und Abmessungen geschehen wesentlich über die Anfasser, Knoten und Kontrollpunkte.

Für andere, häufig benötigte Effekte stehen in der Menüleiste oder als Icon vereinfachte Bedienelemente zur Verfügung.

Perspektiven:

Mit Perspektiven lässt sich für die Objekte ein räumlicher Eindruck erwecken. Die Objekte scheinen aus der Zeichnung herauszutreten beziehungsweise einzutauchen. Die Einpunktperspektive verschiebt das Objekt nur horizontal oder vertikal, die Zweipunktperspektive ändert beide Richtungen gleichzeitig.

Extrudieren:

Das Extrudieren meint das plastische Ausformen eines Objektes. Dazu wird das flächenhafte Objekt in Lage und Größe definiert auf eine vordere oder hintere Fläche projiziert. Original und Projektion werden in den einzelnen Punkten zu Flächen verbunden.

Überblenden:

Wenn allmählich das eine Objekt in Form und Farbe in die Gestalt eines anderen Objektes übergeht, dann nennt man das Überblenden.
Neben verschiedenen Einstellungsmöglichkeiten lassen sich der Verlauf und die Schrittzahl variieren.
Eine Änderung des Anfangs- oder Endobjekts wirkt sich auf alle Zwischenobjekte aus.

Konturen:

Mit den Konturen lassen sich bei Textobjekten besondere Effekte erzielen. Dabei werden zum Objekt Vergrößerungen und Verkleinerungen mit selbstgewählten Farben oder Graustufen erzeugt, die konzentrisch vor oder hinter das Objekt gelegt werden.

Linsenfunktion:

Als würde man eine Lupe über ein Objekt halten, wird über das Objekt grafisch eine Linse gelegt. In ihr können unterschiedliche Effekte zutage treten. Das dahinter Befindliche wird vergrößert, verkleinert oder vielleicht prismatisch verschoben. Es lassen sich auch Farbfilterlinsen vorsetzen, wie sie von der Fotografie her bekannt sind.

Texte an Objekten ausrichten:

Ein Grafiktext lässt sich an den Umrissen beliebiger Objekte ausrichten. Mit einer Freihandlinie kann dem Text ein willkürlicher Verlauf aufgeprägt werden. Er lässt sich aber auch an Kreisen, Vielecken und dergleichen mehr ausrichten.

Objekthülle:

Objekte lassen sich auch dadurch deformieren, dass man sie in eine festgelegte Hülle packt. Grafische Schriften beispielsweise können so harmonisch mit anderen Objekten in Einklang gebracht werden.

2.5 Datenaustausch zwischen Anwendungsprogrammen

2.5.1 Einbetten und Verknüpfen von Objekten

Einbetten

Unter grafischen Oberflächen wie Windows lassen sich Objekte (Dateien, Bilder, Diagramme, Tabellen, Texte usw.) problemlos zwischen Anwendungsprogrammen austauschen.

> **Einbetten (Embedding) von Objekten:**
> Das Objekt wird in der Quelldatei markiert, in die Zwischenablage kopiert und in die Zieldatei an die gewünschte Stelle eingefügt.
> Das Objekt wird zum Bestandteil der Zieldatei, eine Bearbeitung im Anwendungsprogramm wirkt sich nicht auf das Original aus. Umgekehrt werden Änderungen am Originalobjekt nicht an die Kopie in der Zieldatei weitergegeben.

Die Objekte müssen ein Format besitzen, welches für das jeweilige Anwendungsprogramm lesbar ist. Dies ist in den unter Windows genutzten Anwendungsprogrammen meist gegeben, notwendige Konvertierungen werden von Windows automatisch vorgenommen.

Ein Objekt kann auf unterschiedliche Art in die Anwendungsprogrammdatei (Zieldatei) eingebettet werden:

- Das Objekt wird in der Quelldatei markiert, mit <Strg> + c in die Zwischenablage kopiert und dann mit <Strg> + v in die Zieldatei an der gewünschten Stelle (mit der Maus anklicken) eingefügt.
  Dabei kann das Objekt in einigen Fällen die Quelldatei selbst sein, die im Ordnerfenster markiert und in die Zwischenablage kopiert wird.
- Das Objekt wird in der Quelldatei markiert, mit **M** Bearbeiten **B** Kopieren in die Zwischenablage geholt und dann mit **M** Bearbeiten **B** Einfügen in die Zieldatei eingefügt.
- Quell- und Zielfenster werden nebeneinander auf dem Bildschirm angeordnet. Das Objekt (Grafik, Diagramm o. ä.) wird in der Quelldatei markiert und mit der Maus an die gewünschte Stelle in der Zieldatei gezogen.
- Aktivierte Windowsfenster können mit <Alt> + <Druck> in die Zwischenablage kopiert und dann mit <Strg> + v in die Zieldatei eingefügt werden. Diese Methode nennt man auch **Bildschirmschuss.** Sollen nur Teile des kopierten Fensters eingefügt werden, muss der Bildschirmschuss in einem Grafikprogramm bearbeitet werden, bevor er in die Zieldatei eingefügt wird.

Vom Fenster mit dem Spiel „Solitär" wird ein Bildschirmschuss (a) in ein Malprogramm kopiert, dort bearbeitet (b) und in die Zieldatei kopiert.

(a)    (b)

232 Anwendungen der Informatik

Verknüpfen

Soll das eingebettete Objekt (Grafik, Diagramm, Tabelle, ...) auch anderen Anwendungen zur Verfügung stehen, sollte man es im Quellprogramm als Datei abspeichern.

OLE ist die Abkürzung für „**O**bject **L**inking and **E**mbedding" (Objekt verknüpfen und einbetten).

> **Verknüpfen und Einbetten von Objekten (OLE-Methode):**
> Im Anwendungsprogramm wird mit **M** Einfügen **B** Objekt... **R** Aus Datei erstellen die gewünschte Datei gesucht, ausgewählt und ihr Inhalt eingebettet. Dabei wird eine **Verknüpfung** (ein **Link**) zur Quelldatei hergestellt.
> Änderungen in der Quelldatei wirken sich damit sofort auch auf das eingebettete Objekt in der Zieldatei aus.

Verknüpfen mit einer Kalkulationstabelle unter *Word*:
– Mit *Excel* eine Tabelle erstellen und als Datei abspeichern
– Dokument in *Word* öffnen und Cursor an die Stelle setzen, wo die Tabelle eingefügt werden soll
– **M** Einfügen **B** Objekt... **O** Aus Datei erstellen
– **S** Durchsuchen (zum Auffinden der Tabelle mit der Endung `XLS`)
– **O** Verknüpfen (Link)
– **S** OK (Die Tabelle erscheint im Text.)
– Mit einem Doppelklick auf das OLE-Objekt öffnet sich *Excel* und das Objekt kann geändert werden. Nach den Änderungen wird die Datei gespeichert und *Excel* geschlossen. Im *Word*-Dokument sind die Änderungen sofort sichtbar.

2.5.2 Office-Pakete

Die meisten Büros kommen mit wenigen Programmen aus, die sinnvollerweise als Paket erworben werden sollten.

> Ein **Office-Paket** ist ein integriertes Softwarepaket, in dem mindestens
> – ein Textverarbeitungsprogramm,
> – ein Tabellenkalkulationsprogramm und
> – ein Datenbankprogramm
> enthalten ist. Dabei muss ein umfassender Datenaustausch zwischen den einzelnen Programmen gewährleistet sein.

Neben **Microsoft Office** gibt es die qualitativ gleichwertigen Office-Pakete **SmartSuite** der Firma Lotus und **StarOffice** von Star Division.

Ein verbreitetes Office-Paket ist *Microsoft Office*. Zum Paket gehören
– *Word* (Textverarbeitung),
– *Excel* (Tabellenkalkulation),
– *Access* (Datenbank),
– *PowerPoint* (Präsentationsgrafik) und
– *Outlook* (Terminplanung und Adressbuch).

Ein auch in der Schule verbreitetes, kleines Office-Paket ist *Works*. Es umfasst Textverarbeitung, Tabellenkalkulation, Datenbank und Datenfernübertragung.

Die beachtliche Leistung der einzelnen Programme eines Office-Paketes wird durch den freizügigen Datenaustausch zwischen ihnen, der auf der OLE-Methode basiert, noch erhöht. Durch das Zusammenspiel der Programme können viele Anwendungsaufgaben leicht gelöst werden.

Zusammenspiel von Programmteilen in *Works*:
- Textverarbeitung und Kalkulation: Geschäftsbriefe und Rechnungen
- Textverarbeitung, Kalkulation und Diagramme: Übersichten, Präsentationen
- Textverarbeitung und Datenbanken: Serienbriefe
- Tabellenkalkulation oder Textverarbeitung und Datenfernübertragung: Faxvorlagen

2.5.3 Universelle Datenaustauschformate

Für den Austausch von Dateien zwischen unterschiedlichen Anwendungsprogrammen und Betriebssystemen gibt es spezielle Dateiformate. Man kann grob unterscheiden:
- Textformate,
- Grafikformate und
- Dateiformate hinsichtlich der Internettechnologie.

Textformate

Das universellste Dokumentformat ist **ASCII-Text**. Dabei gibt es in den verschiedenen Anwendungsprogrammen Modifikationen wie „Nur Text", „Nur Text + Zeilenwechsel", „MS-DOS-Text" oder „MS-DOS-Text + Zeilenwechsel".
Da es verschiedene ASCII-Tabellen gibt (↗ S. 25), kann es passieren, dass auf einer anderen Benutzeroberfläche mit einer anderen Ländereinstellung des Zeichensatzes die Zeichen 128 bis 255 anders umgesetzt werden. Außer dem reinen Text und wenigen Steuerzeichen gehen beim Speichern einer Datei in diesem Format alle Informationen verloren.

Ein weiteres Format, welches jedes Textverarbeitungsprogramm erzeugen und lesen kann ist **RTF** (**R**ich **T**ext **F**ormat, „reiches Textformat"). Bei diesem Textformat bleiben insbesondere alle Informationen zu Formatierungen (beispielsweise Absatz- und Zeichenformate) erhalten.

In allen Textverarbeitungsprogrammen gibt es die Funktion „Suchen und Ersetzen" (↗ S. 132), die man nutzen kann, um den ursprünglichen Text schrittweise (Zeichen für Zeichen) automatisch wieder herzustellen.

Grafikformate

Grafiken werden mit Grafikprogrammen erzeugt und können als Objekte in fast alle Anwendungsprogramme entweder als Einbettung oder als OLE-Objekt eingefügt werden – vorausgesetzt, sie haben das richtige Format.
Der Quasi-Standard für Windows-Programme ist **BMP** (Windows Bitmap). Unter diesem Format können unkomprimiert Schwarzweiß-

BMP ist ein Pixelgrafikformat. Vektorgrafiken lassen sich in fast alle Windows-Anwendungsprogramme im **WMF**-Format (Windows Metafile) einbinden.

bilder und Farbbilder bis zu 24 Bit Farbtiefe (16 777 216 Farben) gespeichert werden.

> Das zu Windows gehörende Grafikprogramm *Paint* kann neben `JPG`- und `GIF`-Dateien Monochrom-Bitmaps, 16-Farben-Bitmaps, 256-Farben-Bitmaps und 24-Bit-Bitmaps erzeugen.
>
> In mit *Word* oder *Excel* erstellte Dokumente bzw. Tabellen können diese `BMP`-Dateien als Objekte leicht eingefügt werden.

Der Quasi-Standard der Macintosh-Plattform ist `PICT` (Macintosh Picture). Das besondere an diesem Format ist, dass es sowohl Vektor- als auch Pixelgrafik enthalten kann.

`TIFF` (**T**agged **I**mage **F**ile Format, unter DOS auch Endung `TIF`) ist auf PC, aber auch auf Macintosh weit verbreitet. Dieses Standardformat unterstützt 24 Bit Farbtiefe.

Zu weiteren Grafikformaten
↗ S. 208, 210.

Wichtige Dateiformate von Pixelgrafiken im Bereich der Datenfernübertragung sind `JPG` und `GIF` (s. unten).

Internettechnologie

Mit der zunehmenden Einbindung privat oder kommerziell genutzter Computer in das Internet erhöht sich der Datenaustausch ständig. Bilder und Grafiken sind allerdings recht speicherintensiv und belasten die Kommunikationswege stark. Es mussten daher solche Grafikformate entwickelt werden, mit denen Bildinformationen schnell, aber möglichst verlustfrei weitergegeben werden können. Die Daten müssen also komprimiert (verdichtet, „gepackt") werden. Hierzu werden Kompressionsalgorithmen genutzt.

> **Kompressionsalgorithmen** sind Algorithmen, die die in Bytes gemessene Größe einer Datei ohne großen Informationsverlust reduzieren, indem sie Teile der Datei, die wenig, gar keine oder immer die gleiche Information enthalten, entfernen.

Für das World Wide Web, also insbesondere für die Bildschirmdarstellung (und nicht für den Druck) haben sich zwei komprimierte Grafikformate etabliert – `JPEG` und `GIF`.

`JPEG` (**J**oint **P**hotographic **E**xpert **G**roup, unter DOS auch Endung `JPG`) ist benannt nach einer Arbeitsgruppe der ISO, die diesen Kompressionsstandard entwickelt hat.

ISO ist die Abkürzung für „International Organization for Standardization", einer Dachorganisation von mehr als 50 Normenausschüssen mit Sitz in Genf.

Die Kompression erfolgt *nicht* verlustfrei. Der Informationsverlust fällt allerdings bei Fotografien kaum auf, weil das Kompressionsverfahren die mangelnde Fähigkeit des menschlichen Auges ausnutzt, geringe Farbunterschiede wahrzunehmen. Trotz der Farbtiefe von 24 Bit beträgt die Kompressionsrate bei Farbbildern zwischen 10 : 1 und 20 : 1 ohne sichtbaren Qualitätsverlust. Bei Schwarzweißbildern mit Graustufen beträgt die Kompressionsrate nur 5 : 1, weil das menschliche Auge Helligkeitsunterschiede viel deutlicher wahrnehmen kann als Farbunterschiede.

Detaillierte und farbenreiche Fotografien sind also für den Einsatz von `JPEG` besonders geeignet. Großflächige Grafiken, Zeichnungen, Cartoons und Bilder mit viel Schrift sollten nicht im `JPEG`-Format gespeichert werden, sondern im `GIF`-Format.

Ein weiterer Standard im Internet ist GIF (**G**raphics **I**nterchange **F**ormat). Obwohl GIF-Bilder nur maximal 256 Farben enthalten können, haben sie den Vorteil, dass in der Darstellung auf einer Web-Site eine bestimmte Farbe als transparent definiert werden kann: Der Hintergrund verschwindet und das Bild „schwebt".
Die Kompression ist verlustfrei. Lediglich identische Bildinformationen werden nicht mehrfach gespeichert.

Anfang der 90er Jahre kreierte die Firma Adobe für die Programmserie Acrobat **PDF** (**P**ortable **D**ocument **F**ormat). Mit diesem Format können komplette Seiten mit Text und Bild gespeichert werden. Es hat sich neben PostScript (↗ S. 59) zum zweiten Standard für Druckdateien entwickelt.

Viel wesentlicher ist allerdings, dass PDF die Daten komprimiert und der *Acrobat Reader* – das Programm zum Betrachten von PDF-Dateien – für mehrere Betriebssysteme wie Windows, Macintosh oder UNIX zur Verfügung steht. Der Reader und Druckertreiber (↗ S. 59) zum Erzeugen von PDF-Dateien werden von Adobe i. Allg. kostenlos bereit gestellt. Die Standard-Browser von Microsoft und Netscape besitzen Reader-PlugIns, so dass PDF-Dateien problemlos gelesen und via Internet verschickt werden können.

Im Zusammenhang mit PostScript-Dateien ist das universelle Format EPS, eine PostScript-Datei mit „eingerolltem" Pixelbild (TIFF, PICT), von Bedeutung (↗ S. 208).

Die ursprüngliche Idee – mit einem beliebigen Anwendungsprogramm unter einem beliebigen Betriebssystem wird eine PDF-Datei erstellt, über das Internet verschickt und mit einem anderen Anwendungsprogramm gelesen und bearbeitet – hat sich jedoch nicht durchgesetzt. Man kann zwar getrennt Text und Grafik aus einer PDF-Datei über die Zwischenablage herauskopieren und in Dateien unter anderen Anwendungsprogrammen einfügen, aber dabei gehen fast alle Formatierungen verloren.

Durchgesetzt als universelles Dateiformat im Internet hat sich **HTML (HTM)**, welches auf der stapelorientierten Dokumentbeschreibungssprache **HTML** (**Hy**per**T**ext **M**arkup **L**anguage) basiert.

Da in HTML-Dokumenten nur Anweisungen zur Inhaltsdarstellung durch einen Browser gespeichert sind, benötigen diese Dateien sehr wenig Speicherplatz. Hinzu kommt, dass mittels Referenzen beliebige Grafiken in den komprimierten Formaten JPEG und GIF eingefügt werden können.

Viele Textverarbeitungsprogramme besitzen mittlerweile Konvertierungsfilter für HTML-Dokumente und es existieren die unterschiedlichsten WYSIWYG-HTML-Editoren, so dass der Nutzer recht schnell HTML-Dokumente erstellen kann, ohne die Syntax der Sprache HTML beherrschen zu müssen.

Erzeugen eines HTML-Dokuments in *Word:*
- beliebiges *Word*-Dokument erstellen oder öffnen
  (Über M Ansicht M Symbolleiste B Web lässt sich eine Symbolleiste hinzuschalten, wie man sie von Browsern gewöhnt ist.
  Über M Extras B AutoKorrektur R Autokorrektur lassen sich Zeichenfolgen so definieren, dass sie sich bei Eingabe sofort in im Internet beliebte Smileys umwandeln.)
- M Datei B Speichern unter…
- Dateityp „HTML-Dokument" bzw. „Webseite"
- S Speichern

Word kann auch HTML-Dokumente *lesen.*

Beim Erstellen eines Dokuments, welches im HTML-Format gespeichert werden soll, ist zu beachten, dass nur Tabellen akzeptiert werden, die über M Tabelle erzeugt wurden. Tabulatoren „versteht" HTML nicht.

2.6 Internet-Dienste

> Das **Internet** ist ein weltweites öffentliches Netzwerk, das in erster Linie dazu dient, unterschiedliche Computersysteme und Computernetze zu verbinden, um zwischen ihnen ein einheitliches Kommunikationssystem zu bilden.

LAN ist die Abkürzung für „**l**ocal **a**rea **n**etwork".
WAN ist die Abkürzung für „**w**ide **a**rea **n**etwork".

Man kann das Internet als ein Netz zwischen den Netzen sehen (nicht wie fälschlich oft angenommen als ein internationales Netz). In Schulen, Verwaltungen, Industriebetrieben, im Handel und Verkehr und anderen Bereichen der Gesellschaft gibt es seit vielen Jahren vernetzte Computersysteme, die dem schnellen und sicheren Datenaustausch zwischen einzelnen Mitarbeitern und Bereichen dienen. Solche Netze heißen lokale Netze, Intranet oder LAN, weil sie immer auf ein bestimmtes Territorium begrenzt sind. Dagegen ist das Internet ein für alle offenes, weltweites Netz, ein WAN.

2.6.1 Internet–Überblick

Zur Geschichte des Internets

Die Geschichte des Internets ist bereits über hundert Jahre alt. Mit der Erfindung des Morsetelegraphs war die erste technische Möglichkeit geschaffen, Informationen zwischen den Menschen auch über weite Entfernungen auszutauschen. 1858 wurde die großartige Idee geboren, Amerika und Europa durch ein transatlantisches Kabel zu verbinden und mithilfe des elektrischen Stroms Signale und Informationen auszutauschen. 1866 gelang es, diese Idee zu realisieren. Für mehr als 100 Jahre war dieses Ozeankabel die wichtigste Informationsverbindung des europäischen und nordamerikanischen Kontinents, über die vor allem Telefongespräche abgewickelt wurden. Damit lässt sich dieses Kabel als Vorläufer des Internets bezeichnen, da es die Telefonnetze Amerikas und Europas miteinander verband.

Die folgende Tabelle enthält weitere historische Fakten, die wichtige Schritte auf dem Weg zu einem weltumfassenden Informationsnetz darstellen.

ARPA ist die Abkürzung für „**A**dvanced **R**esearch **P**roject **A**gency".

Zeit	Ereignis	Kommentar
1957	Start des ersten Weltraumsatelliten	Mit Sputnik I löst die Sowjetunion in den USA ein durch Präsident EISENHOWER iniziiertes Forschungsprojekt **ARPA** aus, das ein weltweites Computernetz schaffen sollte, welches auch im Kriegsfall nicht zum Ausfall kommen durfte.
1969	**ARPANET** wird zwischen amerikanischen Universitäten geschaltet	Zwischen den Universitäten Los Angeles, Santa Barbara und Utah sowie dem Stanford Research Institute dient das ARPANET zum Anmelden auf räumlich entfernten Computern und zum Austausch elektronischer Post **(E-Mail)**.

Internet-Dienste 237

Zeit	Ereignis	Kommentar
1974	Auftrag für ein einheitliches Internetprotokoll	Zur sicheren Übertragung von Nachrichten in einem weltweiten Netz sind einheitliche Programme (Übertragungsprotokolle) notwendig, die die Nachrichten auf unterschiedlichen Leitungswegen zwischen Sender und Empfänger übertragen können.
1982	**TCP/IP** wird zum Standard	Das TCP-Protokoll sichert, dass die Daten unverfälscht über das Internet zum Zielcomputer transportiert werden. Das IP-Protokoll wandelt die Datenströme zwischen den einzelnen Computern in kleine Datenpakete von maximal 1500 Byte um. Jedes Paket trägt eine Nummer und Informationen zum Sender und Empfänger, so dass die Nachricht im Zielcomputer wieder original zusammengesetzt werden kann, auch wenn die einzelnen Pakete zeitversetzt eintreffen sollten.
1984	Domain Name Server **(DNS)** werden eingeführt	Im Internet existieren bereits über tausend Hostrechner, die einheitlich adressiert werden müssen. Dies geschieht durch eine 32-Bit-Zahl, die aber praktisch durch vier Byte – getrennt durch einen Punkt – dargestellt wird (z.B. 193.175.205.45).
1989	Deutschland im Internet	Es existieren bereits über 100 000 Hostrechner weltweit.
1990	Geburtsstunde des **WWW**	Das CERN entwickelt das World Wide Web (WWW), einen der heute wichtigsten Internetdienste zum Präsentieren von Informationen auf Hypertextseiten.
1991	**Gopher** wird eingeführt	Gopher ist eine heute kaum noch genutzte textorientierte Suchmaschine für das Internet, entwickelt an der Universität Minnesota.
1995	**Internet-Provider** bieten privaten Kunden Zugang	AOL, CompuServe, T-Online und andere Unternehmen stellen ihre Hostrechner für private Kunden gegen bestimmte Gebühren als Zugang zum Internet zur Verfügung.
1997	Multimediale Nutzung des Internets	Telefonieren, Empfang von Radio- und TV-Sendungen via Internet werden möglich.

TCP ist die Abkürzung für „**T**ransmission **C**ontrol **P**rotocol".
IP ist die Abkürzung für „**I**nternet **P**rotocol".

Das CERN ist das „Europäisches Labor für Teilchenphysik" mit Sitz in Genf.

Heute sind die Übertragungswege zu bestimmten Tageszeiten völlig überlastet und machen das Surfen im Internet zu einem Geduldsspiel. Kriminelle Hacker versuchen, sich auf WWW-Servern illegal anzumelden, um Informationen und Hyperlinks zu manipulieren.

Anwendungen der Informatik

Internet-Dienste

Im Internet, das ursprünglich zum Versenden von Textnachrichten konzipiert war, haben sich inzwischen eine Reihe von Diensten herausgebildet. Die einzelnen Anbieter von Internetzugängen bieten auch spezielle Dienste wie Versenden von FAX oder Telefonieren an.

Die folgende Übersicht enthält nur die wichtigsten, heute genutzten Dienste.

SMTP ist die Abkürzung für „Simple Mail Transfer Protocol", POP steht für „Post Office Protocol".

URL ist die Abkürzung für „Uniform Resource Locator".

Internet-Dienst	Kommentar
E-Mail	E-Mail bedeutet Versenden von elektronischen Nachrichten über das Internet. Als Übertragungsprotokoll dienen **SMTP** und **POP**.
	Während ursprünglich nur reiner ASCII-Text per E-Mail versendet werden konnte, lassen sich heute auch beliebige Dateien als so genannte Anhänge an die Nachricht versenden.
WWW	**W**orld **W**ide **W**eb (kurz **„Web"** genannt) ist der heute am meisten genutzte Internet-Dienst.
	Mithilfe so genannter Web-Browser (Programme zur Darstellung von Internetseiten) können Hypertextseiten betrachtet werden.
	Über die Web-Adresse, dem URL, erreicht man jede beliebige Web-Seite im Internet.
	Über Verknüpfungen (Hyperlinks) gelangt man auch durch einfachen Mausklick von Dokument zu Dokument **(Internet-Surfen).**
FTP	Das **F**ile **T**ransfer **P**rotocol ist ein Programm zum „Herunterladen" **(downloaden)** von Dateien, die auf FTP-Servern gespeichert sind, via Internet auf einen lokalen Computer.
Usenet	Usenet dient dem Austausch von Informationen über News-Server zu bestimmten Themengebieten (NewsGroups).
	Im Gegensatz zu E-Mail können alle Usenet-Teilnehmer Nachrichten, Anfragen oder Antworten zu den gewählten Themen einsehen, wenn sie über die erforderliche Software, den News-Client, verfügen.
IRC	**I**nternet **R**elay **C**hat dient der unmittelbaren Kommunikation mit Internetpartnern per Tastatur. Diese Art von Gesprächen zwischen Internet-Nutzern erfolgt in so genannten **Chat-Räumen**.
Telnet	Telnet ist die Fernbedienung von Computern über das Internet, wobei die Console des entfernten PC auf dem lokalen PC dargestellt wird.

Hard- und Software-Voraussetzungen

Für den Zugang zum Internet sind eine Reihe von Hard- und Softwarevoraussetzungen zu erfüllen. Privatnutzer verwenden entweder ein Modem oder eine ISDN-Karte für den Internetzugang via Telefonleitung. Institutionen wie Universitäten und Hochschulen besitzen ein eigenes Netz, das Deutsche Forschungsnetz (DFN). Der Zugang zum Internet erfolgt hier fast ausschließlich über das Intranet. Die Geschwindigkeit der Datenübertragung ist sehr unterschiedlich und reicht von 28 800 Bit pro Sekunde **(bps)** bei langsamen Modems über 64 Kilobit pro Sekunde bei ISDN bis zu 155 Megabit pro Sekunde bei Hochgeschwindigkeitsnetzen.

Der Zugang zum Internet von einem Client kann auf vier verschiedenen Wegen erfolgen:

- **Online-Zugang:**
  Es sind meist nur die Dienste E-Mail und News vorhanden, da die Übertragungsgeschwindigkeiten gering sind.

- **Terminalzugang:**
  Die Geschwindigkeit entspricht einem Online-Zugang, aber es können keine Grafikanwendungen realisiert werden.

- **Online-Dienst:**
  Man erhält ein umfassendes Angebot der verschiedenen Internet-Dienste, wobei der Anbieter (Provider) oft noch zusätzliche Informationsdienste bereitstellt (z. B. Fax, Telefonieren, Homebanking).

- **Direktzugang:**
  Man erhält ein umfassendes Angebot aller Internet-Dienste mit schnellem Zugang, wobei die Kosten relativ hoch sind.

Client: Kunde

Zu den größten **Online-Diensten** gehören zur Zeit in Deutschland **T-Online, CompuServe** und **AOL**. Sie dienen als **Provider** (Dienstanbieter) für das Internet. Zunehmend stellen aber auch kleine und mittlere Unternehmen ihre **Web-Server** als Einwahlknoten zum Internet zur Verfügung. Die Kosten sind dabei ebenso unterschiedlich wie bei Telefongesellschaften. Oftmals wird auf eine Grundgebühr verzichtet und nur die reine Verbindungszeit abgerechnet. Andererseits gibt es aber auch Provider, die für eine monatliche Grundgebühr einige Freistunden zum Surfen im Internet anbieten. Bei so genannten Billiganbietern sind häufig die Server stark belastet, so dass der Datendurchsatz relativ langsam wird und der Privatnutzer damit höhere Verbindungskosten zum Provider hat.

AOL ist die Abkürzung für „American Online".

Bei **Modems** (Modulator/Demodulator) werden die Nachrichten des Computers in eine serielle Bitfolge einer bestimmten Frequenz umgewandelt, deren Maßeinheit nach dem französischen Physiker **Baud** benannt wird. So bedeuten z. B. 28 800 Baud eine Frequenz von 28 800 Bit pro Sekunde. Umgekehrt werden beim Empfänger die seriellen Impulsfolgen wieder in parallele Signale von 7 Bit oder 8 Bit gewandelt und somit für den Empfänger als Text oder Grafik sichtbar. Es existieren externe Modems, die meist an die serielle Schnittstelle (z. B. `COM2`) angeschlossen werden, aber auch interne Modemkarten, die in den Computer eingebaut werden.

Jeder, der einen Privatzugang zum Internet wünscht, sollte sich vorher genau über die vielfältigen Angebote informieren.

Benutzt man eine ISDN-Telefonbuchse, so benötigt man eine ISDN-Karte für den Computer.

Aus einem lokalen Netz **(Intranet)** heraus erfolgt der Internetzugang über **Gateways**, das sind Schnittstellenrechner zur softwaremäßigen Verbindung unterschiedlicher PC-Netze.

Technisch gesehen sieht der Internetzugang aber fast immer wie folgt aus:

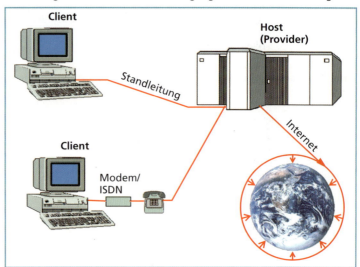

Neben den Hardwarevoraussetzungen für einen Internetzugang gibt es noch die Softwarevoraussetzungen.

Da das Internet aus vielen verschiedenen Computern besteht, muss die Kommunikation zwischen ihnen über ein einheitliches Programm, ein so genanntes Übertragungsprotokoll, erfolgen. Dieses Programm heißt **TCP/IP** (**T**ransmission **C**ontrol **P**rotocol/**I**nternet **P**rotocol) und sichert den vollständigen und fehlerfreien Datentransfer vom Sende- zum Empfangs-Computer via Internet. Das TCP/IP-Protokoll zerlegt die Nachrichten in Pakete von maximal 1500 Byte und versieht sie mit einem so genannten **Header**, in dem Absender- und Empfängeradresse stehen sowie einer Paketnummer.

Die Datenpakete nehmen nun unterschiedliche Wege im Internet zum Empfänger, je nachdem, welche Leitungswege gerade frei sind. Beim Empfänger werden die Datenpakete gemäß ihrer Nummer wieder zusammengesetzt und beim eventuellen Fehlen von einzelnen Paketen diese erneut angefordert. Damit ist eine hohe Datensicherheit gewährleistet.

Zum Weiterleiten der Nachrichten im Internet gibt es ganz spezielle Rechner, die so genannten **Router**. Sie bestimmen den Weg der Daten vom Sender zum Empfänger (Route).

Absender und Empfänger werden als **IP-Nummer** angegeben, das sind 32 Bit lange Zahlen, die aber in der Praxis meist in 4 Gruppen zu je 8 Bit in Dezimalform angegeben werden (z.B. 193.175.205.45).

Mit 32 Bit könnte man 2^{32} = 4 294 967 296 Adressen verschlüsseln, also nahezu jedem Erdenbürger eine eindeutige Internetadresse einrichten.

Da sich die in Zahlen dargestellten Adressen kaum jemand merken kann, werden in der Praxis die IP-Nummern durch Domain-Namen ersetzt. Ein **Domain Name Service (DNS)** ordnet allen Internetrechnern hierarchisch aufgebaute Namen zu. So beginnen viele von Internet-Servern mit www und enden mit einem Kürzel. Dazwischen befinden sich mehr oder weniger verständliche Begriffe oder Abkürzungen für den betreffenden Internetserver.
Die folgende Tabelle gibt einen Überblick über weit verbreitete **Kürzel in Domain-Namen.**

Das System der Namenvergabe ist nicht einheitlich und dringend reformbedürftig. In den USA gibt es eine Behörde, die das international regelt. Eine weltweite Umstellung von Domain-Namen würde aber auch viele Probleme mit sich bringen. Man stelle sich nur einmal vor, von einem Tag zum anderen müssten sämtliche Telefonnummern geändert werden!

Kürzel	
de	Deutschland
ch	Schweiz
au	Australien
at	Österreich
uk	Großbritannien
fr	Frankreich

Kürzel	
nl	Niederlande
com	kommerzielles Unternehmen
edu	Bildungseinrichtung
org	nichtkommerzielle Organisation
net	Netzwerkbetreiber

Um die verschiedenen Internet-Dienste ohne spezielle Fachkenntnisse nutzen zu können, genügt es nicht, dass die entsprechenden Protokolle installiert und die Hardware (Modem, ISDN-Karte) eingerichtet sind. Möchte man zum Beispiel die im WWW vorhandenen Hypertextseiten in einer ansprechenden Form sehen, so braucht man einen **Web-Browser**. Heute haben sich zwei Programme weltweit durchgesetzt, der **Internet-Explorer** von Microsoft und der **Communicator** von Netscape. Beide leisten in etwa dasselbe, nur ihre Oberfläche ist etwas unterschiedlich gestaltet (↗ Abschnitt 2.6.2, S. 242). Sowohl mit dem Internet Explorer als auch mit dem Netscape Communicator lassen sich nicht nur Web-Seiten darstellen, sondern man kann auch selbst solche Hypertextseiten gestalten, sowie E-Mail, IRC und Usenet nutzen.

Durch zusätzliche Programme, so genannte Plug-Ins, kann man heute Radio- und Fernsehsendungen online mit einem Browser empfangen oder über eine Soundkarte mit anderen Internetpartnern direkt sprechen. Ist eine Fernsehkamera an den PC angeschlossen, lassen sich Videoübertragungen zur Zeit noch in bescheidener Qualität realisieren.

online – im Netz
offline – ohne Netz

Im Gegensatz zur Textübertragung auf Web-Seiten oder durch E-Mail erfordert die Bild-, Ton- oder Videoübertragung einen vielfach höheren Datendurchsatz. Das führt einerseits zu einer starken Belastung der Übertragungskanäle und andererseits zu einer verminderten Ton- und Bildqualität. Schließlich werden die Daten in kleinen Paketen übertragen und müssen beim Empfänger wieder in der richtigen Reihenfolge zusammengesetzt werden. Bilder von hoher Qualität werden deshalb auf dem Monitor erst allmählich aufgebaut, Tonsequenzen brechen häufig ab und Videosequenzen wirken in ihrem Ablauf nicht flüssig. Für die Zukunft wird deshalb an verbesserten Übertragungsmöglichkeiten und Leitungswegen gearbeitet.

Das Internet bietet nicht nur Vorteile, sondern birgt auch Gefahren in sich. Jeder Internet-User sollte sich im Klaren sein, welchen Risiken er ausgesetzt sein kann. Zu Datenschutz- und -sicherheitsfragen sowie Recht im Internet ↗ S. 84, 85, 93, 94.

2.6.2 World Wide Web

Browser-Oberfläche

Es gibt zwei weit verbreitete Web-Browser zum Betrachten und Bearbeiten von Web-Seiten, den *Microsoft Internet Explorer* und den *Netscape Communicator*.

Netscape Communicator

Nach dem Start des Browsers erscheint stets eine aktuelle Anfangsseite, die der Nutzer festlegen kann. Entweder ist dies eine favorisierte Web-Seite im Internet, d.h. ein URL (s. oben), oder eine lokale Hypertextseite (s. unten).

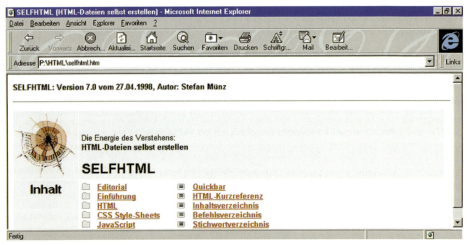

Microsoft Internet Explorer

Internet-Dienste **243**

Am Beispiel des *Netscape-Browsers Communicator 4.xx* werden im Folgenden die wichtigsten Symbole und Menüs erläutert.
In der linken Ecke der **Statuszeile** erscheint ein Symbol, das bei einem Mausklick die Sicherheitsinformationen der aktuellen Web-Seite anzeigt.

Rechts erscheinen vier Symbole, die die einzelnen Bestandteile des Netscape-Communicators darstellen, nämlich den **Navigator** als eigentlichen Web-Browser, den **Briefkasten** zum Senden und Empfangen von E-Mails, die **Diskussionsforen** zur Kommunikation mit Newsgroups und schließlich den **Composer** zur Erstellung eigener Web-Seiten.

Im Kopf des Netscape-Fensters befindet sich von oben nach unten die **Menü-leiste**, die **Navigations-Symbolleiste**, die **Adressen-Symbolleiste** und eine **Persönliche Symbolleiste**. Die letzten drei lassen sich über die Symbole ganz links am Rand vom Nutzer ein- oder ausblenden.

Die persönlichen Symbole „Internet", „Nachschlagewerk", „Neues&Interessantes" sowie „Netcaster" führen zum Web-Server der Firma Netscape und von dort weiter zu aktuellen Informationen.

Die darüber liegende Adressen-Leiste enthält die Adresse der aktuellen Web-Site. Durch einen Mausklick auf den rechten Pfeilbutton öffnet sich ein Fenster mit Adressen von bereits besuchten Sites. Damit kann man schnell umschalten, ohne die gesamte Adresse wieder eintragen zu müssen. Das Symbol „Lesezeichen" links neben der Adresse dient dazu, interessante Web-Adressen in ein Lesezeichenverzeichnis einzutragen und von dort schnell wieder aufzurufen. Die Lesezeichen lassen sich jederzeit ergänzen, löschen oder bearbeiten.

Man unterscheidet oft zwischen den Begriffen **Web-Site** (gesamte Internet-Präsentation unter einem URL) und **Web-Side** (Teil einer Web-Site) oder sagt auch einfach **Web-Seite**.

Die Symbolleiste enthält folgende Funktionen:

Funktion	Bedeutung
Zurück Vor	Hin- und Herschalten zwischen verschiedenen Web-Seiten, die bereits einmal während einer Sitzung aufgerufen wurden.
Neu laden	eine aufgerufene Web-Seite nochmals laden und gegebenenfalls aktualisieren
Anfang	zurück zur Anfangsseite, die der Browser beim Programmstart anzeigt
Suchen	Internet-Suchprogramm von Netscape zum Auffinden von thematischen Web-Seiten
Guide	thematisch aufgebautes Suchprogramm der Firma Netscape
Drucken	aktuelle Web-Seite ausdrucken
Sicherheit	Möglichkeit zum Einrichten von Passwörtern für die Benutzung des Browsers sowie Ver- und Entschlüsselung kryptographischer Texte
Stop	Unterbrechen des Ladevorgangs einer Web-Seite

Die **Menüleiste** des *Communicators* sieht folgendermaßen aus:

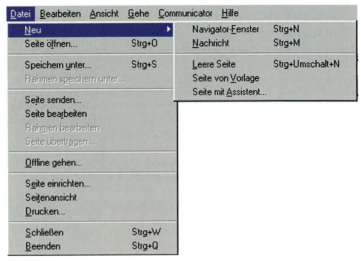

Im **Menü Datei** stehen Befehle zur Verfügung, die folgende Funktionen besitzen:

Befehl	Funktion
Neu	Wahl zwischen dem Navigatorfenster, dem E-Mail-Fenster und dem Composerfenster
Seite öffnen	wahlweiser Start mit einer leeren Seite, einer Vorlage oder dem Netscape-Assistenten
Seite senden	die aktuelle Web-Seite lässt sich per E-Mail versenden
Seite bearbeiten	die aktuelle Web-Seite wird im Composer geöffnet
Offline gehen	zwischen Online- und Offline-Betrieb im Internet kann umgeschaltet werden
Seite einrichten	Seitenoptionen für den Navigator werden eingerichtet (z.B. Schriftart, Menüs, Ränder)
Seitenansicht	die gesamte aktuelle Web-Seite wird in einem gesonderten Fenster dargestellt (ohne Bildlaufleisten)
Drucken	die gesamte Web-Seite wird auf einem angeschlossenen Drucker ausgedruckt
Schließen	das aktuelle Navigator-Fenster wird geschlossen
Beenden	die Arbeit mit dem Communicator wird beendet

Im **Menü Bearbeiten** stehen die üblichen Kopierbefehle zur Verfügung. Darüber hinaus gibt es einige Besonderheiten:

Befehl	Funktion
Alles auswählen	alle *Textstellen* der aktuellen HTML-Seite werden markiert
Seite durchsuchen	Suche nach bestimmten Begriffen im Hypertext
Internetsuche	ein Web-Suchprogramm von Netscape wird gestartet
Verzeichnis durchsuchen	nach E-Mail-Adressen wird gesucht
Einstellungen	Änderung der Konfigurationen des Communicators: – unter *Gesamtbild* können Starteigenschaften, Eigenschaften von Menüleisten sowie Schriftarten und -farben des Communicators festgelegt werden – unter *Navigator* lassen sich die im Internet unterstützten Sprachen einstellen, was wichtig ist für eine korrekte Anzeige fremdsprachlicher Web-Seiten; außerdem werden hier auch Zusatzprogramme, so genannte **Plug-Ins** installiert, die besonders für die Wiedergabe von Multimedia-Anwendungen auf Web-Seiten wichtig sind (z.B. Video- oder Audiosequenzen) – unter *Composer* lassen sich bestimmte Eigenschaften von selbst erstellten Web-Seiten festlegen – unter *Offline-Betrieb* wird festgelegt, wie der Communicator starten soll und wann Nachrichten automatisch aus dem Netz heruntergeladen werden sollen – Unter *Erweitert* lässt sich die Größe des Cache-Speichers im RAM bzw. auf der Festplatte einstellen (temporäre Zwischenspeicherung von Internetseiten, die bei einem wiederholten Aufruf aus dem Cache geladen werden können), aber auch die Zeit, nach der gespeicherte Nachrichten automatisch wieder gelöscht werden sowie Einstellungen für Proxy-Server

Unter einem **Proxy-Server** versteht man einen Computer beim Provider, auf dem Web-Seiten zwischengespeichert sind, so dass diese später beliebig oft und schnell wieder aufgerufen werden können.

Im Unterricht lassen sich Kosten und Zeit sparen, wenn die betreffenden Web-Seiten bereits vorher auf den LAN-Server geladen wurden und von dort aufgerufen werden. Der Web-Browser lässt sich dann sogar offline schalten. Allerdings können beim Anwählen von Verknüpfungen Fehlermeldungen erscheinen, wenn nicht auch die angewählten Web-Seiten auf dem lokalen Server liegen.

Neben dem Ein- oder Ausblenden verschiedener Menüleisten lässt sich im **Menü Ansicht** die Schrift von Web-Seiten vergrößern und verkleinern, die Kodierung für die entsprechenden Zeichencodes einstellen und der Seitentext im HTML-Format (Quelltext) darstellen.

Das **Menü Gehe** gestattet es, zwischen verschiedenen geöffneten Internetseiten hin und her zu springen. Dabei werden die Seiten aus dem Cache-Speicher geholt, was den Seitenaufbau erheblich beschleunigt.

Im ersten Teil des **Menüs Communicator** lassen sich die verschiedenen Teilprogramme des Communicators aufrufen, aber auch Zusatzprogramme wie zum Beispiel Conference, eine Software zum Telefonieren über eine Soundkarte mit Internetpartnern, die mit diesem Programm augenblicklich online arbeiten.

Im zweiten Teil lassen sich unter anderem Komponenten des Communicators ein- und ausblenden, die **History** aufrufen (eine Übersicht über alle besuchten Internetseiten innerhalb der unter **M** Bearbeiten **B** Einstellungen... Kategorie Navigator eingegebenen Verfallszeit) oder die **Java-Console** starten, ein Programm zur Darstellung von Hypertextseiten, die Elemente der Programmiersprache JAVA enthalten.

Wie jedes gute Windows-Programm verfügt auch der Netscape-Communicator über ein **Menü Hilfe,** in dem man viele Antworten und Problemlösungen findet.

HTML – die Sprache des Web

Im europäischen Kernforschungszentrum CERN wurde in den achtziger Jahren die **Dokumentbeschreibungssprache HTML** (Hyper**T**ext **M**arkup **L**anguage) entwickelt, die nicht in erster Linie das äußere Layout einer Seite beinhaltet, sondern lediglich Anweisungen zur Inhaltsdarstellung durch einem Web-Browser. Dazu dienen Anweisungen in spitzen Klammern, die so genannten **Tags**.

```
Allgemeiner Aufbau einer HTML-Seite:
<HTML>
<HEAD>
<!--     Kommentarzeilen    -- >
<Title> Titelzeile </Title>
</HEAD>
<BODY>
<!-- Hauptinhalt der HTML-Seite -- >
</BODY>
</HTML>
```

Wie bei jeder anweisungsorientierten Befehlssprache muss man sehr genau auf die Syntax achten. Falsche Befehle (z.B. ein vergessener Schrägstrich) werden nicht durch eine Fehlermeldung quittiert, sondern die Funktion wird einfach übergangen. Würde man also das Seitenkörperende nicht korrekt mit `</BODY>` abschließen, zeigt der Browser auch den entsprechenden Inhalt nicht an.

Eine Hypertextseite beginnt stets mit dem Tag `<HTML>` und endet mit `</HTML>`. Nur so kann sie von einem Web-Browser erkannt werden. Dazwischen befindet sich der Kopf der Seite (eingeschlossen zwischen `<HEAD>` und `</HEAD>`) sowie der Seitenkörper (zwischen `<BODY>` und `</BODY>`).

Im Kopf sollte immer ein Titel eingetragen werden, der zwar nicht im Browser dargestellt wird, aber in der Titelleiste erscheint. Ebenso sind Kommentarzeilen von Vorteil, die (innerhalb eines Tags) mit „`!--`" beginnen und mit „`--`" enden müssen.

Nur beim Umschalten auf das Browser-Menü „Seitenquelltext" erscheinen alle HTML-Anweisungen.

Will man selbst eine Hypertextseite erstellen, benötigt man lediglich einen einfachen Texteditor (z.B. *WordPad* oder Editor aus Windows). Der Text muss allerdings in jedem Falle als ASCII-Datei und nicht im Format des Textprogramms abgespeichert werden.

Die folgende Tabelle zeigt eine kleine **Auswahl von HTML-Befehlen,** wobei mit der Weiterentwicklung der Sprache immer neue Anweisungen hinzukommen.

Internet-Dienste

Eigen-schaft	Anweisung	Beschreibung

Seiten-gerüst	`<html>   </html>`
	`<head>   </head>`
	`<title>  </title>`
	`<body>   </body>`
		Seitenanfang und -ende
		Seitenkopf
		Seitentitel
		Seitenkörper

Seiten-eigen-schaften	`<body bgcolor=#XXXXXX>`
	
	`<body background="dateiname">`
		Hintergrundfarbe einer Seite als 6-stellige Hexa-dezimalzahl
		Hintergrundbild als GIF- oder JPG-Datei

Textfor-matie-rung	`<b>          </b>`
	`<i>          </i>`
	`<u>          </u>`
	`<font size=...>  </font>`
	`<font face=...>  </font>`
	`<font color=.>   </font>`
	`<hr>`
		Text fett
		Text kursiv
		Text unterstrichen
		Schriftgröße
		Schriftart
		Schriftfarbe
		Trennlinie

Tabel-len	`<table>       </table>`	Tabelle einfügen
Grafi-ken	`<img src="dateiname>`	liegen GIF- oder JPG-Grafiken nicht im glei-chen Verzeichnis wie das HTML-Dokument, muss Pfad, Laufwerk und/oder URL mit angeben werden
Ver-knüp-fungen (Ver-weis-anker)	`<a href=...> Verknüpfungs-text </a>`	Verweise auf Textmar-ken innerhalb der HTML-Seite, auf andere HTML-Seiten oder auf einen URL

Den vollen Sprachum-fang von HTML findet man in Büchern oder im Internet. Eine sehr gute Adresse ist zum Beispiel `http://www.tea-mone.de/selfaktuell/`

HTML-Editoren

Da es recht mühsam ist, eine umfangreiche Web-Seite mit HTML zu ent-werfen, hat man sehr schnell **Web-Editoren** entwickelt, die auf Win-dows-Ebene einen schnellen und fehlerfreien Entwurf von HTML-Seiten gestatten, ohne dass der Autor selbst HTML-Befehle kennen muss.

Die Angebote reichen von Profi-Programmen wie z.B. *Hotmetal* über Texteditoren mit integrierter Export-Funktion in HTML (z.B. *Word 97)* bis zu Shareware-Programmen.
Auch die Browser *Netscape-Communicator* und *Internet-Explorer* enthalten Editoren, mit denen man selbst Web-Seiten entwerfen und sofort testen kann.

Web-Seiten-Editor *Composer* von Netscape

Mithilfe des Composers lassen sich Texte eingeben sowie Schriftfonts und deren Größe, Farbe und Anordnung frei wählen. Außerdem können im Format-Menü die Seiteneigenschaften wie Farbe oder Hintergrundbild bestimmt werden.

In der Symbolleiste findet man von links nach rechts:
- den Entwurf einer neuen Web-Seite;
- das Öffnen einer gespeicherten Seite im Composer;
- das Abspeichern der aktuellen Seite;
- das Einfügen von Seitentitel, Autor usw. für eine Veröffentlichung im Internet
- die Vorschau der editierten Seite im Browser (vorher speichern!);
- das Ausschneiden markierter Bereiche der aktuellen Seite
- das Kopieren markierter Bereiche in die Windows-Zwischenablage
- das Einfügen von Texten oder Bildern aus der Windows-Zwischenablage
- die Ausgabe der aktuellen Seite auf einem Drucker
- die Suchfunktion innerhalb eines Textes
- die Herstellung von Verknüpfungen zu Textmarken, anderen HTML-Dokumenten oder Internetadressen
- die Eingabe von Textmarken, die für Verknüpfungen (Hyperlinks) innerhalb der Web-Seite notwendig sind
- die Eingabe von Grafiken mit den Eigenschaften Größe, Ausrichtung usw.
- die Eingabe horizontaler Trennlinien
- die Eingabe von Tabellen mit den Eigenschaften Rahmen, Schattierung, Farbe usw.
- die Rechtschreibprüfung

Über die Rollladenmenüs in der oberen Zeile lassen sich die Funktionen auf der Symboleiste ebenfalls erreichen.

Beim Einfügen von Grafiken auf eine Web-Seite werden nur die Formate `GIF` und `JPG` unterstützt. Fügt man eine Grafik aus der Zwischenablage ein, dann wandelt der Composer die Bitmap-Grafik automatisch in das Format `JPG` um.

> Eines der wichtigsten Merkmale von Web-Seiten sind die Verknüpfungen oder **Hyperlinks**. Mit einem einfachen Mausklick gelangt man entweder zu anderen Textstellen auf der Web-Seite, zu anderen Web-Seiten oder anderen URL. Hyperlinks werden realisiert durch
> - speziell gekennzeichnete Textpassagen oder einzelne Worte,
> - Grafikelemente (Icons),
> - Teilbereiche von Grafiken (**sensitive Maps**).

Internet-Dienste **249**

Sobald der Mauszeiger auf einen Hyperlink trifft, wird er zu einem anderen Symbol (meist eine Verweishand). Damit kann der Nutzer ohne direkte Eingabe von Web-Adressen oder Web-Seitennamen zwischen den verschiedensten Dokumenten wechseln.

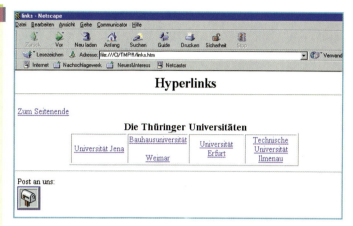

- Beim Klicken auf den Hyperlink „Zum Seitenende" gelangt man zum Ende der aktuellen Web-Seite.
- Beim Klicken auf die in der Tabelle angegebenen Hyperlinks gelangt man auf die Homepage der jeweiligen Thüringer Universität.
- Beim Klicken auf das Grafiksymbol links unten wird eine neue Web-Seite geöffnet mit einem Formular für das Versenden von E-Mails.

Im HTML-Quelltext lauten die entsprechenden Zeilen:

```
<A HREF="#Ende">Zum Seitenende</A>
<A HREF="http://www.uni-jena.de">
    Universit&auml;t Jena</A>
<A HREF="http://www.uni-weimar.de">
    Bauhausuniversit&auml;t Weimar</A>
<A HREF="http://www.uni-erfurt.de">
    Universit&auml;t Erfurt</A>
<A HREF="http://www.tu-ilmenau.de">Technische
    Universit&auml;tIlmenau</A>
<A HREF="mailto://post@umwelt.ew.
    ph-erfurt.de"><IMG SRC="mail.gif"
    HEIGHT=40 WIDTH=40></A>
```

Während zu Beginn des WWW Verknüpfungen auf Web-Seiten lediglich Hypertexte waren, sind es zunehmend auch grafische Elemente. Man spricht deshalb besser von **Hypermedien**. Dazu gehören neben Text, Tabellen und Grafiken auch Sound und Video. Um diese Elemente ebenfalls mit einem Web-Browser darstellen zu können, müssen die erforderlichen Zusatzprogramme (Plug-Ins) installiert werden.

Im Bearbeitungsmenü des Netscape-Browsers lassen sich unter „Einstellungen" die gewünschten Anwendungen bearbeiten bzw. ergänzen. Dafür ist allerdings notwendig, die Namenserweiterung der Datei, die vom *Netscape-Navigator* dargestellt werden soll, einzugeben, den **MIME-Type** (**M**ultipurpose **I**nternet **M**ail **E**xtensions) und das Programm, das diese Anwendung öffnen soll.

HTML-Formulare und CGI

CGI ist die Abkürzung für „Common Gateway Interface".

Um HTML-Seiten für den Internet-User nicht nur statisch zu gestalten, sondern ihm auch Möglichkeiten für eigene Eingaben zu ermöglichen, wurde eine spezielle Schnittstelle, das **CGI** geschaffen. Damit lassen sich nun auch Interaktionen zwischen dem User und dem Web-Server ausführen. Das ist z.B. notwendig für Online-Spiele oder die Eingabe von Daten in eine Datenbank.

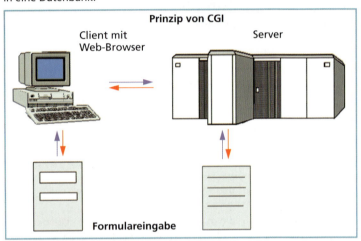

Der Internet-User sendet per Mausklick seine auf einer HTML-Seite eingegebenen Daten an den Web-Server. Dort befindet sich ein Programm zur Bearbeitung dieser Daten, ein so genanntes CGI-Skript. Nachdem die Daten vom Server verarbeitet wurden, wird eine entsprechende Rückmeldung an den User gesendet. Das CGI-Skript ist in einer vom Web-Server unabhängigen Programmiersprache geschrieben (z.B. C++ oder PERL). Ein Übersetzungsprogramm (Compiler oder Interpreter) bearbeitet das Skript und schickt wieder Daten zum User.

Eine weit verbreitete Anwendung von CGI sind Formulare auf Web-Seiten. Der User füllt das Formular mit den geforderten Angaben aus (z.B. Name und Anschrift für Bestellungen). Er schickt das Formular an den Web-Server zurück und erhält schon nach kurzer Zeit eine Bestätigung für den Eingang der Daten.

In der Sprache HTML werden Formulare folgendermaßen dargestellt:

```
<FORM ACTION="URL..." METHOD=GET/POST>
......
</FORM>
```

FORM ACTION verweist dabei auf ein Dokument bzw. ein CGI-Programm, das sich im Allgemeinen auf einen Web-Server befindet. Hier muss also die konkrete Web-Server-Adresse eingetragen werden, wo sich letztlich das CGI-Skript befindet.

Unter METHOD wird die Art der Datenübergabe an das CGI-Programm festgelegt. Die Methode GET übergibt die Daten über eine Umgebungsvariable, die Methode POST über die Standardeingabe des Programms.

Internet-Dienste 251

Häufig wird auf CGI-Servern die Interpretersprache **PERL** verwendet. Die CGI-Skripte befinden sich oft im Ordner `cgi-bin` und tragen die Erweiterung `pl`.

PERL ist die Abkürzung für „Pratical Extraction and Report Language".

Bearbeitung von Formulardaten über CGI

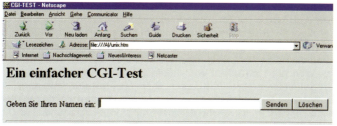

Nach der Eingabe des Namens „Osterhase" in das Formularfeld und einem Mausklick auf den Button „Senden" erscheint folgendes Bild im Web-Browser:

Der Web-Server hat also den Inhalt des Formularfeldes mit einem CGI-Skript bearbeitet und als Antwort „Guten Tag, Osterhase" an den Client zurückgeschickt. Voraussetzung dafür ist, dass auf der HTML-Seite mit dem Formular das entsprechende Skript mit seinem Namen einschließlich des dazugehörigen URL eingetragen ist.
Hier ist der entsprechende Quelltext:

```
<FORM ACTION=http://umwelt.ew.ph-erfurt.de/cgi-bin/
    unix1.pl
METHOD="GET">Geben Sie Ihren Namen ein: <INPUT
TYPE="text" NAME="name" SIZE=50><BR><INPUT TYPE=
"submit" VALUE="Senden"><INPUT TYPE="reset" VALUE=
"L&ouml;schen"></FORM>
```

Das Textfeld erhält den Namen `name`, die beiden Button mit der Aufschrift „Senden" bzw. „Löschen" heißen `submit` und `reset`.
Nach dem Absenden des Formularinhaltes wird auf dem Web-Server `http://umwelt.ew.ph-erfurt.de` im Verzeichnis `cgi-bin` das Perl-Skript `unix1.pl` aufgerufen. Es enthält folgende Anweisungen:

```
#!/usr/local/bin/perl
print "Content-type: text/plain", "\n\n";
$query_string = $ENV{'QUERY_STRING'};
($field_name, $name) = split (/=/, $query_string);
print "Guten Tag, ",$name,"\n";
exit (0);
```

Die erste Zeile gibt das Verzeichnis des PERL-Interpreters auf dem Server an. Die dritte und vierte Zeile weisen einer Variablen den Inhalt des Textfeldes `name` zu. In der fünften Zeile wird schließlich der Text „Guten Tag" ausgedruckt, gefolgt vom Inhalt des Textfeldes `name`.

Anwendungen der Informatik

Java als Programmiersprache für dynamische Web-Seiten

Der Name *Java* soll deshalb gewählt worden sein, weil die Idee angeblich beim Kaffeetrinken geboren wurde und Kaffee umgangssprachlich in den USA als Java bezeichnet wird.

Um auf Web-Seiten Interaktionen durch den Nutzer zu ermöglichen, genügt die Programmiersprache HTML nicht. Aus diesem Grund wurde von der Firma Sun Microsystems in den USA die Programmiersprache **Java** entwickelt.

Um Web-Seiten mit Java-Sprachelementen anzuzeigen, muss der Browser diese Sprache unterstützen. Sowohl Netscape als auch Microsoft unterstützen seit längerem diese Sprache. Sobald eine Web-Seite Java-Sprachelemente enthält, wird automatisch Java gestartet. Dadurch werden die eigentlich statischen Web-Seiten zu dynamischen Seiten. Ein Java-Programmierer kann Eingaben über die Tastatur zulassen, Bewegungsabläufe auf der HTML-Seite darstellen oder Interaktionen über die Maus gestatten. Klassische Beispiele für JAVA-Programme sind Online-Spiele und Computersimulationen. So gibt es für Mathematik und Naturwissenschaften viele und gute Web-Seiten, auf denen reale Experimente mithilfe der Maus und Tastatur vom Nutzer ausgelöst werden können.

Einige interessante Web-Adressen zu Java:

http://java.de

http://java.seite.net/

http://www.boku.ac.at/javaeinf/

http://www.boku.ac.at/javaeinf/

http://www.sun.com

> **Sprachelemente von Java:**
> - *Klassen* sind die grundlegenden Organisationseinheiten bei Java. Sie werden durch das Schlüsselwort `class` definiert und beinhalten Daten und Methoden. Klassen sind Vorlagen, um Objekte vom Typ dieser Klasse zu erstellen.
> - *Anwendungen* sind Programme, die mit einem Java-Interpreter außerhalb eines Browsers ausgeführt werden können.
> - **Applets** sind Programme, die in einem Java-fähigen Browser eingesetzt werden. (Sie sind Unterklassen der Java-Klasse `Applet`.)

Um selbst ausführbare Java-Applets erstellen zu können, benötigt man eine Entwicklungsumgebung wie z. B. das *Java Developer's Kit*. Es gibt im Internet frei verfügbare Versionen für Windows 95, Windows NT oder UNIX. Eine Adresse dafür lautet zum Beispiel:

http://java.sun.com/products/

Neben Java gibt es noch **Java-Script**. Diese Programmiersprache wurde von der Firma Netscape eingeführt und lizenziert. Aber auch der Internet Explorer von Microsoft unterstützt seit der Version 4.0 JavaScript-Code. Programme in dieser Sprache werden nicht wie bei Java compiliert, sondern als Quelltext während der Laufzeit interpretiert.
Ein JavaScript-Programm beginnt stets mit der Zeile
`<script language ="JavaScript">`.
Der Quelltext kann an beliebiger Stelle der HTML-Datei stehen.

```
<html><head><title>JavaScript-Demo</title>
<script language="JavaScript">
<!--
  alert("Dieser Text erscheint durch ein
  JavaScript-Programm !")
//-->
</script>
</head>
<body>
</body>
</html>
```

Beim Aufruf dieser HTML-Seite erscheint eine Meldungsbox mit dem in der runden Klammer stehenden Text und einem Bestätigungs-Button mit der Aufschrift „OK". Wird dieser mit der Maus angeklickt, verschwindet der Text und es bleibt eine leere HTML-Seite.

Es ist auch möglich, den JavaScript-Code in einer separaten Datei abzulegen und diese von der HTML-Seite aus aufzurufen. Die entsprechende Befehlszeile lautet dann beispielsweise so:

```
<script language="JavaScript"
src="test.js" type="text/javascript">
```

JavaScript leistet nicht so viel wie Java, ist aber relativ einfach zu erlernen.

Im Internet findet man zahllose Beispiel-Scripte, die frei verfügbar sind und vom Anwender für seine speziellen Zwecke einfach angepasst werden können.

Anzeige des aktuellen Datums auf einer Web-Seite:

Als Seitenhintergrundfarbe (`bgColor`) wird Gelb gewählt, als Vordergrund- oder Zeichenfarbe (`fColor`) Schwarz. Die internen Variablen `Date()`, `Month()` und `Year()` werden ausgelesen und auf den Bildschirm geschrieben.

```
<HTML>
<HEAD>
<TITLE>JavaScript</TITLE>
</HEAD>
<BODY>
    <SCRIPT LANGUAGE="Javascript">
        document.bgColor="yellow"
        document.fColor="black"
d=new Date()
Tag =d.getDate()
Monat=d.getMonth() + 1
Jahr=d.getYear()
document.write( "Heute ist der " + Tag + "." + Monat
+ ". 19" + Jahr)
</Script>
</Body>
</HTML>
```

Ähnlich müsste man vorgehen, um die aktuelle Zeit zu erhalten. Dazu gibt es die Variablen `Hours()`, `Minutes()` und `Seconds()`.

VRML – die dritte Dimension

Eine weitere interessante Anwendung auf Web-Seiten sind dreidimensionale Darstellungen von Körpern, Räumen, Häusern oder Straßen, durch die man sich per Maus bewegen kann. Es entsteht sozusagen eine virtuelle, räumliche Welt, die man von allen Seiten betrachten kann. Als Werkzeug zur Programmierung solcher 3-D-Darstellungen dient **VRML**. Um Web-Seiten mit VRML-Elementen in eine Browser darstellen zu können, muss dieser das entsprechende Interpreterprogramm als Plug-In enthalten.

VRML ist die Abkürzung für „**V**irtuell **R**eality **M**arkup **L**anguage".

VRML-Bild, mit dem *Cosmo-Player* 2.0 dargestellt

2.6.3 Suchmaschinen

Die täglich wachsende Zahl der Internet-Adressen mit ihren Millionen von Web-Seiten lässt sich unmöglich systematisch bzw. thematisch durchsuchen. Von Beginn des WWW an wurden deshalb spezielle Computer eingerichtet, die auf riesigen Datenbanken Textinformationen zu Internet-Adressen und HTML-Seiten enthalten. Solche Computer werden als **Suchmaschinen** bezeichnet. Es gibt viele Dutzend solcher öffentlicher und kostenlos nutzbarer Suchmaschinen mit unterschiedlichen Suchstrategien.

Es gibt viele weitere Suchmanschinen: Yahoo.de, Dino Lotse, Kolibri, Sharelook, Fireball, Lycos.de, Web.de, Eule, Netguide, Branchenbuch (deutsche Suchmaschinen); The Point, Infoseek, Starting Point, Galaxy (weitere internationale Suchmaschinen)

Suchmaschinen (international):
Yahoo! (guter und umfangreicher Themenkatalog)
Yahooligans (Suchkatalog für Webangebote für Kinder, zu Schule, Bildung, Wissen, Spielen, Haustieren usw.)
Google (große Suchmaschine, die das WWW ständig nach neuen Web-Seiten durchsucht)
Excite (große Suchmaschine, gut sortierte Querverweise)
Altavista (kein Themenkatalog, aber sehr große Suchdatenbank)
Webcrawler (große Suchmaschine mit Kommentaren zu den Einträgen)
Hotbot (Suchmaschine mit kleinem Katalog, gut sortiert)
Lycos (große Suchmaschine mit kleinem Suchkatalog)

Will man im Web zu einem bestimmten Thema Informationen suchen, so gibt man einen oder mehrere Suchbegriffe in das Suchfenster der jeweiligen Suchmaschinen ein und erhält nach einer gewissen Zeit auf dem Bildschirm eine Anzahl von URL (gegebenenfalls mit kurzen Erläuterungen), unter denen Informationen zum gewünschten Thema zu finden sind. Die Suchtiefe kann dabei sehr unterschiedlich sein. Während einfache Suchmaschinen nur die Titel der HTML-Seiten recherchieren, beziehen andere den gesamten Text und sogar weitere Hypertext-Verknüpfungen ein.

Leider haben die verschiedenen Suchmaschinen auch unterschiedliche Suchstrategien, so dass man unbedingt die fast immer vorhandene Online-Hilfe benutzen sollte.

Suche mit *Yahoo!*:

Jemand interessiert sich für die Studienmöglichkeiten im Bundesland Thüringen und möchte wissen, welche Universitäten es dort gibt. Nachdem der Suchbegriff „Universität" in das Suchformular eingegeben wurde und den Schalter „Suche starten" angeklickt wurde, erscheint:

„Gefunden wurden 2 Kategorien, 1927 Sites, und 16 Nachrichten für Universität"

Die Kategorien sind in diesem Falle „Geisteswissenschaften" sowie „Bildung und Ausbildung", es wurden nahezu 2000 Web-Seiten und 16 Nachrichten, die den Suchbegriff „Universität" enthalten, gefunden. Gibt man außer dem Begriff „Universität" noch den Begriff „Thüringen" ein (UND-Verknüpfung), so lautet das Suchergebnis z. B.:

„Gefunden wurden 4 Kategorien, 5 Sites, und 0 Nachrichten für Universität Thüringen."

Die fünf Web-Seiten enthalten Links zu 5 Universitäten in Thüringen. Mit einem Mausklick gelangt man also direkt auf die Homepage einer dieser Universitäten und kann sich von dort detaillierte Informationen holen.

In der Suchmaschine *Yahoo!* gibt es gewisse Einstelloptionen. So kann der Nutzer z. B. entscheiden, ob mehrere Suchbegriffe gemeinsam erscheinen müssen oder ob ein Suchbegriff von mehreren bereits genügt. Auch das Suchgebiet (Kategorien, Web-Sites ...) oder der Zeitraum für die Einträge in der Suchmaschine können gewählt werden.

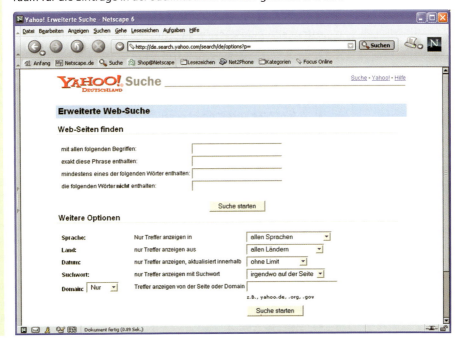

2.6.4 E-Mail

Von Beginn an war das Versenden elektronischer Post **(E-Mail)** ein wichtiger und nützlicher Internetdienst. Zum Versenden elektronischer Post im Internet ist wiederum ein spezielles Übertragungsprotokoll notwendig, es trägt den Namen **SMTP**. Die Nachrichten werden ähnlich wie bei FTP (↗ Abschnitt 2.6.5) in kleinen Paketen von Host-Rechner zu Host-Rechner im Internet weitergeleitet.

SMTP ist die Abkürzung für „**S**imple **M**ail **T**ransfer **P**rotocol".

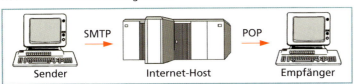

Da in den meisten Fällen Sender und Empfänger von elektronischen Nachrichten nicht gleichzeitig im Internet arbeiten, verbleiben die Nachrichten normalerweise auf dem Web-Server des Internet-Providers, dem Host. Von dort können sie vom Client jederzeit abgerufen werden. Dieser elektronische Transferprozess wird mit dem **POP-Protokoll** realisiert. Der

POP ist die Abkürzung für „**P**ost **O**ffice **P**rotocol".

256 Anwendungen der Informatik

Es besteht die Möglichkeit, Nachrichten abzufangen. Man sollte deshalb vertrauliche Informationen stets verschlüsselt senden und sich ggf. eine elektronische Empfangsbestätigung vom Empfänger geben lassen.

Erst wenn Inbox und Trash geleert worden sind, können gelöschte Nachrichten nicht wieder reaktiviert werden.

Nutzer kann meist entscheiden, ob die gelesenen Nachrichten auf dem Server bleiben sollen oder nach dem Herunterladen gelöscht werden.

E-Mail wird von den meisten Web-Browsern unterstützt, so dass keine zusätzliche Software dafür geladen werden muss.

Der *Netscape-Navigator* enthält auch ein eigenes Mail-Programm, das durch einen Mausklick auf das Briefsymbol gestartet wird. Es öffnet sich ein neues Fenster und der Benutzer wird nach einem Passwort für die Inbox (das Verzeichnis für empfangene Post) gefragt. Es können also mehrere verschiedene User das Programm benutzen, ohne dass sie wechselseitig ihre elektronische Post lesen können, da jeder sein eigenes Mail-Verzeichnis hat. Neben der *Inbox* gibt es noch weitere Verzeichnisse:

- *Unsent Messages* (ungesendete Nachrichten),
- *Drafts* (Entwürfe von Nachrichten),
- *Sent* (gesendete Nachrichten),
- *Trash* (Papierkorb für logisch gelöschte Nachrichten).

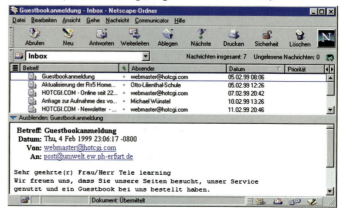

Das E-Mail-Fenster zeigt im oberen Teil alle Nachrichten des gewählten Verzeichnisses an. Im unteren Teil wird der Inhalt einer markierten Nachricht dargestellt. Dieser Teil kann aber auch ausgeblendet werden. Unterhalb der Menüleiste befindet sich eine Symbolleiste, die die folgenden Optionen enthält:

- *Abrufen* (vom Mail-Server werden alle neu angekommenen Nachrichten auf den lokalen PC geladen)
- *Neu* (Fenster zum Verfassen und Versenden einer neuen Nachricht)
- *Antworten* (auf eine gelesene Nachricht, wobei der Absender automatisch zum Adressaten der neuen Nachricht wird und der empfangene Text auch in der Antwort enthalten sein kann)
- *Weiterleiten* (einer Nachricht an einen anderen Adressaten)
- *Ablegen* (der Nachricht in einen der 5 Ordner des Mail-Programms)
- *Nächste* (Übergang zur nächsten Nachricht im aktuellen Ordner)
- *Drucken* (Ausdrucken der aktuellen Nachricht)
- *Sicherheit* (Ver- und Entschlüsseln von Nachrichten)

Internet-Dienste   257

Erstellen einer neuen Nachricht im Mail-Programm des *Netscape Navigators* im Fenster *Neu:*

Im unteren Teil des Fensters wird der Text eingegeben, ähnlich wie bei einem Textverarbeitungsprogramm. Es können Schriftgröße, Schriftart, Farbe und Textausrichtung frei gewählt werden. Eine solche Mail kann allerdings beim Empfänger nur mit einem Web-Browser in ihrer Originalform dargestellt werden. Mit einem einfachen Mail-Programm würde der Text unformatiert als ASCII-Text erscheinen.

Über M Einfügen bzw. das äußere rechte Icon in der Symbolleiste lassen sich weitere Objekte einfügen wie horizontale Linien, Grafiken, Tabellen und Hypertextverknüpfungen.

Außerdem lassen sich beliebige Dateien, Web-Seiten oder eine eigene Visitenkarte an die Mail anfügen und verschicken. Dazu dient M Anfügen bzw. das Büroklammer-Icon. Der Sender einer E-Mail kann damit dem Empfänger ganze Programme, Text-, Grafik-, Sound- oder Videodateien per E-Mail schicken.

 Im Text der Mail sollte erwähnt werden, um welche Dateien es sich bei Anhängen handelt, bzw. mit welchem Programm diese geöffnet werden können. Es sollten jedoch nicht zu große Dateien sein, da sich manche Web-Server weigern, Anhänge ab einer bestimmten Größe weiterzuleiten.

Ehe eine E-Mail verschickt werden kann, muss der Kopf der Nachricht ausgefüllt werden. Dazu gehört in erster Linie die Adresse des Empfängers. E-Mail-Adressen bestehen immer aus zwei Teilen, dem Namen des Clients bzw. einem selbst gewählten Synonym und der Adresse des Providers (z.B. `t-online.de`). Beide Teile werden durch das Zeichen „@" getrennt (auch als „kommerzielles UND", „ät" oder **„Klammeraffe"** bezeichnet).

 Soll eine E-Mail an mehrere Empfänger gleichzeitig verschickt werden, so kann man entweder im Mail-Kopf weitere Zeilen für Empfänger hinzufügen oder eine Mailing-Liste erstellen mit allen Adressen der gewünschten Empfänger, die dann in das Empfängerfeld kopiert wird.

Susi Meier könnte im Internet die folgende Mail-Adresse haben:
`Susi.Meier@webserver.mail.de`

Wird eine E-Mail-Adresse fehlerhaft eingetragen oder existiert diese gar nicht, so erhält der Absender seine Mail nach einer bestimmten Zeit als „nicht versendbar" aus dem Internet zurück.

 Mail-Programm des *Netscape Navigators:*

Das Icon im Nachrichtenkopf unterhalb der Büroklammer (Anhänge) dient unter anderem dazu, das Format der Mail (z.B. nur Text), eine Empfängerbestätigung oder eine Verschlüsselung zu wählen. Schließlich sollte vor dem Versenden der Mail noch das Feld „Betreff" ausgefüllt werden, um kurz auf den Inhalt zu verweisen.

Es gibt zwei prinzipielle Fragen zur Sicherheit bei der Nachrichtenübertragung:
Bleibt eine Nachricht zwischen Sender und Empfänger vertraulich oder lesen auf dem Übertragungsweg andere mit?

Ist der Absender einer Nachricht auch wirklich authentisch oder steht dahinter jemand, der die E-Mail-Adresse eines anderen missbraucht?

Ein bewährtes Verfahren, das beides ausschließt ist **PGP** (**P**retty **G**ood **P**rivacy, „ziemlich gute Vertraulichkeit") (↗ S. 88).

FTP ist die Abkürzung für „**F**ile **T**ransfer **P**rotocol".

Beim Herunterladen von Software über das Internet, gibt es keine Garantie für deren Fehlerfreiheit. Außerdem können andere im Internet diesen Vorgang unter Umständen mitverfolgen.

Um einen FTP-Server nicht unnötig lange zu belegen und damit für andere zu blockieren, sollte die Verbindung zu ihm nach dem Herunterladen der Software abgebrochen werden.

Oft wird ein Empfänger einer E-Mail auch eine Rückantwort geben.

Dazu dient im Menü „Nachricht" des Mail-Programms von Netscape die Option „Antworten" bzw. das Icon „Antworten" in der Symbol-Leiste. Automatisch wird die E-Mail-Adresse des Absenders in das Empfängerfeld eingetragen, ebenso wie sein Text. Damit ergibt sich zum Beispiel die Möglichkeit, auf Fragen im Text die Antwort unmittelbar dahinter zu schreiben. Die Originaltextstellen werden automatisch anders gekennzeichnet als die neu hinzugefügten.

Im Feld „Betreff" erscheint der Originaleintrag, allerdings steht davor „Re:", was so viel wie Re-Mail bedeutet. Daran erkennt der Empfänger, dass er eine direkte Rückantwort auf seine Nachricht erhält.

Wer eine rege Korrespondenz betreibt, muss auch einen guten Überblick über Nachrichteninhalte, Adressen und Sachgebiete behalten. Dazu dienen unter anderem Ordner und Adressbücher. An die Inbox, in der die gelesene Nachrichten normalerweise abgelegt werden können, sollte man deshalb Unterordner anfügen, die z.B. für private und dienstliche Nachrichten vorgesehen sind.

Adressbücher entlasten nicht nur das Gedächtnis, sondern erleichtern auch die schnelle und fehlerfreie Eingabe von E-Mail-Adressen, da diese nach der Auswahl einfach in das Adressfeld übertragen werden können.

2.6.5 FTP

So wie zum Holen von Web-Seiten auf einen lokalen PC ein einheitliches Übertragungsprotokoll notwendig ist, muss es auch für den Austausch beliebiger Daten (Programme, Texte, Bilder, Videos, Musikstücke) ein einheitliches Protokoll geben. Es heißt **FTP**.

Um eine Verbindung zu einem **FTP-Server** herzustellen, braucht man i. Allg. dessen Host-Namen, eine registrierte Benutzer-ID und ein Passwort. Anschließend sieht man symbolische Ordner und Dateien auf dem FTP-Server, die man zum Herunterladen (download) einfach mit der Maus anklickt.

Die Übertragungsgeschwindigkeit beim Datentransfer im Internet hängt von verschiedenen Faktoren ab:

- Belastung der Datennetze (tages- und zeitabhängig),
- Schnittstelle zum Internet (Modem, ISDN, Standleitung),
- augenblickliche Frequentierung des FTP-Servers.

Größere Dateien werden deshalb häufig als „gepackte" Dateien versandt (zum Beispiel als so genannte `ZIP`-Dateien). Sie müssen auf dem Client-PC wieder entpackt werden oder entpacken sich als EXE-Datei selbst.

Ein klassischer **Suchdienst** zur Recherche von auf FTP-Servern bereitgestellten Dateien ist **Archie**.

Im Internet gibt es zahlreiche **anonyme FTP-Server,** die man auch per WWW erreicht. Dort sind weder Nutzer-ID noch Passwort erforderlich. Im Web-Browser wird in das URL-Feld die jeweilige Adresse eingetragen, die im Gegensatz zu HTML-Seiten mit `ftp://` eingeleitet werden muss.

Die meisten anonymen FTP-Server existieren an Universitäten und Hochschulen. Hier werden oft Zusatzprogramme für Betriebssysteme, Web-Browser, PC-Anwendungen, Grafiken und Musikdateien angeboten.

2.6.6 Usenet

Im Internet haben sich weltweit Menschen mit gleichen oder ähnlichen Interessen gefunden, die im **Usenet** so genannte **NewsGroups** bilden. Es gibt mittlerweile mehrere Tausend solcher NewsGroups, die ihre Meinungen zu eng begrenzten Themengebieten kund tun und austauschen. Dazu sind folgende Voraussetzungen notwendig:

- Zugang zu einem News-Server,
- die News-Client-Software.

Als Protokoll zur Übertragung von NewsGroup-Nachrichten dient seit den achtziger Jahren **NNTP**.

NNTP ist die Abkürzung für „Network News Transport Protocol".

Der *Netscape-Communicator* enthält neben dem E-Mail-Dienst auch den Dienst Usenet. Er kann über **M** Communicator **O** Collabra - Diskussionen oder über das Sprechblasen-Icon in der unteren kleinen Symbolleiste erreicht werden.

Die Beiträge der einzelnen News-Teilnehmer sind für eine gewisse Zeit für jedermann am „schwarzen Brett" sichtbar. Ebenso kann jeder News-Teilnehmer seinen Beitrag dorthin senden, der schon nach kurzer Zeit sichtbar ist.

Das folgende Bild zeigt einen Ausschnitt von öffentlichen News-Groups an der Fernuniversität Hagen, wo sich zum Beispiel Studenten über eine Jura-Vorlesung verständigen. Dabei geht es sowohl um inhaltliche als auch um organisatorische Fragen.

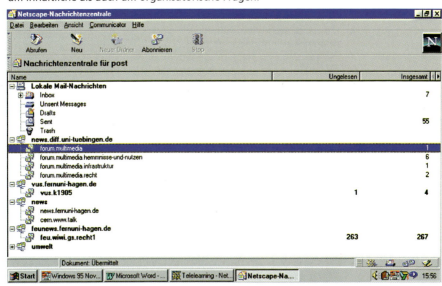

Um eine gewisse Übersichtlichkeit innerhalb der vielen tausend News-Groups zu erreichen, wurden wenige **Kategorien** geschaffen, die dann beliebig weiter spezifiziert werden können. Drei bis sechs Unterebenen innerhalb einer solchen Kategorie sind üblich. Die folgende Tabelle zeigt einige wichtige Kategorien:

Anwendungen der Informatik

Kate-gorie	Thema	Kate-gorie	Thema
biz	Wirtschaft	**sci**	Wissenschaft und Technik
comp	Computer	**soc**	Soziales
misc	Verschiedenes	**talk**	Diskussion/Kommunikation
news	Newsgroup und Internet	**alt**	Alternatives
rec	Freizeit und Hobbies		

Um Verbindungskosten zu sparen, sollte man besser gleichzeitig mehrere News markieren, sie herunterladen und dann lesen, da beim Auswählen einzelner News nacheinander jedesmal eine neue Telefonverbindung aufgebaut wird.

Die Neuigkeiten werden über **News-Server** aufgenommen und verbreitet, die wiederum untereinander über das Internet verbunden sind. Der Teilnehmer im Usenet wird sich normalerweise nicht für alle NewsGroups interessieren und nur bestimmte abonnieren. Die News-Client-Software gestattet es, mit Suchbegriffen zunächst nach thematischen News-Groups zu suchen, um dann darin zu lesen. Zunächst erhält man eine Übersicht über Absender, Datum, Größe und Thema einer Neuigkeit. Wird eine solche mit der Maus angeklickt, wird sie geöffnet.

Das Verfassen von News ist nichts anderes als das Schreiben einer E-Mail. Auch hier gibt es über Reply (Re:) die Möglichkeit, auf Anfragen und Meinungen direkt zu antworten.

Ähnlich wie bei IRC (↗ Abschnitt 2.6.7) verwendet man im Usenet Symbole zum Ausdruck bestimmter Gefühle und Abkürzungen für bestimmte Floskeln. Außerdem haben sich bestimmte Regeln herausgebildet, die man unbedingt beachten muss:

So sollte man seine Beiträge wohlüberlegt in eine Kategorie einordnen, nicht länger als unbedingt notwendig schreiben und irgendwelche missverständlichen Ausdrücke, die satirisch oder sarkastisch klingen, vermeiden. In englischsprachigen NewsGroups – und das sind die meisten – sollte man seine Beiträge auch in englisch verfassen. Werbung wird im Usenet nicht gern gesehen. Im Allgemeinen werden die Nachrichten in Kleinbuchstaben verfasst, da Großbuchstaben als Schreien gilt, und das ist wirklich nicht sehr höflich. Es ist selbstverständlich, dass man andere nicht beleidigt oder beschimpft, auch wenn man ganz anderer Meinung ist. Nur so kommt ein wirklich fruchtbarer Gedankenaustausch im Usenet zustande.

Einige Abkürzungen aus dem Usenet:

- BTW   By the Way (Nebenbeigesagt …)
- IMO   In My Opinion (Nach meiner Meinung …)
- IOW   In Other Words (Mit anderen Worten …)
- OTOH   On The Other Hand (Andererseits …)
- RTFM   Read The Fucking Manual (Lies das verdammte Handbuch!)
- ROTFL   Rolling On The Floor Laughing (Vor Lachen auf dem Boden liegen)
- TIA   Thanks In Advance (Danke im voraus!)

Man kann jederzeit eine eigene NewsGroup gründen, wenn man der Meinung ist, bestimmte Themengebiete fehlten im Usenet. Dazu gehören jedoch weitere Mitstreiter im Netz, wenn es zu einer wirklichen Diskussion kommen soll. Leider gibt es viele „schwarze Bretter", an denen schon seit Monaten oder gar Jahren keine neuen News erscheinen. Dann ist offensichtlich das Interesse an diesem Thema nicht mehr vorhanden bzw. der News-Server wird nicht ordentlich gepflegt.

Auch ein eigener News-Server lässt sich einrichten, das ist jedoch nicht ganz einfach und zudem kostspielig. Man muss sich immer wieder vergegenwärtigen, dass das Usenet von der Aktualität lebt. Das bedeutet einen ständigen Abgleich der News mit anderen News-Servern, auf denen dieselben Gruppen existieren.

Im folgenden Bild ist das *Netscape*-News-Fenster dargestellt zum Lesen und Schreiben von Nachrichten im Usenet. Die Ähnlichkeit mit dem Mail-Fenster ist dabei unverkennbar.

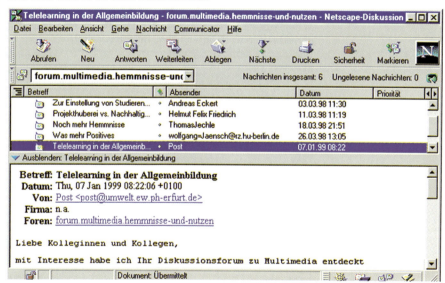

2.6.7 IRC

Das **IRC** (kurz **Chat**) ist neben E-Mail und Usenet eine weitere Möglichkeit der Kommunikation im Internet. Es hat den Vorteil, dass man online ist, also zur selben Zeit mit einem oder mehreren Partnern via Tastatur und Bildschirm kommuniziert. Heute gibt es bereits ein erweitertes IRC, das es erlaubt, mithilfe einer Soundkarte im Internet mit einem oder mehreren Partnern zu telefonieren, was bei teuren Auslandsgesprächen erheblich Kosten sparen hilft. Allerdings ist die Qualität der Sprachübertragung vielfach noch unbefriedigend.

IRC ist die Abkürzung für „Internet Relay Chat".

Die Kommunikation im IRC ist meist thematisch geordnet, so dass man sich gewissermaßen unter Gleichgesinnten befindet (z.B. Themengebiete Computer, Partnersuche).

Zur Kommunikation via IRC haben sich inzwischen einige Regeln herausgebildet. Man meldet sich normalerweise nicht unter seinem richtigen Namen an, sondern unter einem Spitznamen (nickname). Der IRC-Server prüft, ob es diesen Namen bereits einmal gibt. Besonders originelle Namen haben also eine größere Chance, akzeptiert zu werden. Durch seine korrekte E-Mail-Adresse und ein Passwort muss man sich allerdings ausweisen.

Für den Stil der schriftlichen Kommunikation gibt es eine Reihe von Höflichkeitsregeln, die man streng einhalten sollte (so genannte **„Netiquette"**). Zum Beispiel dürfen in keiner Weise religiöse, kulturelle oder ethische Gefühle verletzt werden. Ebenso darf es keinerlei beleidigende Äußerungen geben. Ehe man sich in eine Diskussion einschaltet, sollte man das Thema zunächst eine Weile verfolgen, um als neuer Chat-Partner möglichst nicht störend zu wirken.

Das folgende Bild zeigt ein Chat-Fenster, in dem rechts die momentan Anwesenden mit ihrem Spitznamen und einem selbst gewähltem Porträt erscheinen. Im unteren Teil kann der Chat-Teilnehmer seinen Text eingeben, im Hauptfenster sind die einzelnen Beiträge der aktuell „eingeloggten" Chat-Teilnehmer sichtbar.

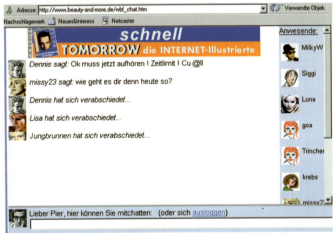

Um neben dem rationalen Text auch gewisse Gefühle, Stimmungen und Emotionen auszudrücken, bedient man sich im IRC so genannter **Smileys** oder **Emoticons**.

Auswahl von Smileys:

:-)	einfaches Lächeln mit Nase	:-|	weder gut noch schlecht
:)	einfaches Lächeln ohne Nase	:'-	Weinen
;-)	Lächeln mit Augenzwinkern	:-@	Brüllen
:-7	ironische Bemerkung	:-P	Zunge rausstrecken
:-D	mit einem Lächeln sagen	:-O	Schreien
:'-)	zum Weinen glücklich	:->	eher sarkastisch
:*)	Herumalbern	:-(	traurig
:-X	dicker Kuss	:-c	ganz, ganz traurig

2.6.8 Weitere Dienste

Immer zahlreicher werden in letzter Zeit Internet-Stores, virtuelle Warenhäuser, die es gestatten, ausgewählte Waren in einen „Einkauskorb" (eine Liste aller ausgewählter Waren) zu legen und sie dann per Mausklick zu bestellen. Natürlich muss der Internet-Kunde seine Adresse und Kreditkarten-Nummer angeben, ehe die Bestellung versendet werden kann.

Dieses **„Homeshopping"** oder **„Teleshopping"** hat den Vorteil, dass das „Warenhaus" ständig geöffnet hat und der Kunde von zu Hause aus einkaufen kann. Der Nachteil besteht darin, dass er die Ware nicht direkt begutachten kann.

Beim Übermitteln der persönlichen Daten kann es auch zu technischen Problemen kommen (Unterbrechung von notwendigen Leitungswegen). Auch die Sicherheit, dass kein Dritter die Informationen mitliest, ist nie vollständig gegeben.

Netscape Shop International:

Ebenso wie das Einkaufen sind auch diverse Bankgeschäfte im Internet möglich. Man nennt dies **Homebanking.** Vom PC aus kann der Bankkunde – vorausgesetzt seine Bank ermöglicht ihm diesen Dienst und er verfügt über eine Homebanking-Software – Rechnungen bezahlen, Kontostände erfragen oder Überweisungen durchführen. Der Vorteil liegt nicht nur in der Bequemlichkeit, sondern auch in den geringeren Kosten. Trotzdem gibt es auch noch kritische Stimmen, die ein Ausspähen der – wenn auch verschlüsselten Daten – nie ganz ausschließen.

Ein weiterer Dienst im Internet nennt sich **Telnet.** Dabei geht es um die Fernbedienung eines Web-Servers von einem anderen PC aus. Alle Bildschirmausgaben des Servers werden via Internet auf den Monitor des lokalen PC geschickt, während alle Tastatureingaben am lokalen PC an den Server weitergegeben werden. Das Protokoll dafür heißt **Client-Server-Protokoll,** das Server-Programm Telnet-Dämon. Das Telnet-Protokoll vermittelt dabei meist zwischen Rechnern mit verschiedenen Betriebssystemen. Während auf dem Server zum Beispiel UNIX läuft, arbeitet der Client mit einer Windows-Version.

Das folgende Bild zeigt die Einwahl auf einen UNIX-Server mit dem Namen „Umwelt" über Telnet. Jetzt muss der Telnet-User über UNIX-Kenntnisse verfügen, da er quasi vor einer Konsole des UNIX-Servers sitzt.

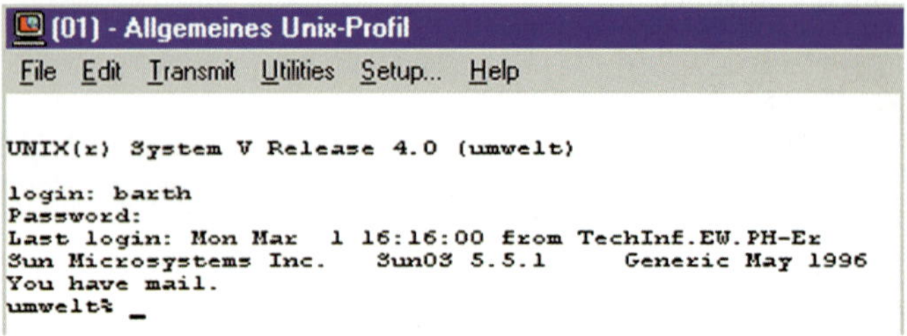

```
[01] - Allgemeines Unix-Profil
 File  Edit  Transmit  Utilities  Setup...  Help


UNIX(r) System V Release 4.0 (umwelt)

login: barth
Password:
Last login: Mon Mar  1 16:16:00 from TechInf.EW.PH-Er
Sun Microsystems Inc.    SunOS 5.5.1    Generic May 1996
You have mail.
umwelt% _
```

Einige wichtige **UNIX-Befehle** sind im Folgenden zusammengefasst:

Befehl	Funktion
ls	Anzeige der Inhalte eines Verzeichnisses
cd	Wechseln des aktuellen Verzeichnisses
cp	Kopieren von Dateien
rm	Löschen von Dateien
mkdir	Anlegen eines Verzeichnisses
rmdir	Löschen eines Verzeichnisses
mv	Bewegen von Dateien
man	Online-Hilfe zu Befehlen

ANHANG | A

Register

3D-Grafik 205
3D-Kreisdiagramm
  (Kuchendiagramm) 163
3D-Säulendiagramm 162

A
Abakus 43
Abfrage 193
  – Auswahl~ 194
  – Berechnungen 198
  – erstellen 193
  – Formeln 196
  – Jokerzeichen 196
  – Kreuztabellen~ 194
  – logische
    Verknüpfungen 198
  – Sortieren in
    Abfragen 197
  – zur
    Duplikatsuche 194
  – zur
    Inkonsistenzsuche 194
Abfragearten 200
Absatz 103, 108
  – Abstand nach
    einem ~ 113
  – Abstand vor
    einem ~ 113
  – Attribute (Formatie-
    rungsmöglichkei-
    ten) 108
  – Einzüge 111
  – Format kopieren 115
  – Format zuweisen 115
  – Hintergrundschattierung
    113
  – Rahmen 113
  – Umbruch 114
  – Zeilenabstand 113
Absatzabstand 113
Absatzkontrolle 114
Abschnitt 103
Abschnittswechsel 117, 121
absolute Zellbezüge 143
additive Farbmischung 207
ADLEMAN, LEONARD 88
Adobe Photoshop 212
Adressen-Symbolleiste 243

AIKEN, HOWARD HATHAWAY
  (1900–1973) 45
Airbrush 215
Aktualisierungsabfrage 200
AL-CHWARIZMI, MUHAMMAD IBN
  MUSA (787–um 850) 43
Algorithmen
  – äquivalente 30
  – effiziente 30
Algorithmenstrukturen 31,
  150
  – in Textverarbeitungs-
    programmen 135
Algorithmierung 41
Algorithmus 29
  – Allgemeingültigkeit ei-
    nes ~ 30
  – Eigenschaften 29
  – euklidischer 29
  – linearer 32
  – Notationsformen 31
  – Prozesseigenschaften 30
Altavista 254
Alternative 34, 149
ALU 48
analoges Rechengerät 44
Analytical Engine 44
Anfasser 225
Anfügeabfrage 201
angewandte Informatik 8, 9
ANSI-Zeichensatz 24
Antivirenprogramme 92
Anweisung 38
Anweisungsfolge 32
Anwendersoftware 47
AOL 239
Applet 252
Arbeitsbereich 66
Arbeitsfeld 98
Arbeitsfläche 174
Arbeitsspeicher 49
Archie 258
Arial 106
arithmetische Reihe 147
ARPA 236
ARPANET 236
array 27
ASCII-Text 233

ASCII-Zeichensatz 22
  – erweitert 24
Assemblersprache 39
asymmetrische Verschlüsse-
  lungsverfahren 88
Auflösung 57
Auflösung für Monitore 57
Auflösungsvermögen 206
Ausführbarkeit eines
  Algorithmus 30
Ausrichtung von
  Absätzen 109
Ausschneiden 226
  – in Textverarbeitungs-
    programmen 102
Auswahl 31
  – einseitige 33
  – mehrseitige 35
  – zweiseitige 34
Auswahlabfrage 194, 200
Auswählen
  – formfrei 217
  – formgebunden 217
AutoSumme 146

B
BABBAGE, CHARLES
  (1792–1871) 44
Backslash 67
Bandkassette 61
Barcode-Leser 12
BASIC 39
Baud 239
BAUER, FRIEDRICH LUDWIG (geb.
  1924) 45
Baum 28
Bearbeitungsleiste 137
bedingter Trennstrich 107
Benutzeroberflächen 62
  – Arten von ~ 62
  – grafische 62, 63
  – kommandogesteuerte 62
  – menügesteuerte 62
Bereich (Auswahl)
  – drehen 218
  – invertieren 218
  – kopieren 218
  – löschen 217

- spiegeln 218
- strecken 219
- vergrößern 219
- verkleinern 219
- verschieben 217
- vervielfachen 218
- verzerren 219
Bereich in Textverarbeitungs-
programmen 103
Bereichswechsel 117
Berichte 202
- anpassen 203
- Berechnungen in
Berichten 204
Berufe, informations- und
kommunikationstech-
nische 14
Betriebssystem 47, 51
- Aufgaben eines
Betriebssystems 52
- residenter
Bestandteil 52
- transienter
Bestandteil 52
Bewegungsblock 54
BÉZIER, PIERRE 216
Bézierfläche 216
Bézierkurve 216, 225
Bildlaufleiste 64, 98, 137
Bildschirm 56
Bildschirmdiagonale 56
Bildschirmschuss 125, 231
Bildwiederholfrequenz 57
- einer Grafikkarte 58
- für Monitore 57
Binärcodierung 20
binärer Baum 28
Bit 19
bit 19
Bitmap 206
Blatt 28
Blocksatz 109
BMP 208, 233
bold 107
book on demand 13
boolean 26
bps 239
Briefkasten 243
Browser 241
- Menü Ansicht 245
- Menü Bearbeiten 245

- Menü
Communicator 245
- Menü Datei 244
- Menü Gehe 245
- Menü Hilfe 246
- Menüleiste 244
- Oberfläche 242
Bundesdatenschutz-
gesetz 82, 84
- Rechte der Bürger 84
Bundsteg 117
Buntstift 215
Bus 50
Byte 20, 21, 177

C
C 39
CAD 11, 210
CAD-Programm 210
CAM 11
CAP 11
CAQ 11
CÄSAR, GAIUS JULIUS
(100–44 v. Chr.) 87
CD-Brenner 61
CD-R 61
CDR 210
CD-ROM 61
CGI 250
Bearbeiten von
Formulardaten 251
- Prinzip 250
CGM 210
char (character) 27
Chat 261
Chat-Raum 238
CHKDSK 70
Chiffre 86
Chiffrierung 86
CHOMSKY, NOAM (geb. 1928) 6
CIM 11
Client 239, 240
Client-Server-Protokoll 264
CLP 208
CMYK-Farbmodell 207
CNC-Maschine 11
Codierung 41
Collagen 221
Colossus 45
COM 50
Communicator 241

Composer 243
CompuServe 239
Computer 47
Computergenerationen 46
Computergrafik
- dreidimensionale 205
- zweidimensionale 205
Computervirus 91
Copyright 92
Courier 106
CPU 48

D
Datei 67
Dateien
- Arbeit mit ~ 74
- aus dem Papierkorb
zurückholen 76
- Bezeichnungen 68
- in einem Verzeichnis
anzeigen 75
- kopieren 75
- kopieren mit der
Maus 76
- löschen 76
- umbenennen 77
Dateiformate
- Pixelgrafiken 208
- Vektorgrafiken 210
Dateihandling 74
Datei-Inhalt
- auf dem Monitor
anschauen 78
- drucken 77
Dateiverwaltung 67
Daten 19
Datenaufbereitung,
Möglichkeiten 161
Datenaustauschformate 233
Datenbank 167
- Architektur 168
- Arten 170
- Dateneingabe 183
- Datenschutz 186
- Datentypen 176
- erstellen 175
- Gültigkeitsprüfung für
Datenmanipulationen
178
- Leistung
optimieren 181

- Markieren von Objekten 181
- Objekte 169, 173
- relationale 170, 171
- Schlüsselfelder 172
- Vorteile 168
Datenbank-Administrator 186
Datenbankdatei 169, 170
Datenbanken 83
- im privatwirtschaftlichen Bereich 83
- im staatlichen Bereich 83
Datenbankmanagement-system 167
Datenbanksystem 167
- Navigationsleiste 183
- Oberfläche 174
Datenbanktabelle, Navigation 182
Datenbasis 167
Dateneingabe
- in Datenbanken 183
- in Formulare 190
Datenfeld 28, 169
- einfügen 184, 185
- Format 179
- löschen 184
- Vorgabewert 179
Datennutzung 167
Datenquelle 134
Datenreihen 147
Datensatz 28, 169
- einfügen 184, 185
- löschen 184
Datensatzstruktur
- erstellen 175
Datenschutz 81
- Europarichtlinie 82
- Grundrecht auf ~ 81
- im Internet 84
- in Datenbanksystemen 186
Datenschutzgesetze 84
- Rechte der Bürger 84
Datensicherheit 81, 88
- in Datenbanksystemen 186
- in Tabellenkalkulations-programmen 152
Datensicherung 89

Datenstrukturen 27
- in einer Textdatei 102
Datenträger 67
- auswählen 69
- benennen 69
- Bezeichnungen 67
- festlegen 69
- formatieren 68
- kopieren 70
- Namen erfragen 69
- prüfen 70
Datentypen 26, 176
- in Datenbanksystemen 177
Datenverarbeitungsanlage 47
Datenverschlüsselung 85
Datenverwaltung 88
Datum 19
dBASE für Windows 167
Dechiffrierung 86
Dehnen 226
Deklaration 37
DES 87
Desktop-Publishing 127
determiniert 30
deterministisch 30
Dezimaltabstopp 110
Diagrammassistent 165
Diagramme 161
- drucken 166
- erstellen 164
Diagrammtypen 161
- 100%-Balkendiagramm 163
- 3D-Kreisdiagramm (Kuchendiagramm) 163
- 3D-Säulendia-gramm 162
- Kreisdiagramm 163
- Liniendiagramm 163
- Säulendiagramm 161
- Stapeldiagramm 162
- Streifendiagramm 162
Dialogfeld 66
DIFFIE, WHITFIELD 88
Digitaldruck 13
digitales Rechengerät 43
Direkt-Hilfe von Windows 64
Diskette 60
- Anlegen von Sicherungs-

kopien auf ~ 90
- kopieren 70
Diskussionsforen 243
DNS 237, 241
Dokumentabschnitt 120
Dokumentation 42
Dokumentbeschreibungs-sprache 246
Dokumente
- bearbeiten 99
- drucken 99
- erstellen 127
- schreiben 99
- speichern 100
Dokumentvorlage 130
Domain, Kürzel 241
Double 178
downloaden 238
dpi 59, 206
Drehen 218, 226
Drucker 58
Druckerschnittstelle 50
Druckertreiber 59, 116
Druckformate 128
DRW 210
DTP 127
Dualsystem 20
Duplizieren 226
Durchschuss 113
DVD 61
DXF 210

E
EAN-Code 12
Ebenen in Grafikprogrammen 223
ECKERT, JOHN PRESPER (geb. 1919) 45
Eigenschaften von Algorithmen 29
Einbetten von Objekten 125, 231
Eindeutigkeit eines Algorithmus 30
Einfarbfüllung 227
Einfügemarke 66, 98
Einfügemodus 99
Einfügen 218, 226
Eingabeanweisung 38
einseitige Auswahl 33
Einzüge von Absätzen 111

Ellipsen 224
E-Mail 236, 238, 255
– Mail-Programm 256
Embedding 231
Emoticons 262
Endknoten 28
Endlichkeit eines
Algorithmus 29
Endlospapier 116
ENIAC 45
Entschlüsselung 86
ENTWEDER-ODER 149
EPS 208, 235
Ergibtanweisung 38
Ergonomie 78
ergonomische Anforderun-
gen an Computerarbeits-
plätze 79
Ersetzen 132
Erstzeileneinzug 112
euklidischer Algorithmus 29
EVA-Prinzip 47
Excite 254
Exklusiv-ODER 149
Extrapolieren 220
Extrudieren 230

F
Fallunterscheidung 35, 150,
151
Fangen 217
– Werkzeuge 217
Färben 227
Farben verändern 220
Farbfüller 215
Farbfüllung 227
Farbmischung
– additive 207
– CMYK-Modell 207
– RGB-Modell 207
– subtraktive 207
Farbtiefe 207
Farbverlauf 227
FAT 60
Feld 27
Felddatentyp 175, 176
Feldelement 27
Feldgröße 175, 176
Feldname 169, 175
Fenster 64
Festplatte 60

File 28
Fixieren von Tabellenköpfen
160
Fläche 216
Flussdiagramm 31
Folge 31
Formatieren von
Datenträgern 68
Format-Symbolleiste 98
Formatvorlagen 115, 128
Formeleingabe 142
Formeln
– in Textverarbeitungs-
programmen 127
– kopieren 154
Formulare
– Dateneingabe 190
– erstellen 188
– Objekte in Formularen
191
FORTRAN 39
Freeware 93
Freihandlinie 225
FTP 238, 258
FTP-Server 258
– anonyme 258
Füllmuster 221, 227
Füllzeichen 111
Funktionen für Zellbereiche
145
Funktionseinheiten eines
Computers 48
Fußnote 117, 119
Fußnotenzeichen 119, 120
Fußzeile 117, 118

G
Ganzbildmanipulationen
219
GATES, BILL 63
Gateway 240
GByte (GB) 21
Gedankenstrich 107
GEM 210
geometrische Reihe 147
Geradeausprogramm 32
geschütztes Leerzeichen 107
gestapeltes Flächen-
diagramm 162
gestapeltes Liniendiagramm
162

gestapeltes Säulendiagramm
162
Gewaltenteilung,
informationelle 82
GIF 208, 235
GINSBURG 6
Gitternetzlinien 123, 159
Gliederung 133
GÖDEL, KURT (1906–1978) 6
Google 254
Gopher 237
Grafik 205
– dreidimensionale 205
– zweidimensionale 205
Grafikbearbeitung in
Textverarbeitungs-
programmen 126
Grafikdatei erstellen 214
Grafikeinbindung in
Dokumente 125
Grafikformate 233
Grafikkarte 57, 206
– RAM-Größe 57
Grafikprogramme
– Malprogramme 212
– Oberfläche 212, 222
– pixelorientierte 212
– vektororientierte 221
– Zeichenprogramme 221
Grafiktext 228
Grafikwerkzeuge 214
Grundrecht auf Datenschutz
81
Gruppieren 229
GUTENBERG, JOHANN (um
1395–1468) 18, 90

H
Hacker 86
Hardware 47
Hardware-Ergonomie 79
Hauptdokument 134
Hauptverzeichnis 67
Header 240
HELMAN, MARTIN 88
Helvetica 106
Hexadezimalsystem 21
HEX-Code 22
Hilfe-Funktion von Windows
64
Hilfslinie 222

Hintergrundschattierung
113, 123
History 246
Hochformat 116
hochgestellt 107
HOLLERITH, HERMANN
(1860–1929) 45
Homebanking 13, 263
Homeshopping 263
Host 240
Hotbot 254
Hotkey 65
HTM 235
HTML 97, 235, 246
– Befehle 246, 247
– Editor 247
– Formulare 250
HTML-Seite, allgemeiner
Aufbau 246
Hurenkind 114
Hyperlink 248
Hypermedien 249

I
Icon 63
IDEA 87
Index 134, 180
Indizes 27
Informatik 6
– Bedeutung 10
– gesellschaftliche
Auswirkungen 11
– Grenzen der
Anwendung 10
– Herausbildung der
Wissenschaft 6
– technische
Grundlagen 6
– theoretische
Grundlagen 6
Information 17, 19
– Eigenschaften 18
informationelle
Gewaltenteilung 82
informationelles Selbst-
bestimmungsrecht 82
informationsverarbeitende
Technik 10
– Anwendungsgebiete 11
– Grenzen der
Anwendung 10

Inhaltsverzeichnis 133
Inkrement 147
integer 26, 177
Interface 50
Internet 236
– Datenschutz 84
– Dienste 238
– Geschichte 236
– Hard- und Software-
voraussetzungen 239
Internet Relay Chat 238, 261
Internet-Explorer 241
Internet-Provider 237
Internet-Surfen 238
Intranet 240
Invertieren 218
IP 237
IP-Nummer 240
IRC 238, 261
ISO 234
Italic 107
Iteration 31, 152

J
JACQUARD, JOSEPH MARIE
(1752–1834) 44
Java 252
– Applet 252
– Sprachelemente 252
Java-Console 246
Java-Script 252
Jokerzeichen 73, 196
Joystick 52
JPEG 234
JPG 208, 234

K
Kacheln 221
Kante 28
Kapitälchen 107
Kassensysteme 12
KByte (KB) 21
Kennwort 85
KEPLER, JOHANNES (1571–1630)
44
Kerninformatik 7
Klammeraffe 257
Klonen 226
Knoten 28
Knotenpunkt 209, 228
Kombinationsfeld 66

Kombinieren 229
Kompressionsalgorithmen
234
Kontrollkästchen 66
Kontrolllinie 228
Kontrollpunkt 228
Kontur 230
Kopfzeile 117, 118
Kopieren 218, 226
– Feldinhalte 184
– in Tabellenkalkulations-
programmen 154
– in Textverarbeitungs-
programmen 102
Kreis 224
Kreisdiagramm 163
Kreuztabelle 201
Kryptographie 87
Kryptologie 87
kursiv 107

L
LAN 236
Landesdatenschutzgesetze
84
Laptop 56
Laserdrucker 58
Laufwerke, magneto-
optische 61
Layout 127
Layouter 13
LCD-Anzeige 56
LEIBNIZ, GOTTFRIED WILHELM
(1646–1716) 44
Licht- und Schattenspiele 220
Lineal 222
Linie 216, 224
Linienzug 224
Link 126, 232
linksbündig 109
linksbündiger Tabstopp 110
Linsenfunktion 230
LISP 39
Listenfeld 66
Lizenz 93
Lizenzvertrag 93
Lochkartenmaschine 45
logical 26
logische Operatoren 149
logische Verknüpfungen 198
LOGO 39

Register   271

longinteger 26, 177
Löschabfrage 201
Löschen 217, 226
  – in Textverarbeitungs-
    programmen 102
Lotus Approach 167
LPT 50
LUCAS, R. 45
Lupe 223
Lycos 254

M
magneto-optische Laufwerke
  61
Makro 130
Malprogramme 212
manueller Seitenumbruch
  120
MARK I 45
Markieren
  – formfrei 217
  – formgebunden 217
  – in Datenbanksystemen
    181
  – in Textverarbeitungs-
    programmen 101
  – von Objekten in Tabel-
    lenkalkulationsdateien
    139
Markierungsumrandung 137
Maschinensprache 38
mathematische Funktionen
  145
Matrixdrucker 58
MAUCHLY, JOHN WILLIAM
  (1970–1980) 45
Maus 54
  – Anfassen 55
  – Doppelklicken 55
  – Klicken 55
  – Techniken der Arbeit mit
    der ~ 55
  – Zeigen 55
  – Ziehen 55
MByte (MB) 21
Mehrfachverzweigung 35
mehrseitige Auswahl 35, 150
Meldungszeile 66
Menü 64
  – Pop-up- 65
  – Pull-down- 64

Menüleiste 66, 98, 137, 174,
  222, 243
Menütechnik 64
MHz 49
Microsoft Office 232
Mikroprozessor 48
MIME-Type 249
Modem 239
Monitor 56
Motherboard 47
Mousepad 54
MS Works 167
MS-DOS 51

N
Nachricht 18
Nadeldrucker 58
Namenfeld 137
NAPIER, JOHN (1550–1617)
  44
Nassi-Shneiderman-
  Diagramm 32
Navigations-
  Symbolleiste 243
Navigator 243
negativer Erstzeileneinzug
  112
Neigen 226
Netiquette 93, 262
NEUMANN, JOHN VON
  (1903–1957) 45
NewsGroups 259
  – Kategorien 260
News-Server 260
NICHT 149
nichtproportionale Schrift-
  art 106
nichtsequentiell 30
NNTP 259
Normalisierung 181
Norton Commander 62
Notebook 56
Numerikblock 54

O
Oberfläche von Grafik-
  programmen 212,
  222
Objekte
  – ausschneiden 226
  – dehnen 226

  – drehen 226
  – duplizieren 226
  – einbetten 125, 231
  – einfügen 226
  – färben 227
  – Grafiktext 228
  – gruppieren 229
  – in Datenbanken 169,
    173
  – in Formularen 191
  – in Malprogram-
    men 215
  – in vektororientierten
    Grafikprogrammen
    215, 224
  – in Zeichenprogrammen
    224
  – klonen 226
  – kombinieren 229
  – kopieren 226
  – löschen 226
  – Mengentext 229
  – neigen 226
  – Schriftzeichen 229
  – spiegeln 226
  – stauchen 226
  – Textfeld 229
  – verknüpfen 126,
    232
  – verschieben 226
Objekthülle 230
ODER 149
ODHNER, WILLGODT T.
  (1845–1905) 45
Office-Paket 232
Office-Programme 167
offline 241
OLE 176
OLE-Methode 232
online 241
Online-Dienste 239
Optionsfeld 66
OR 149
Ordner
  – anlegen 72
  – anzeigen 72
  – löschen 73
  – umbenennen 73
  – wechseln 71
OUGHTRED, WILLIAM
  (1574–1660) 44

P

Paint 214, 215
Paintbrush 214
Papierformate 116
Papierkorb 63
Papierzufuhr 117
parallele Schnittstelle 50
Parallelport 50
Parameterabfrage 199
Partition 67
PARTRIDGE, SETH (1603–1686) 44
Pascal 39
PASCAL, BLAISE (1623–1662) 44
Passepartout 220
Passwort 85
PCX 208
PDF 235
peripheres Gerät 47
PERL 251
Perspektive 230
PGP 258
Pica 106, 206
PICT 208, 234
Pinsel 215
Pixelgrafik 206
 – Dateiformate 208
 – Umgang mit ~ 209
 – Umwandlung in Vektorgrafik 211
Pixelrauschen 219
Pixel-Vektor-Konvertierung 211
Platzhalter 73
Plotter 56
Plug-In 245
Point 206
POP 238, 255
Pop-up-Menü 65
POS-Systeme 12
PostScript 59
ppi 206
praktische Informatik 7, 9
Pretty Good Privacy 88
Primärschlüssel 172
Primärschlüsselfeld 172
Problemanalyse 40
Programm 37
Programmablaufplan 31
Programmiersprache 38
 – applikative 39

 – befehlsorientierte 39
 – deklarative 39
 – funktionale 39
 – höhere 39
 – imperative 39
 – logische 39
 – prädikative 39
 – problemorientierte 39
 – strukturierte 39
 – strukturorientierte 39
 – unstrukturierte 39
Programmiersprachen
 – befehlsorientierte 39
 – Einteilung der höheren 39
Programmierung 41
Programmtest 42
PROLOG 39
Prompt-Zeichen 71
proportionale Schriftart 106
Protokoll
 – Client-Server~ 264
 – FTP 238, 258
 – IP 237, 240
 – NNTP 259
 – POP 238, 255
 – SMTP 238, 255
 – TCP 237, 240
Provider 239, 240
Proxy-Server 245
Prozedur 31, 37
Prozent-Formatierung 157
pt 206
Public Domain 93
Pull-down-Menü 64
Punkt 106, 206
Punktgrafik 206

Q

Quadrat 224
Querformat 116
QuickAccess-Leiste 98

R

Radierer 215
Rahmen 113, 123, 158, 220
RAM 49
 – Größe 57
Raster 223
real 26
Rechenablaufplan 29, 33

Rechenstab 44
Rechner 47
Recht im Internet 93
Rechteck 224
rechtsbündig 109
rechtsbündiger Tab-stopp 110
Rechtschreibhilfe 130
record 28
regelmäßige Figuren erzeugen 216
Register 134
Registerkarte 66
relationale Datenbank 170, 171
 – Vorteile 195
relative Zellbezüge 143
resident 52
residenter Bestandteil 52
RGB-Farbmodell 207
RIFF 208
RIVEST, RON 88
Rollbalken 66
ROM 49
ROM-BIOS 49
root 28, 67
Router 240
RSA 88
RTF 233
RUTISHAUSER, HEINZ (1918–1970) 45

S

SAA-Standard 66
SAMELSON, KLAUS (1918–1980) 45
Säulendiagramm 161
Scanner 52
Schalter 66
Schaltfläche 64
Schattierung 158
Schengener Informations-system 83
SCHICKHARDT, WILHELM (1592–1635) 44
Schleifenstruktur 31
Schlüssel 86
Schlüsselfeld 172
Schnittstelle 50
 – parallele 50
 – serielle 50

Schreibschutz 70
Schrift 216
Schriftarten 106
Schriften
 – Pixel~ 228
 – True Type 228
Schriftgröße 106
Schriftstil 107
Schusterjunge 114
SCSI 51
SCSI-Schnittstelle 51
Seite 103, 116
Seitenformatierung 116
 – Abschnitt 120
 – Abschnittswechsel 117
 – Ausrichtung 116
 – Bundsteg 117
 – Fußnote 117, 119
 – Fußzeile 117, 118, 119
 – Hochformat 116
 – Kopfzeile 117, 118, 119
 – manueller Umbruch 120
 – Nummerierung 119
 – Papierformate 116
 – Querformat 116
 – Rand 117
 – Seitengröße 116
 – Seitenrand 118
 – Spalten 121
 – Umbruch 120
 – Voreinstellungen 116
Seitennummer 119
Seitenrand 117
Seitenumbruch 120
 – manueller 120
Selbstbestimmungsrecht,
 informationelles 82
Semantik 38
sensitive Maps 248
Sequenz 31, 32
serielle Schnittstelle 50
Serienbrief 134
Seriendruck 134, 135
Serientextdatei 134
serifenlose Schriften 106
Serifen-Schrift 106
SGI 208
SHAMIR, ADI 88
SHANNON, CLAUDE E. (geb.
 1916) 6, 19
Shareware 93

Signal 18
Silbentrennung,
 automatische 131
Single 177
Slot 57
SmartSuite 232
Smileys 262
SMTP 238, 255
Software 47
 – Freeware 93
 – Public Domain 93
 – Shareware 93
Software-Ergonomie 79
Software-Rechte 81
Sondertasten 53, 99
Sonderzeichen 107
Sortieren
 – in Abfragen 197
 – in Datenbanksystemen
  187
Sortieren in Tabellen 124,
 153
Sortierschlüssel 153, 180
Spalte 121, 138
 – Markieren 139
Spaltenbreite 138, 139
 – optimale 139
Spaltenkopf 137
Spiegeln 218, 226
Sprayer 215
Sprunganweisung 38
SQL 168
Standard-Symbolleiste 98
Stapeldiagramm 162
 – gestapeltes
  Flächendiagramm 162
 – gestapeltes
  Liniendiagramm 162
 – gestapeltes
  Säulendiagramm 162
StarOffice 167, 232
Statuszeile 66, 98, 137, 174,
 243
Stauchen 226
Steuerdatei 134
Stichwortverzeichnis 134
Stift 215
Streamer 61
Strecken 219
Streifendiagramm 162
string 27

Struktogramm 32
Stummtasten 53
subtraktive Farbmischung
 207
Suchdienst 258
Suchen 132
Suchmaschine 254
 – Suche mit Yahoo! 254
Surfen 238
SYLVESTER II (940–1003) 43
Symbolleiste 66, 137, 174,
 222
symmetrische Verschlüs-
 selungsverfahren 87
Synonymwörterbuch 131
Syntax 38
Systemsoftware 47, 51

T
Tab 66
Tabelle 137
 – markieren 139
 – teilen 160
Tabellen in der Textverarbei-
 tung
 – Formatierungen 122
 – Gitternetzlinien 123
 – Reihe 122
 – Schattierung 123
 – Schreiben in ~ 124
 – Sortieren in ~ 124
 – Spalte 122
 – Tabellenkopf 122
 – Zeile 122
 – Zelle 122
Tabellen und Zellen schützen
 152
Tabellenerstellungsabfrage
 200
Tabellenkalkulation
 – Datenaufbereitung
  durch Diagramme 161
 – Datenreihen 147
 – Einsatzbereiche 136
 – Formeleingabe 142
 – Kopieren von Formeln
  144
 – logische Operato-
  ren 149
 – mathematische Funktio-
  nen 145

- Oberfläche 137
- Objekte 138
- Spalten einfügen/ löschen 159
- Spalten verbergen 159
- Vergleichsoperationen 148
- Zahlenformatierung 155
- Zahlenreihen 147
- Zeilen einfügen/löschen 159
- Zellenformatierung 158
Tabellenköpfe fixieren 160
Tabstopp 110
Tabulator 110
Tag 246
Taktfrequenz 49
Task-Leiste 64
Tastatur 53
- Bewegungsblock 53, 54, 182
- Numerikblock 53, 54
- Schreibmaschinenblock 53
- Steuerblock 53, 54
Tastenkombination 65
TByte (TB) 21
TCP 237
TCP/IP 237, 240
technische Informatik 8, 9
Teleshopping 263
Telnet 238, 264
Text an Objekten ausrichten 230
Textbaustein 132
Texteingabe in Tabellen 140
Textfeld 66
Textformate 233
Textverarbeitung 96
- am Computer 96
- herkömmliche 96
Textverarbeitungsprogramme
- dialogorientierte 97
- Oberfläche 98
- stapelorientierte 97
TGA 208
theoretische Informatik 7, 9
Thermodrucker 58
Thesaurus 131
tiefgestellt 107

TIFF/TIF 208, 234
Times 106
Tintenstrahldrucker 58
Tischrechner 45
Titelleiste 66, 98, 137, 174
T-Online 239
Trackball 55
transient 52
TREE 72
Trennhilfe 131
Trennstriche, bedingte 131
Treppeneffekt 209
TURING, ALAN MATHISON (1912–1954) 6, 45, 87
Turing-Maschine 45
Typendrucker 58

U
Überblenden 230
Überschreibmodus 99
Umbruch 114
Umrissmodus 223
UND 149
UND-NICHT 149
Unicode 24
UNIX-Befehle 264
Unteralgorithmus 31, 37
Unterformulare 192
unterschneiden 107
Update 93
Urheberrecht 92
URL 238
USB 51
Usenet 238, 259

V
V.24 50
Vektor 209
Vektorgrafik 209
- Dateiformate 210
- Umgang mit ~ 210
- Umwandlung in Pixelgrafik 211
Vektor-Pixel-Konvert. 211
Verbergen von Spalten/Zeilen 159
Verbund 28
Vereinbarung 37
Vergleichsformel 196
Vergrößern 219
Verkleinern 219

Verknüpfen von Objekten 126, 232
Versalien 107
Verschieben 217, 226
- in Textverarbeitungsprogrammen 102
Verschlüsselung 86
Verschlüsselungsverfahren 87
- asymmetrische 88
- Public-Key-Verfahren 88
- symmetrische 87
Vervielfachen 218
Verweisfunktion 151
Verzeichnis 67
- anlegen 72
- anzeigen 72
- Bezeichnungen 67
- löschen 73
- umbenennen 73
- wechseln 71
Verzeichnisbaum 72
- anzeigen 72
Verzerren 219
Verzweigung 31
Videobandbreite einer Grafikkarte 58
Vieleck 224
Vierspeziesrechner 44
Viren
- Bootsektor~ 91
- File~ 91
- Link~ 91
- Maßnahmen gegen ~ 92
- Schutz vor ~ 91
- Trojanische Pferde 91
Virenscanner 92
Virus 91
Von-Neumann-Rechner 45
VRML 253

W
wahlweiser Trennstrich 107
Wahrheitswerte 148
WAN 236
Web 238
Web-Browser 241
Webcrawler 254
Web-Editor 247
Web-Seite 243
Web-Server 239

Web-Side 243
Web-Site 243
Wechselfestplatte 61
Wenn-Funktion 150
Werkzeugleiste 214
Wiederholung 31
– gezählte 36
– mit Eingangsbedin-
gung 35
– mit Endbedingung 36
– mit nachgestelltem
Test 36
– mit vorangestelltem
Test 35
Wildcard 73
Windows-Explorer 72
WINGATE, EDMUND
(1593–1656) 44
Wirtsprogramm 91
WMF 210, 233
Word 21
World Wide Web 237, 238
WPG 208
Würmer 92
Wurzel 28
Wurzelverzeichnis 67
WWW 237, 238
WYSIWYG 97

X
XOR 149

Y
Yahoo! 254
Yahooligans 254

Z
Z1, Z2, Z3 45
Zahleneingabe in Tabellen
140
Zahlenformatierung 155
– Darstellung mit abge-
trennten Zehnerpoten-
zen 155
– Datum 155
– Genauigkeit 155
– Maßeinheiten 155
– Prozent 155, 157
– Währungseinheiten 157
– Zeit 155
Zahlenreihen 147

Zählschleife 36, 151, 152
Zauberstab 217
Zeichen 103, 105
– Attribute (Forma-
tierungsmöglichkeiten)
105
Zeichenformatierung 158
Zeichenkette 18
Zeichenprogramm 209, 221
Zeile 138
– markieren 139
Zeilenabstand 113
Zeilenfrequenz 57
Zeilenhöhe 138, 139
Zeilenkopf 137
Zeilenlineal 98
Zellattribut 138
Zellbereich 141
– Bezugsart 141
Zellbezüge 141
– absolute 143
– relative 143
Zelle 138
– markieren 139
Zellenformatierung 158
Zellinhalt 138, 141
– ausrichten 158
Zellnamen 144
zentrierender Tabstopp 110
zentriert 109
Ziehpunkte 139
Ziffernrechner 44
ZIMMERMANN, PHILIP 88
ZIP-Diskette 61
ZIP-Drive 61
Zoll 206
Zoom-Faktor 214
Zoomfunktion 223
ZUSE, KONRAD ERNST OTTO
(1910–1995) 45
Zuweisung 38
Zweckentfremdungsverbot
82
Zweig 28
zweiseitige Auswahl 34, 150
Zweispeziesrechner 44
Zwischenablage 65
Zyklus 31

Bildquellenverzeichnis

Archiv für Kunst und Geschichte GmbH Berlin: 90; Corel Photos: 17; Deutsches Museum München: 44, 45; PhotoDisc, Inc.: 13, 14, 16, 40, 41, 42, 54, 56, 59, 61; Uwe Schwippl, Berlin: 12, 14, 43, 48, 49, 52, 57, 58, 61.

e im Buch

Jeder Artikel verfügt neben dem Text über verschiedene Medien, die in einer separaten Leiste links neben dem Text aufgeführt sind. Dabei handelt es sich um:

- **Bilder** und **Grafiken** ❹, die vergrößert und ausgedruckt werden können,
- **Berechnungsbeispiele** ❺ (auf der Grundlage von Mathcad oder Java ❻), die interaktiv verändert und mit eigenen Zahlenwerten ❼ versehen werden können,
- **Videos** ❽ und **Audios**, die mittels Quicktime ❾ (auf der CD enthalten) abgespielt werden können.

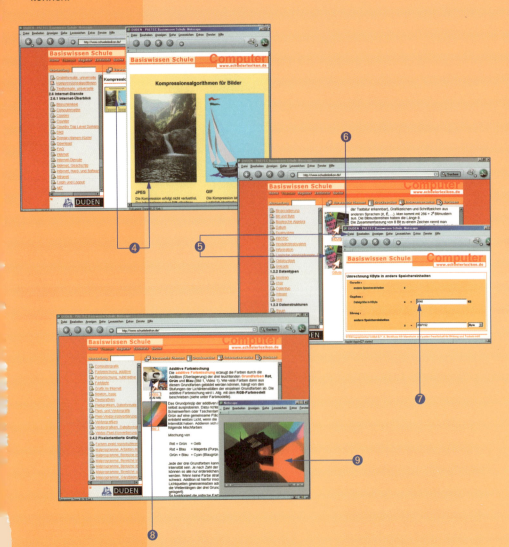

Die Schei[be]

Die CD enthält mehrere hundert Fachartikel. Diese Artikel bestehen aus einer kurzen Annotation ❶ und einem dazu gehörigen Langtext. In der Annotation sind wichtige Begriffe ❷ aufgeführt, die direkt ❸ mit den entsprechenden Textabschnitten im Langtext verknüpft sind.

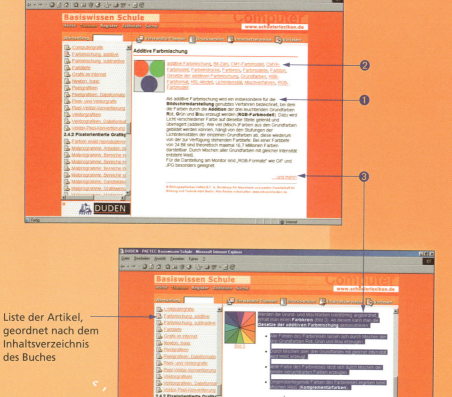

Liste der Artikel, geordnet nach dem Inhaltsverzeichnis des Buches

Alle Texte und Bilder von der CD können ausgedruckt oder über „Kopieren und Einfügen" in anderen Programmen (z.B. Textverarbeitungsprogrammen) weiter verwendet werden.

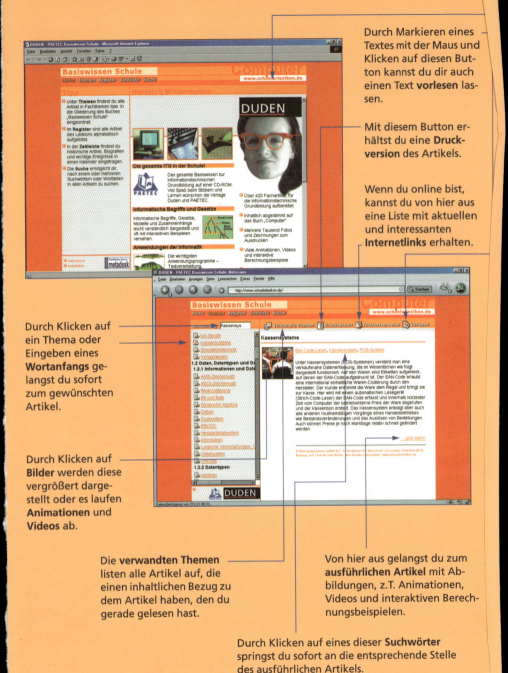

Durch Markieren eines Textes mit der Maus und Klicken auf diesen Button kannst du dir auch einen Text **vorlesen** lassen.

Mit diesem Button erhältst du eine **Druckversion** des Artikels.

Wenn du online bist, kannst du von hier aus eine Liste mit aktuellen und interessanten **Internetlinks** erhalten.

Durch Klicken auf ein Thema oder Eingeben eines **Wortanfangs** gelangst du sofort zum gewünschten Artikel.

Durch Klicken auf **Bilder** werden diese vergrößert dargestellt oder es laufen **Animationen** und **Videos** ab.

Die **verwandten Themen** listen alle Artikel auf, die einen inhaltlichen Bezug zu dem Artikel haben, den du gerade gelesen hast.

Von hier aus gelangst du zum **ausführlichen Artikel** mit Abbildungen, z.T. Animationen, Videos und interaktiven Berechnungsbeispielen.

Durch Klicken auf eines dieser **Suchwörter** springst du sofort an die entsprechende Stelle des ausführlichen Artikels.